北语学人书系

第二辑

王建勤

汉语习得、教学与传播文集

王建勤 著

北京语言大学出版社
BEIJING LANGUAGE AND CULTURE UNIVERSITY PRESS

图书在版编目（CIP）数据

王建勤汉语习得、教学与传播文集 / 王建勤著. --
北京：北京语言大学出版社，2019.6
（北语学人书系. 第二辑）
ISBN 978-7-5619-3845-4

Ⅰ. ①王… Ⅱ. ①王… Ⅲ. ①汉语－对外汉语教学－
教学研究－文集 Ⅳ. ① H195.3-53

中国版本图书馆 CIP 数据核字（2019）第 072645 号

王建勤汉语习得、教学与传播文集
WANG JIANQIN HANYU XIDE、JIAOXUE YU CHUANBO WENJI

排版制作：北京创艺涵文化发展有限公司
责任印制：陈 辉

出版发行：北京语言大学出版社
社 址：北京市海淀区学院路 15 号，100083
网 址：www.blcup.com
电子信箱：service@blcup.com
电 话：编 辑 部 8610-82303670
国内发行 8610-82303650/3591/3648
海外发行 8610-82303365/3080/3668
北语书店 8610-82303653
网购咨询 8610-82303908
印 刷：北京虎彩文化传播有限公司

版 次：2019 年 6 月第 1 版 印 次：2019 年 6 月第 1 次印刷
开 本：889 毫米 ×1194 毫米 1/16 印 张：29.25
字 数：489 千字
定 价：98.00 元

PRINTED IN CHINA

出版说明

北京语言大学是一所以语言教学与研究为特色和优势，中文、外语及相关学科协同发展的多科性大学，已成为我国中外语言、文学、文化研究的学术重镇和培养涉外高级人才的摇篮。近些年来，随着中国语言文学和外国语言文学两个一级学科博士点的建立发展，中、外语言文学已然成为北京语言大学的两大支柱学科。依托这两大学科，一批学科带头人和学术骨干脱颖而出，其中有的已成为本专业领域的领军人物。北语学人在学界已成为一支不可或缺和不可忽视的力量。

倏忽之间，北语建校已经五十五周年。五十五年来，代有才人。五年前，即建校五十周年之际，学校利用中央高校基本科研业务费专项资金出版了“北语学人书系”（第一辑），对北语学人积累下来的珍贵的学术财富进行系统的梳理，收录北语优秀学人的卓越成果，集结成册，编辑出版。为体现北语学术的全面性和延续性，“北语学人书系”（第二辑）的出版计划于 2017 年北语五十五周年校庆之际制订，科研处根据校学术委员会制订的遴选标准征集了 10 位博士生导师的 10 部优秀论文集，每人自成一册，不定期陆续出版。其中涉及语言传播与规划，中国文化与美学，经学与诸子研究，汉语习得、教学与传播，美学与思想史研究，现当代文学，应用语言学，古代文献语言，汉语词源学，方言研究等专业领域，可谓主题丰富，百花齐放。

为在短时间内完成这批高质量书稿的征集和编辑工作，校科研处做了大量的组织宣传工作，各位作者积极甄选论文，认真校对，北京语言大学出版社的领导高度重视，编辑们付出了大量辛勤的劳动。这正是北语精神的具体体现，亦当记录并彰扬也。

北京语言大学

2018 年 1 月

目　录

汉语作为第二语言习得研究

汉语作为第二语言教学研究

汉语国际传播与战略研究

汉语作为第二语言习得研究

历史回眸：早期的中介语理论研究

1. 早期中介语理论的历史回顾

1.1 早期中介语理论的历史界定

如果从时间上来界定，早期的中介语理论是指 20 世纪 60 年代末至 70 年代初由 Selinker 等人提出的“关于第二语言学习者的语言系统”的理论假设。Selinker1972 年发表的《中介语》一文标志着这种理论的建立。但是，早期的中介语理论显然不是 Selinker 一个人建立的，这一理论的代表还应包括 Corder、Nemser 等几位应用语言学的先驱。尽管这几位学者用于描写和阐述早期中介语理论的术语不同，但是他们所提出的理论假设却有许多相似之处。

到了 80 年代，中介语研究产生了许多新的理论模式。有些理论模式是在早期中介语理论的基础上发展起来的，如 Ellis（1994：351）本人就声称，他和 Tarone 关于中介语的“可变能力模式”（variable competence model）就是在最初的中介语理论的基础上发展起来的。但是有些理论模式，如 Schumann（1978）的“文化适应模式”（the acculturation model of L2）、Long（1983）的“言语输入与交互作用模式”(the model of input and interaction) 在理论方法上与最初的中介语理论已有相当大的分别。因此，Ellis (1985：47，1994：351) 将以 Selinker 为代表的最初的中介语理论称作“早期的中介语理论”。Meara (1984) 则称之为“传统的中介语研究”，与“当今的（中介语）研究”相对。

国外学者的这种划分实际上反映了中介语研究发展的两个不同历史阶段，即早期的中介语理论阶段和后期中介语研究的理论发展阶段。我们之所以将后者称作“中介语研究的理论发展阶段”，是因为后期的理论发展实际上并不完全是早期中介语理论的发展。后期的理论发展有很多理论模式，这些理论模式都以中介语系统为研究的客体。显然，后期产生的理论模式与早期中介语理论的理论假设是有很大区别的。这是我们界定早期中介语理论的一个重要因素。

此外，理论假设不同必然导致研究方法的不同。Corder 关于中介语系统的理论假设在某种程度上脱胎于偏误分析的理论，Nemser 和 Selinker 的理论假设由于历史的局限，与对比分析有着千丝万缕的联系。因此，早期中介语理论的研究方法不可能超越历史的局限。而后期中介语研究的社会语言学模式、心理语言学模式以及语言学模式都大大拓宽了中介语研究的视野，其研究方法也与早期的中介语理论大不相同。从这个意义上说，对早期的中介语理论进行科学的历史定位也是至关重要的。

1.2 早期中介语理论产生的历史背景

早期中介语理论的产生、发展有着深刻的历史原因，若要对它做出科学的界定，必须追溯其产生、发展的历史源头。Smith（1994：23）在阐述 20 世纪 60 年代到 80 年代第二语言研究领域的理论发展时，将这段历史大致分为三个阶段。概括地说，即 60 年代的对比分析阶段、70 年代的中介语理论产生阶段与 80 年代的各种理论模式发展阶段。

60 年代是对比分析的兴盛时期，但 70 年代初这一理论开始衰落，这也反映了一种历史的必然，因为这种理论方法无论在理论上还是实践上都面临着严重的危机。对比分析的初衷是试图以行为主义心理学和结构主义语言学作为理论支撑，来解决第二语言学习与教学中的问题。当时，语言学家们为语言教师勾画了这样一幅图景：首先，语言学家通过两种语言系统（L1 和 L2）的对比，为语言教师提供一个详细的菜单，其中包括两种语言的相同点与不同点。然后，语言教师便依据这些不同点来预测学习者的难点，并据此来编写教学大纲和教材。但是后来的教学研究和实践证明，语言学家的许诺仅仅是一幅理想的图画而已。70年代初，对比分析遭到了激烈的批评。一种批评来自对其预测能力的怀疑，另一种批评涉及两种语言对比的可行性问题，此外还有来自教学实践的批评。归结起来，对比分析所面临的理论危机主要包括三个方面：（1）关于行为主义学习理论。以乔姆斯基为代表的心灵学派认为，行为主义学习理论借助实验室条件下动物的学习行为来解释人类在自然条件下的语言学习是毫无意义的。刺激-反应理论无法解释人类语言学习的复杂性，模仿与强化的概念也无法说明人类语言学习的创造性。（2）对比分析的两个虚假命题。根据对比分析的"强式说"（strong version）①，第二语言学习者产生的错误完全可以通过两种语言的对比来预测，由此推论，语言的"差异"（difference）等于学习的"难点"（difficulty）；学习的"难点"必然导致语言表达的"错误"（error）。问题是，语言的"差异"是语言学上的概念，学习的"难点"则是心理学上的概念，学习的"难点"无法直接从两种语言差异的程度来推测。教学实践也证明，依据对比分析确认的难点事实上并不完全导致错误的产生。（3）分类范畴的普遍性问题。两种语言的对比涉及作为对比基础的范畴的普遍性问题，但是，试图寻求两种语言系统分类范畴的一致性，抑或是表层结构的普遍一致性都是不现实的。即使是表层结构看起来对等的两个句子，其交际功能也很难一致。因此，系统的对比面临分类范畴不一致的问题。失去对比范畴的一致性，科学恰当的或者说有意义的对比便无从谈起。

对比分析的理论方法存在的致命弱点，如果归结为一句话，那就是：试图用简单的语言学的方法去解决复杂的心理学的问题。语言习得涉及学习的主体和客体的方方面面，对比分析却仅仅局限于语言系统的对比，忽略了学习者这一主体以及作为学习客体的学习过程。由于对比分析在理论与实践上的危机，人们呼吁一种新理论的诞生，并要求这种新理论把目光投向学习的主体和客体。早期的中

① "强式说"（strong version）和"弱式说"（weak version）是对比分析假设的两种观点。强式说强调系统地对比两种语言系统可以预测学习者的难点。弱式说则从语言干扰所提供的证据来说明两种语言系统的异同。

介语理论正是在这种历史背景下产生的。

早期的中介语理论，首先在理论导向上实现了所谓“教学中心”（teaching perspective）的观点向“学习中心”（learning perspective）的观点的根本转变。对比分析声称其目的是为第二语言教学“教什么”“怎么教”提供理论依据，其研究对象是学习者的母语和目的语。中介语理论则把目光投向了学习者特有的语言系统，并将其作为一个独立的、与学习者的母语和目的语系统并列的系统来考察。也就是说，中介语研究不仅要考察学习者的母语和目的语系统，还要考察学习者的中介语系统，考察学习者自身及习得过程，这标志着第二语言习得研究方向的根本转变。Ellis（1994：351）在评价早期的中介语理论时指出，中介语理论是第二语言习得研究一个恰当的起点，因为这一理论是第一次旨在为第二语言习得提供解释的理论。

一个新理论的出现，总是要提出一些新问题，并对这些问题做出理论解释。早期的中介语理论将学习者的语言系统置于第二语言习得研究的核心，试图对这个系统产生的心理过程做出科学的阐释。尽管早期的中介语理论还不够成熟，还有许多当时无法回答的理论问题，但是，它提出了前人没有提过的理论问题。

2. 早期学者对中介语理论的贡献

20 世纪 70 年代，Corder、Nemser 和 Selinker 三位学者对早期中介语理论的形成和发展做出了杰出的贡献。这三位学者几乎是同时提出了相似的理论观点，这种不谋而合是理论发展的必然。

2.1 Corder 的理论观点及其贡献

Corder（1967，1971）将学习者的语言系统称作“过渡能力”（transitional competence）系统或“过渡方言”（transitional dialect）。所谓“过渡能力”，是指学习者现时的心理规则系统。在他看来，这个规则系统不是一成不变的，学习者在对目的语规则假设不断进行检验的基础上逐步更新这个系统。学习者在习得过程中所产生的系统偏误，恰好是这种过渡能力的表现。所谓“过渡方言”，是 Corder 从社会语言学角度来描述的学习者的语言系统。学习者的语言可以看成是目的语的一种方言，但不是一种社会方言，因为它不属于任何一种社会群体，所以 Corder 称其为学习者特有的“特异方言”（idiosyncratic dialect）。由于这种特异方言的不稳定性，Corder 认为，也可以称其为“过渡方言”。无论是“过渡能力”还是“过渡方言”，都是强调学习者语言能力形成的动态过程。

Corder 的理论贡献主要有以下几个方面。

（1）关于“失误”（mistake）与“偏误”[①]（error）的观点。按照Corder的解释，“失误”与“语言运用”（language performance）相关，是非系统性的；“偏误”则与乔姆斯基所说的“语言能力”（language competence）相关，具有系统性。区分这两个概念的意义在于，失误是学习者在偶然的情况下产生的，如遗忘、疲劳、心理原因等，母语使用者也会产生这种情况，对这种失误的描写对语言习得的研究是没有意义的。偏误则反映了学习者现时的语言知识或过渡能力，可以作为观察学习者语言习得过程的窗口。Corder 的观点从根本上改变了以往人们对学习者偏误的看法，在 Corder 看来，学习者的偏误不再被看作一种偏离目的语规则的、消极的现象，而是作为表明学习者习得过程特定阶段的证据。

（2）关于“输入”（input）与“内化”（intake）的观点。Corder 认为，“输入”是外部环境提供的语言材料，“内化”则是由内在的程序决定的。并不是所有的语言材料，包括教师在课堂上提供给学习者的语言材料，都符合作为言语输入的条件，因为输入应该是“吸收的东西”（what goes in）而不是“用来作为吸收的材料”（what is available for going in）。为了区分二者，Corder 将学习者所接触的语言材料称作“输入”，将语言材料的吸收叫作“内化”。很显然，言语的输入与教师控制的“外在大纲”（external syllabus）相关，语言材料的内化则与学习者控制的“内在大纲”（internal syllabus）相关。Corder 的这一观点表明了早期中介语理论的一个基本假设，即学习者的语言系统是一个自主的系统，这个系统的发展是由学习者的内在大纲决定的。

（3）关于“内在大纲”的观点。所谓“内在大纲”，是指学习者拥有的一种控制学习目的语规则的程序化的序列，这个序列并不因为外界因素（如教学序

---

① 今沿用“偏误”这种译法，但是“偏误”实际上与中介语理论的基本假设是相背的，因为“偏误”意味着对目的语的偏离。按照 Selinker 的看法，学习者的语言系统作为一个独立的系统，无所谓偏离可言。

列）的影响而改变。Corder 之所以提出这个观点，是因为它与第二语言教学的根本问题密切相关。Ferguson（1966）曾经指出第二语言教学领域存在的一个普遍问题，即当时所依据的教学大纲多建立在主观判断与构想的理论原则的基础上，很少考虑学习者的需要，更不用说对学习者的习得过程进行系统的考察了。教师如果不了解学习者的内在大纲，在课堂教学中引入新的规则时，学习者还没有处于一种"预备"(ready）状态，便无法获得新规则。教师只有在学习者内在大纲适当的切入点引入新规则，学习才能获得成功，过早地引入应该在以后学习的规则似乎是浪费时间。但问题是，是否存在这样一个内在大纲以及应该怎样描写这个大纲？对于前者，人们似乎已越来越认可这一假设，并产生了一系列关于习得顺序的研究；至于后者，Corder 给我们开的处方是通过纵向的跟踪调查，系统地描写学习者的偏误，因为学习者的偏误是这个系统（或曰内在大纲）的最好证据。

（4）关于假设检验与过渡系统的建构的观点。Smith（1994）曾对此做过简单明了的描述。按照 Smith 的解释，当学习者接触到外在的言语输入时，其内在的习得机制作为系统生成器便通过对输入信息的加工建立所谓"过渡的规则系统"。当新的规则信息与目前的过渡系统不一致时，这种新的规则信息便反馈给系统生成器，学习者的内在习得机制便像一个"小语言学家"一样引导过渡系统进行规则更新。比如，当学习者接触到动词过去时的规则形式 walked、pulled 时，系统生成器便生成一个用于所有动词过去时的规则形式，这一规则便是过渡系统的一部分。当学习者运用这一规则的时候，不仅会生成 walked 这种形式，而且还会生成 runned 这种错误的形式，当学习者不断接触到 ran 这种正确形式时，系统生成器便将这两种形式进行比较。当发现 runned 这种形式与输入的形式不一致时，便会生成一个例外的规则，runned 这种过渡规则便会消失。从这个过渡系统的构建过程可以看出，当学习者接触到新规则后，便会形成关于规则的假设，如过去时一律在动词后加后缀 -ed；当出现例外时，学习者便会对原有假设进行检验、修改，建立正确的规则假设。Corder 的观点揭示了学习者构建过渡系统的操作过程及学习策略，阐明了学习者语言系统的动态过程和过渡性特征。Corder 的这一假设也成为支撑早期中介语理论的一个基本观点。

2.2 Nemser 的理论观点及其贡献

早期中介语理论的代表中还有一位不应忽视的学者 William Nemser。他提出的理论假设与 Selinker 的理论有许多共同之处。

Nemser（1971）提出了“近似系统”（approximative system）的概念，用来描述学习者的语言系统。所谓“近似系统”，是相对于目的语系统而言的。在 Nemser 看来，学习者的语言系统是逐渐接近目的语系统的、不断变化的连续体。一方面，学习者不可能在瞬间接触到整个目的语系统，而是需要对有限的言语输入逐步进行消化。换句话说，学习者在逐步建立自己的近似目的语的系统。Nemser 用 La 来表示近似系统，用 $La_{1......n}$ 来表示近似系统不同发展阶段构成的连续统；另一方面，学习者的母语系统是一种干扰源，使学习者的语言系统偏离目的语系统。另外，Nemser 特别强调“近似系统是学习者在学习目的语时实际运用的偏离的语言系统”。换言之，他认为学习者的语言是一种“偏离”（deviant），或者说是对目的语系统的背离，在这一点上，Nemser 与 Selinker 的观点是不同的（Selinker, 1992：175）。

Nemser 的理论假设可以从三个方面来概括：（1）学习者的言语是其近似系统在特定时间的“定型产物”（patterned product）。这种近似系统有其内在的结构，既不同于学习者的母语系统，也不同于学习者的目的语系统。Nemser 的这个结论直接来源于他的实验研究。所谓“定型产物”，可以理解为近似系统表现出来的语言现象是大量的、系统的、有规律的固定模式。Nemser 列举了三种定型产物的表现：一是所谓移民的言语模式。他发现许多英语比较熟练的德国移民经常把英语的辅音 /sw/ 发成 / š v/，他还发现许多说英语的匈牙利人经常在表数量的短语中省略掉复数标记，等等。二是模式化的个体方言，如出租车司机、旅馆服务员以及酒吧服务员用于简单交际的语言。三是学习者的洋泾浜。另外，Nemser 在实验中发现了近似系统中既不同于母语结构也不同于目的语结构的“自主结构”（structural autonomy）。如匈牙利人把英语的 / θ / 读作 /f θ / 或 /s θ /。这种现象表明，中介语系统除了来源于母语和目的语外，还有其自主的成分。在这一点上，Nemser 的假设与 Selinker 的假设是相合的。（2）学习者在习得过程不同阶段的近似系统构成了一个不断变化的连续统。Nemser 认为，在最初阶段，学习者试图运用目的语 Lt 时产生了所谓 La_1，即最初的近似系统；到了高级阶段，学习者的 La 越来越接近 Lt，由此构成了近似系统的连续统。（3）相同阶段的学习者的近似系统大体相似。这一点表明学习者的近似系统具有规律性和普遍性。

除上述三点之外，Nemser 也描述了 Selinker 所说的"僵化"（fossilization）现象，他在实验中发现这些现象是大量的，因此，他认为有效的教学意味着尽可能地预防和推迟这种永久性的中介系统。

Selinker 在评价 Nemser 的语音实验研究时指出，在从对比分析到中介语理论的发展过程中，有一位学者站在了研究方法的转折点上，那就是 William Nemser。20 世纪 60 年代初，Nemser 就认识到对比分析在观察第二语言学习方面存在的缺陷。他是第一个选择用实验的方法来检验跨语言情境中的音位系统对比研究的，这在当时"规范描写研究"（normative descriptive studies）势力强大的情况下被看作是非常偏激的。

2.3 Selinker 的理论观点及其贡献

在早期的中介语理论中，Selinker 的理论假设是最具代表性的。"中介语"的概念提出后，许多学者都提出了自己的看法。正像 Ellis（1994：354）指出的那样，"中介语"这一术语现在被理论家们解释为许多不同的含义，而且几乎成为一种中性理论。Ellis 认为，中介语可以解释为学习者拥有的一种"潜在的"（implicit）第二语言的知识系统，随着时间的推移，学习者将系统地修正这个系统。但是，Ellis 的这个定义并非 Selinker 当初提出这一假设时的认识，因为早期的中介语理论并没有区分"潜在的"（implicit）和"明晰的"（explicit）这两种不同的知识系统。Corder（1978）的观点可以代表最初人们对中介语理论的认识。Corder 认为，可以从横向和纵向两个方面来描述中介语。从横向的角度来看，中介语指的是学习者在特定时点构建的语言系统；从纵向的角度来看，中介语指的是学习者经过的不同发展阶段。换句话说，前者指的是"中介语的产物"（product of interlanguage），后者指的是"中介语的过程"（process of interlanguage）。Smith（1994：7）则认为，中介语基本上是指语言事件，可以实际观察到并记录下来，而不是不可见的语言系统。因为只有这样，我们才能谈论中介语的样本，假定作为样本基础的中介语系统的存在。由此看来，学者对中介语的理解可以说是见仁见智。

那么，Selinker 本人是怎样看待中介语系统的呢？Davies（1984）在评价 Selinker 提出的中介语概念时指出，目前有两种理解：一种是任何第二语言习得的共时状态都被看作中介语，所有学习者说的都是中介语；另外一种理解较为严格，即中介语被看作对第二语言习得的一种特定的假设。我们认为，第二种理解更符合 Selinker 本人的理论假设。在此，我们有必要引述 Selinker（1972）本人的理论阐释："由于我们可以观察到这两种话语（目的语和中介语——引者注）是不一致的，那么，我们在建构第二语言学习理论时，人们完全有理由，或者说，不得不假定存在着一个独立的、可以观察到的、以言语输出为基础的语言系统……我们把这种语言系统叫作'中介语'。"很显然，Selinker 所说的中介语首先是指 Davies（1984）所说的第一种理解。但是 Selinker 还进一步指出："在有意义的表达情境中，成功地预测这些行为事件，将使人们更加确信本文所讨论的、与潜在的心理结构相关的这种理论建构。"从 Selinker 的理论阐述可以看出，他所关注的不仅仅是中介语系统这一特殊的语言现象或言语行为事件，他更为关注的是一种能够对学习者的语言系统做出科学解释的心理语言学的理论框架。这种理论框架是以第二语言学习者"潜在的心理结构"（latent psychological structure）为基础的，这种结构与 Lenneberg（1967）所说的"潜在的语言结构"（latent language structure）是不同的。简单地说，"潜在的语言结构"与乔姆斯基所说的"语言习得机制"（Language Acquisition Device，即 LAD）相关，而"潜在的心理结构"在很大程度上与其他认知结构重合。也就是说，潜在的心理结构是一种认知结构。Selinker 承认存在着 Lenneberg 所说的结构，但是他强调，除此之外，还存在着能够说明 95% 的不成功学习者的习得过程的心理结构。那 5% 的学习者之所以获得母语使用者的语言能力，是因为他们重新激活的是 Lenneberg 所说的"潜在的语言结构"。而大多数学习者所激活的是一种与之完全不同的心理结构。这种潜在的心理结构不受成熟期的影响，与普遍语法没有直接的对应关系，不能保证完全被激活，因而不能保证习得获得成功。因此我们可以说，潜在的心理结构旨在说明那些不成功的学习者的心理机制，因而它是面向大多数学习者的习得理论。那么，这种潜在的心理结构是怎样构成的呢？Selinker 列举了五个当时在他看来最重要的心理过程：语言的迁移过程、由训练造成的迁移过程、目的语语言材料的泛化过程、学习策略与交际策略。在说明这五个过程之前，我们有必要澄清这样两个概念，即作为一种结果的“中介语产出”（IL product）和作为一种心理过程的“中介语过程”（IL process）。Smith（1994：35）认为，中介语这个术语实际上是一语双关，它既可以用来指前者，即实际可以观察到的学习者的言语行为或语言表达；也可以用来指后者，即各种潜藏在学习者言语行为之后的心理过程。通过对学习者言语行为的调查和分析，我们可以推断出这些心理过程。Selinker 提出的这五个心理过程恰好阐释了学习者的中介语系统或行为模式。在前三个心理过程中，语言迁移过程在 Selinker 的理论框架中是一个重要的心理过程。

在 Selinker 提出的五个心理过程中，后两个属于另一种类型的心理过程，即学习者在习得过程中试图采用某种方法以解决某些特定的问题，Selinker 称其为“策略”。一是“交际策略”：当学习者在表达意义出现困难时，便借助某些“补偿策略”，如手势或相近的词语来表达，使交际顺利进行。二是“学习策略”：学习者为了记住某些难点，便采用重复、复述等方法帮助记忆。Selinker 的这两个观点提出后引起了很多争论。争论之一是交际策略和学习策略的划分问题。比如“简化策略”（simplification）既是一种交际策略，也是一种学习策略。学习者在交际中为了表达意义，往往省略一些不影响交际的功能词，这是出于交际的考虑；与此同时，这也是学习者以简驭繁的一种学习策略。争论之二是：为什么语言的迁移和泛化不列为学习策略？简化策略实际上也应该列入中心过程。Selinker 在后来的理论阐述中对这些观点都做了相应的修正。

除了上述五个过程，Selinker 还提出了“僵化”（fossilization）的概念。在 Selinker 看来，这是一个非常重要的概念，它是 Selinker 用以说明大多数学习者无法获得与母语使用者相同的语言能力这一事实的心理学基础。Lenneberg（1967）提出的“关键期”假设是从生物学的角度，即由于大脑功能的侧化而导致大脑可塑性丧失，来解释成熟期后语言学习为何变得更加困难。Selinker 则从心理学和神经学的角度来解释语言能力的僵化现象。他认为，第二语言学习者获得语言能力的心理学基础与母语习得是完全不同的。或者说，他们的习得机制是完全不同的。因为关键期之后，原有的习得机制已经退化，第二语言学习者所依据的是一种完全不同的机制，证据就是第二语言学习者语言能力获得上的僵化现象。按照Selinker的观点，95%的第二语言学习者在语言能力的获得上出现僵化现象，即语言能力的发展出现停滞的状态，即使继续学习和训练仍然不能得到改善，换句话说，95%的学习者仍然停留在中介语阶段。

语言能力的僵化现象对第二语言研究的理论家们提出了挑战，这就是说，任何一种学习理论都必须对这一现象做出解释。Selinker的观点很明确，母语习得的机制与中介语的创造系统完全不同，僵化现象的产生是因为与母语习得机制完全不同的机制在起作用。实际上，Selinker提出的五个心理过程可以看作是僵化产生的心理学基础。

从上述分析中可以看出，Selinker的中介语理论实际上为当时的第二语言习得研究提出了一个心理语言学框架，他试图通过这个框架去解释第二语言学习者的语言系统，为第二语言习得研究奠定科学的理论基础。

3. 早期中介语理论的基本假设及其评价

3.1 早期中介语理论的基本假设

关于中介语理论的基本假设，早期的理论阐述与后期的理论阐述，应该说有很大的分别。当然，后期的理论阐述在某些方面比早期的理论阐述更全面、明确、深刻。Smith（1994：30）评价早期中介语理论的基本特征时指出，Corder、Nemser和Selinker三位学者的观点有三个共同的特征：（1）学习者的语言系统是一个独立的系统；（2）学习者的语言系统存在着内在的连续性；（3）学习者拥有一个复杂的、创造性的学习机制。这三个特征反映了早期学者对中介语理论最基本的看法。但是这三个基本特征还不能完整地概括早期中介语理论的基本假设，我们认为，至少应该包括以下五个方面。

（1）关于中介语的本质。早期的中介语理论普遍认为，学习者的语言系统是与母语使用者的语言系统不同的、独立的语言系统。也就是说，除了学习者的母语系统、目的语系统，还存在着与之并列的中介语系统。Corder把中介语系统看作是某一特定目的语的方言，强调其动态与发展的过渡特征；Nemser认为中介语系统是不断向目的语系统靠近的近似系统，强调向目的语系统的发展；Selinker 强调的是中介语作为一种“语言”的系统自主性。三位学者的理论假设反映了他们不同的观察视角，但是，三位学者都首先把中介语系统看作是“中介语产出”(IL product)，即一种可以观察到的语言系统。

那么，后期的理论是怎样阐释中介语本质的呢？Ellis（1997：33）在阐述“中介语”这个概念时，对这一理论假设做了如下的概括：第二语言学习者建构了一个抽象的语言规则系统，作为理解与生成第二语言的基础。这个规则系统被看作一种“心理语法”，即“中介语”。

Ellis 的阐释可以从两方面来理解：首先，学习者所建构的是一个“抽象的”语言规则系统，不是在言语情境中实际生成的言语，即“中介语产出”(IL product)。其次，中介语系统被看成是一种“心理语法”。这与早期中介语理论假设的理论基础是根本不同的。Selinker（1972：35）把中介语系统首先看作一种“可观察到的”语言系统，这种语言系统是“以学习者试图用目的语进行表达而产生的可观察到的言语输出为基础的”。可见，早期的中介语理论并没有把中介语看作抽象的规则系统，也没有将其看作心理语法。Ellis 的观点显然带有明显的心灵学派的理论色彩。Smith 认为，中介语首先应被看作一种存在于客观外界的语言系统，我们通过观察学习者的言语行为，直接测量和处理学习者的言语输出，在此基础上来推断学习者中介语产生的心理过程。Smith 的观点与早期中介语理论的假设是相吻合的。

（2）关于中介语的系统性。早期的中介语理论普遍认为中介语具有系统性。Corder 将学习者的偏误分为系统偏误与非系统偏误，而系统偏误反映了学习者的内在大纲，因而学习者的语言系统具有系统性；Nemser 认为学习者的近似系统是具有“内在结构”的语言系统，表明这一系统具有内在一致性；Selinker 则认为，以潜在的心理结构为基础的理论建构中，学习者的言语行为或行为事件是可以预测的，如某些潜在的心理过程、母语迁移、规则泛化等是普遍存在的，有规律可循。由此看来，中介语的系统性这一点是没有争议的。但是，在如何看待中介语的系统性这一问题上，学者们却有不同的看法。Selinker，Swain & Dumas（1975）在阐释中介语的系统性时指出，所谓系统性，不是指在特定情况下根据语法规则可预测到的言语特征，而是指这些言语特征所显示的可辨认的策略，如母语迁移、目的语规则泛化以及简化策略。这种观点看起来似乎有些令人费解，但是，如果我们把这种观点与 Selinker（1972）的观点联系起来，就可以看出它的来龙去脉。Adjemian（1976）对 Selinker 等人的观点提出了质疑。他认为，“系统性”这一概念应该严格地限制在其语言学意义上，如果我们承认中介语是一种自然语言，那么系统性就意味着构成中介语的语言规则与特征具有内在的一致性。如果按照 Selinker 等人的观点，我们面临的首要问题是区分学习策略与其产生的语言规则之间的对应关系。但事实上，某个规则的形成可能与多个心理过程或学习策略的交互作用相关，要区分二者之间一一对应的关系是极为困难的，甚至是不可能的。我们认为，中介语作为一个独立的语言系统，它的系统性首先表现为语言规则的系统性，语言规则的系统性反映了学习者运用学习策略的普遍性。没有学习策略的普遍性，自然谈不上语言规则的系统性。

（3）关于中介语的动态特征。关于中介语动态特征的理论假设有两种不同的描述。一是 Adjemian 提出的“可渗透性”(permeability）的观点；二是 Corder 提出的“过渡性”的观点。按照 Adjemian 的观点，中介语的可渗透性特征主要表现在两个方面：一是母语规则向中介语系统的渗透；二是目的语规则的泛化。母语规则的渗透以母语规则的“入侵”为特征，目的语规则的泛化则以目的语规则的扭曲或变形为特征。我们认为，可渗透性这个概念可以做两种解释，一是可塑性，就学习者的整个语言系统而言，它是不断发展变化的。所谓中介语的连续统正是中介语可塑性的线形表现。二是可渗透性，渗透是指规则的渗透，这表明了中介语系统的开放性。总之，无论是可塑性还是可渗透性，都是中介语系统动态特征的表现。

所谓“过渡性”，是指学习者不断地改变他们的语法，通过增加或删除某些规则重构整个中介语系统，学习者在不同发展阶段的中介语法构成了中介语的连续统。后期学者对这一理论假设基本上沿袭了早期的理论表述，只不过在理论阐述上有所不同而已。

（4）关于“僵化”现象产生的心理机制。Selinker 认为，只有 5% 的学习者可以达到与母语使用者相同的心理语法水平，大多数人在半路上停顿下来。“回退”（backsliding）现象（即在早期出现的错误又重复出现）的普遍存在是一种典型的僵化现象，僵化现象是第二语言习得过程的独特现象。那么，为什么大部分成人学习者，以及在关键期前的儿童第二语言学习者[①]不能获得与母语使用者同等水平的语言能力呢？换句话说，如何解释大多数学习者普遍存在的僵化现象呢？这个问题的本质是如何解释僵化的心理机制。Selinker 认为，僵化的心理机制就是潜在的心理结构。我们在前边已经谈到，成功的学习者之所以成功，是因为他们激活的是潜在的语言结构。而大部分成年人在关键期后无法激活这种特定的语言习得机制，他们所能求助的只能是 Selinker 所说的这种一般的认知结构，也正是因为这种潜在的心理结构，大多数学习者无法企及习得过程的终点，因此，僵化的产生是必然的。

（5）关于学习者的策略。早期的中介语研究表明，学习者会运用各种学习策略促进中介语的发展，学习者产生的偏误种类的不同反映了不同的学习策略。

关于学习策略的定义可以说是众说纷纭，莫衷一是，甚至对学习策略的分类至今都没有一个统一的看法。但是，早期的中介语理论提出的关于学习策略的假设是与第二语言习得的特定心理过程相联系的。比如"省略"反映了学习者通过忽略某些语法特征来简化学习任务。被省略的这些语法特征要么是一些不影响意义理解的功能词，要么就是一些当时还没有掌握的语法项目。Selinker 提出的两个策略，即交际策略和学习策略，与规则泛化和语言迁移的心理过程相提并论。可见，早期的理论假设在"策略"与"过程"这两个概念上的区分是比较模糊的。后来，Selinker，Swain & Dumas（1975）将学习者的学习策略归纳为母语迁移、目的语规则泛化和简化策略。理论观点的变化说明，当时对学习者策略的研究还不够系统、成熟。

3.2 对早期中介语理论的评价

回顾早期中介语理论的产生与发展，我们认为，有以下几个问题值得进一步探讨。

（1）关于学习者的语言能力问题。从早期学者的理论观点中可以看到，早期中介语理论对学习者语言能力的看法基本上属于"单一语言能力"（homogeneous

---

① Selinker（1972）提出的关于中介语的理论假设认为，潜在的心理结构在关键期后可以被激活。但他在 1975 年的研究表明，这种观点是不恰当的。中介语的理论假设应该扩展到儿童的第二语言习得背景。

competence）的观点。如 Adjemian（1976）将乔姆斯基的观点直接用于中介语研究，把语言学家构建母语使用者的语言知识结构与第二语言研究的学者构建第二语言学习者的语言知识结构等量齐观。Selinker、Corder 和 Nemser 的研究基本上局限于学习者单一的语言能力范围，间接地反映了单一语言能力的假设。如果说他们所研究的学习者的语言能力与乔姆斯基所说的语言能力有什么不同的话，那就是乔姆斯基研究的是母语使用者那种先天的、完整的语言能力，而 Selinker 等人研究的是后天的、不完整的、第二语言学习者的语言能力。但是，自从海姆斯提出交际能力概念后，人们对语言能力的理解更加宽泛了。按照 Bachman（1990）的说法，学习者的语言能力还应包括语用能力和组织能力。具体地说，包括社会语言学能力、言语施为能力、话语能力、语法能力。而早期的中介语理论把学习者语言能力的发展仅仅看作语言学能力，这是历史的局限。

（2）关于语言的变异问题。早期中介语理论由于"单一语言能力"观点的限制，无法解释学习者的语言变异问题。Krashen 和 Bialystok 提出了"明晰的"与"潜在的"语言知识的概念，用这两种获得方式不同的知识来解释学习者的语言变异。Ellis 和 Tarone 提出了"可变能力模式"，从社会语言学的角度来解释学习者的语言变异。但是早期的中介语理论最初涉及的主要是潜在的语言知识，因而无法解释语言的变异问题。Selinker 虽然提出了"回退"与"僵化"的观点，似乎也能在某种程度上解释语言变异现象，但是，这种认识在现在看来已经远远不够了。

（3）关于方法论问题。理论和方法常常是联袂而行的，早期中介语理论的研究方法自然受其理论观点的制约。Corder 的理论与偏误分析方法紧密地联系在一起，他的"过渡能力"的观点就是建立在学习者系统的偏误分析的基础上的。对比分析虽然在后期受到普遍的批评，但是 Selinker 本人对对比分析的研究方法却有相当大的保留。他认为，对比分析可以作为中介语研究的起点，他本人的实验研究就是建立在对比的基础上的。但与传统的对比分析不同的是，他的对比是将学习者的母语、目的语和中介语三个系统放在同一个理论框架中。但不管怎么说，建立在对比分析和偏误分析基础上的中介语研究，大大限制了人们的眼界。后来的中介语研究的理论模式显然在研究领域和研究方法上都大大突破了早期中介语理论的局限。

回顾历史不是为了苛求前人，而是为了发掘它的理论价值。Smith 在评价 20 世纪 70 年代第二语言习得研究领域的早期理论时指出，在欧洲，特别是北美的第二语言习得研究领域的确是理论多产的年代。这个领域的先驱们提出的理论观点就像种子一样落入肥沃的土地。早期提出的基本理论至今还是争论热烈的话题。早期的中介语理论正像 Smith 所说的那样，已经落地、生根、发芽了。

:: 参考文献 ::

Adjemian, C. (1976) On the nature of interlanguage systems. *Language Learning*, 26 (2), 297-320.

Bachman, L. F. (1990) *Fundamental Considerations in Language Testing*. Oxford University Press.

Corder, S. P. (1967) The significance of learner's errors. *International Review of Applied Linguistics in Language Teaching*, 5 (1-4), 161-170.

Corder, S. P. (1971) Idiosyncratic dialects and error analysis. *International Review of Applied Linguistics in Language Teaching*, 9 (2), 147-160.

Corder, S. P. (1978) "Simple code" and the source of the second language learners initial heuristic hypothesis. *Studies in Second Language Acquisition*, 1 (1), 1-10.

Davies, A. C. (1984) Introduction to Interlanguage. In A. Davies, T. Howatt & C. Criper (eds.), *Interlanguage*. Edinburgh University Press.

Dickerson, L. (1975) The learner's interlanguage as a system of variable rules. *TESOL Quarterly*, 9, 401-407.

Ellis, R. (1985) *Understanding Second Language Acquisition*. Oxford: Oxford University Press.

Ellis, R. (1994) *The Study of Second Language Acquisition*. Oxford: Oxford University Press.

Ellis, R. (1997) *Second Language Acquisition*. Oxford: Oxford University Press.

Ferguson, C. A. (1966) National sociolinguistic profile formulas. *Sociolinguistics*, 309-315.

Lenneberg, E. H. (1967) The biological foundations of language. *Hospital Practice*, 2 (12), 59-67.

Long, M. H. (1983) Native speaker/non-native speaker conversation and the negotiation of comprehensible input. *Applied Linguistics*, 4 (2), 126-141.

Meara, P. (1984) The study of lexis in interlanguage. In A. Davies, T. Howatt, & C. Criper (eds.), *Interlanguage.* Edinburgh University Press.

Nemser, W. (1971) Approximative systems of foreign language learners. *International Review of Applied Linguistics in Language Teaching*, 9 (2), 115-124.

Schumann, H. (1978) The acculturation model for second language acquisition. In R. Gingras (ed.), *Second Language Acquisition and Foreign Language Teaching. Center for Applied Linguistics*, 27-50.

Selinker, L. (1972) Interlanguage. *International Review of Applied Linguistics in Language Learning*, 10 (1-4), 209-232.

Selinker, L. (1992) *Rediscovering Interlanguage*. Longman.

Selinker, L., Swain, M. & Dumas, G. (1975) The interlanguage hypothesis extended to children. *Language Learning*, 25 (1), 139-152.

Smith, M. S. (1994) *Second Language Learning: The Theoretical Foundations*. Longman.

原载《语言教学与研究》2000 年第 2 期

中介语产生的诸因素及相互关系

目前，在对外汉语教学界，对中介语存在着许多不同的看法。在诸多看法中，似乎有两种误解值得提出来加以讨论。误解之一：有人认为，“中介”就是“中间”，“中介语”就是“两种语言的混合体”，暂且称之为“混合说”。误解之二：中介语和学习者的母语及目的语“无任何联系”，而且“不受任何现有语言的影响”，暂且称之为“无联系说”。这两种说法提出了两个根本性的问题：一是中介语产生的根源，二是中介语与其产生的诸因素的相互关系。本文试图从国外中介语研究有关文献的综合考察和分析来澄清关于这两个问题的模糊认识。

1. 中介语产生的根源

Bialystok & Smith（1985）把国外学者对中介语的不同解释概括为三种模式：一是 Selinker（1972）的“规则组合”模式；二是 Adjemian（1976）的“渗透”（permeability）模式；三是 Tarone（1982）的“能力连续体”（capability continuum）模式（见图 1）。这些模式大体上反映了他们对上述两个根本问题的基本观点。由于 Tarone 的“能力连续体”模式是从语言变量的角度分析中介语产生的条件，我们在此不做讨论。

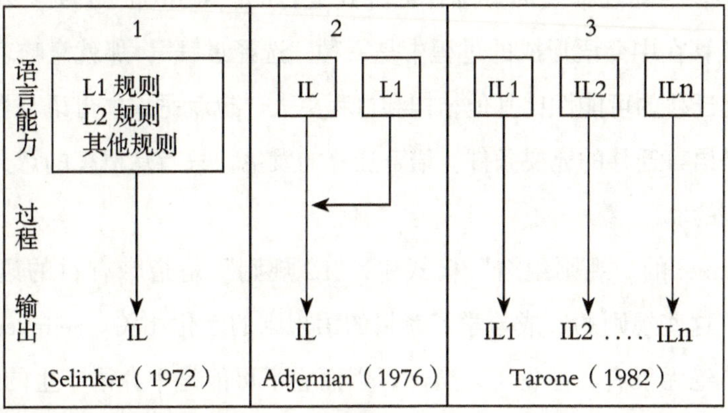

图 1

1.1 Selinker 的“规则组合”模式

按照 Bialystok 的看法，Selinker 把中介语看作一个单一的语言系统。这个系统是由不同的心理过程生成的规则构成的。所谓“不同的心理过程”，显然是指 Selinker 提出的中介语产生的“五个中心过程”，即语言迁移、目的语规则泛化、训练造成的迁移、学习策略与交际策略。

语言迁移是中介语产生的重要根源。在 Selinker 的“规则组合”模式中，“L1 规则”是指具有母语特征的中介语规则。这种规则的产生，在 Selinker 看来，是语言迁移的结果。首先，母语与目的语的相互作用构成了“跨语言情境”（interlingual situation），这种情境为母语规则的迁移提供了前提条件。换句话说，离开两种语言的接触，语言迁移便不会发生。其次，“语际识别”（interlingual identification）（Weinreich，1953）为母语迁移创造了必要条件。按照这种理论，在学习者眼里，不同的语言现象也可以变成相同的。这是因为母语与目的语的某些特征相似，如形体相似，这样会“诱惑”学习者跨越两种语言的限制去进行比较和识别。法国人说英语时会把英语的卷舌音发成法语的小舌音 /r/，英国人说法语时，常把这个小舌音发成英语的卷舌音 /r/；北京人会把英语的 China /tʃaine/ 读成 /ts'aina/，母语为“中心词居首”的学习者常常说“我吃饭在五道口”。这些例子说明，学习者自觉或不自觉地在运用母语的规则来处理目的语信息，原因在于两种语言规则具有某种相似性。由于这种“语际识别”，便产生了“语际迁移”(interlingual transfer)。值得注意的是，并不是所有相似的语言现象都会发生迁移，语际迁移是通过选择的方式进行的。Selinker（1992：208）指出，如果母语迁移在中介语形成的过程中是一种“选择过程”，那就意味着某些母语结构和过程迁移的可能性比其他结构和过程更大。也就是说，母语与目的语结构相似并不是语言迁移的充要条件。语言迁移的发生，只有从概率的意义上说，才是可以预测的。

在 Selinker 的“规则组合”模式中，“L2 规则”是指带有目的语特征的中介语规则，这些规则的形成与学习者目的语规则的泛化相关。Selinker 认为，语言迁移并非绝无仅有，但也不是全部，因而它不可能是中介语产生的唯一根源。Selinker 的这种观点还基于学习者语言系统中存在的“非母语结构”(non-Ll-like structure）这一现实。许多研究也表明，语言迁移形成的中介语规则只占 30% 左右。大量的中介语规则（85%，Dulay & Burt 1973，1974）是由目的语规则泛化造成的。这种规则不带有母语特征，但反映了学习者的目的语特征。而且许多特征与儿童习得同一母语的特征相似。另外，不同母语背景的学习者享有共同的泛化现象。Selinker 曾以“What did he intended today？”为例来说明这个问题。首先，无论是英语儿童习得母语，还是第二语言学习者学习英语，都会出现这种过去时泛化现象；其次，不同母语背景的第二语言学习者也会出现同样的泛化现象。产生这种现象的原因有二：第一，英语儿童与第二语言学习者在习得过程中，都是在运用以前学过的规则和策略来解决和处理新情境中的新情况。如把表过去时的动词加后缀 -ed 的规则推而广之，这种规则类推的策略在陈述句规则动词的语境中是适用的，但在疑问句和不规则动词的语境中就不适用了。Richards（1974）曾指出，这些泛化的例子是学习者特定的学习策略与目的语相互作用的结果。学习者在接触目的语时似乎会普遍运用这些策略。第二，这种现象表明，学习者在学习某一特定规则时，并不是遵循母语的语法规则，而是遵循他们已知的目的语规则。面对两种语言的差别，他们不知道何时按照母语规则表达是保险的，所以，他们试图按照先前学过的目的语规则创造自己的语法，因而构成了带有目的语特征的中介语规则。

在 Selinker 的模式中，除了母语迁移和目的语规则泛化所构成的中介语规则之外，还有一些"其他规则"，这部分规则的来源比较复杂。虽然 Selinker 本人并未按照 Bialystok 的归纳做出解释，但从接触到的现有文献看，这部分规则至少包括三个部分：一是 Selinker 提出的其他三个中心过程，即由训练造成的迁移、学习策略和交际策略。这些过程都直接或间接地对中介语产生影响。二是 Nemser 提出的中介语系统的"自主"(autonomy of IL systems) 部分。三是 Corder 提出的来自普遍语法的"简单代码"(simple code)。

按照 Selinker 的观点，由训练造成的迁移也是中介语产生的根源之一。因为这种迁移既不同于母语迁移，也不同于目的语规则泛化。比如，塞尔维亚和克罗地亚的英语学习者在任何场合都用 he 来代表 she 或者 he。在学习者的母语中，男性"他"和女性"她"的区分和英语是一样的。因此，Selinker 把这种现象归因于双语情境中教师训练方法不当，即只出现 he 而很少出现和训练 she 造成的。

至于学习策略和交际策略这两个过程，Selinker 认为，它们在很大程度上影响着学习者中介语系统的表层结构。但究竟哪些策略以及这些策略是怎样运作的，目前还只是猜测，人们只能把中介语的某些现象大致归因于某些策略的影响。比如学习者面对大量的目的语输入，一时不能完全消化吸收，便将其简化为一种简单的系统。这是学习者普遍采用的一种学习策略，但这种简化也可能是运用交际策略的结果。学习者为了应付交际，避免言语的吞吐和不连贯，省略了暂时不影响交际的功能词，特别是当学习者的注意力放在交际内容而不是语言形式上时，这种情况就更突出。

Nemser（1971）在谈到中介语在结构上的独立性时指出，在中介语系统中，有些"非母语因素"(non-native-speech elements ）的言语既不能直接归因于"源语言"；也不能直接归因于目的语的影响。如他的匈牙利被试者在实验中常常把英语的 /θ/ 读成 /fθ/ 或 /sθ/；塞尔维亚和克罗地亚学习者常常混淆不同的句型，说出"What does Pat doing now?"这样的句子，这种中介音和中介语形式既不是语言迁移的结果，也不是目的语泛化的表现。Nemser 认为，这种现象至少有一部分是"自主"的，因为数据表明，大量的例证"来历不明"(参见 Selinker，1992：177)。产生这种中介语系统是学习者对正在变化中的中介语规则与目的语规则进行不同的"语际识别"的结果。有时候是学习者已有的中介语规则与一些"自主"规则相结合。显然，这些规则应包括在 Selinker 模式的"其他规则"中。

还有一种值得一提的观点是，Corder（1983）提出了中介语产生的另一根源，即“简单代码”。Corder 的观点基于这样一个事实，即第二语言学习者已经掌握了一种语言，有语言学习的经历。但考察一下学习者学习第二语言的初期语法，人们就会发现这种语法极为简单。比如，没有形态标志、没有系动词和冠词、语序相对固定等。这种简单代码具有两个特征：一是与洋泾浜的结构非常相似；二是与儿童习得母语初期的语言结构相似。像 This ++ car、No look my card 这样的例子，无论是在儿童习得母语的初期还是在成人学习英语的初期语法中俯拾皆是。这种简单代码的产生，在 Corder 看来，是第二语言学习者向其母语发展的初级阶段“回归”的缘故，因为第二语言学习者在其母语习得初期经历过这种简单代码的阶段。这种简单代码是最基本的，因此可以说，学习者是在向“普遍语法”回归（Corder，1983：24）。这实际上表明了普遍语法对简单代码的制约作用。这种受普遍语法制约的简单代码显然不同于学习者母语和目的语这两种复杂而完善的代码，因此，这种简单代码也就不同于母语和目的语所生成的中介语规则。所以简单代码也是中介语产生的根源之一。

1.2 Adjemian 的“渗透”模式

按照 Bialystok（1985）的解释，Adjemian 的“渗透”（permeability）模式是由学习者的母语系统及“基于目的语的发展系统”（the developing L2-based system），即中介语系统构成的。这个“发展系统”包括目的语规则和准目的语规则。母语系统不断地向这个中介语系统“渗透”。但是，仔细研读 Adjemian（1976）关于中介语可渗透性的理论阐述，我们发现，Bialystok 的概括是片面的。实际上，Adjemian 不仅指出了母语对中介语的渗透，同时还指出了目的语规则泛化及扭曲对中介语的渗透。他指出，这种渗透是以两种方式出现的：或是母语规则对中介语系统的渗透，或是目的语规则不恰当的概括及某种方式的歪曲。这种渗透性是中介语区别于其他自然语言系统的特征之一。由此看来，Adjemian 的模式是一种双向渗透模式。为了说明这种双向渗透特征，他做了如下图示（见图 2、图 3a、图 3b）：

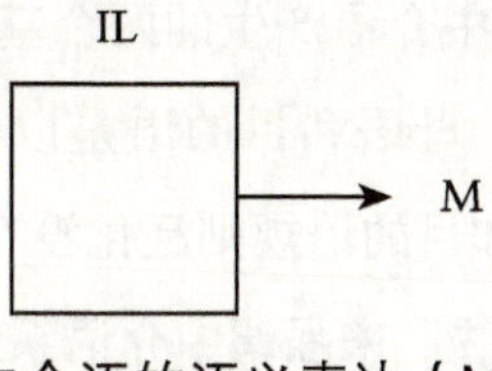

中介语的语义表达（M）

图 2

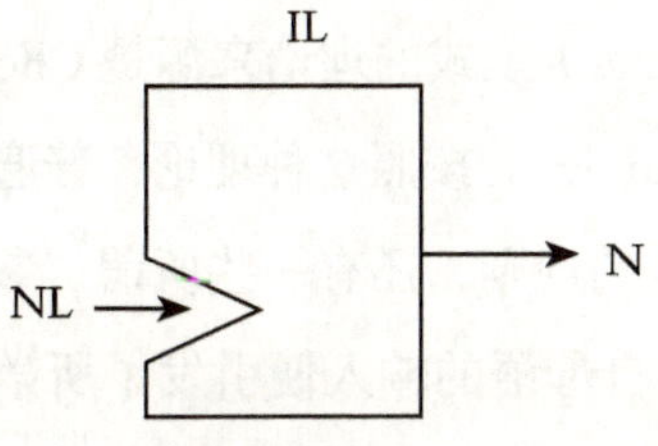

母语迁移（NL）

图 3a

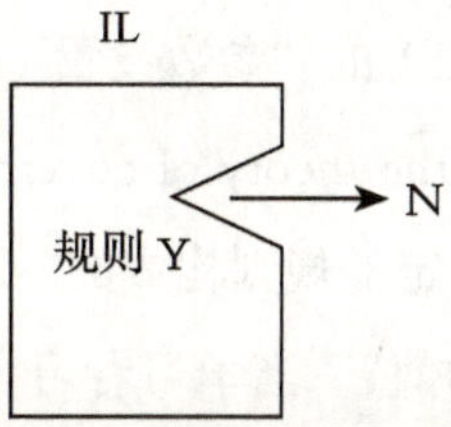

目的语规则泛化或中介语规则的其他调整

图 3b

图 2 的方框代表中介语的内在系统。假定这个系统很容易生成表达语义 M 的字符串，但由于这个系统缺少必需的规则表达语义 N，学习者在必须表达语义 N 时，就出现了来自母语规则的渗透现象，如图 3a 所示，图中方框的缺口表示母语规则的“侵入”。来自目的语规则的泛化与扭曲的渗透现象与母语规则的渗透方式略有不同，因为这种渗透不是规则的“侵入”，而是规则的扭曲和变形，使之既不同于母语规则，也不完全等同于目的语规则。因此，中介语系统必须做出某种调整，以容纳学习者特定的中介语形式，如图 3b 所示。由此看来，Bialystok 所概括的模式应修正为“双向渗透”模式，见图 4。

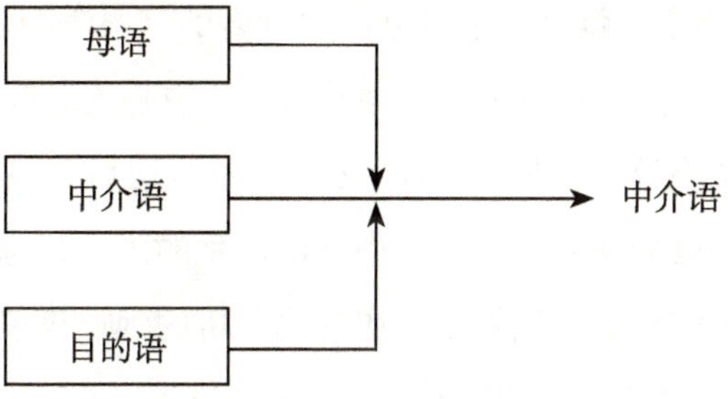

图 4

这种双向渗透模式表明了中介语产生的两个基本根源。与 Selinker 模式不同的是，在 Adjemian 的模式中，母语和目的语是以分立的方式向中介语渗透的，这似乎与 Selinker 的母语迁移和目的语规则泛化没有什么区别。Adjemian 则认为，虽是指同一现象，但他用“渗透”来强调中介语系统的可塑性。从渗透的方式上看，母语的渗透是语际间的，目的语的渗透则是在语内进行的。

1.3 White 的“参数设置”模式。

White（1992）的“参数设置”（parameter settings）模式的理论来源是 Chomsky 的“管约理论”（the theory of government and binding）。按照这种理论，普遍语法主要是由一些固定的规则构成的。除了这些固定的规则，还有一些所谓“参数”，即“一些有限的值”。当学习者习得母语时，来自母语的输入便引发了所学母语的一系列参数设置。关于母语参数设置的机制是否适用于第二语言学习者的问题，有两种截然不同的看法。有关这方面的讨论，我们将在下一节论及。

按照 White 的看法，学习者可以把母语参数设置运用到第二语言学习过程中，但是需要经过“参数重设”（parameter resetting）。White 的这种观点反映了他对中介语产生过程与根源的基本看法。他指出，母语参数设置是中介语语法的一部分，这部分中介语语法持续时间的长短，取决于第二语言参数重设产生的早晚。由此看来，White 把中介语产生的过程看作各种参数相继重设的过程。在谈到母语参数设置对第二语言参数重设的影响时，White 指出，第二语言学习者中介语语法中的某些参数设置机制，如同母语使用者内在语法的一部分。其言外之意是，第二语言某些参数重设是按照母语参数的“内在设置”（built-in setting）进行的。因此，有时候中介语语法会表现出母语参数设置的某些特征。比如，“我吃饭在五道口”这个例子，就反映了以英语为母语的汉语学习者在“中心词位置”（head position）这一参数的设置上，遵循其母语“中心词居首”（head-initial）的参数设置规则，而汉语在这个参数的设置上是“中心词居后”（head-final）。

White 对这个问题的看法，表明了中介语产生的内在根源，即语言迁移。但 White 对语言迁移的解释，显然不是按照对比分析的观点仅仅考察两种语言的表层结构相似与否。他认为，如果两种语言（L1 和 L2）享有一个共同参数，就会导致正迁移，如果参数不同，有些形式就会出现负迁移，学习者就面临着参数重设的问题。此外，White 认为，按照参数设置的模式，迁移涉及的不仅仅是表层结构，而是各种不同的层面。

关于学习者中介语系统中那部分既不同于母语规则又不同于目的语规则的中介现象，参数设置也提供了相应的解释。White 指出，普遍语法包括很多参数，很可能这些参数都需要重新设置。但是，这些参数的重设不可能同时进行。在这种情况下，各种参数的相互作用导致某些中介语规则既不同于母语规则，也不同于目的语规则。实际上，这部分规则既包括目的语规则的泛化，也包括 Selinker 模式中“其他规则”的部分。

上面我们考察了国外学者对中介语产生根源的三种代表性看法。这三种看法虽然基于不同的理论框架，但就其基本点而言，彼此并非绝对排斥，而是互相补充。这也反映了中介语产生根源的一致性。

2. 中介语与其产生的诸因素的关系

中介语与其产生的诸因素的相互关系是一个十分复杂的问题，这是由中介语产生根源的复杂性决定的。我们的最终目的显然不是为了证明这种关系的有无，问题在于该对这种关系做出何种解释。在此，我们着重讨论两个问题：中介语与母语和目的语的关系；中介语与普遍语法的关系。

2.1 中介语与母语和目的语的关系

从中介语产生的根源来看，学习者的母语和目的语系统是中介语产生的两个基本因素。换句话说，中介语与学习者的母语和目的语有着千丝万缕的联系。对这种关系的解释，理论假设不同，所构成的关系类型也就不同。国外学者对这个问题的看法，归结起来可以概括为以下几种类型：

（1）组合与替换关系。按照 Selinker 的“规则组合”模式，中介语是不同心理过程和策略对学习者母语规则和目的语规则进行直接或间接作用的结果。母语迁移和目的语规则泛化作为两种不同的心理过程和学习策略，分别通过对母语系统和目的语系统的相互作用，构成了学习者中介语系统的主要规则。这些主要规则与其他规则是一种组合关系。按照 Corder（1983）的观点，这种“组合与替换”

关系实际上是把中介语产生的过程看作“再结构”(restructure) 的过程。Corder 解释说:“这意味着，母语是第二语言习得的起点。”语言习得以母语结构的不断替换，或“再结构”的方式进行，至少在语音层面上如此。所以，这种“组合与替换关系”大体上可以解释为学习者母语和目的语规则与其他规则的“组合”，母语结构与目的语结构的“替换”。但是，这种规则的“组合”与“替换”是通过各种心理过程与学习策略的作用来实现的，母语规则与目的语规则是无法直接组合和替换的。Adjemian 曾对这种学习策略与语言规则的相互作用做过比较清楚的描述（见图 5）。

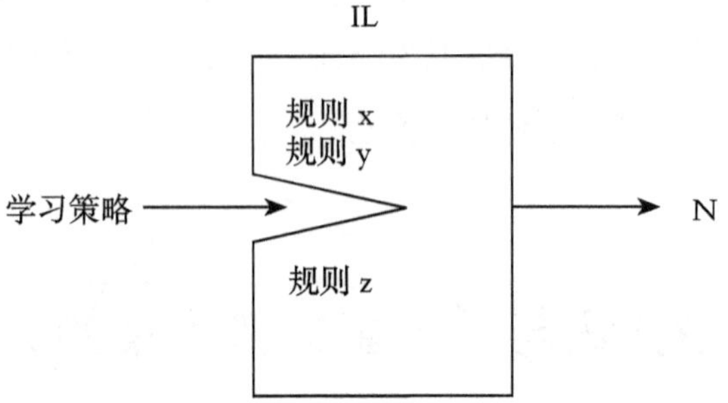

图 5

Adjemian 的描述表明，学习者在表达 N 时，中介语系统的变化，即规则的组合和变换等都是通过学习策略的干预来实现的。需要说明的是，这并不是 Adjemian 本人的观点。

（2）渗透与扩散关系。这种关系类型源于 Adjemian 的“双向渗透”模式。按照这种模式，母语和目的语作为各自独立的系统向中介语系统渗透。但是，Adjemian 并不认为这是所谓母语迁移和目的语规则这两种策略的简单运用，他强调的是中介语作为一个独立的语言系统，具有内在的自身可塑性，而母语和目的语并不具备这种特殊的可塑性。这意味着，母语和目的语与中介语这种渗透与被渗透关系并不仅仅是两种规则的“侵入”。实际上，他把这种“渗透”看作一种学习者不断变化的规则认知过程，这是中介语可渗透性的内在原因。需要进一步指出的是，在 Adjemian 的模式中并没有说明母语与目的语规则对中介语渗透之后情况的变化。我们认为，规则渗透之后还有一个“扩散”的过程。比如说，由于母语规则的渗透，以英语为母语的学习者在学习汉语的初期，会说“我吃饭在五道口”；但是“渗透”是一个不断变化的规则认知过程，在学习这一规则的第二个阶段，学习者可能把“我在五道口吃饭”和错误说法混在一起，直到最后阶段才完全掌握正确的规则。这种情形被称为“扩散模式”(diffusion model)。因此，这种“渗透与扩散关系”反映了母语、目的语与中介语相互作用的全过程。

（3）“方言共享”关系。这种关系是 Corder（1971）从方言的角度来描述中介语，并把它作为一种“特异方言”提出来的。Corder 认为，从语言学意义上讲，具有相同语法规则的两种语言是方言，因此学习者的语言是一种方言。但从非语言学标准看，方言是某一社会群体的言语行为，所以学习者的语言是一种特异方言。这种特异方言具有两种社会方言的特点：一是母语作为一种社会方言的特点，二是目的语作为一种社会方言的特点。Corder 将三者关系图示如下（见图 6）：

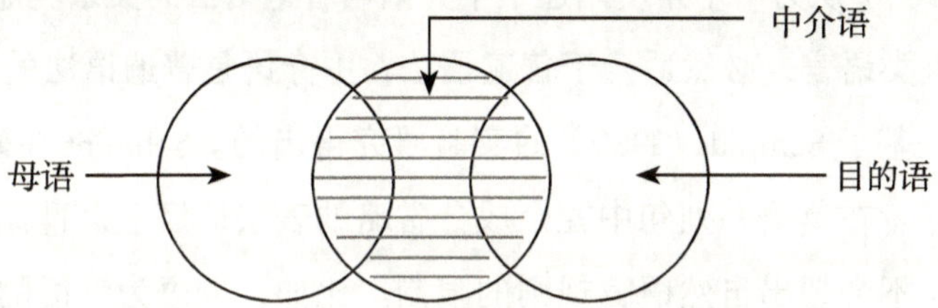

图 6

从上图可以看出，中介语与母语和目的语的关系有以下几个特点：一是中介语作为一种独立的语言系统，有其自身的语法规则（阴影不重合部分）；同时，它还具有与母语和目的语相似的规则（阴影重合部分）；第三，中介语具有不稳定的特性，Corder 称其为“过渡方言”(transitional dialect)。这就是说，中介语将从具有两种社会方言特征过渡到融入一种社会方言，学习者的最终目的是要掌握另一种社会方言，即目的语。从 Corder 对中介语与母语和目的语关系的图示可以看出，这种方言共享关系反映了他初期对中介语的认识，即中介语是一个“再结构”的过程，而不是他后期所主张的“再创造”的过程。

2.2 中介语与普遍语法的关系

在中介语产生的诸因素中，中介语与普遍语法的关系受到国外学者越来越多的关注。目前，有关普遍语法对第二语言习得的影响的看法主要有三种：一种观点认为，普遍语法仍然适用于第二语言习得，理由是第二语言学习者不可能仅仅通过第二语言输入去获得语言能力。持反对观点的学者认为，普遍语法已不再适用于第二语言习得，因为两种语言的差别以及第二语言学习者所面临的困难表明，母语习得与第二语言习得的机制大不相同。还有一种折衷的观点认为，普遍语法仍然适用于第二语言学习者，只不过他们是通过母语知识与其建立联系。这种看法似乎比前两种说法更有说服力。White（1989）的参数重设理论为这种观点提供了合理的解释。White认为，至少在最初阶段，学习者运用母语固有的“规则和参数”作为中介来处理目的语材料。但学习者并不停留在母语参数的设置上，相反，是用目的语的“值”进行参数重设。按照这种理论，学习者初期的中介语带有更多的母语参数的特征，到了后期就带有较多的目的语参数的特征，即中介语的各种形态都是由母语参数和参数重设相互作用的结果。

Cook（1985）从另一个角度阐述了中介语与普遍语法的关系。他认为，中介语作为一种人类语言，必然适合于普遍语法，中介语是普遍语法的体现。Cook的这个结论是基于Schmidt（1980）的实验研究得出的。Schmidt在研究中发现，第二语言学习者在英语并列句中冗余成分省略的表层语序上，遵循自然语言的表层语序，而不会超出自然语言规则的限制。比如，母语为汉语的被试者会说“John typed letter and Mary mailed”。这个句子虽不合英语的规则，但符合汉语的规则。尽管是母语负迁移造成的，但这个句子仍然在自然语言（汉语）规则的限制之内。学习者决不会造出“John the violin and Mary plays the piano”这样的句子，因为这超出了自然语言的限制。Schmidt的研究表明，如果中介语属于一种自然语言，那么，它与自然语言就有某些共同之处，因而从属于普遍语法的限制。

3. 中介语产生的诸因素及相互关系的评价

到目前为止，我们用了较大的篇幅对国外学者有关中介语产生的诸种因素及相互关系的理论观点进行了综合的考察、分析。从这些分析中，我们似乎可以做出如下几点理论概括：

（1）中介语的产生是各种因素相互作用的结果。其中语言迁移和目的语规则泛化是两个最基本的因素。从前面分析的三种理论模式可以看出，三者都把母语迁移、目的语规则泛化作为中介语产生的两个基本因素，尽管他们依据的理论截然不同。Selinker 从学习者不同的心理过程来阐述母语迁移和目的语规则泛化对中介语的影响，从而提出了这两种策略的心理语言学基础。Adjemian 是从中介语系统本身的可塑性来阐释学习者在目的语获得过程中规则认知的可变性或不稳定性，从而指明了中介语可渗透性的内在原因。White 则是从母语参数重设的角度来说明语言迁移的内在机制，为普遍语法与中介语产生联系打通了渠道。无论是语言迁移，还是规则渗透，或是参数重设，都是对同一现象做出不同的，但却是多侧面的解释。需要指出是，虽然语际迁移和语内迁移是中介语产生的两个基本因素，但这并不意味着中介语就是两种语言的“混合体”。首先，中介语不可能是两种语言直接混合。中介语是不同心理过程与母语和目的语相互作用的结果。况且，除了受母语和目的语影响所产生的中介语规则以外，有些中介语规则根本就找不到来源，完全是学习者自己创造的规则。另外，目的语规则泛化，按照 Adjemian 的观点，是一种语言规则的滥用或扭曲，根本不存在混合的问题。如果说中介语是一种“混合体”，也决不是两种语言的混合，而是多种因素的混合。

（2）中介语与其产生的诸因素——母语、目的语和普遍语法是一种依存的关系。换句话说，没有母语和目的语的相互作用，就没有中介语。即使是普遍语法，离开了“跨语言情境”也不会产生中介语。在 Selinker 和 Adjemian 的模式中，学习者的母语和目的语通过不同的策略对中介语产生影响，而普遍语法是通过目的语参数与母语参数的变换与重设来实现的。因此，那种认为中介语与母语和目的语“无任何联系”的说法是毫无根据的。既然是中介语，就不可能“不受任何现有语言的影响”。否则，中介语就成了无源之水，无本之木。“无联系说”认为中介语“在很大程度上受普遍语法影响”，但是离开母语参数设置，离开目的语参数的重设，普遍语法便成为空中楼阁。

（3）从我们归纳的中介语与母语和目的语的关系类型可以看出，Selinker 和 Adjemian 基本上把中介语看作一个“再结构连续体”（restructure continuum）。这就是说，中介语的起点是学习者的母语，中介语是一个以目的语规则逐渐替换其母语规则的过程，因为它们都把语际迁移作为一种占主导地位的因素。Corder（1971）的“方言共享”关系类型，反映了他早期著作中与这种观点相一致的看法。后来，他认为中介语是一个“再创造连续体”（recreate continuum）（参见

Corder，1978，1983；Ellis，1982）。总之，无论是“组合与替换”关系，还是“渗透与扩散”关系，或是“方言共享”关系，都有一个共同点，就是把中介语看作不断变化的连续体。而“中介”就是“中间”的看法恰恰忽视了中介语的动态特征。实际上，中介语这一连续体的任一点，即中介语发展的任何一个阶段都不是固定不变的。即使是位于“中间”状态的中介语也是在不断地向目的语发展的，而且这种变化比起一般的语言系统要快得多。所以，“中介”并不意味着“中间”，“中介语”也不能称为“中间语”。

综上所述，我们认为，中介语产生的诸因素及相互关系是一个问题的两个方面。根源搞清楚了，关系也就清楚了。问题在于，任何理论都不是十全十美的，只能从某一侧面反映所考察对象的某些本质。因此，若偏执一说，以偏概全，或推向极端，难免造成某些片面性。俗话说，真理再向前迈进一步就是谬误。因此，对中介语进行多侧面的综合考察和分析就能避免认识上的片面性。

:: 参考文献 ::

盛炎（1989）《语言教学与原理》，重庆出版社。

温晓虹（1992）习得第一语言和第二语言之比较，《语言教学与研究》第3期。

Adjemian, C. (1976) On the nature of interlanguage systems. *Language Learning*, 26 (2), 297-320.

Bialystok, E. (1985) The compatibility of teaching and learning strategies, *Applied Linguistics,* 6:155-262.

Bialystok, E. & Smith, M. S. (1985) Interlanguage is not a state of mind: An evaluation of the construct for second-language acquisition. *Applied Linguistics*, 6 (2), 101-117.

Cook, V. J. (1985) Chomsky's universal grammar and second language learning. *Applied Linguistics*, 6 (1), 2-18.

Corder, S. P. (1971) Idiosyncratic dialects and error analysis. *International Review of Applied Linguistics in Language Teaching*, 9 (2), 147-160.

Corder, S. P. (1978) Strategies of communication. In C. Faerch & G. Kasper (eds.),

Strategies in Interlanguage Communication. London: Longman.

Corder, S. P. (1983) A role for the mother tongue. S. In S. Gass & L. Selinker (eds.), *Language Transfer in Language Learning*. New York: Newbury House Publishers.

Dulay, H. & Burt, M. (1973) Should we teach children syntax? *Language Learning*, 23: 245-258.

Dulay, H. & Burt, M. (1974) A new perspective on the creative construction processes in child second language acquisition. *Language Learning*, 24: 253-278.

Ellis, R. (1982) The origins of interlanguage. *Applied Linguistics*, 3 (3), 207-223.

Nemser, W. (1971) Approximate systems of foreign language learners. *International Review of Applied Linguistics in Language Teaching*, 9 (2), 115-124.

Richards, J. (1974) Error analysis and second language strategies. In J. Schumann & N. Stenson (eds.), *New Frontiers in Second Language Learning*. Rowley Mass: Newbury House.

Schmidt, M. (1980) Coordinate structures and language universals in interlanguage. *Language Learning*, 30 (2), 397-416.

Selinker, L. (1972) Interlanguage. *International Review of Applied Linguistics in Language Learning*, 10 (1-4), 209-232.

Selinker, L. (1992) *Rediscovering Interlanguage*. Longman.

Tarone, E. (1982) Systematicity and attention in interlanguage. *Language Learning*, 32 (1), 69-84.

Weinreich, U. (1953) *Languages in Contact: Findings and Problems*. New York: Linguistic Circle of New York.

White, L. (1989) *Universal Grammar and Second Language Acquisition*. Cambridge University Press.

White, L. (1992) Universal grammar: Is it just a new name for old problems? In S. Gass & L. Selinker (eds.), *Language Transfer in Language Learning*, 5, 217.

原载《语言教学与研究》1994 年第 4 期

关于中介语研究方法的思考

1. 两种研究方法的比较

一个偶然的机会，我们收集到了一段非常具有启发意义的中介语片段。限于篇幅，现仅将与所讨论问题相关的部分摘录如下：

A：你打算在这儿学习五个月？

B：可能在这儿住一个年。在澳大利亚我还没毕业，我还有一年半……一个半年……

B：在中学毕业后，我一个年没学，转到另一个大学学习中文一年，再没学一年，再学一个半年，没学一个年……

我们注意到，在引文中共出现了八处“一＋（个）年”的表达方法，其中有五处出现了量词误用的情况。这种表达形式对有经验的对外汉语教师来说并不陌生，我们甚至还可以列举出许多类似的情况，如“一个天”“这个年”等。问题是：为什么在这两段短短的对话中连续出现量词“个”的误用情况？特别值得注意的是，学习者几乎是在同一时间、同一地点、同一情境中运用同一个规则，其言语表达的形式却明显不一致。一会儿“一年”，一会儿“一个年”，让人摸不着头脑。这种复杂的语言现象，显然不是一两句话能说清楚的。我们认为，研究任何问题，首要的是方法要对头。方法不对，不仅仅是事倍功半的问题，很可能还会南辕北辙，偏离研究的最终目的。为了更为真切地说明中介语研究的理论与方法在这一特定研究领域的重要性，本文试对量词误用用例的两种研究方法进行比较，并提出关于中介语研究方法的一些思考。

以往我们最熟悉的研究方法是采用语言描写的方法。通过对目的语使用规则的描写，对学习者产生的偏误做出解释。那么，以往的语言描写是怎样解释上述量词误用的语言偏误的呢？通常的解释是，汉语“年”“天”“分钟”等被称作“准量词”（刘月华等，1983），或“带有量词性的名词”（李德津、程美珍，1988），或“自主量词”（钱乃荣，1995）。也就是说，“年”这类词具有量词属性，因而不能在前面再加量词。按照这种解释，学习者混淆了量词“年”与名词“月”“天”的用法，误以为“年”与“月”“天”一样都是名词。这种分析应该说不无道理。但是，直接移植语言学的描写方法来解释学习者在第二语言习得过程中出现的问题，其解释力是很有限的。

原因之一，所谓“量词误用”，实际上是一种语言学的标签。研究者根据对目的语规则的描写，发现了学习者中介语与目的语规则不同的地方，然后用语言学描述的概念贴上“某某词误用”之类的标签。这种粘贴语言学标签的研究方法给人一种隔靴搔痒之感。一个有经验的对外汉语教师，只要将“一个年”这种非目的语形式与目的语规则做一个简单的比较，就会发现问题出在哪里。贴一个语言学概念的标签，暂且不说是否恰当，只能说大概是不费力的事。问题是，这种贴标签的方法只能标明问题出在哪里，并不能说明学习者为什么会出现这种问题，更不要说对学习者在同一情境中交替使用同一规则的两种不同形式这种语言变异的原因做出解释了。所谓“混淆”或“误用”之类的说法，可以看作这种研究方法为学习者的病因开的一付包医百病的药方，可以用来解释任何问题，但是最终却不能说明任何问题。

原因之二，对语言规则的描写，目的是对学习者晓之以理。但是实践告诉我们，语言能力的获得并非靠晓之以理就能奏效。Long & Sato（1984）在评价对比分析用语言学的分析方法来解释语言习得的弊病时指出，按照这种观念，社会生活中的语言问题似乎只要依靠对语言知识的了解就能解决了。但问题在于，这种观点忽视了其他方面的问题，如学习者和学习的环境。当然，我们并不是说语言描写不重要，问题是对第二语言学习者语言系统的研究只关注目的语规则的描写是远远不够的。我们不应该忽视真正的研究对象，即学习者的语言系统及其习得过程。语言学描写的研究方法实际上是把学习者的习得过程简单化的一种学习假设。这种假设把学习者言语输入与言语输出看作一种简单的因果关系，用公式来表述就是：如果 X，那么就 Y。也就是说，有了正确的言语输入（语言规则），老师教得得法，学习者的言语输出就应该是正确的。这种假设似乎与我们熟悉的行为主义学习理论有某些相似。按照这种假设，学习者学了“一 + 年”，就应该输出“一年”而不是“一个年”。但是，结果与这种假设并不吻合。

原因之三，语言学描写方法的局限。James（1980）在评价对比分析的研究方法时明确指出，对比分析把解释第二语言学习的某些方面看作他们的目的，但是，他们的工具是对学习者的母语和第二语言进行描写和比较。换句话说，他们的目的属于心理学，他们的工具却来自语言学。James 的批评表明，第二语言习得研究与语言学研究不同，套用语言学的描写方法来解决语言习得的心理问题具有很大的局限性。

从上述分析可以看出，理论方法的选择不是凭空而来的，这种选择是由我们的研究对象和研究目的决定的。中介语研究作为一个特定的研究领域，不能简单地套用语言学理论和方法，而必须采用与其自身相适应的理论和方法。如果我们的研究对象是学习者的语言系统及其习得过程，那么，我们必须选择一种能够系统阐释学习者习得规律的理论和方法，我们的着眼点应该放在对“学习者的语言系统”进行描写与解释上。按照这种思路，我们试图用另外一种方法对上述所谓“量词误用”现象做一个简要的分析。

首先，我们对上述量词误用情况做一个简单的分类，见表 1。

表 1　汉英中介语分类表

目的语形式	非目的语形式 1	非目的语形式 2
一年	一个年	一个半年
一年	一个年	一个半年
一年半	一个年	

分类表中有三种情况：一种目的语形式、两种非目的语形式。“一个年”与“一个半年”这两种非目的语形式，表面上看，似乎是目的语中量词“个”的泛化造成的。理由是，英语中不存在量词“个”。但是，如果我们认为只是量词“个”的泛化，便无法解释“一个半年”产生的原因，因为在汉语中不存在“一半年”的说法。所以，我们怀疑是其他原因造成的泛化。在英语中有 a year 和 a half year 的表达形式。如果不定冠词 a 被译成“一个”，这种泛化便不是量词“个”的泛化，而是教学或翻译的原因造成的数量结构“一个”的泛化。那么如何从理论上解释这种泛化过程的心理机制呢?

按照 Ellis（1985）的阐述，我们认为，这种泛化产生的原因与学习者在习得过程中的“假设形成”（hypothesis formation）与“假设检验”（hypothesis testing）有关。从某种意义上说，第二语言的习得过程是学习者不断形成关于目的语规则的假设并对这种假设不断进行检验的过程。那么，学习者在习得新规则的时候是怎样形成关于目的语规则的假设的呢？Faerch & Kasper（1983）认为，学习者主要通过三种方式形成关于目的语规则的假设：一是根据自己已有的语言知识；二是根据输入的语言材料推论；三是前两者兼而有之。“一个年”显然是学习者通过已经获得的目的语知识进行推论的结果。一般来说，这种泛化是建立在学习者已有的目的语规则基础之上的。当学习者掌握了“一个月”“一个星期”之类的表达形式之后，在表达“年”的概念时，便会将前者的表达方法推及至后者。如果我们认为“一个年”是数量结构“一个”的泛化，那么，这种泛化实际上是建立在对“一个”这种结构的搭配规则的假设基础之上的。换句话说，“一个”这种数量结构的泛化是学习者对目的语规则进行假设的具体表现。另外，泛化作为第二语言学习者的一种重要学习策略，还体现在对已有的假设进行检验上。因为语料的限制，我们无法观察学习者是通过何种策略对其假设进行检验的。按照他们的解释，学习者会得到母语使用者肯定或否定的反馈。比如，学习者将获得的言语输入与自己的假设进行比较，根据得到的反馈不断修正自己的假设，并最终获得目的语规则。

那么，如何解释目的语形式与非目的语形式交替出现这种语言变异现象呢?这个问题涉及“自由变异”（free variability）的理论。Gatbonton（1978）在运用“扩散模式”（diffusion model）描写学习者语言发展的过程中发现了一个非常有趣的现象。学习者在其中介语规则发展的第一个阶段将某一种语言形式用于所有的环境，当导入第二语言形式时，便在所有的语言环境中交替使用两种语言形式。换句话说，这两种语言形式被用作自由变体，即两种语言形式对应于一种语言功能。“一年”和“一个年”是一种典型的自由变异现象。学习者之所以在同一言语情境交替使用这两种语言形式，是因为他把这两种形式作为可以互换的自由变体。这说明学习者在现阶段还不能确定这两种形式与其表达的功能之间的映射关系。Ellis（1985）认为，第二语言习得是一个形式与功能不断分类、整合的过程。自由变体的存在表明这种整合不是一次完成的，也许需要几次的分类与整合，自由变体才能消失，才能最终建立符合目的语规则的形式与功能的关系（许多学习者也许永远都无法建立这种对应关系）。由于语料的限制，我们无法考察这个学习者是否最终习得了这种对应关系。但是一般来说，学习者到了语言习得的“替代期”(replacement phase)，通过规则的再分类与重新组合，便有可能建立正确的形式与功能的映射关系。由于和言语的经济原则相冲突，自由变体便会自动消失。总之，自由变体的出现是造成中介语不稳定性的一个重要原因，它可以揭示学习者获得目的语规则的内在动态过程，而自由变体的消失也意味着新规则的最终获得。通过学习者语言系统中存在的自由变体现象，我们可以大致确定学习者在习得过程中的特定发展阶段。

从上述两种分析方法可以看出，选择恰当的理论与方法对中介语的研究是至关重要的。由于我们面对的是“学习者的语言系统”，我们在研究类似“一个年”这类“特异的”(idiosyncratic)语言现象的时候，不能简单地套用语言学的方法，因为语言学研究与第二语言习得研究的对象及性质不同，采取的研究方法也应该不同。如果将语言学的研究方法直接移植到中介语这个特定的研究领域，必然会削足适履，大大限制我们观察问题的视野。

2. 关于中介语研究方法的思考

上一节的分析虽然仅限于量词误用这一个语言片段的分析，但是观察问题的两种不同角度和分析方法却带有普遍意义，揭示出了中介语研究中许多值得思考的问题。

思考之一：关于中介语研究方法的理论定位。所谓研究方法的理论定位是指研究方法所依据的理论基础或理论假设。任何一种研究方法的选择都意味着某种理论的选择，不管这种选择是有意识的还是无意识的。Hatch & Farhady（1982）、Bialystok & Swain（1978）等指出，不同的研究问题来自不同的理论导向，自然需要不同的研究方法和程序。Long & Sato（1984）也认为，研究方法是由研究者的理论导向决定的。中介语的研究也不例外，研究方法问题总是反映这个领域的理论导向。

但是 Ellis（1984）就此发表了不同的看法。他认为，特定的理论观点与特定的研究方法之间不存在必然的联系。研究方法可以描述为三个维度的一系列选择：（1）研究的时间维度；（2）语料的收集方法；（3）语料的处理方法。时间维度包括共时研究和历时研究；语料收集的方法包括自然语言的收集、通过实验任务收集、通过内省的方法收集等；语料的处理包括定量分析和定性分析。实际上，任何一种研究都通过上述选择进行组合。

很显然，Hatch 等人与 Ellis 关于中介语研究的理论与方法的关系问题看法是不一致的。但是，在我们看来，他们的看法之所以不一致，是因为他们讨论的不是一个层面上的问题。Hatch 等人讨论的是中介语研究中的理论方法问题，也就是通常所说的理论导向问题，他们不涉及具体的研究方法。Ellis 所说的研究方法则是指实现特定研究、具有可操作性的技术路线。因此，我们有必要区分“理论方法”（methodology）与一般研究中涉及的“具体方法”（technique）这两个不同层面的概念。Ellis 所说的研究方法的三个维度，是在大部分研究中都要选择的一般研究方法。但是即使是这种具体的研究方法，也是由研究者所要研究的问题、研究的动机以及语料的类型决定的。正如 Hatch 等人指出的那样，关于特定时间的语言变异和不同时间特定语言结构的演变，通过横向的共时研究是无法回答的；关于智力的作用以及教育水平的社会心理学问题也无法通过单一被试的历时的个案研究来回答。

我们赞成这样的观点，即任何一种研究方法的选择都蕴含着某种理论的选择与定位。即使这种选择没有明确的理论定位，也至少蕴含着某种潜在的理论假设。在“一个年”的不同分析方法中可以看到，用语言学的描写方法来解释第二语言习得的问题，客观上反映了一种潜在的行为主义学习理论的假设。在第二种研究方法中，用自由变异的观点来解释“一年”和“一个年”两种表达方式共存的现象。这种研究方法实际上是建立在这样一种理论假设的基础上的，即第二语言习得是一个形式与功能不断分类、整合的过程。用建立假设与检验假设的观点来分析“一个年”这种量词误用的现象，反映了研究者把学习者习得新规则的过程看作是学习者不断形成关于目的语规则的假设并对这种假设不断进行检验的过程。由此看来，理论与方法总是并行不悖的。理论的证明可以采用多种方法，但是方法的选择却要受到理论的制约。中介语作为一种特定的研究领域，自然在研究方法上受到其理论假设、材料类型以及研究目的的影响。目前，对外汉语教学界流行着这样一种看法，所谓中介语研究，无非是将学习者的目的语规则描写清楚，然后与其母语进行对比。其目的是要找出差别，认为只要找出差别，问题也就解决了。这种看法实际上是国外 20 世纪 60 年代流行的对比分析方法的翻版。实践证明，这种建立在行为主义学习理论基础之上的研究方法，无论在理论上还是在实践上都是行不通的。如果一种声称是预测和分析学习者习得过程中问题的理论，在研究方法上却置学习者及学习者的语言系统于不顾，而仅仅热衷于两种语言的语言学描写和对比，那怎么能对学习者的习得过程做出科学的解释呢？如果真的存在这样一种理论，那么这种理论只能是一种脱离学习者实际的理论。

思考之二：中介语语料的收集方法。中介语作为一个特定的研究领域，其语料的收集方法自然与其特定的理论导向有着密切的关系。在中介语语料的收集过程中，我们遇到的第一个问题就是语料的真实性问题。什么是真实的语料？不同的理论对这个问题的看法有很大的差别。

Tarone（1983）列举了三种不同的看法：第一种是 Adjemian（1976，1981）提出的“单一能力”（homogeneous competence）的研究范式。在他看来，与学习者的“言语表达”（speech product）相对应的“语法直觉”（grammatical intuitions）反映了学习者真实的语言能力。那么，真实的语言材料“一定是那些学习者根据语法直觉生成的语言材料，而不是在面谈时偶尔记录下来的那些语言材料”。也就是说，只有那些能反映学习者语法直觉能力的语言材料才是真实的。

第二种是 Krashen（1981）提出的“双重能力”（dual competence）的研究范

式。他认为，第二语言学习者的中介语是由两个完全独立的知识系统构成的。一种是通过习得获得的“隐性知识”(implicit knowledge)，一种是通过学习获得的“元语言知识”(metalinguistic knowledge)。语言能力只有通过习得才能获得，学习获得的知识只起监控的作用。因此在他看来，学习者在自然状态通过习得的知识系统生成的语言材料才是反映学习者真实语言能力的真实材料，在语言监控很好的条件下生成的语言材料并不能反映学习者真实的语言能力。

第三种是 Tarone（1979，1982）提出的“可变能力连续统”(variable capability continuum) 的研究范式。在她看来，学习者的语言能力是由不同的语言风格构成的连续统。连续统的一端是随便体，另一端是严谨体。当学习者处在非正式场合时，很少注意语言的形式，其语言输出便是一种随便体；当学习者处在正式场合时，比较注意语言输出的形式，便形成一种严谨体。此外，学习者语言风格的变异与不同的学习任务有关。在自由交谈、朗读语言片段、模仿造句以及语法判断等不同的交际任务情况下，学习者的语言输出呈现出不同的语体风格，发生不同的变化，由此构成一个连续统。这种语言的变异为研究者提供了不同风格的语言材料。按照 Tarone 的理论，在这些不同风格的语言材料中，只有随便体才是最真实的语言材料。

上述三种研究范式中，前两种显然具有一定的局限性。我们知道，各种环境变量对学习者的中介语系统有着直接的影响，自然对我们所收集的中介语语料的信度和效度也产生直接的影响。因此，Tarone 的理论具有重要的方法论价值。收集中介语语料不能不考虑环境因素和任务效应的影响。在具体的研究中，到底哪些语料是真实的主要取决于研究者要研究的问题。Ellis（1985：89）认为，如果研究者对随便体的语言风格感兴趣，就需要那种即兴的语言材料；如果对严谨体的语言风格感兴趣，就需要通过诱导的方法获得语言监控条件下产生的语言材料；如果对中介语的整个变异系统感兴趣，那么就需要来自各种条件下的语言材料。因此，所谓“真实”也是相对而言的。不过，按照 Labov（1970）的观点，随便体的语言材料是最稳定的，因为它代表了说话者最真实的语言。语言监控条件下的语言输出与自然条件下的语言输出有很大的差别。与其他类型的中介语风格相比，随便体的语言风格是更能够反映学习者真实语言能力的基本语言材料。

在中介语语料的收集过程中，我们遇到的第二个问题就是如何获得真实的语料。收集语料的方法是多种多样的，Seliger & Shohamy（1989）曾就典型的材料收集方法做过系统的描述。他们把定量分析和定性分析作为材料收集方法这个连续统的两端，并列举了连续统中所包含的收集材料的方法，如观察法、交谈法、口头报告法、问卷法、测试法等。Ellis（1984）将语料收集的方法分为三类：自然语言的收集、通过实验任务收集以及通过内省的方法收集。显然，不是所有的方法都适合特定的研究。因此，要获得真实的语料，选择恰当的收集方法才是最为重要的，其中一个重要的原则就是要根据所要研究的问题选择适当的收集材料的方法。这是因为，收集材料的方法取决于研究设计的方法，研究设计的方法取决于所要研究的问题的性质。因此，收集材料的方法最终取决于研究问题的性质。以"一个年"这类量词误用的情况为例，如果我们在学习者的言语表达中发现了"一个年"与"一年"两种形式并存的现象，就应该考虑语言变异的问题。那么，收集语料时就应该考虑语言环境与任务效应的影响，要收集学习者在自然状态下输出的语言材料。比如在学习者完全没有意识到的情况下自由交谈与年份表达相关的话题，因为只有这种条件下的语言材料才具有稳定性，才能够比较系统地观察语言变异的系统与非系统变化。如果研究者要考察学习者的语言监控效应，就不仅要考察自然状态下的言语输出，而且要观察语言监控比较好的情况下的言语输出。比如，给出带有年份表达的正误两种句子，让被试者进行语法判断，然后将两种情况下语言输出的统计数据进行比较，就可以看出是否存在语言监控效应。如果只考察一种情况下语言表达形式的变化，那么所获得的材料是不足以说明语言监控效应的。这个例证表明了这样一个原则：中介语语料的收集要考虑学习者语言变异连续体的"全距"(range)。我们可以称其为语料收集的范围原则。

中介语语料收集要考虑的第二个原则是数量原则。如果研究者选择定量分析的研究方法，没有一定的量在统计学上是不足以说明问题的。Lightbown（1984）指出，如果我们的研究主要是由观察到的数据开列的名单和逸闻趣事构成——无论多么有趣和真实，这样的研究对我们理解第二语言的习得过程都不会带来任何实质性进展。由于学习者的个体差异，其语言系统的变化千差万别，没有量的统计很难发现其规律性，而且许多中介现象的印证都需要大量的语料统计。比如关于母语负迁移现象，从表面上看来，“我吃饭在五道口”这种负迁移现象似乎确定无疑。但是，Selinker（1992）曾经指出，母语负迁移的现象不是一个有与无的问题，这种现象应该在概率的层面上来认定。如果我们收集的材料只是来源于某个学习者或某个群体，就不具有代表性。如果被试者数量很少，也难以进行统计推理。

第三个要考虑的问题就是在收集材料时切忌材料来源不清。所谓材料来源不清，一是收集对象背景不清。如果我们要考察学习者母语负迁移的现象和原因，就必须清楚学习者的母语背景，因为母语背景对学习者的语言输出有直接的影响。母语不同，母语负迁移的情况也不同。二是收集方式不清。研究者获得的语料是口语还是书面语？是自然语料还是诱导的语料？如果把它们混淆在一起，便无法得出正确的结论。

最后一个问题是收集语料方法的信度和效度问题。Seliger & Shohamy（1989）认为，信度和效度是体现语料收集质量的两个最重要的标准。信度可以提供这样一种信息，即语料收集的方法是否准确地收集到了研究者所需要的材料；效度所提供的信息则是，研究者选择的收集材料的方法在多大程度上反映了研究者所要收集的材料。工欲善其事，必先利其器。为了保证收集方法可靠有效，可以采用以下三种方法：一是尽量采用已有的方法，省事便利。二是修改已有的材料收集方法。通常情况下，研究者很难找到与自己的研究完全一致的收集方法。这时选择一种相近的收集方法，做些适当的删改，不失为一种好办法。三是创造一种适合自己研究的新的收集材料的方法。

总之，语料的收集方法决定着研究的成败。大原则应该是根据自己研究的问题来选择材料收集的方法，同时要考虑到中介语研究的理论模式对所选择的收集方法的要求和限制。

思考之三：中介语语料的分析方法。就一般的分析方法而言，语料分析的方法不外乎定性分析和定量分析。中介语的语料分析虽然也离不开这两种方法，但是中介语作为一个特定的研究领域，语料分析的方法往往与研究者采用的理论模式或假说有密切的关系。Long & Sato（1984）认为，研究者不能凭空去选择收集语料和分析语料的方法，他们总是要受到收集的语料类型、研究目的与动机的影响。换句话说，研究者的理论导向决定了语料收集以及语料分析的方法。

从第二语言习得研究发展的历史来看，中介语的研究总是在一定的理论背景下进行的。在对比分析流行的年代，大部分第二语言习得的研究都是在对比分析的理论框架范围内进行的。在这种理论背景下，学习者的语言系统还未成为研究的对象，研究者的目光主要放在两种语言的对比上。偏误分析作为中介语研究的开端，把研究的目光集中在学习者产生的偏误上。研究者们大量收集学习者的语言偏误，对其进行分类，试图对学习者偏误产生的原因做出解释。但是偏误分析从一开始就没有一个系统的理论框架，因而受到了许多批评。从 Corder 开始，偏误分析试图对学习者的习得过程做出解释。中介语理论的产生使得对学习者的语言系统的分析纳入了认知研究的理论框架。Selinker 的研究基本上还是采用对比的定量分析方法，Nemser 采用的是实验的方法。随着中介语研究的发展，产生了许多理论模式，研究者在各自的理论模式中采用的分析方法也各不相同。Hatch 的 “外国式语言”（foreigner talk）研究采用的是话语分析的理论和方法，Long 采用的是话语交际中的话语交际功能的分析方法。这些研究中采取的语料分析方法都是与他们的理论密切相关的。因此，中介语研究在分析方法的选择上首先要考虑分析问题的理论框架，应该以科学的理论为导向。

3. 目前中介语研究在方法上存在的问题

Lightbown（1984）讨论第二语言习得在研究方法上存在的问题时，提出了六个方面的问题，现摘引如下：（1）在研究方法上一个最严重的问题是不能进行重复性研究；（2）在对第二语言学习者的言语行为进行解释时，没有考虑到足够的相关材料；（3）只在单一的情景中运用单一的方法收集中介语语料；（4）收集数据的方法不恰当；（5）在假设检验的研究中满足于对逸闻趣事的材料进行分析，缺乏定量分析；（6）在实验研究中或获得 “基线语料”（baseline data）时，收集数据的手段不可靠。

笔者认为，这六个方面的问题基本上反映了汉语中介语研究在研究方法上存在的问题。目前汉语作为第二语言的学习者的中介语研究，采用定量分析的研究比较少。即使有个别的定量分析，其他研究人员也无法在原来研究的基础上进行重复性或检验性研究，或者说，这些定量分析经不起重复性检验。在对学习者的中介语进行描写和解释方面，缺少明确的理论框架。有些研究基本上是袭用语言学的描写方法，开列名单式的病句分析。Lightbown 认为，这种描写研究所做的解释大部分是胡猜，是一种事后的解释性猜测。

关于语料的收集方法，目前最大的问题是有些研究由于收集方法不当，对材料进行分析和解释时以偏概全。有些研究仍然局限于枚举式，缺少足够的相关材料和数据。另外一个问题是，用偏误分析的方法分析语料时，缺少基线语料。研究者往往通过个人直觉来判断，缺少中介语语料与基线语料的对比。此外，收集语料的手段缺少信度和效度，主要表现在问卷的设计、调查表的项目设计上。有些研究提出的观点缺少可靠性，主要是因为问卷的设计缺少明确的理论支持，调查项目有时并非是研究者所要研究的问题。另外，有些统计基本上是对原始数据的描述，缺少推理。

上述研究方法上存在的问题不仅仅是研究方法问题。理论是基础，方法是实现研究目的的手段。有了科学的理论导向，中介语研究才会有深厚的基础；有了科学的方法，中介语研究才会健康地发展。

:: 参考文献 ::

李德津、程美珍（1988）《外国人实用汉语语法》，华语教学出版社。

刘月华等（1983）《实用现代汉语语法》，外语教学与研究出版社。

钱乃荣（1995）《汉语语言学》，北京语言学院出版社。

Adjemian, C. (1976) On the nature of interlanguage systems. *Language Learning*, 26 (2), 297-320.

Bialystok, E. & Swain, M. (1978) Methodological approaches to research in second language learning. *McGill Journal of Education*, 13 (2), 137-144.

Corder, S. P. (1967) The significance of learners' errors. *International Review of Applied Linguistics in Language Teaching*, 5 (1-4), 161-170.

Ellis, R. (1984) A discussion on the methodological issues in interlanguage studies. In A.

Davies, C. Criper & A. Howatt (eds.), *Interlanguage*.

Ellis, R. (1985) *Understanding Second Language Acquisition*. Oxford: Oxford University Press.

Faerch, C. & Kasper, G. (1983) Process and strategies in foreign language learning and communication. *Interlanguage Studies Bulletin*, 47-118.

Gatbonton, E. (1978) Patterned phonetic variability in second language speech: A gradual diffusion model. *Canadian Modern Language Review*, 34 (3), 335-347.

Hatch, E. (1978) Discourse analysis and second language acquisition. In E. Hatch (ed.), *Second Language Acquisition*. New York: Newbury House.

Hatch, E. & Farhady, H. (1982) *Research Design and Statistics for Applied Linguistics*. New York, Newbury House.

James, C. (1980) *Contrastive Analysis*. Oxford: Routledge.

Krashen, S. (1981) *Second Language Acquisition and Second Language Learning*. Oxford: Pergamon Press.

Labov, W. (1970) The study of language in its social context. *Sociolinguistic Patterns*, 183-259.

Lightbown, P. (1984) The relationship between theory and method in second language acquisition research. In A. Davies, C. Criper & A. Howatt (eds.), *Interlanguage*.

Long, M. (1983) Native speaker/Non-native speaker conversation and the negotiation of comprehensible input. *Applied Linguistics*, 4 (2), 126-141.

Long, M. & Sato, C. (1984) Methodological issues in interlanguage studies: An interactionist perspective. In A. Davies, C. Criper & A. Howatt (eds.), *Interlanguage*, 253-279.

Nemser, W. (1971) Approximative systems of foreign language learners. *International Review of Applied Linguistics in Language Teaching*, 9 (2), 115-124.

Seliger, H. W. & Shohamy, E. (1989) *Second Language Research Methods*. Oxford University Press.

Selinker, L. (1972) Interlanguage. *International Review of Applied Linguistics in Language Teaching*, 10 (1-4), 209-232.

Selinker, L. (1992) *Rediscovering Interlanguage*. Longman.

Tarone, E. (1979) Interlanguage as chameleon. *Language Learning*, 29 (1), 181-191.

Tarone, E. (1982) Systematicity and attention in interlanguage. *Language Learning*, 32 (1), 69-84.

Tarone, E. (1983) On the variability of interlanguage systems. *Applied Linguistics*, 4 (2), 142-164.

原载《汉语学习》2000 年第 3 期

跨文化研究的新维度

——学习者的中介文化行为系统

1. 绪论

20 世纪 80 年代初，交际文化理论的提出在对外汉语教学界引起了一场文化研究的大讨论。然而，十几年过去了，却很少有人对这十几年间跨文化研究的方法进行深入的思考。本文试图对这些方法进行简要的考察，并提出跨文化研究的新维度。

纵观对外汉语教学界跨文化研究诸种方法，最具代表性的大致有三：一曰文化对比分析法；二曰文化内涵揭示法；三曰交际 / 语用功能分析法。试分述如下：

1.1　文化对比分析法

对比分析的方法作为指导外语教学的系统理论，主要是由 Lado（1957）在《跨文化的语言学》(*Linguistics Across Culture*）一书中提出的。这种建立在结构主义理论基础之上的方法，在当时国外的第二语言教学领域曾风靡一时。然而，文化对比的观点作为对比分析的一部分，并没有引起人们的重视。有趣的是，30年后，文化对比的方法对我国外语教学和对外汉语教学领域的跨文化研究却产生了深远的影响。目前在对外汉语教学界，文化对比几乎成为所有研究者的共识。最具代表性的是张占一的交际文化理论。张占一、毕继万（1991）认为：“没有对比，就很难找出差异，自然也就无法发现直接影响交际的文化因素。”吕必松（1991）也指出，这类文化因素往往是本族人习焉不察的，只有通过对比研究才能揭示出来。赵贤州（1989）列举了十二项交际文化。张占一、毕继万（1991）则从语言、文化和交际三方面入手，以交际形式、交际误点、交际误因为项目，归纳了语言和非语言交际十余个对比的细目。陈光磊（1992）则提出了从“语言结构、语义呈现、语用性能”三方面考察相关的文化内容。显而易见，上述研究尽管在提法上略有差异，但在研究方法上大同小异。我们从中隐约可以看到Lado文化对比分析理论的影响。

1.2 文化内涵揭示法

这种研究方法不是直接从两种语言和文化的对比入手，而是从目的语本身所包含的文化因素入手，从不同的角度来揭示其含义。胡明扬（1993）探讨了最有可能直接影响学习者语言学习和使用的那些文化因素。如制约汉语语汇文化内涵的自然地理环境因素，特定的物质生活条件、社会和经济制度，特定的精神文化生活，特定的风俗习惯和社会心态以及特定的认识方式等。不难看出，胡明扬采用一种“暗比”的方法来揭示汉语语汇的文化内涵。这种非直接的对比显然是以学习者的母语为参照系的。不过，不是一对一的具体对比，所列各项大都是目的语文化中所含有的特定的文化内涵。陈建民（1994）采用的研究方法则侧重揭示汉语言文字中与制度文化和观念文化相关的文化因素，如汉语礼俗词语中所反映的汉民族的礼俗文化，汉语某些词语反映的汉人的思想观念、思维方式和习惯、人们的价值观念、民俗心理、风土民情和民族感情，等等。这种研究方法是从社会文化的角度来揭示汉语言文字的文化内涵的。此外，王魁京（1994）从第二语言学习中的跨文化现象入手，来揭示汉语语音、词汇、语法层面和学习者在目的语各层面的理解与生成过程中出现的跨文化现象。这种研究方法不仅揭示了蕴藏在汉语各层面的文化因素，而且把目的语文化内涵的揭示与学习者第二语言习得过程中的跨文化现象联系在一起，试图从目的语文化解码中找出学习者产生跨文化现象的原因。

1.3 语用/交际功能分析法

所谓“语用/交际功能分析法”，是指从语言的运用和交际功能方面来研究学习者在跨文化交际中的跨文化现象。值得一提的是 Thomas（1983）的研究，她运用语用学理论来分析第二语言学习者的“跨文化语用失误”(cross-cultural pragmatic failure)。这种语用失误可分成两类：一类是“语言-语用失误”(pragmalinguistic failure)，另一类是“社交-语用失误”(sociopragmatic failure)。吕文华、鲁健骥（1993）运用 Thomas 的理论对外国人学汉语的语用失误做了具体的分析和探讨。Thomas 不仅举例分析了学习者由于思维方式的差异造成的在汉语表达中肯定 / 否定、近指 / 远指和时间表达上的语用失误，而且分析了学习者在称呼、道别等社交方面出现的语用失误。值得强调的是，吕文华和鲁健骥在文章中指出了中介语理论在语用失误分析上的局限，这意味着对外汉语教学中的跨文化交际研究需要一种新的理论和研究方法。

上面我们对三种主要的跨文化研究的方法进行了简单的描述，但在此不打算对上述研究方法逐一进行评论，只是想就这些方法的预测力和解释力提出一些值得深入思考的问题，以使我们在建构新的理论框架时避免理论上的偏颇。

长期以来，人们大都热衷于两种语言、文化的对比，可是很少有人对这种对比的预测力和解释力表示怀疑。比如说，文化对比确实可以揭示两种文化的差异，但是这种差异是否就是学习者在文化习得[①]过程中实际遇到的文化障碍？具体说来，中英文地址书写顺序的不同反映了两种不同的思维方式，但这是否意味着所有的学习者在书写中英文地址时都会出现迁移的现象？假如这确是一种普遍现象，那么产生这种迁移的条件和认识基础是什么呢？显然，仅靠对比是无法做出解释的。另外，学习者的某些文化行为，如在交际中采取的回避策略、某些行为的泛化现象，并非是由两种文化的差异造成的。对此，文化对比显然无能为力。就文化对比本身而言，两种文化中“你有我无，你无我有”怎么比？两种文

① 本文把“文化学习”和“文化习得”看作可替换的两个概念，为避免与一般的“文化学习”相混淆，故采用“文化习得”的说法。

化中共有的但有差别的现象又如何比？目前没有一定的理论依据，也缺少科学的理论框架来支撑。至于文化内涵揭示法，虽然有时也采用一种“暗比”的方式，但基本上是用母语使用者的眼光来揭示文化因素。那么，这种“国人”的眼光是否符合学习者文化习得的心理过程呢？我们不得而知。语用失误分析的确进了一大步，因为这种方法从学习者的文化交际行为入手，采用语用分析的理论方法，因而更有针对性。但是这种分析方法还缺少系统性，没有把学习者的跨文化交际行为作为一个系统来研究。因此我们的目的是，试图找到一个适合描写学习者特有的文化行为的理论框架，对学习者在第二语言习得过程中形成的文化行为进行系统的研究。这就是我们要讨论的“学习者的中介文化行为系统”。

2. 学习者的中介文化行为系统

2.1 “中介文化行为系统”的定义和概括

所谓“中介文化行为系统”，是指第二语言学习者特有的一种文化行为系统。或者说，是指第二语言学习者带有中介文化特征的言语行为系统。这种中介文化行为系统，既区别于学习者的母语文化行为系统，也不同于学习者的目的语文化行为系统。然而，它却带有两种文化的某些特征，因此这个系统是以学习者的中介文化行为或中介文化现象为研究对象的。这种中介文化行为和现象在汉语学习者的言语交际中是屡见不鲜的。我们说过，中文地址的书写顺序是由大到小，英文地址的书写顺序恰好与中文相反。可是，对于初学者来说，事情远非这么简单。我们发现，尽管学习者已经学过中文地址的书写格式，还是有相当一部分人按照英文的格式来书写，只不过是把英文换成了汉语。这种用汉语书写的英文地址格式，就是一种中介文化现象。这种中介文化现象既带有学习者母语文化的特征，又带有目的语文化的特征。Thomas 把这种中介文化现象叫作“语言－语用失误”。

学习者在社会交际中出现的语用失误也是一种常见的中介文化行为。比如，一位留学生看到老师在运动场上跑得很快，便热情地称赞说：“老师跑得像狗一样快。”刚下场的那位老师听到这种“赞扬”被弄得哭笑不得。也许在西方某些文化中，这确是一种赞扬。但在汉文化中，这无异于骂人。以汉语为母语的人是不会以这种方式来实现“赞扬”这一交际功能的，这只能是发生在第二语言学习者身上的一种中介文化行为。

关于中介文化行为的特点，张占一（1990）在阐述交际文化概念时所用的一个比喻在客观上为此做了形象的描述。他把学习者的母语文化比作一块有的地方平、有的地方不平的玻璃板，目的语文化所蕴含的信息就如同均匀直射的光线。当这些光线透过玻璃板时，由于玻璃板的“过滤”作用，均匀直射的光线（目的语文化因素）变成不同程度的斜射了，线与线之间的距离也发生了变更，不再是均匀的了。母语文化的“过滤”使目的语文化所蕴含的信息“变了形”。“过滤”和“变形”这两个比喻非常形象而有见地，在客观上揭示了中介文化行为的基本特征。“过滤”形象地概括了母语文化迁移的心理过程，指出了中介文化行为产生的一个重要原因。“变形”是指学习者文化行为的“中介”特征。与学习者的母语文化和目的语文化相比，中介文化行为是变了形的文化行为。

张占一的客观描述与笔者提出的中介文化行为的概念有某些相似之处并非偶然，这说明在现实中确实存在着学习者特有的中介文化现象。此外，还有一些学者也间接提出了与中介文化行为相似的一些理论观点。Thomas（1983）在分析学习者的“语言-语用失误”时指出，当学习者赋予某一特定话语的语用含义与母语使用者通常所赋予同一话语的语用含义不同，且这种不同呈现出系统性时，就会出现这种语用失误。

Thomas 的分析表明，学习者这种语用行为与目的语的语用行为不同。因而我们可以说，这实际上是一种中介文化行为。分析还表明，这种中介文化行为不是一种偶然现象，而是一种有规律可循的系统行为或现象。它指出了中介文化现象的本质。

在此，屈延平（1991）关于“过渡语篇”（interdiscourse）[①] 的研究值得一提。她把从中介语的对角分析（diagonal analysis）到跨文化话语分析中的对角分析看作一个连续体。因为她认为客观上存在着一个与母语话语和目的语话语不同的

---

① 刘润清在屈延平 *Interdiscourse:A Step Beyond Interlanguage*（《文化对比语篇分析》）一书的序中将“interdiscourse”译为“过渡语篇”，本文暂且沿用这种译法。

“非本族语话语”(non-native discourse)，即过渡语篇。这种过渡语篇是学习者母语语用规则和语言文化认识模式负迁移的结果。在笔者看来，屈延平的研究从本质上说是一种中介文化行为的研究，她所分析的大量实例足可以证明这一点。只不过她是从话语分析入手，采用对比分析的理论框架。虽然她没有提出中介文化行为的概念，但应该说她的《文化对比语篇分析》是第一部系统研究学习者中介文化行为的专著。

上述学者的研究表明，我们不能简单地套用中介语理论来研究中介文化现象。我们需要一种新的理论框架，把中介文化行为系统作为一个动态的连续体进行描写和分析。这种描写和分析不是零打碎敲式的文化对比，而是要通过大量个案的历时描写，从中发现学习者文化习得的规律。通过实验研究来考察学习者先学得什么，后学得什么，经历哪些心理过程以及中介文化现象发生、发展的阶段，从而验证文化对比分析的结果。从这个意义上讲，对学习者中介文化行为的系统描写和分析更具有预测力和解释力。

2.2 中介文化行为产生的心理过程

就文化对比分析的观点而言，研究者关心的是学习者母语文化和目的语文化这两个系统之间的差异，似乎有差异就会产生交际障碍。换句话说，他们把学习者的中介文化行为简单地归因于两种语言和文化系统的差异，但是却忽视了学习者产生中介文化行为的心理过程和交际策略。然而，这恰恰是学习者中介文化行为产生的根本原因。学习者中介文化行为的产生伴随着许多复杂的心理过程，本文只能对几种普遍存在的心理过程进行简略的描述和分析。

（1）母语文化的迁移过程。如同母语的迁移现象一样，母语文化的迁移也是学习者在跨文化交际中普遍存在的一种中介文化现象。所谓母语文化的迁移，是指学习者在跨文化交际过程中自觉不自觉地运用母语文化的观念、行为方式等来实现目的语文化中特定的文化行为和交际功能。这里我们采用的是母语文化“迁移”这一概念，而不是母语文化的“干扰”，这是因为传统的对比分析观点认为，母语迁移（负迁移）阻碍学习者的语言习得，而 Corder（1983）则向这种观点提出了挑战。他认为，母语常常在第二语言习得过程中起着促进作用（参见 Selinker，1992）。按照 Corder 的观点，学习者在跨文化交际中把母语文化作为探索目的语文化的一种手段，对目的语文化不断地进行假设检验，从而达到习得目的语文化的目的。因此，“干扰”这一概念强调的母语文化迁移的负面因素，忽视了母语文化迁移作为学习者学习策略之一的积极作用。

母语文化迁移作为中介文化行为产生的心理过程，其表现形式主要有以下几种类型：母语文化观念和思维方式的迁移；母语文化行为方式的迁移；母语语用功能的迁移。我们分别举例如下：

例1：一位教师在课上请学生介绍一下自己的家庭成员。其中有一位女学生介绍说：“我的家有爸爸、妈妈、哥哥、我和我的狗，因为它是我们的朋友。”

在这个例子中，学习者把人与狗相提并论，反映了西方文化中人们对狗的一种正向文化观念。然而，她没有意识到中西文化中人们对狗这种动物所表现出的文化观念上的差别。一般说来，中国人是不会把狗和家庭成员混为一谈的，因为汉民族文化中对狗的态度表现了一种负向文化观念的倾向①。当学习者对目的语文化缺乏了解时，在跨文化交际中就会自觉不自觉地按照母语文化的观念来对待目的语文化，这就造成了母语文化观念的迁移。这种言语行为是由母语文化观念迁移造成的中介文化行为。

例2：一次，一位中国老师请一个外国学生到他家吃饭，就说：“你下个星期六来我家吃饭，好吗？”这个学生愉快地接受了邀请。可是，这位老师万万没想到，这个学生竟在老师发出邀请的星期六就来了。这位老师毫无准备，十分尴尬。[见吕文华、鲁健骥（1993）的例证]

例2反映了两种文化背景中人们的时间概念在思维方式上的差别。英语中的“last Saturday”和“next Saturday”与汉语中的“上星期六”“下星期六”有时是不对应的。汉语观察时间的参照点是说话时的那个星期，英语则以说话时的那一天为参照点。由思维方式的不同造成的迁移有时候仅仅从语言表达的方式上不易

---

① 文中所说的“正向文化观念”和“负向文化观念”是相对而言的。也就是说，是就某一文化群体大多数人的价值取向而言的。这里并不否认在某一文化群体中对同一宠物所表现的相反的价值取向。比如英语中有“son of bitch”，用母狗来骂人。汉文化中也有把狗比作“忠臣”的说法。这说明任何一种文化中都存在着文化观念上的两面性，只是在某些观念上某些价值取向占主导地位，或比另一文化群体更突出。

察觉，如例 2；但有时也有显而易见的情况，如信封格式的书写。关于思维方式的迁移在语言结构上的表现，可参见毕继万（1994）的《汉英句子结构与思维方式刍议》一文。

例 3：笔者在澳大利亚任教期间经常碰到一个令人窘迫的问题，即跨文化交际中的称呼问题。我的学生和澳大利亚朋友几乎都称呼我“王”，似乎他们压根儿就不知道我的名字，甚至只见过一两次面的学生在课堂上也直呼我的姓，每当我听到这种称呼时觉得很不舒服。相反的情况是，一位澳大利亚教师姓“门沃宁”，她的同事都叫她的名字“戴安”。这位老师比我年长，初次见面，我觉得叫她名太不礼貌，可是澳大利亚人又不喜欢别人直呼她的姓。我只好折衷，称她“戴安老师”。

按照汉语的称呼习惯，例 3 中澳大利亚学生称呼笔者“王”和笔者称呼澳大利亚教师“名 + 老师”都是一种不伦不类的称谓方法，是一种中介文化行为。我们把这种现象称作文化行为方式上的迁移。对于这种迁移现象，我们可以通过“对角分析”(diagonal analysis)[①] 的方法来印证。首先，我们假定初学者经常用英语的称谓方式来代替汉语的称谓方式。为此，我们可做如下描写：

迁移假设：姓 + 名（汉语）——名 + 姓（英语）

学习者母语姓名顺序（英语）——名 + 姓

学习者目的语姓名顺序（汉语）——姓 + 名

然后，我们将学习者的言语行为与其母语文化规范和目的语文化规范分别进行对比。我们发现，澳大利亚学生直呼中国人的姓是与其母语姓名顺序及文化规范相吻合的，与目的语姓名顺序及文化规范相反。另外，澳大利亚人觉得用“Mr./Mrs.+ 姓”的称呼太正式，不如直呼其名来得亲切。由此可以证明，这种称呼方式的确是学习者母语文化行为方式的迁移造成的中介文化行为。同理可证，“名 + 老师”的称呼也是一种中介文化行为，不过是中西合璧而已。类似这种文化行为方式的迁移现象还有许多。比如，西方文化中，“谢谢”的使用频率和范围远高于汉民族相同语境的使用频率。中国人对别人的赞扬往往用一些谦词

① “对角分析”的概念引自屈延平（1991）。

回应，而学习者则往往套用其母语文化中道谢的行为方式。这种迁移现象多有论及，本文不再赘述。

例 4：有一次笔者请几个学生吃饭，恰好有一个朋友来访。笔者给双方进行介绍以后，一个学生便客气地向来客打招呼："你怎么样？"这位朋友不解地问："你是说什么怎么样？"两个人顿时都不知所措。笔者赶忙解释道："这位学生在向你表示问候。"这位朋友听后哑然失笑。

这个例子说明，打招呼或表示问候对学习者来说并非易事。我们发现，大多数学习者在打招呼时，除了会说"你好""你怎么样"之外，很少有人会别的说法。即使像上面这种简单的交际，学习者都难以顺利完成。Fraser *et al.*（1980）曾提出，说话者在社会交际中运用语言做什么是通过言语行为来表现的，比如请求、抱怨、道歉等。所以，我们可以通过说话者的言语行为来了解话语的含义。这就是说，说话者要表达的含义是通过言语行为来实现的，二者之间的关系往往是约定俗成的。在不同的语言系统和不同的文化背景中，这种约定俗成的关系也往往不同。例 4 中的留学生显然不知道这种差异，因而在与中国朋友打招呼时套用英语中表问候的套话"How are you"。这句话确实是用来打招呼的问候语，可是如果直译过来，在汉语中就实现不了这种对应的交际功能，因为中国人并不知道"你怎么样"是在打招呼，反而会觉得莫名其妙。因此，我们把这种中介文化行为概括为学习者母语语用功能的迁移。正如张占一（1992）在举例中指出的那样，中国人用英文"Have you had your lunch"向英国人表示问候，英国人并没有把它当成问候语，而误以为是被邀请吃午饭。这也是一种母语语用功能的迁移现象。

上述对几种常见迁移现象的概括主要是为了方便分析。实际上，这几种类型往往是相互交叉的。"老师跑得像狗一样快"既可以是一种语用功能的迁移，同时也可以暗含着文化观念的迁移；"谢谢"的高频使用既可以看作是一种母语行为方式的迁移，也可以看作母语文化中某种语用功能的迁移。

学习者的母语文化迁移作为一种心理过程，反映了学习者在文化习得过程中普遍运用的一种交际策略。一个初学者初次接触目的语文化，唯一可依靠的认知手段就是他的母语文化系统。他唯一所能做的就是用既有的母语文化系统为自己搭一个跳板，以试图到达目的语文化的彼岸。

（2）理解目的语文化的“过滤”过程。如果我们把目的语文化的表达看作文化的编码过程，那么，学习者对目的语文化的理解则是一种解码过程。在这种解码过程中出现的中介文化行为不是以母语文化的迁移为特征，而是以母语文化的“过滤”为特征的。张占一（1990）曾对这两个相对应的过程做过简要的阐述。他指出，学习者进行交际时，“要通过目的语及其文化所特有的形式表达出来。在接受用目的语及其文化传给自己的信息时，他还需要用母语及其文化对负载这种信息的目的语及其文化加以‘消化’”。显然，这种“消化”必须通过母语文化的“过滤”。Brown（1980）也指出，成人在第二语言及文化习得过程中存在着一种再调节的“理解过滤器”（perceptive filters）。那么，这种目的语文化理解的过滤过程是怎样构成的呢？请看下面两个例子：

例 5：当一位老师在讲解旧社会地主如何欺压、剥削贫农百姓的课文时，一位外国学生评论说：“我们国家的地主比中国的地主好，你们国家的地主不好。在我们国家，我们都是地主。”

例 6：当老师讲到杨白劳被迫在卖身契上画押将喜儿卖给黄世仁时，这位外国学生接着评论道：“老师，喜儿结婚和她的爸爸没有关系。她应该自己找丈夫。”

例 5 中，外国学生之所以将旧中国作为剥削阶级的“地主”和他们国家一般的土地拥有者混淆在一起，一方面是因为教学上的误导，比如生词表中把“地主”简单地直译为“landlord”，而没有同时将这一概念在旧中国特定的政治含义和历史背景向学生进行介绍；另一方面，这种简单的对译诱使学生将两种带有根本差别的事物去类比，这种类比实际上是一种心理上的“认同”，其特点是求同排异。换言之，学习者的“理解过滤器”将文化差异之处“过滤”掉了。因此，这种过滤过程是以学习者的心理认同为基础的。

例 6 中，外国学生为喜儿鸣不平，是因为对旧中国劳动人民被迫卖身为奴的历史背景缺乏了解。问题是，在这种情况下，学习者文化解码的方式与例 5 有什么不同呢？由于两种文化和历史背景的巨大差异，外国学习者很难找到历史与现实、不同国度的两种文化的相同点。也就是说，他们无“同”可认。学习者便用其母语文化的观念对目的语文化进行解码。因为两种文化背景的冲突使学习者无路可走，他们不得不按照母语文化的模式生搬硬套。这样一来，经过母语文化过滤的目的语文化便“变了形”，变得面目皆非，造成目的语文化理解的障碍。按照 Brown 的说法，学习者要正确地理解目的语文化，必须“再调节”理解的过滤器。

（3）目的语文化的泛化过程。就这一过程产生的来源而言，它与母语文化的迁移过程是截然不同的。中介文化行为的产生有两大源头，一是母语文化，二是目的语文化。按照 Adjemian 的观点，母语文化的迁移是以母语文化对目的语文化的“渗透”为特征的。也就是说，在学习者的中介文化行为中可以看到其母语文化的影响，而目的语文化的泛化则是把目的语文化的规范和准则推而广之，超越了使用范围。

有一个大家熟知的例子，一位汉学家在一次与我国文化界高层领导会见时，问候这位领导说：“老小子，你还没死呀！”有人曾用这个例子来说明学习者汉语表达上的不得体。在我们看来，这种不得体的问候，问题出在这位汉学家将在特定语境中使用的问候语泛化了。如果说是两个关系极为密切的老朋友之间用这种开玩笑的方式打招呼，那也未尝不可。但是在这种正式场合，对文化界的高层领导用这种方式问候，就不符合汉文化特定的语用规范了，就造成了交际功能的失误。目的语文化的泛化不同于目的语规则的泛化，它往往不是某种规则的变形，而是特定的表达形式所体现的交际功能超越了特定的语境。另外，我们之所以把这种中介文化行为的产生归因于目的语文化的泛化，是因为这种中介文化行为的源头是目的语文化而不是母语文化。再则，这种中介文化行为虽源于目的语文化，却不完全符合目的语文化的规范。

这种泛化过程的产生一方面是由于学习者已经学得了一些目的语文化的规范和准则，当遇到一些新的交际语境时，他只能依凭已经学过的准则来应付这些新情况；另一方面，这种泛化过程也反映了学习者一种积极的交际策略和学习策略，即学习者把已有的目的语文化知识作为手段积极参与交际，而不是采取回避策略。在交际过程中通过已有知识的运用和扩展来获取新知识，这是学习者普遍存在的一种心理过程。从这一点上讲，目的语文化的泛化过程是一个学习者必然要经历的文化习得过程。

（4）目的语文化的适应过程。“文化适应”（acculturation）是学习者不断适应目的语文化的过程。文化适应并非文化同化，因为学习者在第二语言与文化的习得过程中无须放弃自己的母语和母语文化，但“适应”却是必须的。本文所要论及的文化适应过程与上述三个过程（迁移、过滤、泛化）有所不同。这三个过程与学习者的交际策略和学习策略相关，表现为学习者文化习得的某一特定阶段的心理过程。文化适应过程则是指与第二语言与文化习得全过程相关的过程。按照学习者中介文化行为系统发展的不同阶段，文化适应过程也可以分为相应的不同阶段。

关于文化适应过程的划分，国外许多学者都有论述，划分方法不下十几种［参见 Acton（1986）所做的概括］。从这些划分方法看，学者们都有各自的标准和术语。有的划分为四个阶段，有的划分为两个阶段，还有的划分为五个阶段。尽管如此，这些学者基本上都是从学习者的语言水平来划分的，而且大同小异。但是本文则是把文化适应过程仅仅作为一种心理过程，来考察学习者的中介文化行为在各阶段形成和发展的特点。也就是说，我们要讨论的是文化适应过程与中介文化行为形成和发展的关系。因此，我们将文化适应过程划分为相应的四个阶段：第一个阶段是基本不适应期，以不同程度的文化休克为特征。此时学习者无法介入目的语文化，基本上依靠母语交际策略和母语文化的行为方式进行交际，使用一种短语式的目的语结构。第二个阶段是开始适应期，学习者掌握了一些目的语文化的交际方式，能应付日常的基本交际，但是使用的是一种类似洋泾浜或洋泾浜化的目的语。第三个阶段是基本适应期，学习者在获得语言能力的同时也掌握了目的语文化的基本行为规范，很少出现语用上的失误。第四个阶段是完全适应期，学习者几乎达到目的语文化群体的语用交际能力，其行为方式、发音和做派与目的语群体非常相似。

从这四个阶段的划分可以看出，学习者中介文化行为的形成和发展是受文化适应程度制约的。反过来说，学习者文化适应的程度决定着学习者中介文化行为的形成与发展。由此我们可以推断，学习者在不适应期出现的中介文化行为很可能是以母语文化的迁移为特征的。在开始适应期，由于学习者已经掌握了一些目的语文化的行为规范，交际中便会陆续出现目的语文化的泛化现象。在基本适应期，由于学习者已经习得了大部分目的语文化的交际原则和规范，语用失误的现象越来越少。在完全适应期，学习者的文化行为与目的语群体几乎完全一样。但对大多数学习者而言，这是很难企及的。

如果将上述文化适应过程的划分与国外学者对这一过程的划分做一比较的话（Brown，1980；Acton，1986；Cummins，1981；Wong-Fillmore，1983），我们就会发现，似乎在第二和第三阶段之间有一条明显的分界线。也就是说，学习者的语言文化能力从第二阶段到第三阶段有一个质的飞跃。Acton（1986）等学者把这条分界线叫作“文化适应的门槛”（acculturation threshold）。与此相关的另一概念是“文化关键期”（a cultural “critical period”）。Brown（1980）认为，成人学习者之所以无法掌握第二语言，在很大程度上是因为他们不能将语言与文化的发展同步，错过了“文化关键期”。一方面，如果学习者在目的语文化群体中掌握了非语言交际的方式，就会跨过文化适应的门槛，然而他却难以真正掌握目的语，可能使用一种“化石化”语言，因为他已获得了足够的交际方式而无须去学习正确的语言形式。另一方面，如果他达到语言的熟练程度太早，即在跨入文化适应门槛以前就掌握了语言技能，那么就很难达到良好的文化上的适应。Brown 的理论假设揭示了学习者语言发展和文化适应过程发展的不平衡性。但是为什么会出现这种不平衡现象呢？这要从学习者的语言系统、中介文化行为系统和文化适应过程这三者之间的关系中来找答案。在我们看来，这种不平衡是由于学习者的中介文化行为系统的中介作用造成的。由于篇幅的限制，关于这三者之间的关系，笔者将另文讨论。

3. 中介文化行为系统的描写与分析方法

3.1 关于跨文化研究的几种描写方法

在对外汉语教学的文化研究中，人们试图编织一个“网”，以便对教学中的文化现象进行多侧面的描写。然而，由于研究者所依据的理论不同，描写的方法也各异。我们这里仅就张占一、毕继万（1991），赵贤州（1992）和孟子敏（1992）三篇文章提出的描写方法做一个比较，以便从中获取某些启示。

张占一、毕继万提出的揭示交际文化因素的模式，实际上反映了他们的描写框架。用张占一、毕继万的话来说，这个框架是从语言、文化、交际三方面入手，以交际形式、交际误点和交际误因三个项目为基点，进行由具体到抽象的描写和探索。他们主张一对一的对比，因此采取的必然是一对一的描写方法。

赵贤州在列举了十二项对比交际文化因素的基础上（赵贤州，1989），又提出了“文化体系”的模型（赵贤州，1992）。这个文化体系也是建立在对比的基础之上的。但不同的是，张占一、毕继万通过对比来揭示文化因素，赵贤州则是把语言与文化放在同一个平面上，即把文化因素和语言系统看作一种并列的关系，主张文化因素的导入。所以，赵贤州的体系不仅包括语言项目的描写，而且包括文化项目的描写。

与上述两种描写方法略有不同的是孟子敏的“交际文化行为”分类。这种分类法是把交际文化行为作为描写对象，而不仅仅是语言系统或所谓“文化体系”，这种交际文化行为包括语言交际和非语言交际行为，并分别进行再分类。

从上述三种描写方法可以看出，除张占一、毕继万的描写方法外，基本上是用“国人”的眼光来构建所谓“体系”，而不是从学习者的实际出发进行客观的描写。那么，这种体系与学习者的实际究竟是否相吻合是值得研究的。另外，这些描写方法的着眼点仍然是“怎么教、教什么”，忽略了学习者“怎么学”的实际学习过程。相反，中介文化行为系统的研究强调学习者第二文化习得过程和在这个过程中的中介文化行为的描写。这种描写方法可以避免“国人”眼光的主观性；另外，这种描写方法是客观的、系统的描写，而不是靠简单的直接对比进行推断。

3.2 中介文化行为系统的描写与分析方法

把中介文化行为作为一个系统来研究，自然需要一套与之相适应的描写与分析方法。这种描写方法一方面要反映出中介文化行为的连续性，即中介文化行为作为一个连续体的动态过程；另一方面还要表现出这一连续体发展的不同阶段以及各个阶段的不同特征。简言之，这种描写方法应是历时的、动态的。Corder（1981）曾经指出，唯有历时研究才能回答语言习得研究中的某些理论问题，在这种历时研究之前，我们对学习者怎样学得第二语言不会有什么大的进展。同样，在我们看来，如果对学习者的中介文化行为缺乏系统的历时描写，我们的文化研究也不可能取得实质性进展。在此，我们提出两种基本的描写方法供研究者参考。

（1）个案研究。个案研究是第二语言习得研究中最常用的研究方法。这种研究方法的优点是可以描写被试者言语行为的全过程，从中发现被试者语言与文化习得的轨迹，其缺点是材料收集难度较大，时间跨度大，有些因素无法控制。但是为了获得比较真实的第一手材料，研究者可以通过情景设置、角色扮演、问卷和测试等手段定期进行记录、观察。这样就能够获得连续的描写数据。这种描写方法是基于这样一种假设，即不同语言和文化系统中有些基本的言语行为，如请求、邀请、道谢、道歉等是普遍存在的。然而在跨文化交际情景中，这些相同的言语行为何时、何地、以何种方式出现却是大不相同的，或是同中有异。比如，初学汉语的英美国家的学生在中国的邮局寄包裹、在商店买东西时，常常因中国的服务人员不说“谢谢”而感到震惊，而他们在大多数类似的场合却是谢不离口。那么，通过一段时间语言与文化的学习，这些学习者的中介文化行为在相同的情景中是否有所改变？又发生了何种变化？这种中介文化行为的动态描写会给我们提供意想不到的结论。

（2）寓历时于共时之中的描写方法。个案研究当然是一种理想的描写方法，但是这种方法操作难度较大。而寓历时于共时之中的描写方法在某种程度上可以弥补其不足。这种方法的优点是可以在短时间内对众多的被试者进行观察，它是建立在这样一种理论假设的基础上的，即学习者的中介文化行为构成一个连续体，一头是母语文化，另一头是目的语文化，不同水平的学习者的中介文化行为处于这一连续体的不同阶段，而且表现为无限趋近于目的语文化的一个动态过程。那么，不同阶段的中介文化行为的概率统计便可以描绘出这一连续体的全过程，实现共时描写中的历时描写。可采用问卷、特定情景中的角色扮演等方法来观察和分析学习者的特定文化行为。

上述描写方法是就方法论而言的，具体的描写方法和技巧需因具体情况而定。但是描写不是最终目的，我们提出上述描写方法是为中介文化行为的分析提供可靠的资料和数据。在以往的语言和文化研究中，人们最熟悉的是“直接分析法”，即将学习者的母语和文化与目的语及其文化直接进行对比。这种直接分析法固然可以对比出两种语言和文化系统的差异，但人们往往会根据这种差异进行主观推断。这实际上是一个误区，因为这种推断缺少实证的依据。我们在前面曾提到“对角分析”，这种分析法是把学习者的中介文化行为系统分别与其母语文化系统和目的语文化系统进行对比。与目的语文化系统对比，可以看出中介文化行为系统与目的语文化系统的偏差；与母语文化系统对比，在某种程度上可以发现产生这种偏差的原因。比如母语文化的迁移现象就可以通过对角分析得到印证（参见本文 2.2 节例 3 的分析）。这种分析方法的理论前提是，在学习者母语文化和目的语文化系统之间存在着一个中介文化行为系统。进行对角分析，首先要对这个系统进行描写，没有系统的描写就谈不上对角分析。另外，对角分析还要建立在概率统计的基础上。

Thomas 曾指出，我们可以说“语法错误”，却不能说某一话语的语用意义是“错误”的。因为是否合乎语法是根据“规定性规则”（prescriptive rules），而语用能力则依照“概率性”规则而不是“分类性”规则。我们所说的中介文化行为是就其与目的语文化的偏差而言的，而这种偏差是就“概率”意义而言的。也就是说，每一被试组的某一中介文化行为的认定应该是在统计学上有意义，排除了个体的、偶然的、非系统性的中介文化行为的。总之，对角分析的方法为科学地分析中介文化行为系统提供了可能性，这种分析将为直接对比分析的结果提供实证性依据，而直接对比分析只能为中介文化行为系统提供可能的例证。

4. 余论

我们用较大的篇幅论述了中介文化行为系统的理据和过程，并对这一系统的描写与分析方法进行了阐述。这仅仅是这一系统的一个基本框架，还有许多相关理论问题需要进一步探讨。比如中介文化行为的系统性和阶段性特征、中介文化行为系统的独立性和中介作用、中介文化行为系统与中介语系统以及文化适应过程的相互关系、中介文化行为的可塑性与化石化现象，等等。这些问题显然不是一两篇文章能说清楚的。中介文化行为的理论假设本身也需要通过实验研究来验证。当然，理论假设也是必要的，它使我们用一种新的眼光来考察那些似乎已成定论的问题以及我们面临的新问题。只要这一工作有了实质性进展，离我们着手制定一个“文化大纲”的日子就不远了。

:: 参考文献 ::

毕继万（1994）汉英句子结构与思维方式刍议，载胡文仲主编《文化与交际》，外语教学与研究出版社。

陈光磊（1992）语言教学中的文化导入，《语言教学与研究》第3期。

陈建民（1994）语言与文化面面观，载胡文仲主编《文化与交际》，外语教学与研究出版社。

胡明扬（1993）对外汉语教学中的文化因素，《语言教学与研究》第4期。

吕必松（1990）关于教学内容与教学方法问题的思考，《语言教学与研究》第2期。

吕必松（1991）汉语研究与汉语教学，《世界汉语教学》第4期。

吕文华、鲁健骥（1993）外国人学汉语的语用失误，《汉语学习》第1期。

孟子敏（1992）交际文化与对外汉语教学，《语言教学与研究》第1期。

屈延平（1991）《文化对比语篇分析》，外语教学与研究出版社。

王魁京（1994）第二语言学习中的跨文化现象研究，载胡文仲主编《文化与交际》，外语教学与研究出版社。

张占一（1990）试议交际文化和知识文化，《语言教学与研究》第3期。

张占一（1992）交际文化琐谈，《语言教学与研究》第4期。

张占一、毕继万（1991）如何理解和揭示对外汉语教学中的文化因素，《语言教学与研究》第4期。

赵贤州（1989）文化差异与文化导入论略，《语言教学与研究》第1期。

赵贤州（1992）关于文化导入的再思考，《语言教学与研究》第3期。

Acton, W. R. (1986) Acculturation and mind. In J. M. Valdes (ed.), *Culture Bound: Bridging the Cultural Gap in Language Teaching*. New York: Cambridge Press.

Brown, D. (1980) Learning a second culture. In J. M. Valdes (ed.), *Culture Bound: Bridging the Cultural Gap in Language Teaching*. New York: Cambridge Press.

Corder, S. P. (1981) *Error Analysis and Interlanguage*. Oxford University Press.

Corder, S. P. (1983) A role for the mother tongue. In S. Gass & L. Selinker (eds.),

Language Transfer in Language Learning. New York: Newbury House Publishers.

Cummins, J. (1981) The role of primary language development in promoting educational success for language minority students. In California State Department of Education (ed.), *Schooling and Language Minority Students: A Theoretical Framework*. California: University of California.

Fraser, B., Rintell, E. & Walters, J. (1980) An approach to conducting research on the acquisition of pragmatic competence in a second language, In Larsen-Freeman, D. (ed.), *Discourse Analysis in Second Language Research*. Rowley, MA: Newbury House.

Lado, R. (1957) *Linguistics Across Culture: Applied Linguistics for Language Teachers*. Ann Arbor: University of Michigan Press.

Selinker, L. (1992) *Rediscovering Interlanguage*. Longman.

Thomas, J. (1983) Cross-cultural pragmatic failure. *Applied Linguistics*, 4 (2), 91-112.

Wong-Fillmore (1983) The language learner as an individual: Implications of research on individual differences for the ESL teacher. *TESOL*, 82: 157-173.

原载《世界汉语教学》1995 年第 3 期

“不”和“没”否定结构的习得过程

国外第二语言习得领域关于否定结构习得过程的研究成果相当丰厚。Klima & Bellugi（1966）首次提出了英语儿童习得母语否定系统所经历的三个阶段及习得顺序，引发了第二语言习得领域一系列相关的研究（Ravem，1970；Milon，1974；Gillis & Weber，1976；Wode，1981）。这些研究证明，第二语言学习者与英语儿童习得母语否定系统的阶段和顺序基本相同。有的学者（Felix，1981）甚至认为这是一种普遍规律，但国内还未见到相关的汉语研究报告。

本文试图从正反两方面对汉语学习者对“不”和“没”否定结构习得的全过程进行多侧面的描述，以期发现“不”和“没”否定结构习得的一些规律性现象，并尽可能地做出客观的解释。

1. 数据的来源、分类与描写方法

本文的数据来源于北京语言学院汉语中介语语料库系统。我们从 104 万字的书面语语料中抽取母语背景为英语的学习者所说的含否定副词“不”和“没”的例句1032条。经过整理，留下914条作为研究的样本，并参照汉语中介语语料库系统的八级标准，将学习者按学期划分，每学期为一级。从一年级到四年级共八级，以此作为我们考察习得过程的时间线索。在考察中发现，七级和八级的学习者基本掌握了“不”和“没”及其相关否定结构的用法，可供分析的语料较少，因此我们只选取一级到六级的语料作为研究的范围。

为了对“不”和“没”否定结构的习得过程进行多侧面的描写，我们主要考察以下三种情况：一是由“不”和“没”构成的否定结构的分布情况；二是“不”和“没”否定谓词和助动词的情况；三是某些特定规则的习得情况。首先，我们从学习者的语言表达材料中概括出十类与“不”相关的否定结构，用B1—B10表示。其中B1和B2又各分两小类。与“没”相关的否定结构概括为四类，用M1—M4表示。

带“不”的否定结构：

B1a 不（太）+V

不吃饭；不太喜欢

B1b 不（难；好）+V

不难决定；不好说

B2a 不（太；很）+Adj

不漂亮；不太好

B2b 不（比；跟）N+Adj

不比我大；不跟他好

B3 V不（完；了）

吃不完

B4 V得不+Adj

擦得不干净

B5 不（要；想；会；能）+V/Adj

不会说；不能太高

B6 不（要；让）N+V

不让他来

B7 不是+N/V

不是日本人；不是用机器

B8 不X不+V/Adj

不能不走；不得不去

B9 “不”单说

不！

B10（跟，和）……不一样

跟他不一样

带“没”的否定结构：

M1 没+V

没来；没看见

M2 没N/Adv+Adj

没你高；没那么高

M3 没N不+V/Adj

没人不喜欢；没什么不好

M4 没（被，把）+V

没把它吃了；没被吃了

关于上述分类在此需要做如下几点说明：

（1）上述分类并非汉语否定结构的系统分类，而是对学习者实际语言表达的概括分类和描写。按照传统语法分类，有些语言现象应归为一类；但从语言习得的角度来看，将这些语言现象分别进行统计才不至于忽略一些重要的差别。比如，按传统的语法分类，B1a类和B1b类、B2a类和B2b类可分别归为B1类和B2类，即动词否定和形容词否定。但在语料分析当中我们发现，学习者在习得“不太喜欢”和“不难决定”“不好说”这两类否定结构时表现出很大的差别，统计数字也表明二者的习得存在着差异。因此，我们将其分作两类，如果合为一类，这种习得上的差异就会被掩盖。另外，传统的语言教学认为，“被”字句和“把”字句是两个非常重要的教学难点。但是从我们统计的情况看，这两种否定结构出现的频率相当低，在统计学上没有区分的意义。因此把这两类结构看作“没+介词结构+动词”这样一种结构，把“没”否定“把”字句和“被”字句合为一类也未尝不可。

（2）我们的目的是要考察学习者实际学会了哪些规则以及这些规则的客观分布，因而没有按照传统的语法框架罗列所有的分类。比如，带“不”的否定结构语料中并未出现“把”字句和“被”字句的否定结构，分类、统计时也自然不包括这两类否定结构，因为我们无法从量的方面对未出现的否定结构进行分析和评价。此外，上述分类当中不包括病例中出现的否定结构，统计时自然也不包括，因为病例中的问题相当复杂，难以按现有的语法框架分类。

（3）有的结构表面上看起来属于传统语法的某一类，实际上却是一种中介现象，对此我们单分一类。比如，“和……不一样”是学习者使用频率较高的一个否定结构，似乎可分为形容词否定类。但是分析表明，学习者用这种否定结构所表达的否定功能往往超出结构本身的特定功能。也就是说，这是学习者特有的中介否定结构，所以有必要单分一类。

我们从词汇层面对“不”和“没”否定谓词和助动词进行了分类和描写。首先，我们根据王还（1995）的分类过程，将助动词分为五类：即表可能的（助1）；表能力和技能的（助2）；表情理上需要的（助3）；表必要的（助4）；表主观愿望的（助5）。关于动词、形容词的分类，各家分类有粗有细，标准不一，我们只能根据实际情况进行粗略的分类。形容词分为三种类型：表形状的（形1）；表性质的（形2）；表状态的（形3）。动词则分为八种类型：表动作（动1）；表行为（动2）；表心理（动3）；表状态、发展（动4）；表判断、领有、存现（动5）；表趋向（动6）；表遭受（动7）；其他（动8）。按照这种分类，我们对914个例句中出现的动词、形容词和助动词逐一进行标注，然后分阶段（1到6级）进行重合排序，概括出动词241个、形容词94个、助动词43个，共378个。在此基础上，将一到六级各级出现的这三类词重新排序，挑选出在六级当中出现过三次以上的动词、形容词和助动词共44个，我们称其为“共核词”。所谓“共核词”是指那些在六级当中有三级至少出现过一次以上的谓词和助动词。这些共核词是连续出现词次较高的基本词汇，因而具有一定的稳定性。从“不”和“没”与这些共核词进行组合的类型和范围的发展变化中，可以清楚地看到这一习得过程的动态发展。现将这44个与“不”和“没”同现的共核词列举如下：

动词29个：

动1：看；说；动；找

动2：同意；让；管；需要；信；上课；要；结婚；允许；见面；带

动 3：知道；喜欢；怕；认识；明白；想；了解；爱

动 4：（未出现）

动 5：是；像；算

动 6：去

动 7：受

动 8：够

形容词 8 个：

形 1：大；小

形 2：好（吃，看）；远；容易；一样

形 3：高兴；舒服

助动词 7 个：

助 1：能；会 1

助 2：会 2

助 3：应该

助 4：（未出现）

助 5：愿意；要；想

关于某些特定规则的习得过程，这里也需要做一些说明。所谓“特定规则”是指那些学习者最容易混淆，学起来比较难的否定结构。由于我们面对的是学习者处于过渡状态的中介语系统，按照传统的语法框架进行分类和描写必然会有削足适履之嫌，因此，我们将采取简单的分类方法，通过文字表述来描写这一过程。

2. 过程分析

2.1 “不”和“没”否定结构习得的消长过程

本节我们要通过对各类否定结构习得过程的对比来发现学习者群体习得“不”和“没”否定结构全过程的本质特征。按照第一章的分类标准，我们对各类否定结构的分布情况进行了统计。为使原始数据具有可比性，我们分别计算出了分类否定结构在每个学习阶段使用的相对频率，并通过图表显示连续出现的七类否定结构的频率曲线，见图 1。

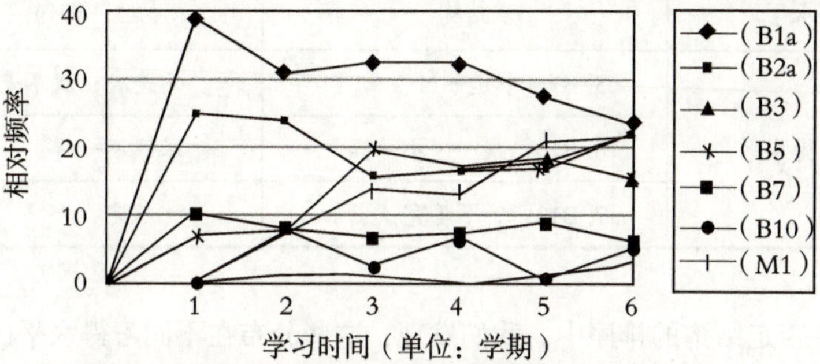

上图中系列 1 为 B1a，系列 2 为 B2a，系列 3 为 B3，系列 4 为 B5，
系列 5 为 B7，系列 6 为 B10，系列 7 为 M1。

图 1 “不”和“没”否定结构分布

从纵向对比中可以看到，“不”和“没”否定结构的习得过程处于不同的发展水平上。为了便于分析，我们把对应于纵轴 20 这条水平线以上的区域暂且称作一级习得水平；介于 10 与 20 之间的区域称作二级习得水平；10 以下的区域称作三级习得水平。处于一级习得水平区域的否定结构包括 B1a 类和 B2a 类，即谓语动词和形容词的否定结构。但 B2a 类从第二阶段开始降到二级习得水平的区域。处于二级习得水平区域的否定结构大都是第三阶段开始从三级习得水平区域升上来的，包括 B5 类和 M1 类，即助动词否定和“没”对动词的否定。有三条曲线位于三级习得水平区域（实际上还包括未在图像中显示出来的其他类型的结构）。这三种类型的否定结构包括系动词否定（B7）、可能补语否定（B3）和“跟……不一样”这种固定格式（B10）。从上述否定结构在三个习得水平区域的分布中，我们是否能发现某些规律性特征呢？我们按照图 1 中的次序将这些否定结构做一个排序，见表 1。

表 1 “不”和“没”否定结构等级和分布

习得水平	结构	例句
一级习得水平	1. B1a：不（太）+V	不吃饭；不太喜欢
	2. B2a：不（太）+Adj	不漂亮；不太好
二级习得水平	3. B5：不（会，能）+V/Adj	不会说；不能太好
	4. M1：没 +V	没有来；没看见

（续表）

习得水平	结构	例句
三级习得水平	5. B7：不是 +N/V	不是我；我不是机器
	6. B10：跟……不一样	跟他不一样
	7. B13：V 不（完，了）	吃不完

从这些否定结构的排序中，我们发现，这些分布在不同习得水平区域中的否定结构隐含着某种顺序。随着习得水平区域的降低，否定结构也由简单到复杂。换句话说，习得水平的区域越低，否定结构也越复杂。习得水平的区域越高，否定结构也越简单。从结构上看，“不”直接否定动词和形容词，并不涉及其他成分和结构时，学习者操作起来似乎并不困难。但“不”对助动词的否定却不一样，由于英语助动词系统与汉语助动词系统不是一一对应的，因而用“不”对助动词进行否定时，助动词的选择变成了难题。从我们搜集到的病句来看，助动词用法的错误几乎贯穿一到六级的全过程。“没”作为一个新导入的否定副词，常常使学习者与“不”相混淆，其难度是不言而喻的。系动词的否定，凭直觉来看，似乎在结构上并不复杂，但问题出在汉英系动词的用法大不相同。在我们搜集的语料中，学习者出现的问题并不占少数，这也出乎我们的预料。“跟……不一样”作为一个固定结构，本身并不复杂。它之所以处于较低的习得水平，也许是汉英对应结构的语序不同造成的。B3 类，即可能补语的否定，一向被认为是教学中的难点，看来不无道理，因为汉英在表可能的表达方式上的差别是显而易见的。

从上述分析中，我们可以看出，“不”和“没”否定结构的习得是按照某种顺序进行的。也就是说，否定结构的习得是有序的。一方面，这种有序性在某种程度上与否定结构的复杂程度有关；另一方面，两种语言中相对应的否定结构的差异也是导致习得过程居前或滞后的一个重要原因。

在纵向分析中，我们已经看到，否定结构习得发展的水平不是一成不变的，相反，这种发展水平有消有长。那么，对这种发展变化做何解释呢？我们试图在否定结构的横向对比中找到答案。

分析从图 1 各类否定结构习得曲线的横向发展趋势，我们发现，尽管各类否定结构的习得曲线在不同阶段升降幅度不大相同，但异中有同。那就是，无论曲线如何变化，大都呈现出三个不同的发展时期，即习得过程的发生期、高涨期和稳定期。所谓发生期，是指习得过程的开始阶段，或者说习得过程被激活。这就是说，新规则的导入并不意味着习得过程的开始，关键在于这一过程是否被激活。因而，习得过程被激活得早，这一过程的发生期就早，反之亦然。所谓高涨期，是指习得过程最活跃的阶段。我们知道，学习者一旦学得一种规则，就是在某个特定时期表现出一种基本"性向"(disposition)，即大量使用刚刚学得的规则，目的语规则的泛化就是这种性向的极端表现。因此，我们在图 1 中可以看到大多数否定结构习得曲线在高涨期急剧上升的情况。稳定期也可以称作习得过程的成熟期，它紧接着高涨期，它标志着习得过程告一段落。稳定期出现得越早，习得过程就越短；出现得越晚，习得过程就越长。为使图 1 中各否定结构习得阶段的分布更为直观，特列表如下：

表 2 "不"和"没"习得的发展阶段

分类	第一阶段	第二阶段	第三阶段	第四阶段	第五阶段	第六阶段
B1a	发生	高涨	稳定	……	……	……
B2a	发生	高涨	稳定	……	……	……
B5	发生	……	高涨	稳定	……	……
M1	发生	……	……	……	高涨	……
B7	发生	……	……	……	……	……
B10		发生	……	……	……	……
B3		发生	……	……	……	……

从表 2 可以看到，有五类否定结构（B1a、B2a、B5、M1 和 B7）的习得过程发生在第一阶段；有两类（B10 和 B3）发生在第二阶段，比前五种结构滞后一个阶段。另外，B1a 和 B2a 类在第二个阶段就进入了高涨期，紧接着便是稳定期，这说明 B1a 和 B2a 类否定结构的习得过程比较短；B5 类和 M1 类则分别

在第三、第五阶段才进入高涨期，表明这两种否定结构的习得过程比较长。B7类、B10类和B3类呈现一种有始无终的状态。也就是说，在我们考察的时段内，高涨期和稳定期均未出现，这意味着这三类结构的习得过程更长。一般说来，习得过程越长，该否定结构的习得难度也就越大；习得过程越短，该否定结构的习得相对容易一些。这就是说，习得过程的长短在某种程度上反映了否定结构习得的难易程度，而这种难易程度实际上隐含着这些否定结构的习得顺序。表2的阶段分布情况恰好反映了这一对应关系。此外，我们还惊喜地发现，与习得过程相对应的这七类否定结构的习得顺序和我们在纵向分析中所证明的难易顺序完全相同。这种吻合绝非偶然，它真实地反映了否定结构习得顺序的客观性。

从上述分析中我们还看到，否定结构习得过程的发展是不平衡的。这种不平衡不仅表现在习得过程各阶段发展的居前与滞后上，同时也表现在各阶段习得的速度上。如在发生期，B1a类和B2a类几乎是直线上升，而B5类、B1类和M1类否定结构则发展缓慢。这种差异使得否定结构习得过程在有序发展中呈现出不断消长的动态变化特征。

2.2 谓词否定与助动词否定习得的爆发过程

这一节我们从词汇层面来考察与“不”和“没”同现的谓词与助动词的习得情况。考察范围是在六级当中出现过三次以上的动词、形容词和助动词，即所谓“共核词”，共44个。在此，我们是从“不”和“没”与这些共核词的组合关系角度来谈习得过程的，不是单纯考察动词、形容词和助动词的习得过程。按照前面的分类，我们将筛选出的44个共核词在各阶段的分布情况进行统计。在图2、图3、图4中，我们分别列出了各级的共核动词（V核）、共核形容词（A核）和共核助动词（AU核）及其相对应的其他动词，或曰离散词（在意义上和共核词相对）的百分比；同时也列出了离散词的百分比，以便于对比。

从图2、图3和图4共核词与离散词的分布比较中，可以看出两个明显的特征：（1）初级阶段，特别是第一个阶段，共核词百分比较大，而离散词百分比较小（图3中的情形除外）。随着阶段的上升，共核词的百分比越来越小，呈下降趋势；离散词比例急剧上升，呈上升趋势。这说明，共核词和离散词的发展是两个相反的过程。（2）到第五、第六阶段，共核词完全消失，成为一种散发状态。这两个明显的特征告诉我们，学习者习得“不”和“没”否定的动词、形容词和助动词时经历了两个截然不同的阶段。第一个阶段以共核词为中心，与“不”和“没”反复组合。最初共核词的范围比较小，经过一段习得过程，共核词的范围迅速扩大，构成新的共核词的扩展，我们称其为“聚合期”。第二个阶段，由于否定结构习得过程的迅速发展，学习者不再局限于小部分共核词的运用，而是把否定的范围迅速扩大，到了一定阶段完全失去原有的共核词。或者说，大量的所谓离散词将原有的共核词分散开了。由于这个阶段习得过程的突发性特点，我们称其为“爆发期”。为了形象地再现这一全过程，图示如下（见图 2 至图 4）：

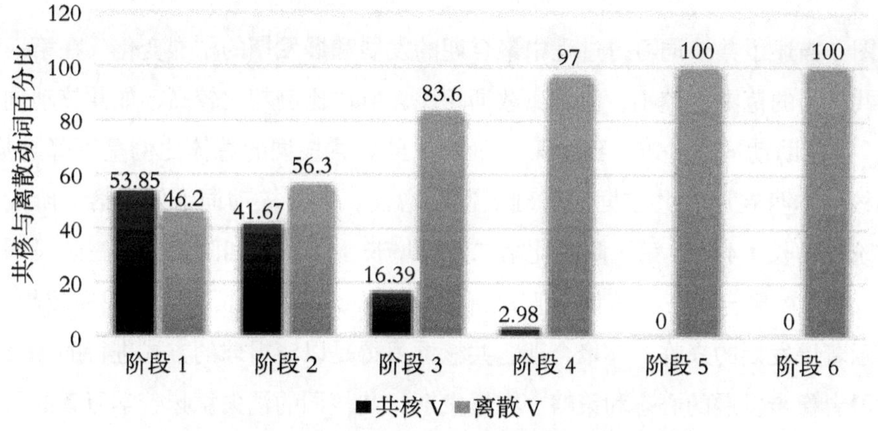

图 2　共核动词与离散动词否定习得的扩散过程（%）

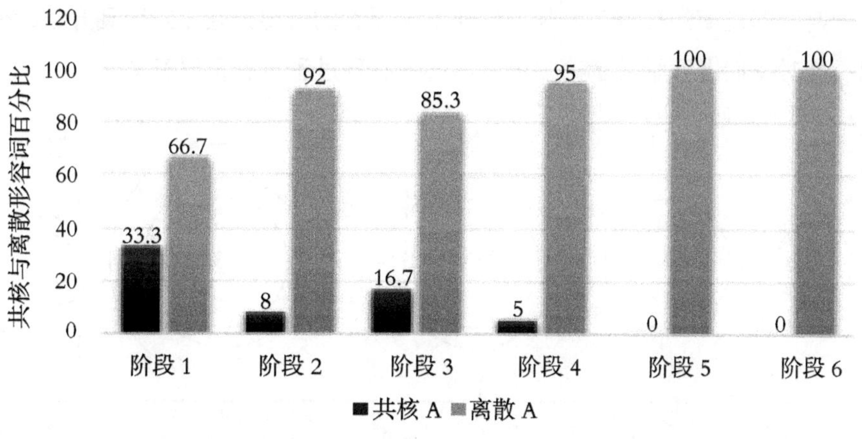

图 3　共核形容词与离散形容词否定习得的扩散过程（%）

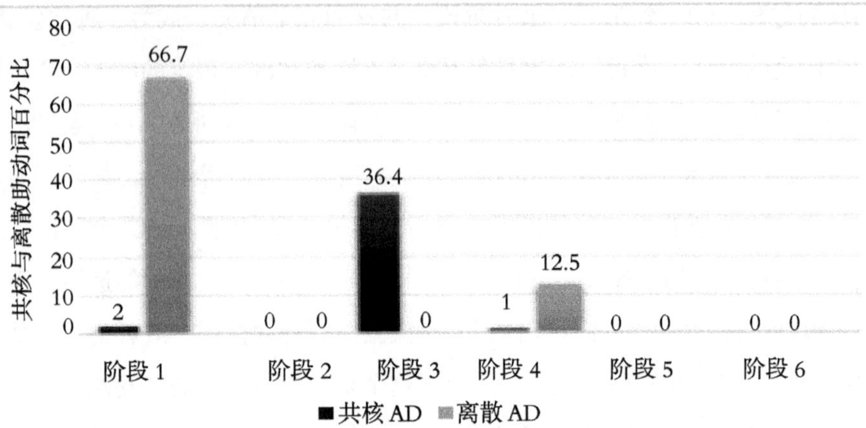

图 4　共核助动词与离散助动词否定习得的扩散过程（%）

图 5 描述了共核词习得过程中聚合期的发展和爆发期的剧烈变化。在第一阶段，共核词的范围比较小，但与离散词相比，所占比例却比较高，如共核动词占 53%，共核助动词占 66%。到了第二阶段，虽然共核词的总体比例呈下降趋势，但共核词本身在原有共核词的基础上逐渐增长。以共核动词为例，第二阶段比第一阶段增长 1.4 倍，第三阶段比第二阶段增长 1 倍，第四阶段比第三阶段增长 20%。尽管在聚合期，共核词一直保持增长趋势，但其增长率却呈现递减趋势，这预示着爆发期的来临。在聚合期，共核词习得是以滚雪球的方式进行的，反映了学习者稳步发展的心态和策略。在爆发期，共核词的消失意味着学习者的习得水平有了一个质的飞跃。量的积累最终导致质的变化，这反映了学习者开放性的习得策略。爆发期的出现表明习得过程接近成熟期。谓词否定和助动词否定习得从聚合期到爆发期的过程，实际上反映了学习者的习得策略由封闭到开放的变化过程。这对我们揭示学习者第二语言习得的心理过程具有重要意义。

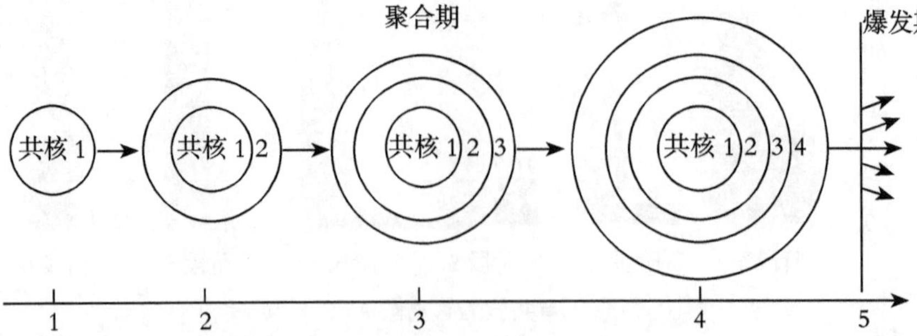

图 5　共核词扩散与爆发的过程

2.3 “不”和“没”的扩散过程

由于“不”和“没”的习得过程处于一种过渡状态，我们将借鉴 Gatbonton（1978）的“扩散模式”（diffusion model）来捕捉这一动态过程。

为了比较清楚地描述“不”和“没”的扩散过程，我们把搜集整理的病句按学习的各个阶段进行分类。由于没有现成的分类标准，初次分类只分为两种类型：一是“不”代替“没”类；二是“没”代替“不”类。由于学习者在习得过程中把“不”和“没”看作两个可替换的自由变体，因而这种分类比较符合实际。在初步分类的基础上考察“不”和“没”的扩散过程时，我们发现，这一过程呈现出四个过渡时期：单一否定期；“不”和“没”混合期；以“没”泛化为主的偏执期；“不”和“没”分化、整合期。

与单一否定期相对应的是学习的第一阶段。这一阶段由于“没”作为刚刚导入的新规则，大多数学习者还不会使用，用“没”否定仅出现 4 例。所以，“不”的否定占主导地位。但是，这种单一否定局面很快就被新规则的导入所打破。

到了第二个阶段，“没”的大量使用导致混合期的出现。也就是说，“不”代替“没”和“没”代替“不”的情况同时出现。如：

①＊因为我把自行车骑快极了，不晚了。

不晚了——没有晚

②＊加拿大的饭比中国的不好吃。

比中国的不好吃——没有中国的好吃

③＊美国人没喜欢这样情况。

没喜欢——不喜欢

④＊可是他常常没记住自己的东西。

没记住——记不住

例①②用“不”代替“没”；例③④用“没”代替“不”。从这种“不”和“没”的混合中，我们发现有两种潜在的倾向：一是“不”的否定规则向“没”的否定规则“渗透”（Adjemian，1976）；二是“没”的否定规则向“不”的否定规则的“渗透”。然而，这两种渗透过程大不相同。“不”向“没”的渗透以迁移为特征。在学习者未掌握“没”的否定规则之前，这种倾向极为明显。换句话说，在未学会“没”的否定规则之前，学习者唯一可采取的策略只能是用“不”来否定一切。可是当学习者试图用“没”来实现否定功能时，由于没有完全掌握其使用规则而走向极端，导致“没”的否定规则被泛化。这样便出现了“没”向“不”的渗透。作为学习者，他们意识不到这两个过程，在他们看来，“不”和“没”不过是两个差不多的自由变量而已。

与第三个阶段相对应的是以“没”泛化为主的偏执期。在这个时期，“不”的迁移相对减少，“没”的泛化相对增多。我们之所以称这个阶段为“偏执期”，是因为这个阶段“没”泛化的原因不仅仅是由于对“没”的用法和使用范围不了解，而且是由于学习者一旦习得“没”的否定规则后，在可用“没”也可用“不”的情况下更倾向于用“没”。例如：

⑤＊现在他身体恢复了，但是没有继续工作

没有继续工作——不再继续工作

⑥＊自己做的房子又没做得很坚固。

没做得很坚固——做得不很坚固

例⑤中“没有继续工作”和“不再继续工作”似乎都可以。当然，后者更准确一些。在这种情况下，学习者选择了前者。例⑥也是如此。

到第四阶段，即“不”和“没”分化、整合期，“不”和“没”的用法错误大大下降（仅出现两例）。这意味着“不”和“没”混合的情况已经分化。换言之，“不”和“没”开始各司其职。这说明学习者逐渐习得了“不”和“没”的否定规则。二者的分化是学习者在习得过程中对否定规则不断整合的结果。到了第五个阶段，“不”和“没”混合的情况不再出现，习得过程已经达到成熟期。

从以上对四个时期的描述中可以看出，“不”和“没”的否定规则的习得过程是一个缓慢的扩散过程。实际上，任何规则的学习都要经历类似的扩散过程，只不过过程的长短难易不同而已。此外，从这一扩散过程我们还可以看到，“不”和“没”的否定规则在习得的各阶段呈现一种连续的变化状态。如果对这种动态过程缺少全面的考察，只能窥一斑而难见全豹。

3. 结论及其对教学的意义

从上述分析中，我们至少得出以下几项初步结论：

（1）“不”和“没”否定结构的习得过程是有序的。也就是说，学习者在习得否定结构的过程中是按照一定的习得顺序进行的。否定结构的难易顺序蕴含着习得顺序。当然，否定结构本身的复杂程度并不等于习得过程的难易度。换句话说，否定结构的习得顺序并不完全是由其结构本身的复杂程度决定的。学习者的语言和文化背景与目的语及其文化差异、学习者的心理过程及其习得策略，在某种程度上也制约着习得顺序。

（2）被否定谓词与助动词的习得过程分析，揭示了谓词与助动词习得的阶段性特征。这种阶段性特征表明学习者在不同的习得过程及阶段所采取的习得策略是不同的。这种阶段性特征还揭示了习得过程各阶段的本质差别。阶段性特征是否定结构习得动态变化的典型特征。

（3）“不”和“没”否定规则习得的扩散过程揭示了学习者学习新规则所经历的内在过程，这些过程常常是隐蔽的、鲜为人知的。扩散过程形象地概括了否定规则习得的过渡性特征及规则缓慢渗透的特征。

上述结论对制定汉语否定结构的教学对策具有一定的启发意义：

（1）否定结构教学应考虑学习者内在的习得顺序。我们的教学过程如果能够顺应这种顺序，否定结构的教学效果势必是事半功倍。

（2）否定结构习得过程的阶段性特征还为各阶段教学内容及方法的选择和确定提供了参考。学习者在各阶段习得过程中采取的策略大不相同，若针对习得过程的阶段性特点制定不同的教学对策，则会使教学更有针对性。

（3）“不”和“没”否定规则习得的扩散过程揭示了学习者学习新规则的认知特点。它提示我们，语法规则的学习只能顺其自然，错误的出现是习得过程的必然阶段，我们在教学中只能尽量缩短这种过渡与渗透过程，使学习者尽快到达学习的终点。

:: 参考文献 ::

王还（1995）《对外汉语教学语法大纲》，北京语言学院出版社。

Adjemian, C. (1976) On the nature of interlanguage systems. *Language Learning*, 26, 297-320.

Cancino, H., Rosansky, E. J. & Schumann, J. H. (1975) The acquisition of the English auxiliary by native Spanish speakers. *TESOL Quarterly,* 9 (4), 421-430.

Ellis, R. (1999) *Understanding Second Language Acquisition*. 上海外语教育出版社 .

Felix, S. W. (1981) The effect of formal instruction on second language acquisition. *Language Learning*, 31 (1), 87-112.

Gatbonton, E. (1978) Patterned phonetic variability in second-language speech: A gradual diffusion model. *Canadian Modern Language Review*, 34 (3), 335-347.

Gillis, M. & Weber, R. M. (1976) The emergence of sentence modalities in the English of Japanese-speaking children. *Language Learning*, 26 (1), 77-94.

Klima, E. & Bellugi, U. (1966) Syntactic regularities in the speech of children. In J. Lyons & R. Wales (eds.), *Psycholinguistic Papers*. Edinburgh University Press.

Long, M. & Sato, C. (1984) Methodological issues in interlanguage studies: An interactionist perspective. In A. Davies, T. Howatt & C. Criper (eds.), *Interlanguage*. Edinburgh University Press.

Milon, J. P. (1974) The development of negation in English by a second language learner. *TESOL Quarterly*, 8 (2), 137-143.

Ravem, R. (1970) The development of wh-questions in first and second language learners. *Child Language*, 26.

Wode, H. (1981) *Learning a Second Language: An Integrated View of Language Acquisition*, John Benjamins Publishing Company.

原载《世界汉语教学》1997 年第 3 期

表差异比较的否定结构的习得过程

1. 问题的提出

在教学中，我们经常遇到这样一种情况，即学习者在语言习得的某一时期大量地使用某一结构，并将这种结构所表达的交际功能细化。笔者曾将这一现象概括为“以泛化为主的偏执期”(王建勤，1997)。在分析学习者习得汉语否定结构的语料时，这种现象再次得到印证。我们发现，无论是母语为英语的学习者还是母语为日语的学习者，在习得汉语表示事物之间差异的否定结构时，大量使用“和 / 跟……不一样”这种结构。表 1 是母语使用者与第二语言学习者使用相同结构的相对频率比较。

表 1　母语者与第二语言学习者使用相同结构的相对频率比较[①]

汉语结构	母语者			第二语言学习者		
	样本总量	词次	频率	样本总量	词次	频率
不一样	160 万	22 例	0.14	104 万	188 例	1.8
不同	160 万	245 例	1.53	41 万	70 例	1.6
差异	160 万	21 例	0.13	41 万	3 例	0.07
差别	160 万	22 例	0.13	41 万	16 例	0.4

表 1 列出了“不一样”“不同”“差异”“差别”4 个表差异的汉语结构。其中“差异”和“差别”在两种语料中出现的频率都很低，而表差异的否定结构“不同”和“不一样”出现的频率相对高一些。另外，从原始数据来看，母语使用者和第二语言学习者使用“不同”的相对频率似乎差别不大，而“不一样”的使用频率相差却很大。为了检验这种直觉经验的可靠性，在此我们仅对“不一样”和“不同”的使用比率进行差异显著性检验。需说明的是，我们从汉语中介语语料库 104 万字的样本总量中抽出的 188 个含“不一样”的例句仅包括母语背景为英语、日语和法语的学习者，而并非全部第二语言学习者。

表 2　“不一样”两独立样本比率差异显著性检验（Z 检验）

	假设 H0: P1=P2			n_1=160 万		n_2=104 万	
样本	1 比率	P1=0.14	q1=0.86	σ	p1−p2=0.051	Z>	$Z_{.01}$（2.33）
样本	2 比率	P2=1.8	q2= −0.8	Z= −32.54		P<	0.01*

表 3　“不同”两独立样本比率差异显著性检验（Z 检验）

	假设 H0: P1=P2			n_1=160 万		n_2=41 万	
样本	1 比率	P1=1.53	q1= −0.53	σ	p1−p2=0.16	Z<	$Z_{.05}$（1.96）
样本	2 比率	P2 =1.6	q2= −0.6	Z= −0.4375		P>	0.05

表 2 和表 3 的差异显著性检验表明，母语使用者和第二语言学习者使用表差

---

① 母语者语料来自汉语新闻语料库，二语者语料来自汉语中介语语料库。表中的相对频率为便于认读，均为万分位。

异的否定结构“不一样”的比率差异显著（$P < 0.01$）。其临界比率（$Z=32.54$）远大于 0.01 概率层面的临界值（$Z_{.01}= 2.33$）。“不同”的使用比率差异在 0.05 的 α 层面上仍然不显著（$P>0.05$）。这一结论使我们产生一个疑问：究竟是什么原因使得第二语言学习者在表达差异比较时对含“和/跟……不一样”的否定结构情有独钟？我们似乎可以提出以下两个假设：

（1）学习者在特定时期大量使用“和/跟……不一样”这种结构很可能是目的语规则的泛化造成的。这种假设基于这样一种观点：规则泛化实际上是一种“简化策略”（simplification strategy）。学习者在初级阶段，试图通过控制关于目的语假设的范围来减轻学习负担（Ellis，1985a：171）。但是数据分析表明，这种泛化倾向在句法层面上并不明显。

（2）这种现象并非学习者运用简化策略的结果，而是由于交际的需要产生分化的结果。显然，仅依据表面现象来推测是不足为凭的。

若对这两种假设进行证实或证伪，必须深入考察学习者的习得过程，才能发现个中原因。本文拟从学习者运用“和/跟……不一样”这种结构及其表达的功能入手，分析二者的变异过程，以获得更为切合实际的答案。

2. 研究方法

2.1 数据来源

本文用于分析的数据来源于汉语中介语语料库。我们从 104 万字的书面语料中抽取了母语背景为英语的学习者生成的含有“（和/跟）……不一样”结构的有效例句 54 条，日语背景学习者生成这一结构的有效例句 121 条，作为对比分析的参考。英语背景学习者语料收集的跨度从一年级到三年级，共分六个阶段，即每学期为一个阶段。限于篇幅，本文仅讨论英语背景学习者使用这一结构的情况，日语背景学习者使用这一结构的情况及其学习策略对比将另文讨论。

2.2 描写方法

学习者的中介语系统从本质上讲是一个动态的、不断变化的系统。那么，捕捉这种动态的、系统变化的特征，因袭传统的语言学分类的方法是无济于事的。本文语料的分类与描写，主要依据我们要考察的表差异的否定结构“（和/跟）……不一样”出现的语境。根据这一描写原则，我们按照学习者使用这种结构的语境进行概括和分类。出乎我们预料的是，这种结构出现的语境竟有8种之多。现列举如下：

类型1：A和/跟B不一样

美国和中国不一样。

类型2：A不（是）跟B一样

因为许多的词古代用法不是跟现代的一样的。

类型3：V+A跟B不一样

我觉得在那学习的结果跟语言学院的结果一定不一样。

类型4：A{集合}+不一样

语言、生活方式、人的关系、食物都完全不一样。

类型5：A不会+跟B一样+adj.

跟父母吵架的时候不会跟美国年轻人一样厉害。

类型6：A（跟/和）B不一样的+N（包括：有不一样的+N）

中国有许多跟我国家的习惯很不一样的习惯。

类型7：A不像B一样+adj.

鸟不像人一样挤，大部分有自由飞在天上周围。

类型8：把A（V）跟B不一样（V）

开始把她看得跟别的孩子不一样。

按照上述分类，我们对英语背景学习者使用“和/跟……不一样”否定结构出现的频率进行统计，以便考察这一结构在不同语境的分布情况。然后我们从两个方向对数据的分布进行分析：一是纵向分析，考察学习者在不同阶段使用否定结构类型的隐现情况；二是横向比较，对不同否定结构类型的分布情况进行比较。纵向分析可以看到各类结构的演变过程以及占主导地位的结构类型；横向比较可以发现这种结构在同一阶段的分化过程与类型，从而提供观察分析学习者在各阶段习得过程与学习策略的线索。

3. 习得过程分析

为了便于习得过程的描述与分析，我们首先根据上述分类对数据的分布进行简单的描述并以此为过程分析的基础，从中发现学习者习得过程呈现出来的特点。

3.1 数据分析

表 4 是英语背景的汉语学习者使用“和 / 跟……不一样”在不同语境的分布情况。由于数据类型的缺省，数据类型的分布呈现不均衡状态，特别是第一阶段未出现任何类型的表差异的否定结构。这部分缺省数据可能有两种原因：一是我们使用的中介语语料库语料收集不均衡，未能覆盖英语背景学习者初期习得这种结构的情况；二是汉语和英语语序上的差异使学习者在习得的第一阶段未能掌握这种表差异的基本结构，而日语背景的学习者在习得这种结构时并未出现这种不均衡的情况。

表 4　学习者使用“和 / 跟……不一样”语境类型分布（相对频率）　（单位：%）

阶段	类型 1	类型 2	类型 3	类型 4	类型 5	类型 6	类型 7	类型 8
Term 1	****[①]	****	****	****	****	****	****	****
Term 2	13.7	****	4.5	2.3	****	****	****	****
Term 3	6.9	2.3	****	2.3	2.3	****	4.6	****
Term 4	16.2	2.3	9.3	4.6	****	4.6	****	4.6
Term 5	****	****	****	4.6	****	****	****	****
Term 6	4.6	****	2.3	****	****	6.9	****	****
Total	41.4	4.6	16.1	13.8	2.3	11.5	4.6	4.6

星号 **** 表示缺省数据。

从纵向数据的分布情况看，似乎难以发现可以遵循的规律。但是有一点似乎是明确的，即从数据的连续性来看，表 4 中有三类数据可以为我们提供分析的线索。类型 1 的第一阶段（Term 1）和第五阶段（Term 5）数据缺省，但累积频率（41.4%）最高。类型 3 与类型 4 也有数据缺省的情况，累积频率依次为 16.1% 和 13.8%。从这三类结构的累积频率也可以看出数据类型的横向分布。换句话说，从数据的横向比较来看，这三种类型的结构是学习者在整个习得过程中使用频率比较高的表差异的否定结构。具体地说，“A 和 / 跟 B 不一样”“V+A 跟 B 不一样”和“A{ 集合 }+ 不一样”这三类结构是学习者所使用最多，也是最基本的表达差异比较的否定结构。其中“A 和 / 跟 B 不一样”是使用频率最高的结构。从第二阶段（Term 2）数据分布的情况看，类型 1 的使用频率为 13.7%，相当于类型 3 的 3 倍、类型 4 的 6 倍。这说明，这个阶段使用的结构类型主要是类型 1。在其他几个阶段，类型 1 与其他几个类型相比大多仍然占主导地位。累积频率位居第二位的类型 3 在日语背景学习者所使用的结构类型数据中根本没有出现。这种情况提示我们，要观察来自学习者母语系统的影响。从表层结构看，类型 3 与英语背景学习者的母语结构“I think/believe that + clause”相似。虽然两种语言系统的表层结构相似，但是我们还不能由此而断定类型 3 为母语迁移的结果。不过有一点可以认定，即类型 3 的累积频率比较高与母语迁移过程不能说没有关系。类型 4 这种结构无论在英语背景学习者还是日语背景学习者的统计数据中都是一种使用频率比较高的结构。即使对于汉语为母语的使用者来说，类型 4 与类型 1 都是表达差异比较的基本否定结构。与类型 1 不同的是，类型 4 不是采取两两相对的方式，而是以集合概念进行表述的方式，如有限集合中元素的枚举：“语言、生活方式、人的关系、食物都完全不一样”，或是用表集合概念的词语来概括，所以我们用“A{ 集合 }+ 不一样”的表达式来表述类型 4 这种结构。

从数据的横向比较情况看，第三阶段（Term 3）和第四阶段（Term 4）是学习者习得过程中最活跃的阶段。第三阶段出现的结构类型在第二阶段三种类型的基础上新增加了三种，即类型 2“A 不（是）跟 B 一样”，类型 5“A 不会 + 跟 B 一样 + adj.”，类型 7“A 不像 B 一样 + adj.”。第四阶段在第三阶段的基础上又增加了两种新的结构，即类型 6“A（跟 / 和）B 不一样的 +N（包括：有不一样的 +N）”和类型 8“把 A（V 跟）B 不一样（V）”。这些新增加的结构类型表明，学习者在第三和第四阶段使用表差异的否定结构类型在形式上出现了分化的现象。这些新分化出来的结构类型有两个明显的特点：（1）在第三阶段分化出来的结构类型中，有两种结构类型（类型 2 与类型 5）的否定副词“不”与“一样”分离并外移；（2）在第四阶段分化出来的否定结构中，否定副词“不”与“一样”并未分离，仍然作为一个整体，但是这个整体作为一个句子成分的语法功能发生了变化。如类型 6 中，“A 跟 B 不一样”作为一个句子成分修饰名词；类型 8 中，“A 跟 B 不一样”被用在“把”字句中做状语，如“把你跟他不一样看待”，可见这个阶段的学习者已经试图驾驭更为复杂的句子结构。从这些新出现的否定结构所处的语境来看，这些结构的交际功能出现了细化的现象。

从表 4 中第五阶段（Term 5）和第六阶段（Term 6）的数据分布看，这种否定结构的分化过程不再继续。一方面，前两个阶段新出现的结构不再出现；另一方面，延续下来的基本上是原有的基本结构。这种有消有长的现象似乎表明，学习者习得表差异比较否定结构的过程进入了整合期。

3.2 过程分析

上述数据的观察与描述为我们分析学习者习得汉语表差异否定结构的实际过程提供了可靠依据。从总体数据的描述来看，英语背景学习者的习得过程表现为一些彼此不同的阶段，其中最引人注目的是表差异否定结构的分化过程。为了追溯这一过程的发端和终结，我们以分化过程为中心，分三阶段进行讨论，即表差异否定结构及其功能的简单表述阶段、结构与功能的分化阶段、结构与功能的整合阶段。我们认为，这种划分基本反映了分化过程的客观情况。Ellis（1985b，1989）在分析学习者中介语发展的基本规律时指出，中介语的发展包括三个共生阶段：一是新规则的获得阶段；二是规则的细化阶段；三是整合阶段。根据我们的观察，分化过程的阶段性与 Ellis 的阶段划分基本吻合。

3.2.1 表差异否定结构及其功能的简单表述阶段的习得过程分析

从表 4 数据的横向比较中，我们看到，学习者习得过程的第一个阶段（即 Term 2）主要集中在三种类型的表差异否定结构的使用上，即类型 1：A 和 / 跟 B 不一样；类型 3：V+A 跟 B 不一样；类型 4：A{ 集合 }+ 不一样。如果我们暂时不考虑“和 / 跟……不一样”出现的语境的话，类型 3 与类型 1 的结构其实是一样的。那么我们可以说，学习者第一个阶段所使用的结构主要有两种，即类型 1 与类型 4。数据分析也表明，这两种类型是最基本的表达差异比较的结构类型。从交际功能来看，这两种结构类型的基本功能是表差异比较。根据这一特点，我们认为，学习者在习得过程的第一个阶段基本上处于表差异的否定结构及其功能的简单表述时期。具体表现在以下几个方面：（1）这一阶段，学习者所使用的表差异否定结构仅限于类型 1 这种结构，类型 4 仅出现一例。也就是说，学习者所使用的结构主要是表两种事物差异的比较。（2）从语法结构上看，第一阶段出现的例句无一例外地都是做句子的谓语成分。这说明，在这种结构及其功能的简单表述期，学习者还不能灵活地运用这种否定结构。我们还可以进一步推测，这个阶段学习者还处于这种结构的模仿阶段。（3）由此我们还可以看到，这个阶段的学习者在模仿“和 / 跟……不一样”这种结构的时候，是把“不一样”这个短语作为一个不可分但是可以自由运用的成分来习得的。早在 20 世纪六七十年代，许多学者（Lyons，1968；Krashen & Scarcella, 1978；Huang & Hatch，1978）已经论述过这种现象，并把这种不可分但可自由运用的言语结构称作“公式化言语”（formulaic speech）。Ellis（1985a）指出，公式化言语在第二语言习得过程中，特别是习得过程的初期是非常普遍的现象。Krashen & Scarcella（1978）将这种公式化言语分为两类：日常用语中的公式化言语与部分不可分但可填入其他成分的结构，如“Can I have ____?”等结构。我们所讨论的“和 / 跟……不一样”属于后一种类型。我们之所以称这种结构是不可分的，并非结构本身不可分，而是表明在初级阶段，这种结构在学习者的心理词典中是作为“完整的结构”（unanalysable chunk）来记忆的。正是这个原因使它可以作为一个句子成分自由运用，如类型 3 中“A 跟 B 不一样”就是作为一个句子成分做动词的宾语的。在类型 4 中，我们也可以看到这种现象。类型 4 实际上是类型 1 中省去比较对象 B 的省略式，构成了一个开放式的句法槽：[X] 不一样。其中“不一样”也是作为一个整体来运用的。学习者的这种学习策略为以后习得过程中表差异否定结构的分化奠定了基础。Fillmore（1979）在分析这种学习策略时指出，公式化言语的习得是学习者语言学习的第一步，并为进一步的语言结构的分析奠定了基础。一旦学习者熟悉了这些公式化言语，便会与其他言语结构进行比较，进而了解语言的结构。

由于学习者在习得过程初期掌握的表差异的否定结构是有限的，自然表达的交际功能也是有限的。但是，由于学习者是把“和 / 跟……不一样”这种结构作为一个不可分但可以自由运用的整体来学习的，并尝试将这种整体结构运用到其他语境，这就使得后期习得过程中出现结构分化的过程成为可能。

3.2.2 表差异否定结构“和/跟……不一样”的分化过程分析

到了学习者习得过程的第二个阶段（即 Term 3 和 Term 4），习得过程初期那种表差异比较否定结构及其功能的简单表述的情况发生了变化。我们看到，由于学习者将“和/跟……不一样”这种结构作为一个不可分但可以自由运用的整体，他们试图将这个自由成分用在其他语境，从而导致类型 1“A 和/跟 B 不一样”这种结构出现了分化现象。Ellis（1985a）对这种分化过程做过十分精辟的论述。他指出：“无论在第一语言习得还是在第二语言习得过程中，人们发现，公式化言语构成了‘再生性言语’（creative speech）的基础。也就是说，学习者开始认识到，最初作为整体理解和运用的话语是由离散的成分构成的。这些成分可以和其他成分以各种受规则约束的方式结合在一起。”学习者的这一大发现，使得他们在习得过程中表现出了令人惊叹的创造力。下面我们将要分析的表差异比较的否定结构的分化过程充分证明了学习者这种非凡的创造力。这种分化过程具体表现在两个方面：

表现之一，否定副词“不”的“外化”。我们首先看一组例句，以便我们对所谓的“外化”过程有一个直观的印象。

类型 2　A 不（是）跟 B [ ] 一样（Term 3）

因为许多的词古代用法不是跟现代的一样的。

类型 5　A 不会 + 跟 B [ ] 一样 + adj.（Term 3）

跟父母吵架的时候不会跟美国年轻人一样厉害。

类型 7　A 不像 B 一样 + adj.（Term 3）

鸟不像人一样挤，大部分有自由飞在天上周围。

从上面三种类型的表达式与例句中，我们看到，前两种类型的表差异比较的否定结构有一个共同的特点，即否定副词“不”与“一样”分离并外移，我们把这种分离与外移的过程称作“外化”。我们所说的这种“外化”是针对导致学习者习得行为改变的心理过程而言的，学习者所学的目的语结构本身并不存在这种外化过程，因为“A 跟 B 不一样”和“A 不跟 B 一样”两种结构在汉语中都存在。我们之所以将这种现象称作“外化”，是因为学习者显然是在“A 跟 B 不一样”（Term 2）的基础上习得“A 不跟 B 一样”（Term 3）这种结构的。因此，“A 不跟 B 一样”的获得隐含着“不”与“一样”分离并外移这两个心理操作过程。也就是说，新的否定结构的获得是建立在“不”与“一样”的心理切分与位移的基础之上的。因此，类型 2 与类型 5 是学习者这种外化心理过程在言语行为中的直接表现。当然，并不是所有的结构都可以实现这种外化过程，如类型 7 本身并不具备外化的条件，因为“A 不像 B 一样”并不是“A 像 B 不一样”这种结构外化的结果。但是类型 7 在某种程度上可以引发学习者外化的心理过程，这种类型的结构至少给学习者这样一种暗示，或者说，学习者可以从“A 不像 B 一样”这种结构中领悟到副词“不”是可以与“一样”分离的，而且“不”可以前移，对所附着的结构进行否定。当他们接触到“A 不跟 B 一样”这种结构时，这种假设便得到了证实。这一过程表明，学习者会通过某些信息的暗示来建立关于目的语新规则的假设。换句话说，外化心理过程的实现是建立在这种假设的基础之上的。如果这种假设通过检验是正确的，学习者这种外化的心理过程便得到认定。新规则的获得正是通过这种外化过程来实现的。这里特别值得注意的是，类型 2 这种结构反映了学习者试图发现新规则的尝试，生动地刻画了“不”外化的动态过程。“A 不（是）跟 B 一样”这种经过学习者外化的结构实际上是 Corder（1967）所说的那种类似于目标语（target-like）的结构，因为母语使用者只有在表示对比的情况下才使用这种结构。学习者在此的用意显然不是用于对比，而是尝试新规则。如果这种尝试是基于目的语规则的假设，应该说这是学习者将“不”外化的一次大胆的尝试，采取的策略是规则泛化。也许人们会认为这种结构是“A is not the same as B”的翻版，也就是说，“是”是从英语中迁移过来的。根据我们的观察，如果类型 2 这种结构是母语负迁移的结果，它至少在第二个阶段就应该出现，或者说，学习者首先学会的应该是“A 不跟 B 一样”，而不是“A 跟 B 不一样”。但我们的观察与这种推论相反，这也是“外化”过程立论的依据。

另外，我们在数据分析中还看到，外化过程并非一步到位，实际上，它是一个逐渐变化的过程。在习得过程的第三个阶段（Term 3），副词“不”的外化基本上是附着在系动词或能愿动词之前；到了第四阶段（Term 4），副词“不”进一步外化，如出现了“不要 +V+A 像 / 和 B 一样”“不是所有 A 跟 B 一样”这种否定全句的外化现象。如果按照母语负迁移的观点，这种现象是无法解释的。这只能证明，学习者已经将最初作为整体来理解和运用的表差异比较的否定结构彻底分化了。

表现之二，交际功能和语法功能的细化。表差异比较的否定结构的分化必然导致这种结构的交际功能与语法功能的细化。反过来说，随着学习者交际需要的增加，学习者一方面通过语境的变化来实现交际功能的细化，另一方面通过改变信息结构来实现语法功能的细化，从而满足交际的需要。这是学习者在习得过程的特定时期大量使用“和/跟……不一样”这种结构的直接原因。

初级阶段“和/跟……不一样”的交际功能仅限于客观事物之间的差异比较的简单表述。在习得过程的第二阶段，学习者将这种结构用于不同的语境当中，从而使这种表述事物之间差异比较的功能发生了变化。因此可以说，“和/跟……不一样”的交际功能随着语境的变化而变化。请看下面的例句：

1）对事物间差异比较的结果做出判断

当然在中国不是所有的农村和密云县是一样的。

2）对所比较的事物之间的差异进行推测

跟父母吵架的时候不会跟美国年轻人一样厉害。

3）对事物间的差异予以认定

可是在压力方面不像瑞士（队）有名的队一样。

4）对事物间的差异予以告诫

应该注意美国的风俗跟中国的不一样。

5）对事物间的差异予以强调

今年可不是一样。

上面所列的功能显然不可能是全部，但是仍然可以看出，这些交际功能的实现完全依赖于这种表差异比较的结构出现的语境。这种现象似乎没有什么特别之处，如果我们的分析到此为止，我们将会与那些揭示习得过程的重要事实失之交臂。但当我们从学习者认知策略的角度来观察时，我们就会发现，这种通过语境变化实现交际功能的言语行为实际上反映了学习者语境认知的习得过程。在习得过程的初级阶段，学习者对语言的认知基本上是形音义的认知。到了中高级阶段，语境的认知便成为学习者所面临的一个主要问题。在数据分析过程中我们发现，语境认知是交际功能细化的前提，离开语境的认知，交际功能是无法实现的。另外我们还发现，学习者在语境认知的基础上主要通过两种方式来实现交际功能的细化：一是表达特定交际功能的框架的选择与提取，二是改变信息结构。

当学习者把表差异比较的否定结构作为一个不可分的整体来运用的时候，他们发现，这种结构在不同的语境当中表达的交际功能不一样。如果选定一个交际功能的框架，然后将表差异比较的否定结构填充到所选择的框架中去，就可以完成特定的交际目的。比如，表告诫功能的框架：{A 跟 B 不一样}；表推测：{A} 不会 { 跟 B 一样 }；表认定：{A} 不像 {B 一样 }。显然，这些交际功能都是通过这些框架原有的功能来体现的。学习者在语境认知的过程中首先要选择合适的框架，选择过程是建立在框架本身的交际功能认知的基础上的。以例 1）中“当然在中国不是所有的农村和密云县是一样的”为例，当学习者意欲表达对事物之间差异比较结果进行判断这一功能时，首先要选择一个表判断这种功能的框架：不是所有 {A} 都是 { 跟 B 一样 }。这个框架的提取或选择显然不是一种即时的言语行为，而是在学习者所接触的语言材料中通过比较概括出来的。这种比较、概括、选择和提取的过程实际上是一种模式化过程。作为模式化过程的结果，这种框架便具有“预制模型”（prefabricated patterns）的特征，即模型的再生性以及交际便利等。在较为复杂的交际环境中，学习者只需将交际的内容填充到预制模型中，便可以应付由于目的语知识缺乏而无法应付的交际情境，以缓解交际压力。从交际策略的角度来看，这一过程可以称作模板制作过程。模板制作有赖于对语境的认知，模板的不断增加使得表差异否定结构原有的交际功能不断细化。

学习者利用表差异否定结构实现不同的交际功能的另一种方式是改变信息结构。学习者在对语境认知的过程中发现，信息结构的改变也可以实现不同的交际功能，以达到不同的交际目的。从下面一组例句可以看出学习者在这方面进行尝试所做出的努力：

（1）今年不一样。

（2）可今年不一样。

（3）* 今年可不（是）一样。

例（1）的话语焦点可以根据语境的不同而不同。例（2）和例（3）却别无选择，因为副词“可”作为一个“焦点结构”（focus device）已经确定了这两个句子的焦点。例（2）强调的是“今年”的情况与往年不同；例（3）强调的是与往年比较的差别。虽然是一字之差，表达的功能却不一样。焦点结构的运用表明学习者将其作为实现交际目的的一种手段。

改变信息结构的另一种情况是利用特殊句式来凸显焦点结构，传达新信息。请看例句：

（4a）所以葬身时没把她跟一般的孩子一样放在一个陶罐里埋。

（4b）所以／葬身时／她没跟一般的孩子一样／放在一个陶罐里／埋。

（5a）开始把她看待得跟别的孩子不一样。

（5b）开始／不／看待／她／跟别的孩子一样。

我们暂且抛开这些句子是否合语法的问题。从这些不太合语法的句子当中，我们依然可以清楚地看到学习者遵循“言有所为”的明确动机。“把”字结构将差异比较的对象提到动词的前面而使比较的对象成为已知信息，从而凸显要传达的新信息。如果不用“把”字结构，采用（4b）和（5b）那种信息编排方式，就难以凸显为实现特定交际目的而传达的新信息。信息结构的改变使得表差异比较的否定结构在不同语境中的交际功能更加丰富。

此外，我们从这一结构在语法功能上的改变也可以看到交际功能的变化。在初级阶段，“和／跟……不一样”仅仅做谓语成分，在结构分化过程中，学习者发现这一结构作为一个整体，运用起来非常灵活，它可以在句子结构中充当许多语法成分。

类型 3　V + A 跟 B 不一样

我觉得在那学习的结果跟语言学院的结果一定不一样。

类型 5　A 不会 + 跟 B 一样 + adj.

跟父母吵架的时候不会跟美国年轻人一样厉害。

类型 6　A（跟／和）B 不一样的 + N（包括：有不一样的 + N）

中国有许多跟我国家的习惯很不一样的习惯。

类型 8　把 A（V）跟 B 不一样（V）

开始把她看得跟别的孩子不一样。

类型 3“A 跟 B 不一样”做动词宾语，与说话者对事物差异比较的主观评价相关；类型 5“A 不会跟 B 一样”做状语修饰形容词，往往与对差异程度的推测有关；类型 6“A 跟 B 不一样”做定语修饰名词，一般与对所比较事物的差异进行区分有关；类型 8“跟……不一样”做动词的补语，表示对比较的事物做不同的处置。这些例子说明，表差异比较的否定结构的语法功能的变化使得这一结构的交际功能也相应地发生了变化。

从上述过程分析可见，英语背景学习者是最活跃、最富有创造力的学习群体，表差异否定结构的分化过程生动地体现了学习者在语言习得方面的智慧和能力。

3.2.3 表差异否定结构及其功能的整合阶段的特点分析

表差异否定结构的分化过程是学习者整个习得过程最活跃的阶段。学习者在这个阶段的表现为我们提供了丰富的观察材料。但是，就分化过程本身而言，这是一种不均衡的发展过程，是对目的语规则系统的一种偏离。这种发展最终要向目的语系统回归，也就是说，这种剧烈的不均衡发展最终要通过一个整合阶段达到一种均衡发展。基于这种假设，我们对表差异比较的否定结构习得的整合阶段的特点做一简要分析。

在表 4 中我们看到，在学习者经历的最后一个阶段（Term 5 和 Term 6），表差异比较的否定结构类型的隐现情况变化较大。Term 5 仅出现类型 4 一种结构，其他类型全部消失。就现有的数据，我们还无法对这种现象做出合理的解释。Term 6 出现了三种类型的结构，或者说有三种类型的结构延续了下来，即类型 1、类型 3 和类型 6。根据观察，我们对这些结构的隐现原因所能提供的解释主要有以下几点：（1）有的类型的消失是分化过程不均衡发展的必然结果。表差异否定结构的分化使相应的交际功能细化，这些交际功能的指向也都是明确的。但是有些功能的表达结构却往往是不合目的语规则的。随着学习者目的语知识水平的提高，这些类似于目的语（target-like）的结构逐渐与目的语规则一致。因此，这些表达特定交际功能的类似于目的语结构的消失是学习者中介语结构与功能系统整合的结果。如类型 2 “A 不（是）跟 B 一样”将整合为“A 不跟 B 一样”或“A 跟 B 不一样”。母语使用者只有在表示对比的情况下才使用“A 不是跟 B 一样”这种结构。比如，“我的衣服不是跟你的一样，而是跟她的一样”，或采用类型 1 “A 跟 B 不一样”的结构。由此推论，类型 7 和类型 8 的消失都是由于这些偏离目的语规则的结构向目的语系统回归的原因所致。（2）有些类型的消失与表达相同功能的不同表达方式的获得有关，如“和……不同”“和……有差别”等相同的结构。在我们统计的数据中，“不同”做定语修饰名词的数量较多。这种用法的增加就会减少类似的结构的使用，或者不增不减，处于平衡状态。（3）类型 1 与类型 4 是汉语中表差异否定结构最基本的两种用法，所以这种否定结构延续下来是理所当然的。

由于在整合阶段出现的数据有限，我们所做的假设和推论也不可能超出现有数据的范围之外。对于这一过程的描写和分析还有待于更大规模的语料库提供更大的样本作为观察和分析的依据。表差异比较的否定结构的分化过程为我们提供了学习者习得这种结构的动态过程。作为这一过程的终结——整合过程的分析依然可以为我们提供具有研究价值的依据。

4. 结论

表差异比较的否定结构的分化过程是学习者在整个习得过程中表现最为精彩的阶段。它不仅为现有习得理论的解释提供了客观依据，同时对这一过程的分析也为我们提出新的理论假设提供了有力的论据。分化过程的分析涉及许多理论问题，其中最有普遍意义的是：学习者的学习策略问题；外化过程的心理机制；语境认知与模板制作机制及策略取向。有关这些问题的讨论将作为本文论及的分化过程分析的结论。

4.1 关于学习者在分化过程中的学习策略问题

国外许多学者认为，简化策略是学习者习得过程初级阶段最基本的策略。Richards（1974）认为，学习者运用这一策略的目的是减轻学习负担。Widdowson（1975）甚至将母语迁移与目的语规则泛化这两种不同的心理过程都归结为基于简化策略的相同过程。Ellis（1985a）也持类似的观点，唯有 Corder（1981）持反对意见。他认为，学习者不可能简化他未习得的目的语规则。第二语言习得应该看作一个“繁化过程”（a process of complexification）。我们的数据分析和过程分析的结论与 Corder 的观点一致。表差异比较的否定结构的分化过程表明，学习者不是被动地接受目的语规则，而是积极地尝试建立自己的规则。由此我们可以得出第一个结论：英语背景学习者所经历的这种分化过程实际上是一种繁化过程，产生这一过程的直接原因是公式化结构的再生性。从认知的角度看，学习者在分化过程中运用的是一种“模式分析策略”（strategy of pattern analysis）。基于这种策略，学习者逐渐认识到公式化结构在不同语境的变化以及语境模式的多产性，这种策略成为表差异否定结构分化的心理基础。

4.2 外化过程的心理机制

表差异比较的否定结构“A 跟 B 不一样”与“A 不跟 B 一样”之间唯一的差别是副词“不”向前位移，位移的距离不过两个字而已。但是，学习者要实现这短短距离的跨越却要经历相当长的心理过程。按照 Carton（1971）的观点，学习者建立假设的推理线索有三种类型：一是“语内线索”（intralingual cues），即来自目的语词法和句法规则的线索；二是“语际线索”（interlingual cues），即来自两种语言中被看作相似结构的线索；三是“语境线索”（contextual cues）。我们所说的外化过程，主要与来自语内的推理线索有关，语内线索是构成学习者外化假设的主要依据。由此我们得出第二条结论：外化过程实际上是基于目的语规则假设的泛化过程。这表明，学习者不仅建立正确的假设，同时也建立一些过渡性假设，这些过渡性假设通过假设检验不断地进行系统的整合，最终建立正确的假设。

4.3 语境认知与模板制作机制及策略取向

从表差异否定结构的交际功能细化过程的分析来看，语境的认知主要涉及的是语境特征的分析过程。当学习者发现表差异否定结构的交际功能随着语境的变化而变化时，便建立了表差异否定结构与其出现的语境的依存关系。语境认知为模板制作提供了基础。因此，语境认知在策略取向上属于学习者的学习策略。语境的认知最终会导致模板制作的过程，即模式化过程，这个过程主要包括模式或框架功能的特征分析、概括及分离与提取。提取的原则是：所要提出的框架必须具有相对固定的功能；这种框架必须具有多产性。换句话说，具备这两个条件才能形成便于交际和运用的模板。因此，模板制作的策略取向是语言交际。由此我们可以得出第三个结论：语境认知是以语境特征的分析与概括为特征的，其策略取向为学习策略；模板制作是以功能框架的分离与提取为特征的模式化过程，其策略取向应属于交际策略。语境认知与交际功能框架的模式化过程充分体现了学习者的主观能动性与非凡的创造力。

综上所述，英语背景学习者习得表差异比较否定结构的分化过程为我们观察和分析学习者的习得过程和学习策略提供了丰富的第一手资料。当然，我们的结论还有待进一步的实验研究来验证。

:: 参考文献 ::

王建勤（1997）汉语“不”和“没”否定结构的习得过程，《汉语作为第二语言的习得研究》，北京语言文化大学出版社。

Carton, A. (1971) Inferencing: A process in using and learning language. In P. Pimsleur & T. Quinn (eds.), *The Psychology of Second Language Learning*, Cambridge University Press.

Corder, S. P. (1967) The significance of learner's errors. *International Review of Applied Linguistics in Language Teaching*, 5 (1-4), 161-170.

Corder, S. P. (1981) *Error Analysis in Interlanguage.* Oxford: Oxford University Press.

Ellis, R. (1985a) *Understanding Second Language Acquisition*. Oxford: Oxford University Press.

Ellis, R. (1985b) Sources of variability in interlanguage. *Applied Linguistics*, 6 (2), 118-131.

Ellis, R. (1989) Classroom learning styles and their effect on second language acquisition. *A Study of Two Learners System*, 17 (2), 249-262.

Fillmore, L. W. (1979) Individual differences in second language acquisition. In C. J. Fillmore, D. Kempler & W. S-Y. Wang (eds.), *Individual Differences in Language Ability and Language Behavior*. New York: Academic Press.

Huang, J. & Hatch, E. (1978) A Chinese child's acquisition of English. In E. Hatch (ed.), *Second Language Acquisition: A Book of Readings*. Rowley, Mass: Newbury House.

Krashen, S. & Scarcella, R. (1978) On routines and patterns in language acquisition and performance. *Language Learning*, 28 (2), 283-300.

Lyons, J. (1968) *Introduction to Theoretical Linguistics*. Cambridge: Cambridge University Press.

Richards, J. (1974) *Error Analysis*. London: Longman.

Widdowson, H. G. (1975) The significance of simplification. *Studies in Second Language Acquisition*, 1 (1), 11-20.

原载《世界汉语教学》1999 年第 4 期

第二语言习得顺序研究的理论争议

第二语言习得顺序研究，在20世纪70年代的第二语言习得研究中，是影响较大、同时也是理论争议较多的研究领域。一方面，第二语言习得顺序研究的新发现对传统的学习理论提出了挑战；另一方面，随着研究的不断深入，第二语言习得顺序研究本身也受到了一些质疑，并产生了诸多理论争议。30年后的今天重新梳理这些理论争议，一方面，有助于我们深刻地了解第二语言习得顺序研究产生的理论背景；另一方面，这些理论争议可以让我们重新审视汉语作为第二语言的习得顺序研究，不断拓宽理论研究的视野。

1. 第二语言习得顺序研究产生的理论背景

1.1 第二语言习得顺序研究的发端

第二语言习得顺序研究主要包括两个方面：一是学习者习得第二语言规则的先后顺序，即 the order of acquisition；二是学习者习得某一特定规则先后经历的不同阶段，即 the sequence of acquisition。Ellis（1994）把二者归结为学习者第二语言的“发展模式”研究。

第二语言习得顺序研究产生于20世纪70年代，但最初却是由母语习得顺序的研究引发的。Brown（1973）通过对三名英语儿童习得14个英语语素的研究，发现这三名儿童习得英语语素时遵循着固定的习得顺序。与此同时，de Villiers & de Villiers（1973）通过对20个英语儿童习得英语语素的横向研究也发现了相同的习得顺序。Brown关于儿童母语习得顺序的研究引起了语言习得领域学者们的极大关注，并引发了一系列关于第二语言习得顺序的研究。

Dulay & Burt（1973）作为第二语言习得顺序研究领域的先驱，率先将母语习得顺序的研究方法引入第二语言习得研究领域。他们通过对三组6—8岁的西班牙儿童习得英语语素的研究发现，这些西班牙儿童习得英语语素的顺序非常相似，也就是说，以英语作为第二语言的儿童习得英语语素也存在着固定的习得顺序，但这个顺序与以英语为母语的儿童习得英语语素的顺序不同。在这项研究的基础上，为了考察母语背景对习得顺序的影响，Dulay & Burt（1974）选择了两组不同母语背景的6—8岁儿童进行了同样的实验研究，一组是讲西班牙语的儿童，另一组是讲汉语的儿童。研究结果表明，两组儿童习得11个英语语素的顺序基本相同。换句话说，以英语作为第二语言的儿童习得英语语素的顺序不受其母语背景的影响。

继Dulay & Burt的研究之后，Bailey，Madden & Krashen（1974）将第二语言习得顺序的研究进一步延伸到成人第二语言习得的研究中。他们通过对母语为西班牙语和非西班牙语的成人习得英语语素的研究发现，不同母语背景的成人习得英语语素的顺序也非常相似，但成人第二语言学习者的习得顺序与以英语为母语的儿童习得顺序不同。这一点与Dulay & Burt的结论相同。

此外，Larsen-Freeman（1976）在上述研究的基础上，不仅考察了不同母语背景对成人英语语素习得顺序的影响，还考察了不同学习任务对语素习得顺序的影响。研究结果表明，母语对成人第二语言学习者习得英语语素的顺序没有重要影响。这个结论与Dulay & Burt（1974）以及Bailey, Madden & Krashen（1974）的结论毫无二致。但Larsen-Freeman的研究表明，不同的学习任务（如听、读、写）对习得顺序有一定影响（说与模仿除外）。

在Larsen-Freeman研究之后，Krashen *et al.*（1978）考察了不同母语背景的成人在不同作业方式下（如有时间限制和无时间限制条件下的自由写作）的英语语素习得顺序。他们发现，在不同作业方式下，成人习得英语语素的顺序基本相同，而且这个顺序与 Bailey, Madden & Krashen（1974）的研究结果非常相似。

根据上述系列研究，对 70 年代关于第二语言习得顺序研究的结论可以做如下概括：在以英语作为第二语言的语素习得过程中，（1）无论是儿童还是成人学习者，都存在着固定的习得顺序；（2）不管学习者的母语背景是否相同，其习得顺序相同；（3）不同的学习任务对习得顺序有一定的影响，但不同的作业方式对习得顺序没有影响；（4）所有研究都表明，第二语言习得顺序与母语习得顺序不同。

上述结论对第二语言习得研究来说具有重要的意义。一方面，这些结论本身向传统的行为主义学习理论提出了挑战；另一方面，它反映了 70 年代第二语言习得研究一种新的理论导向。

1.2 第二语言习得顺序研究产生的历史根源

第二语言习得顺序研究产生的根源与当时心灵学派对行为主义学习理论进行挑战的历史背景密切相关。20 世纪 50 年代，行为主义学习理论一统天下。语言的获得被归结为通过简单的“刺激 – 反应”获得言语行为习惯的过程。按照这种观点，第二语言习得过程就是不断排除母语干扰，通过模仿和强化形成新的言语行为习惯的过程。这种观点在 50 年代末 60 年代初遭到以乔姆斯基为代表的心灵学派的猛烈抨击。心灵学派认为，语言能力并不是通过对外在刺激的简单模仿获得的，学习者的内在因素是语言习得发生的决定因素。人类的语言能力是通过一种普遍的语言习得机制获得的，正是这种语言习得机制使第二语言学习者的习得过程具有一种共性。在心灵学派学习理论的影响下，以 Dulay 和 Burt 为首的应用语言学家试图通过语素习得的研究来探索是否存在一种普遍的语言习得机制。通过一系列研究，他们发现第二语言学习者习得英语语素时存在着一种固定的习得顺序。这种固定的习得顺序意味着什么呢？学者们认为，如果第二语言学习者习得第二语言存在着一种固定的顺序，那么就意味着存在着一种普遍的习得机制，是这种内在的习得机制在引导学习者去完成不同阶段的习得过程并最终获得第二语言的能力。

心灵学派的理论观点使行为主义学习理论受到了严峻的挑战。以 Dulay 和

Burt 为首的应用语言学家的实验研究为心灵学派的理论提供了强有力的依据，行为主义学习理论逐渐被人们放弃。

70 年代，在第二语言习得研究领域，争论的焦点之一就是如何看待母语在第二语言习得过程中的作用。行为主义学习理论认为，母语迁移是第二语言习得中的重要心理过程，母语迁移造成的干扰是学习者面临的主要问题。心灵学派则认为，行为主义学习理论夸大了母语在第二语言习得过程中的负面作用。在心灵学派看来，母语迁移对第二语言习得的影响是很有限的。语言习得的决定因素是人类与生俱来的语言习得机制。第二语言习得顺序研究正是在这样一种理论背景下来描述第二语言学习者的发展模式的。

1.3 第二语言习得顺序研究结论所蕴涵的理论假设

70 年代的第二语言习得顺序研究具有重要的理论价值，表现在，这些研究的结论蕴涵着一些值得探讨的理论假设，这些假设提出了第二语言习得研究的重要理论问题。

上一节，我们将 70 年代有代表性的第二语言习得顺序研究概括为四个结论，这些结论至少包含以下几个理论假设：

假设一：无论是儿童第二语言学习者、母语儿童学习者，还是成人第二语言学习者，习得英语语素都存在一个固定的习得顺序。这些固定的顺序至少表明，第二语言习得存在着一种带有普遍性的机制，是这种机制支配着第二语言习得的过程。当时人们通常认为这种普遍机制就是“语言习得机制”。

假设二：不管第二语言学习者的母语背景是否相同，习得英语语素的习得顺序相同。这就是说，学习者不同的母语背景对其习得顺序不产生影响。Dulay & Burt、Bailey, Madden & Krashen、Larsen-Freeman 的研究都证明了这一点。

假设三：言语理解与产出的习得顺序不同，不同监控条件下的言语产出顺序相同。

假设四：第二语言习得顺序不等于母语习得顺序。

我们发现，上述四个理论假设虽然涉及第二语言习得的各种因素，但核心问题仍然是语言习得机制。换句话说，这四个理论假设都是在普遍语法理论的基础上提出来的。

假设一分别以儿童第二语言学习者和成人第二语言学习者这两个不同的学习群体存在的固定习得顺序为依据，提出了语言习得机制的普遍性问题。就学习者群体而言，他们习得第二语言遵循共同的顺序，表明他们享有一种共同的机制，尽管不同学习者群体的习得顺序有所差别。因此，假设一实际上是第二语言习得机制普遍性假设，这个假设与心灵学派的普遍语法理论是一脉相承的，或者说是普遍语法理论在第二语言习得顺序研究领域的具体体现。

假设二则以不同母语背景对习得顺序的影响为依据来说明语言习得机制的支配作用。根据假设二进行推论，如果学习者的母语对第二语言习得顺序不产生影响，也就是说，第二语言习得的起点并不是学习者的母语，那么第二语言习得的过程也就不是 Corder（1978）初期所说的用目的语规则不断替换母语规则的“再结构”（restructure）的过程，而是 Dulay & Burt（1977）所说的“再创造”（recreation）的过程，这个再创造的过程是由语言习得机制引导和支配的。由此可知，学习者的母语对第二语言习得并不起主导作用。因此，学习者的母语对第二语言习得顺序不产生影响似乎是顺理成章的。

假设三涉及第二语言习得另外两个不同变量的因素：一是第二语言理解与产出的不同顺序；二是不同监控条件下的语言输出问题。按照 Larsen-Freeman（1991）的解释，第二语言学习者的言语理解与产出顺序的不同，主要是输入频率的因素造成的。这个变量造成的言语理解与产出的习得顺序的不同，似乎难以说明语言习得机制的普遍性。第二个变量，即考察不同监控条件下的语言输出对习得顺序的影响，反映了 Krashen 监控理论的框架。按照 Krashen 的观点，在不同的监控条件下，语言输出的顺序应该不同，但是实验结果与他的理论假设并不相符，这似乎从反面证明了语言习得机制的普遍性。

假设四是一个众说纷纭的问题。本文所列举的实验研究都表明，第二语言习得顺序与母语习得顺序不同。但也有研究表明二者有相似之处，比如 Dulay & Burt（1974）获得的第二语言习得顺序虽然与 Brown（1973）儿童母语习得顺序不同，但却与 Porter（1977）实验研究所获得的习得顺序有很强的相关性。Cazden（1972）也发现，母语问句习得顺序与第二语言问句习得顺序非常相似。Ellis（1985）指出，的确有证据表明，第二语言习得与母语习得按照同样的方式向前发展。但也有证据表明二者的发展模式不同，目前还不清楚这些差别是母语迁移的结果还是与学习者的认知发展因素有关，很可能是二者共同作用的结果。上述理论假设提出了第二语言习得研究领域必须回答但又难以得出最后结论的问题。70 年代的第二语言习得顺序研究试图为这些问题提供强有力的证据，但是实验所提供的证据往往相互矛盾，因此产生理论上的争议是必然的。

2. 第二语言习得顺序研究的理论争议

2.1 关于母语迁移问题的理论争议

关于母语迁移问题的理论争议主要有三种观点：一是以 Lado 为代表的母语迁移的观点；二是以 Dulay 和 Burt 为首的“迁移假设”；三是 Gass 提出的母语迁移的观点。

Lado 的观点可以说是一种极端的语言迁移的观点。Lado 认为，第二语言习得的过程就是学习者不断克服母语和目的语之间差异的过程。学习者要系统地以目的语的行为习惯来代替母语的行为习惯，第二语言学习者在学习目的语的过程中只能依靠他的母语系统。因此，母语迁移是学习者学习第二语言的基本策略。此外，母语迁移是学习者中介语形成的重要因素，在第二语言习得过程中具有重要的作用。Lado 的观点显然是行为主义学习理论的翻版。这种观点在 70 年代受到 Dulay 和 Burt 等人的猛烈抨击。Dulay 和 Burt 认为，母语迁移在第二语言习得过程中的影响非常有限。为了证实这一观点，他们通过分析发现，学习者产生的偏误只有 3% 是属于母语干扰。可见，母语迁移在第二语言习得过程中并不重要。其他一些研究（Grauberg，1971，36%；George，1972，33%；Tran-Thi-Chau，1974，51%；Mukattash，1977，23%；Flick，1980，31%；Lott，1983，50%）也表明，母语迁移在学习者产生的偏误中所占比例很小。这些研究说明，至少母语迁移不是第二语言学习者语言发展模式的唯一因素。

上述观点在有的学者看来代表了关于母语迁移问题上的两个极端。这两个极端的观点都受到了学者们的抨击。Gass（1979）针对上述观点指出，语言迁移不是一个“或有或无”(all or nothing）现象，否认母语迁移的影响是不符合实际的。Selinker（1992）对 70 年代语言迁移的讨论进行过系统的阐述。他列举了 Nemser

（1971）、Brière（1968）关于语音对比的实验研究和 Selinker（1969）本人关于语序习得的实验研究。这些研究从语言习得的不同层面证明了母语迁移是第二语言学习者语言发展模式的重要因素，而不是一个无足轻重、或有或无的语言现象。

从上述争议可以看出，Dulay 和 Burt 的观点实际上是对传统的迁移理论的挑战，这种理论挑战是以心灵学派的语言习得机制普遍性作为理论武器的。这种挑战对第二语言习得理论的发展是有重要意义的。与此同时，Dulay 和 Burt 的观点走向了另一个极端，因而心灵学派的习得理论本身也受到了严峻的挑战。由此我们可以说，学习者的第二语言习得顺序，或者说第二语言发展模式，不完全受语言习得机制的支配，它必然要受到其他因素的影响，比如母语迁移。此外，第二语言发展模式不仅受到语言习得机制（假定它存在的话）的影响，而且还要受到其他认知因素的影响。总之，70 年代关于母语迁移因素的讨论涉及第二语言习得发展顺序的本质和机制问题。有关这方面的讨论在 80 年代又重新成为学界关注的焦点。

2.2 关于“正确顺序”和“习得顺序”是否等价的理论争议

70 年代的第二语言习得顺序研究基本上是建立在这样一种理论假设的基础上的，即假定学习者正确习得英语语素的顺序（accuracy order）反映了学习者英语语素的习得顺序（acquisition order）。换句话说，“正确顺序”与“习得顺序”是相对应的。这种假设基于这样一种逻辑：学习者在运用目的语时，运用目的语规则的正确率越高，说明这些规则越容易掌握，因而习得就越早；反之亦然。然而这种观点受到了学者们的质疑。

质疑之一：有学者（Hakuta，1974；Rosansky，1976）认为，将“正确顺序”等同于“习得顺序”的假设缺乏足够的理论根据。有些个案研究表明，学习者在第二语言学习之初是从运用正确的语法形式开始的。比如，Hatch（1978）的个案研究表明，在初始阶段，儿童第二语言学习者充分利用“现成的组块”（ready-made chunks）和模式进行交际；Wagner-Gough（1975）的研究描述了学习者怎样通过模仿前述话语构建交际语言。这一方面说明学习者在一开始并非遵循某种顺序，而这种现成的组块和模仿的话语并不能真正反映学习者的实际语言能力；从另一方面说，学习者这种习得模式与语素习得的顺序是不同的。因此，把“正确顺序”等同于“习得顺序”的假设是值得进一步探讨的。Larsen-Freeman(1991) 在评价 70 年代关于这一争论时提出了相反的看法，她指出，Rosansky 认为通过群体研究获得的习得顺序与个案研究获得的习得顺序不符的观点是站不住脚的；Krashen（1977）的研究表明，不管是群体研究还是个案研究，这种“自然习得顺序”(natural order）都是客观存在的；Andersen（1978）的研究也表明，通过个案研究和群体研究获得的英语语素习得顺序的确是相关的。

质疑之二：有人认为，语素习得顺序研究运用的研究方法值得怀疑，通过“双语句法量表”(bilingual syntax measurement）获得的习得顺序是一个虚假的顺序。至于采用推理统计检验的方法，如斯皮尔曼或肯德尔等级顺序①与之相关，但似乎也不可靠。因为即使在统计学上表明这些习得顺序相关也并不意味着没有差别。Larsen-Freeman 认为，这种观点很容易被驳倒。她说，Krashen、Houck、Giunchi、Bode、Birnbaum 和 Strei 的研究所获得的习得顺序都是通过即时的话语方式，而不是双语句法量表。但是这些不同母语背景的学习者的第二语言习得顺序与 Krashen *et al.*（1978）通过自由写作所获得的成人第二语言学习者的习得顺序相同。

从上述争论中可以看出，学者们在这个问题上各持己见。我们不能简单地否认上述实验研究得出的结论，与此同时，我们也需要对语素习得顺序研究的方法进行审慎的检讨，上述结论应该通过进一步的实验研究来证实。

2.3 关于 L1 是否等于 L2 的理论争议

关于 L1=L2 的假设是一个非常复杂的理论问题。许多研究表明，第二语言习得顺序与母语习得顺序非常相似。比如 Dulay & Burt（1974）通过比较发现，不同母语背景的儿童第二语言的习得顺序与 Porter（1977）的研究获得的母语儿童的习得顺序的确相关。也就是说，L1 的习得顺序和 L2 的习得顺序至少是相似的。但是，Dulay 和 Burt 也发现，他们获得 L2 的习得顺序与 Brown（1973）以

① 在统计学中，斯皮尔曼等级相关（Spearman’s correlation coefficient for ranked data）主要用于解决称名数据和顺序数据相关的问题。适用于两列变量，且属于等级变量性质的、具有线性关系的数据资料。肯德尔相关系数是以 Maurice Kendall 命名的，是一个用来测量两个以上变量相关性的统计方法。

及 de Villiers & de Villiers（1973）获得的 L1 的习得顺序却不同。我们在前面列举的 70 年代的习得顺序研究也都表明，L1 不等于 L2。持反对观点的学者认为，Dulay & Burt（1974）的研究与 Porter（1977）的研究所获得的 L1 的习得顺序和 L2 的习得顺序相似只是一个虚假的顺序，原因是二者的测量工具都是“双语句法量表”。由于学者们对 L1 与 L2 习得顺序研究的结论截然相反，产生理论上的争议在所难免。

关于 L1 是否等于 L2 的理论争议，归结起来主要有两种观点：持赞同观点的学者认为，第二语言习得顺序与母语习得发展顺序相似是显而易见的。其中一个重要的证据是，Dulay 和 Burt 通过西班牙儿童习得英语的过程发现，学习者出现的偏误中，93% 是发展中的偏误，只有不到 3% 的偏误是由母语干扰造成的。另外，这些发展中的偏误同样出现在儿童习得母语的过程中。这种现象致使 Dulay 和 Burt 提出了 L1=L2 的理论假设。这一理论假设潜在的理论背景是心灵学派的普遍语法理论。这个问题实际上涉及母语学习者和第二语言学习者是否享有共同的习得机制的问题，换句话说，支配母语习得的习得机制是否适用于第二语言习得。Smith（1994）对 70 年代 Dulay 和 Burt 等学者的观点进行过理论概括。他认为，在这些学者看来，母语习得与第二语言习得基本上是受相同的心理过程支配的，其原因是二者的习得机制是相同的。

持反对观点的学者认为，母语学习者与第二语言学习者本身存在许多差异，因此，二者的习得过程也就不同。Smith（1994）对二者的不同点进行了比较，归结起来主要包括以下几点：（1）母语学习者关于世界的知识比较贫乏，交际中涉及的基本上都是与此时此地相关的话题；成人第二语言学习者具有丰富的世界知识，交际中涉及生活中方方面面的话题。（2）母语学习者基本上是通过正常的习得过程获得母语使用者的语言能力的；第二语言学习者已经具备一种语言能力，要以母语为起点来构建第二语言的语法。（3）从习得动机来看，母语学习者具有较高的交际动机，第二语言学习者的习得动机则有很大的差别。Cook（1977）通过实验发现，母语学习者和第二语言学习者在与语言特征加工相关的记忆中所采取的加工策略是相同的，但在与数字相关的记忆过程中，第二语言学习者主要依赖一般的认知机制。Cook 的实验表明，如果排除第二语言学习者的一般认知机制的参与因素，母语学习者和第二语言学习者都依赖于语言习得机制，在这个意义上，L1=L2。但是在第二语言习得过程中不可能排除一般认知因素，从这个意义上讲，L1 也不可能等于 L2。

总之，通过母语习得顺序和第二语言习得顺序的比较，人们很难得出一个一致的结论。赞成 L1=L2 的学者大都以语言习得机制的普遍性作为理论依据，并据此来说明实验的结论。持反对观点的学者则强调第二语言学习者与母语学习者在认知能力等方面的差别。从上述实验研究的结果可以看出，L1=L2 的假设只能得到部分证实。Ellis（1994）指出，儿童学习者和成人学习者之间存在着认知和情感因素的差别，但是二者在语言产出方面的相似也是非常明显的。换句话说，母语习得与第二语言习得既有差别也有相似之处。至于相似和差别产生的原因还有待于进一步的实验研究来检验。

3. 关于第二语言习得顺序研究的理论发展

70 年代关于第二语言习得顺序的研究提出了一系列重要的理论问题，对于促进第二语言习得研究的发展具有重要的意义。但是，由于这些研究得出的结论彼此分歧较大，学者们在这些重要的理论问题上形成了百家争鸣的局面。这一方面反映了当时的讨论缺少一个统一的理论框架；另一方面，学者们各持己见，试图寻找更合适的理论框架，在客观上促进了第二语言习得顺序研究的理论发展。在 70 年代末 80 年代初，以 ZISA① 研究者为代表的“多元发展模式”（multidimensional model）为第二语言习得顺序研究带来了新曙光。

多元发展模式最初是由 Meisel，Clahsen & Pienemann（1981）等几位学者提出的，后来发展成为一种第二语言习得理论模式。这种新的理论模式在整个 80 年代乃至 90 年代影响都很大。Ellis（1994）认为，除了 Krashen 的监控模式，这是迄今为止比任何其他模式都更为全面的理论模式。按照我们的理解，这种理论模式似乎可以简要地概括为“五个阶段”“两条线索”“三个策略”。“五个阶段”指的是 ZISA 项目的研究者们在考察德语作为第二语言的语言习得顺序时发现的学习者经历的五个语言发展阶段。研究者们发现，学习者在习得某些语法结构时

① 20 世纪 70 年代末，德国汉堡大学的一个研究项目，调查以德语为第二语言的语言习得顺序。

遵循着一定的发展顺序，这种发展顺序表现为一定的发展阶段。“两条线索”是指学习者第二语言习得发展的两个维度：一是第二语言发展顺序，即学习者习得某些语言特征遵循严格的发展顺序，这种顺序不受学习环境以及学习者个体因素的影响；二是学习者的语言能力发展具有个体差异。语言的发展顺序是由学习者的“语言加工策略限制”（processing constraints of strategies）决定的，学习者的个体差异则是由外部的社会心理因素造成的。这两条线索决定了学习者第二语言习得发展的途径。“三个策略”是 Krashen（1984）根据第二语言学习者习得德语语序的研究提出的，即“典型顺序策略”（canonical order strategy）、“首位／尾位策略”（initialization/finalization strategy）、“从属句策略”（subordinate clause strategy）。“典型顺序策略”是第二语言的基本语序。在最初阶段，学习者尽量避免句子结构内部成分的位移变化，这种基本语序反映了形式与意义的简单对应关系。这种策略只涉及简单的心理操作，因而是学习者首先采用的策略。“首位／尾位策略”也不涉及句子结构内部成分的位移和变化，只是将句子前面的成分后置或将句子后的成分前置。“从属句策略”是指在主句中移动句子成分，但不移动从属句内部的句子成分。这三种策略构成了自上而下的层级，即学习者要学习新的规则，必须克服前面的加工策略的限制，然后才能进入下一个阶段的习得过程。按照这种理论模式，第二语言习得的过程就是不断克服和摆脱各种加工策略限制的过程。

从上述简要的介绍中可以看出，多元发展模式与 70 年代以 Dulay 和 Burt 为首的第二语言习得顺序研究的理论模式相比，其理论导向已经发生了根本的变化。其中最重要的一点就是，多元发展模式把语言发展顺序的研究与学习者的语言加工策略联系在一起，即从认知的角度对学习者的语言发展顺序做出解释。这与 70 年代第二语言习得顺序研究的理论基础截然不同。我们说过，70 年代的第二语言习得顺序研究以心灵学派的普遍语法理论为基础，试图通过习得顺序的研究证实习得机制的普遍存在，用 Corder 的话来说，目的是要发现学习者的“内在大纲”。但是，由于这些研究本身争议颇多，学习者们很难得出比较一致的结论，人们甚至对这些研究的理论基础本身产生了怀疑。多元理论模式为我们提供了新的视角，这种模式提出的“语言加工策略限制”的观点具有普遍的意义。Pienemann，Johnston & Brindley（1988）将这种理论模式扩展到英语作为第二语言的习得顺序研究，描述了英语习得的发展顺序和发展模式。Yoshioka & Doi

（1988）也运用这种理论模式描述了日语 wa > o > ga 的习得顺序。这说明，多元发展模式不仅具有很强的解释力，而且提出了预测第二语言学习者语言发展模式的理论框架。

综上所述，70 年代的第二语言习得顺序研究引发了一系列的理论争议，这些理论探讨促进了第二语言习得顺序研究的发展。多元发展模式正是在综合 70 年代第二语言习得顺序研究的基础上发展起来的，这种理论模式为我们观察学习者的语言发展模式提供了强有力的理论和实践依据。

:: 参考文献 ::

Andersen, R. (1976) A functor acquisition study in Puerto Rico. In the 10th annual meeting of the Teachers of English to Speakers of Other Languages, New York.

Bailey, N., Madden, C. & Krashen, S. (1974) Is there a "natural sequence" in adult second language learning? *Language Learning*, 24 (2), 235-243.

Brière, E. (1968) *A Psycholinguistic Study of Phonological Interference*. The Hague, Mouton & Co.

Brown, H. D. (1980) *Principles of Language Learning and Teaching*. Englewood Cliffs, N. J. Prentice-Hall.

Brown, R. (1973) *A First Language: The Early Stages*. Cambridge: Harvard University Press.

Cazden, C. (1972) *Child Language and Education*. New York: Holt Rinehart and Winston.

Cook, V. J. (1977) Cognitive processes in second language learning. *International Review of Applied Linguistics in Language Teaching*, 15 (1-4), 73-90.

Corder, S. P. (1978) Language distance and the magnitude of the learning task. *Studies in Second Language Acquisition*, 1, 1-10.

de Villiers, J. G. & de Villiers, P. A. (1973) A cross-sectional study of the development of grammatical morphemes in child speech. *Journal of Psycholinguistic Research*, 2 (3), 267-278.

Dulay, H. & Burt, M. (1973) Should we teach children syntax? *Language Learning*, 23.

Dulay, H. & Burt, M. (1974) Natural sequences in child second language acquisition. *Language Learning*, 24 (1), 37-53.

Dulay, H. & Burt, M. (1977) Remarks on creativity in language acquisition. In M. Burt, H. Dulay & M. Finnochiaro (eds.), *Viewpoints of English as a Second Language*. New York: Regents Pub. Co.

Ellis, R. (1985) *Understanding Second Language Acquisition*. Oxford: Oxford University Press.

Ellis, R. (1994) *The Study of Second Language Acquisition*. Oxford: Oxford University Press.

Flick, W. (1980) Error types in adult English as a second language. In B. Kellerman & R. St. Clair (eds.), *New Approaches to Language Acquisition*. Heidelberg: Julius Groos.

Gass, S. (1979) Language transfer and universal grammatical relations. *Language Learning*, 29 (2), 327-344.

George, H. (1972) *Common Errors in Language Learning: Insights from English*. Rowley, Mass: Newbury House.

Grauberg, W. (1971) An error analysis in the German of first-year university students. In G. Perren & J. L. M. Trim (eds.), *Application of Linguistic*. Cambridge: Cambridge University Press.

Hakuta, K. (1974) A preliminary report of the development on grammatical morphemes in a Japanese girl learning English as a second language. *Working Papers on Bilingualism*, 3.

Hatch, E. (1978) Acquisition of syntax in a second language. In J. C. Richards (ed.), *Understanding Second and Foreign Language Learning: Issues and Approaches*, Rowley, Mass: Newbury House.

Hatch, E. (1983) *Psycholinguistics: A Second Language Perspective*. Rowley, Mass:

Newbury House.

Johnston, M. (1985) Syntactic and morphological progressions in learner English. *Research Report, Department of Immigration and Ethnic Affairs*. Canberra: Commonwealth of Australia.

Krashen, S. (1977) The monitor model for second-language acquisition. In R. C. Gingras (ed.), *Second-Language Acquisition & Foreign Language Teaching*. Washington: Center for Applied Linguistics.

Krashen, S., Butler, J., Birnbaum, R. & Robertson, J. (1978) Two studies in language acquisition and language learning. *International Journal of Applied Linguistics*, 39 (1), 73-92.

Larsen-Freeman, D. (1976) An explanation for the morpheme acquisition order of second language learners. *Language Learning*, 26 (1), 125-134.

Larsen-Freeman, D. (1991) *An Introduction to Second Language Acquisition Research*. London: Longman.

Lott, D. (1983) Analyzing and counteracting interference errors. *ETL Journal*, 37 (3), 256-261.

Meisel, J., Clahsen, H. & Pienemann, M. (1981) On determining developmental stages in natural second language acquisition. *Studies in Second Language Acquisition*, 3 (2), 109-135.

Mukattash, L. (1977) *Problematic Areas in English Syntax for Jordanian Students*. University of Amman, Jordan.

Nemser, W. (1971) Approximative systems of foreign language learners. *International Review of Applied Linguistics in Language Teaching*, 9 (2), 115-124.

Pienemann, M. (1984) Psychological constraints on the teachability of language. *Studies in Second Language Acquisition*, 6 (2), 186-214.

Pienemann, M. (1989) Is language teachable? Psycholinguistic experiments and hypotheses. *Applied Linguistics*, 10(1), 52-79.

Pienemann, M., Johnston, M. & Brindley, G. (1988) *Processing Constraints and Learnability*. Unpublished Manuscript, University of Sydney.

Porter, R. (1977) A cross-sectional study of morpheme acquisition in first language learners. *Language Learning*, 27 (1), 47-61.

Rosansky, E. (1975) The critical period for the acquisition of language: Some cognitive developmental considerations. *Working Papers on Bilingualism*, 6, 10-23.

Rosansky, E. (1976) Methods and morphemes in second language acquisition research. *Language Learning*, 26 (2), 409-425.

Selinker, L. (1969) Language transfer. *General Linguistics*, 9 (2), 119-143.

Selinker, L. (1992) *Rediscovering Interlanguage*. London: Longman.

Smith, M. S. (1994) *Second Language Learning: Theoretical Foundations.* Longman.

Tran-Thi-Chau (1974) Error analysis, contrastive analysis, and students' perception: A study of difficulty in second language learning. *International Review of Applied Linguistics in Language Teaching*, 13.

Wagner-Gough, J. (1975) Comparative studies in second language learning. *CAL-ERIC: CLL Series on Language and Linguistics*, 26, 53.

Yoshioka, K. & Doi, T. (1988) *Testing the Pienemann-Johnston Model with Japanese: A Speech-Processing View of the Acquisition of Particals and Word Order*. In the 8th Second Language Research Forum, Hawaii, University of Hawaii.

原载《对外汉语研究的跨学科探索——汉语学习与认知国际学术研讨会论文集》
赵金铭主编，北京语言大学出版社，2003 年

汉语作为第二语言学习者习得过程研究评述

汉语作为第二语言的习得研究作为一个新学科，迄今为止已有二十多年的历史了。随着国外第二语言习得研究理论的不断引进，汉语作为第二语言的习得研究取得了长足发展。特别是近十年，汉语习得研究领域不断拓宽，取得了许多值得称道的研究成果。

1. 汉语习得过程研究的新进展

习得过程研究在国外第二语言习得研究中并没有作为一个独立的研究领域。但近十年来，就汉语习得研究的理论导向而言，汉语习得过程研究已经发展成为一个相对独立的研究领域。所谓“习得过程”研究，是“以过程为导向”(process oriented)的研究，有别于“以结果为导向”(product oriented)的研究。按照我们的理解，汉语习得过程研究既包括第二语言学习者汉语习得“内在过程”的研究，也包括汉语习得“外在过程”的研究。本文拟对这两个方面的研究成果逐一进行评述。

1.1 关于语言迁移的研究

近十年来，在汉语习得内在过程研究方面，国内学者对语言迁移研究关注得比较多，这与上世纪 80 年代国外学者重新关注语言迁移研究有关。六七十年代，语言迁移研究由于对比分析遭到激烈的批评而受到冷落。80 年代，国外许多学者认为，语言迁移不是一个“或有或无”的现象。语言迁移是客观存在的，但决不限于母语迁移现象，研究者需要以更为开阔的视野重新认识和分析语言迁移现象。唐承贤（2003）关于国外语言迁移研究的评述反映了 80 年代以后国外学者对语言迁移过程以及影响语言迁移的因素等理论问题的重新思考。在这种背景下，国内学者对语言迁移现象的认识也不断深化。寮菲（1998）通过实验研究发现，母语与目的语之间的差异不足以作为母语迁移的主要依据。语言的共性和标记性为母语迁移现象提供了更为合理的解释。这种认识表明，学者们已经摆脱了行为主义学习理论关于母语迁移观点的影响。周明朗（1997）针对美国学生在汉语表达过程中出现的“结构重复现象”，试图通过实验研究阐明这种现象和语言迁移现象的关系。实验结果表明，在对外汉语教学中观察到的语言迁移现象比我们想象的要复杂得多。因此，有必要从语言、行为、认知等多个方面对语言迁移现象进行分析和探讨。从上述研究可以看出，国内学者对汉语学习者语言迁移现象的研究并不是对行为主义迁移理论的重新演绎。学者们对这一过程的认识比以前的研究要深刻得多。现在学者们关注的不是语言迁移有与无的争论，而是如何解释语言迁移与其他因素的互动关系。显然，对于这一问题的研究还有待进一步深入。

1.2 汉语语音习得研究

与汉语学习者内在习得过程研究相比，近十年关于汉语学习者外在习得过程的研究是成果更为丰富的研究领域，因为这个领域的研究涉及了汉语习得的各个语言层面。

在第二语言习得研究领域，语音习得研究，无论在国内还是国外，相对于其他语言层面的习得研究，都是一个比较薄弱和滞后的研究领域。但近十几年来，汉语学习者语音习得研究仍然取得了一些新进展。这些新进展表现在三个方面：一是注重实验语音学研究，二是注重学习者语音系统的中介音类型研究，三是注重以理论为导向的实证研究。

在实验语音学研究方面，王韫佳（1995）通过实验语音学的方法考察了美国学生习得汉语声调的错误类型。研究发现，美国学生习得汉语阴平和去声的主要错误是调型错误；习得阳平和上声声调时，既存在调型错误也存在调域错误。实验语音学研究方法的引入，改变了以往经验式研究的局面，使外国学生汉语语音习得研究的方法更加科学、严谨，结论更加可靠。

近些年来，中介语理论对汉语语音习得研究也产生了较大的影响。朱川（1997）通过语图、音高实验和精确度、清晰度、可懂度实验，分别考察了欧美、日本、韩国、新加坡等不同母语背景的汉语学习者习得汉语语音的难点以及出现的中介音类型，并进行了详细的描述。这是迄今为止通过语音实验手段，对不同母语背景的外国学生习得汉语语音的中介音类型做得最为详尽的分析。这对我们了解外国学生习得汉语语音的中介音类型和难点分析具有重要的参考价值。

在汉语语音习得研究方面取得的另一个新进展，是关于学习者习得汉语过程中的语音变异研究。梅丽（2005）以第二语言习得研究领域中的语言变异理论为框架，通过实验研究检验了日本学生习得普通话卷舌声母产生系统变异的语境效应和情境效应，以及非系统变异现象。该实验研究发现，日本学生习得卷舌声母在一定程度上受到语言语境和情境语境的影响，但卷舌声母 ch 因为习得难度较大，没有受到情境语境的影响。此外，作者还发现，学习者的中介音系统不仅受到中介音目标形式的渗透，而且还受到非目标形式（变体）的渗透。前者向“严谨体”(careful style）方向渗透，后者向“随便体”(vernacular style）方向渗透。梅丽的研究是汉语习得研究领域第一例关于汉语学习者语音变异的研究。语音变异的研究不仅仅是对学习者语音变异现象的简单描述，这一理论本身具有一定的方法论价值。语音变异的研究表明，学习者的语言表达是随着语境的变化而变化的，不同的言语情境，其言语表达风格也不同。因此，第二语言习得研究必须考虑学习者的言语表达是在何时、何地、何种情境下发生的。忽视学习者语言表达的情境因素，就难以获得真实的语言材料。

总的说来，汉语语音习得研究虽然起步比较晚，但研究的起点比较高，大部分研究都是基于某种理论的实证研究。

1.3 汉语词汇习得研究

汉语词汇习得研究也是一个起步相对较晚的研究领域。不过，近几年汉语词汇习得研究也有了一些新起色，主要集中在汉语词汇知识与学习者语言能力的关系研究、汉语词汇习得策略和方法的研究，以及汉语词汇习得与词汇教学的关系研究方面。

上世纪 80 年代以前，词汇习得研究是一个被忽视的领域。80 年代以后，学者们越来越认识到词汇习得研究的重要性。有学者认为，词汇习得是一个终身认知的过程，习得足够多的词汇是语言问题的核心。因此，关于第二语言学习者词汇知识的研究越来越引起学者们的重视。国内虽然在这个领域起步比较晚，但国内学者直接借鉴国外的理论研究汉语学习者词汇知识的习得过程，在很大程度上弥补了与国外的差距。鹿士义（2001）在这方面做出了有益的探索。他通过实验探讨了汉语学习者掌握认知词汇与活用词汇的关系，以及正字法距离与学习者综合语言能力的相互关系。鹿士义的研究表明，随着学习时间的增加，学习者的相关活用词汇也在增加，语言技能也在提高。认知词汇与活用词汇的距离越大，学习者的语言技能就越差，随着时间的增加，二者之间的距离会逐渐缩小。由此可知，正字法距离是影响语言技能发展的重要因素，但这种距离是可以改变的。在汉语词汇习得研究中，词汇习得的策略和方法是国内学者更为关注的研究领域。钱旭菁（2003）借鉴国外“伴随性学习”（incidental learning）理论，通过实验研究考察了日本学生以阅读为目标的伴随性词汇学习过程，探讨了影响学习者伴随性词汇习得的因素。研究结果表明，词汇量的多少与伴随性词汇学习存在着显著的相关关系，即学习者词汇量越大，通过阅读附带学会的词语就越多；如果学习者接触词汇的频次较少，这一因素就对词语学习没有显著的影响。此外，语境的有无对伴随性词汇学习也没有产生影响。从钱旭菁的研究结论可以得知，词汇重现率并非是影响词汇习得的唯一因素。孙晓明（2005）认为，词汇重现率固然是影响词汇习得的重要因素，但从教材编写的角度来看，词汇重现率是有限的，低重现率又达不到词汇习得的效果。因此，她借鉴“投入量假说”（the involvement load hypothesis），通过实验研究探讨词汇加工深度与词汇习得效果的关系。实验结果表明，学习者在实验任务中投入水平越高，词汇掌握得越好。换句话说，词汇加工的高投入可以带来更好的词汇记忆效果，而词汇重现率仅仅是影响词汇习得效果的因素之一。

汉语词汇习得研究虽然已经取得了一些新进展，但目前这个领域的研究还相当薄弱，还有许多研究领域需要开拓。

1.4 汉语语法习得研究

在汉语作为第二语言的习得研究领域，汉语语法习得研究是成果相对丰厚的研究领域。这主要是因为，无论国内还是国外，语法习得研究在第二语言习得研究领域都占据着中心地位。近十几年来，汉语语法习得研究越来越显示出汉语本身固有的特点。汉语语法习得研究大致可以分为两类：一类是关于汉语句式，特别是特殊句式的习得研究；另一类是关于汉语句法成分的习得过程研究。

在汉语句式习得研究中，既有纵向的句式习得过程研究，也有横向的句式习得研究。温晓虹（1995）从两个方向考察美国汉语学习者和中国英语学习者两组被试，研究了主述题结构习得的普遍性问题。研究结果表明，美国学生在习得汉语存现句时，基本不受其母语主语突出特点的影响，在初级阶段就能够掌握主题突出的汉语存现句。黄月圆、杨素英（2004）从情状类型的角度考察了母语背景为英语的学习者习得“把”字句的过程。研究发现，学习者对“把”字句的终结性和完成性的关键语义有明显的意识，这种意识与语言习得中的“情状假设”普遍倾向一致。

上述研究的共同点都是从汉语本身的特点出发探讨学习者在习得过程中存在的问题。这些研究的价值在于，其研究结论改变了我们以往基于经验的观点和假设。有人认为，汉语是主题突出，英语是主语突出，并由此推论，母语为英语的学习者在习得汉语主题突出特征时会遇到困难。但温晓虹的研究表明，无论学习者的母语是主题突出还是主语突出，其中介语都呈现主题突出特征，这一特征成为第二语言学习者语言习得的一个普遍阶段。

在汉语语法习得研究领域，关于汉语句法成分的习得研究也显得有声有色。这方面的研究不仅涉及功能词的习得研究，而且还涉及特定句法结构的习得研究。孙德金（2000）从汉语动词情状和句子结构两个角度考察了外国学生习得汉语体标记“了”“着”“过”的过程。研究发现，外国学生在习得体标记的过程中，存在着将时体意义与动词语义特性自然联系起来的心理机制。句子结构也是影响体标记习得的重要因素，与体标记意义一致的结构先习得，其他的后习得。孙德金的研究拓宽了汉语时体研究的视野。以往的研究仅仅局限于体标记本身的研究，难以理清动词特性与体标记的关系。孙德金的研究表明，体标记不可能是独立习得的，因为体标记的习得与句子结构及动词情状类型密切相关。

在汉语语法习得中，特定句法结构的习得对学习者来说也是一大难点。许多学者对这些结构进行了系统的研究。杨德峰（2004）系统考察了初、中、高三个阶段的日本学生习得汉语趋向补语的过程。研究发现，不管是初级阶段还是中高级阶段，都存在着宾语的类推和泛化问题。此外，不仅日本学生出现这种问题，母语为英语和朝鲜语的学生也出现同样的问题，这种普遍性是由汉语特定句法结构的特点决定的。

2. 汉语习得过程研究的新特点

纵观近十年来汉语习得过程研究的进程，我们认为，这个领域的研究与十年前的研究相比，呈现出一些新的特点。

（1）东西合流，汉语习得研究形成合力。近十年来，一大批海外学者加入到汉语作为第二语言习得研究的阵容中来。这些研究者的加盟促进了海内外理论研究的融合。这种融合主要表现在，海内外从事汉语习得研究的学者关注共同的研究领域，关注汉语习得研究中共同的难题。根据柯传仁、沈禾玲（2003）关于美国学习者汉语习得研究的评述，我们看到，海外学者与国内学者在汉语习得研究方面关注的研究领域基本相同，涉及汉语习得研究的各个层面；双方关注的话题也基本相同。比如，在汉语语音习得研究方面，国内学者关注比较多的是外国学生的声调错误类型研究，海外学者在这方面也做了大量的研究。在汉语语法习得研究方面，国内学者和海外学者同样对外国学生习得汉语体标记做了比较深入的研究。

（2）关注理论建树，关注学科发展。近十年来，汉语作为第二语言的习得研究开始关注学科的理论建树和发展。学者们相继发表了汉语习得研究各个领域的综述性文章。柯传仁、沈禾玲（2003）对美国汉语习得研究的各个领域进行了详细、全面的理论评价，并对汉语习得研究存在的问题进行了客观的反思。徐子亮

（2004）系统地总结了国内汉语习得研究的理论发展和研究成果。这些理论评述不仅体现了学者们对学科自身发展的理性观照，而且体现了对学科发展的前瞻意识。这表明汉语习得研究作为一个独立学科，其学科意识渐趋成熟。

（3）注重实验研究，促进方法革新。桂诗春、宁春岩（1997）曾对 1993 年至 1995 年国内四种外语期刊发表的文章进行分类统计，发现仅有 3% 的文章是实验性研究。江新（1999）在对国内四种汉语核心期刊发表的文章进行统计分析时发现，实验研究只占 3.6%。这些数据说明的都是十年前的情况，近些年来，这种状况已经有所改进。在笔者近期收集的关于汉语习得研究的 400 多篇文章中，有数据、有统计的实验研究所占的比例越来越大。这至少表明，汉语习得研究越来越重视实证研究，越来越关注研究方法的改进和革新。

3. 汉语习得过程研究有待改进的问题

汉语习得研究近十年来的确得到了长足的发展，但还有一些值得改进的地方。

（1）理论视野有待进一步拓宽。随着政治、经济、文化的全球化发展，任何一个学科的理论引进和借鉴都越发重要。我们以往的研究不太注重理论的借鉴，对国外的理论发展关注不够，理论引进落后，这大大限制了我们的理论视野。强调国外理论的引进，并非主张理论研究“言必国外”。汉语作为第二语言的习得研究要想走向世界，在第二语言习得研究领域享有话语权，就必须汲取全人类先进的科学知识和研究成果，这对拓宽汉语习得研究的理论视野是有益无害的。目前，国内汉语习得研究的领域还不够宽，其中一个重要的原因就是对国外的理论发展了解得比较少，现有的理论大都比较陈旧。就汉语习得过程研究而言，大部分研究还停留在国外 70 年代的理论研究阶段，这将大大影响汉语习得研究这一学科的发展。

（2）对第二语言习得研究学科的认识还有待深化。第二语言习得研究的研究对象是学习者和学习者的语言系统及其习得过程，这一点有些研究者似乎并不十分清楚。在收集整理国内发表的近 400 篇汉语习得研究相关文章的过程中，我们发现，目前在各种期刊发表的文章，有相当一部分是直接移植语言本体研究的方法来研究学习者的汉语习得过程，给人一种隔靴搔痒之感。一方面，学习者的语言系统不同于其目的语系统，而是有其自身的特点和规律。从语言本体的角度来观察学习者的语言系统，虽然能够发现学习者习得目的语过程中存在的一些问题，但对习得过程的解释力非常有限。另一方面，学习者的习得过程研究涉及的不仅仅是语言本身的问题，还涉及语言认知的内在过程、学习者个体差异等因素。因此，套用目的语规则来解释习得过程，常常显得力不从心。

（3）研究方法还有待改进。总的说来，汉语习得研究在研究方法上已经有所改观，学者们越来越认识到研究方法的改进对提高汉语习得研究质量的重要性，但目前的研究方法仍然问题较多。一是有的研究有数据，无统计，有的简单罗列百分比，缺少推理统计；二是被试选择无控制，要么被试太少，要么被试母语背景混杂；三是材料来源不清，统计方法选择不当。这在很大程度上影响了研究结论的可靠性和科学性，影响了研究质量的提高。柯传仁认为，汉语习得研究要在研究设计上下功夫。柯氏之言，深中肯綮。

4. 汉语习得过程研究的展望

展望汉语习得研究，特别是汉语习得过程研究，可以看出未来发展已经呈现出以下一些趋势：一是多学科融合。汉语习得研究近十几年来呈现多学科融合的趋势。汉语习得过程研究涉及语言学、心理学、认知科学多种领域，这些领域从各自的角度来研究第二语言的习得过程。二是宽领域、多视角、全方位发展。汉语习得研究近十几年的发展表明，这个领域的研究范围越来越宽，语言层面涉及语音、词汇、语法、篇章、汉字；研究角度包括言语行为、跨文化、学习策略、学习者个体差异等各方面；理论基础涉及语言学、心理学、认知科学等多个领域。第二语言习得研究不再是孤军奋战。三是东西合流。海外学者的加盟大大推进了汉语习得研究的发展进程。海内外学者在汉语习得研究领域，在共同的理论框架下，共同探讨汉语习得研究亟待解决的理论问题，这已经是我们看得见的大趋势。我们相信，在全球化背景下的汉语习得研究将汇聚众多学科和领域的学者，在大家的共同努力下真正走向世界。

:: 参考文献 ::

桂诗春、宁春岩（1997）语言学研究方法，《外语教学与研究》第3期。

黄月圆、杨素英（2004）汉语作为第二语言的“把”字句习得研究，《世界汉语教学》第1期。

江新（1999）第二语言习得的研究方法，《语言文字应用》第2期。

柯传仁、沈禾玲（2003）回顾与展望：美国汉语教学理论研究述评，《语言教学与研究》第3期。

寮菲（1998）第二语言习得中母语迁移现象分析，《外语教学与研究》第2期。

鹿士义（2001）词汇习得与第二语言能力研究，《世界汉语教学》第3期。

梅丽（2005）日本学习者习得普通话卷舌声母的语音变异研究，《世界汉语教学》第1期。

钱旭菁（2003）汉语阅读中的伴随性词汇学习研究，《北京大学学报》（哲学社会科学版）第4期。

孙德金（2000）外国学生汉语体标记“了”“着”“过”习得情况的考察，《第六届国际汉语教学讨论会论文选》，北京大学出版社。

孙晓明（2005）投入因素对欧美学生汉语词汇学习的影响，《语言教学与研究》第3期。

唐承贤（2003）第二语言习得中的母语迁移研究评述，《解放军外国语学院学报》第5期。

王韫佳（1995）也谈美国人学习汉语声调，《语言教学与研究》第3期。

温晓虹（1995）主题突出与汉语存在句的习得，《世界汉语教学》第2期。.

徐子亮（2004）对外汉语学习理论研究二十年，《世界汉语教学》第4期。

杨德峰（2004）日语母语学习者趋向补语习得情况分析——基于汉语中介语语料库的研究，《暨南大学华文学院学报》第3期。

周明朗（1997）语言迁移、句型结构重复现象与对外汉语教学，《语言教学与研究》第4期。

朱川（1997）对外汉语中介音类型研究，《第五届国际汉语教学讨论会论文选》，北京大学出版社。

原载《北京师范大学学报》（社会科学版）2006年第3期

外国学生汉字构形意识发展模拟研究

1. 引言

1.1 “汉字构形意识”的含义

在汉字认知与习得研究领域，汉字正字法意识发展的研究是一个重要的研究领域，因为汉字正字法意识的研究对揭示学习者汉字认知与习得机制具有重要的理论和实践意义。但国外有学者认为，“正字法”这一概念只适用于拼音文字，不适用于音节文字，更不适用于表意文字（Richards *et al.*, 2000：325），因为“正字法”实际上指的是拼音文字的“拼写法”(spelling)。国内学者认为，不同文字系统有不同的正字法内容。但国内学者所说的正字法通常是指“有关文字的书写规则”(陈天泉，1985)。本文研究的是汉字构件及其组合规则。为避免概念上的混淆，本文不采用“正字法”这一概念，而采用“汉字构形”及“汉字构形意识”这两个概念来描述和定义我们的研究对象。

所谓“汉字构形”，是针对汉字“因义而构形”的规则而言的，其中包括汉字构件的构形和汉字构件的组合规则。“汉字构形意识”主要包括汉字构件的意识和汉字构件单元之间的组合规则意识。关于汉字构形意识及其发展的研究，主要集中在儿童汉字认知研究领域（Peng & Li, 1995；Cheng & Huang, 1995；舒华、刘宝霞，1997；李娟等，2000），关于外国人汉字构形意识发展的研究则比较少。

1.2 外国学生汉字构形意识发展的相关研究

近年关于汉语作为第二语言的学习者汉字构形意识发展的研究逐渐引起了学者们的关注。柯传仁等（即 Jackson，Everson & Ke，2003，下同）系统地考察了汉语作为外语的学习者汉字构形意识[①]发展的过程，将学习者汉字构形意识发展分为三个阶段，即“前成分加工阶段”（pre-component processing stage）、“成分加工阶段”（component processing stage）及“自动成分加工阶段”（automatic component processing stage）。在“前成分加工阶段”，学习者的汉字习得基本上是“整字习得”（learn characters as wholes），他们还不能把汉字分解为部件，只能采取机械记忆的方式学习汉字；在“成分加工阶段”，学习者已具备一定的部件意识，能够把部件知识运用到汉字学习，并准确地猜测规则形声字的声符和意符；在“自动成分加工阶段”，学习者已经具有与母语使用者相类似的汉字构形意识，已经能够正确地识别生字是否合乎汉字构形规则。柯传仁等的研究系统地描述了外国学生汉字正字法意识发展的不同阶段，为考察外国学生汉字构形意识发展提供了一个比较清楚的理论框架。

王建勤（2004）对零起点欧美留学生汉字部件特征的认知效应进行了实验研究。实验结果表明，经过 5 周的汉字教学，两种不同教学方式（部件教学和笔画教学）并没有使欧美学生的汉字认知方式发生本质的变化，汉字识别水平还仅限于字与“非字”（图形）层面。

江新（2003）通过真、假、非字判断的作业方式，对 9 名美国学生的汉字构形意识发展进行了考察。实验结果表明，初学汉语不到半年的美国学生已经具备了明显的汉字构形意识，但这种意识仅限于上下结构的汉字。在左右结构假字和非字的识别上，美国学生没有表现出明显的汉字构形意识。尽管江的结论与母语儿童汉字构形意识发展的实验研究的结论有所不同（见李娟等，2000），但她的

① 作者在原文中使用的是 orthographic awareness 这一概念，即通常所说的“正字法意识”。为了行文统一，本文一律采用“汉字构形意识”这一概念。

实验结论将欧美学生汉字构形意识的萌发时间推进到半年。

目前，考察外国学生汉字构形意识发展时间跨度最长的是鹿士义（2002）的实验报告。鹿士义以母语为拼音文字的汉语学习者为实验对象，考察了初中高三个年级的被试汉字结构类型及真、假、非字的认知效应。鹿的基本结论是，初级阶段（汉语学习年限为 0.5—1 年）汉语学习者的汉字构形意识基本没有形成；中级阶段（1—1.5 年）汉语学习者的汉字识别水平与初级阶段几乎没有什么差异，但结构类型意识已经初现端倪；高级阶段（1.5—2.5 年）的汉语学习者汉字构形意识已经萌发，而且汉字构形意识的萌发在三种结构类型上是同步的。鹿的研究表明，外国学生汉字构形意识萌发需要两年左右。

从上述实验研究可以看出，柯传仁等的研究提出了外国学生汉字构形意识发展的三个阶段，其结论具有一定的普遍性。但外国学生汉字构形意识发展的阶段与其语言水平发展的关系如何尚不清楚。其他学者试图澄清二者之间的关系，但由于被试的母语背景、语言水平的划分等方面的差异，目前还难以得出一致的结论。

1.3 本文研究的问题与模拟研究的意义

基于上述实验研究，本研究试图另辟蹊径，即通过联结主义自组织模型的模拟研究，进一步探讨外国学生汉字构形意识发展及与其语言水平发展的关系；同时，通过模型汉字结构类型的认知效应检验，进一步考察汉字结构类型对外国学生汉字构形意识发展的影响。

本研究之所以选择人工神经网络的模拟方法，是因为基于自组织模型的模拟研究一方面可以避免行为实验研究被试选择的个体差异，其模拟结果相对客观；另一方面，由于自组织模型具有一定的生物学基础，因而其模拟结果具有一定的代表性和外推性。通过模拟研究，我们试图为外国学生汉字构形意识发展过程建立一个参照系。

2. 汉字部件识别模型的建构与模拟方法

近年来，“联结主义”（connectionism）认知理论的重新崛起，推动了基于人工神经网络的语言习得与认知模拟研究的发展，特别是基于“自组织模型”(self-organizing model）的模拟研究（Miikkulainen，1993，1997；Li，1993，1999，2000；Li & MacWhinney，1996；Li & Shirai，2000；Li & Farkas，2001；Farkas & Li，2002）。国内基于自组织模型的模拟研究还不多见，目前能够见到的是邢红兵（2002）关于中国小学生形声字命名的模拟研究。邢利用自组织模型成功地模拟了中国小学生汉语形声字的认知效应和习得过程，模拟结果与汉语儿童的行为实验研究结果非常相似。比如，模型采用与中国小学生相同的策略来命名形声字，表现出形声字命名的规则性效应、频度效应和过分规则化的情况。邢红兵的模拟研究将自组织模型引入汉字习得研究领域，为今后的模拟研究奠定了基础。到目前为止，我们尚未发现将自组织模型用于汉语作为第二语言的习得研究。因此，我们构建了一个汉字识别的自组织模型，试图在模拟外国学生汉字构形意识发展研究方面做一些初步的尝试。

2.1 自组织特征映射网络的基本特征

为便于理解我们构建的汉字部件识别模型，在此简要地介绍一下“自组织特征映射网络”(self-organizing feature map network）的基本特征。自组织特征映射网络自上世纪80年代初由Kohonen（1982）提出之后，在语言习得与认知研究领域运用得越来越广泛，许多模拟研究都是在这个模型的基础上进行的，这主要是因为自组织特征映射网络有以下几个基本特征：

首先，自组织特征映射网络具有一定的生物学基础。生物神经网络的相关研究发现，生物大脑皮层本质上是二维拓扑空间的网络结构，神经元呈二维空间排列。每个神经元对应于神经网络中的一个节点，不同层面的神经元之间通过Hebb学习规则①相互联结，其功能主要是获得和传递外部输入的信息。同一层面的神经元之间则通过侧反馈的方式联系在一起，其功能是通过神经元之间的“竞争”机制来实现人脑神经系统中的“近兴奋远抑制”特性。由于自组织特征映射网络是以人脑的生物神经网络联结特征为基础的，因而具有一定的生物有效性和

① 这是神经生物学家Hebb于1949年提出的著名学习规则。这一规则假定人脑神经元之间突触的联结强度的改变是学习和记忆的基础。详见其著作 *The Organization of Behavior*（New York：Wiley）。

心理现实性。

其次，Kohonen 自组织特征映射网络具有拓扑结构保持特性。生物大脑皮层具有一种将高维输入空间转换为二维输出空间的映射功能。经过转换后的输入信息在二维空间上仍然保持了其概率分布及结构特性。这就是所谓“拓扑保持映射”(topology-preserving mapping)特性。自组织模型正是基于生物大脑皮层这种特性建构的，也是通过这种特性实现网络的自组织学习的。

第三，自组织特征映射网络的学习过程是通过两个互相联系的基本过程实现的，即竞争过程和合作过程。所谓“竞争过程”就是最优匹配神经元或“获胜神经元”的选择过程。网络神经元通过竞争确定获胜神经元之后，需要对邻域神经元的权值进行调节，即“自组织”(self-organize)，这就是所谓“合作过程”。自组织是 Kohonen 自组织特征映射网络的一个重要属性。通过自组织，网络可以对相似的表征对象进行“聚类”(cluster)。聚类的特点是求同存异，并以此实现对象的分类和识别。

由于自组织特征映射网络与人类大脑某些特定的结构和功能具有一定的相似性，自组织模型通常被用于模拟人的语言习得与认知过程的研究。本研究的汉字部件识别模型正是基于自组织特征映射网络的结构和功能构建的。

2.2 汉字部件识别模型的结构

“汉字部件识别模型”(the model of component recognition of Chinese characters，简称“CRCC 模型”）在本质上是一个自组织特征映射网络。“CRCC 模型”的结构主要是受美国里士满大学（University of Richmond）心理系李平教授和赵晓巍博士正在开发的“儿童初期词汇发展自组织神经网络”(the self-organizing neural network model of early lexical development，简称“DevLex-Ⅱ模型”）的启发建构的，其主要功能是汉字的自组织学习和汉字部件的识别与分解。为了实现这两个功能，“CRCC 模型”的结构主要由两层网图构成：第一层为输入层，是一个“标准的自组织网图”；第二层为输出层，是由 James & Miikkulainen（1995）开发的“SARDNET 网图”，即“序列激活的保持与衰减网络”(Sequential Activation Retention and Decay Network)。模型结构见图 1。

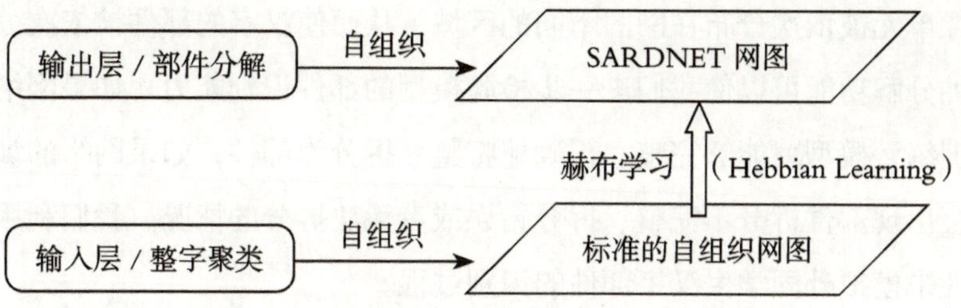

图 1 “汉字部件识别模型”结构示意图

图 1 中的输入层，即“标准的自组织网图”，作为汉字的整字表征层，用于汉字的整字加工。它的一个重要功能就是通过自组织对具有相似特征的汉字进行聚类。由于本研究模拟的是外国学生汉字构形意识的发展，因此，汉字表征是关于汉字字形属性的表征。网络则根据汉字的字形属性进行聚类，如汉字的结构类型、汉字的部件属性以及汉字的视觉特征等。通过汉字的聚类结果，我们可以考察网络的部件识别效应。也就是说，网络通过自组织学习，可以识别具有相同部件及相同结构类型的汉字。其原理与算法①与 Kohonen 自组织特征映射网络是一致的。当一个汉字的输入向量得到一个神经元的最大响应时，这个神经元便成为获胜神经元，也就是说，与其对应的汉字在网图上产生一个映象。由于获胜神经元与自组织网图上其他相邻神经元存在侧反馈连接，获胜神经元便对与其距离最近的邻域内的神经元呈强兴奋性侧反馈。其结果是，代表相同特征汉字的映象单元便聚集在一起，形成一个以获胜神经元为中心的局部兴奋区域。相同部件或结构类型的汉字正是通过这种机制排列在一起的。

本模型的输出层，实际上是一个部件序列加工网络。这个网图的主要功能是将汉字分解为部件，其原理与 James & Miikkulainen 开发的 SARDNET 网图是相似的。在输出层，首先被激活的部件获得最大权值，成为获胜神经元。当后续部件被依次激活后，先前激活的神经元权值开始衰减，即这个神经元不再对后续激活的神经元做出响应。后续神经元依次获胜，然后衰减。这种衰减机制使汉字部

① 为避免复杂的技术细节，关于“CRCC 模型”的算法本文不做介绍。有兴趣者可参阅笔者的博士论文《外国学生汉字构形意识发展的模拟研究——基于自组织特征映射网络的汉字习得模型》（北京语言大学，2005）。

件的映像单元被依次分布在网图不同的区域，从而使汉字的部件被依次分解。输出层这种分解功能可以使我们进一步检验模型的部件识别能力。如果网络进行了充分的训练，模型就能够完整、正确地将整字拆分为部件；如果网络的训练不充分，就会出现部件拆分不完整、拆分错误或者无法拆分的情况。我们利用模型的这一特性来模拟外国学生汉字部件的识别过程。

2.3 “CRCC 模型”的训练和模拟方法

为了模拟外国学生汉字构形意识发展的过程，按照“CRCC 模型”，我们分别建立了三个子模型：一年级子模型、二年级子模型和三年级子模型。这三个子模型与学过《汉语教程》（北京语言文化大学出版社，1999 年）一、二、三册的外国学生的汉字习得水平相对应。三个子模型的训练样本是根据《汉语教程》在各年级出现的字种，按照汉字结构类型随机抽取的。一年级子模型的训练样本共 229 个汉字，二年级子模型的训练样本共 329 个汉字，三年级子模型的训练样本共 429 个汉字。其中二年级子模型包含一年级子模型学过的汉字，三年级子模型包含二年级子模型学过的汉字，以保持三个子模型汉字知识获得与发展的连续性。

在训练方法上，我们没有采用模型通常的训练方法。训练样本完全采用自然语料。模型训练的程度以《汉语教程》中各年级汉字实际出现的频次为依据，分别对三个子模型进行训练，使每个子模型能够真实地反映各年级外国学生不同的汉字习得水平。此外，在模型的训练过程中，去掉了汉字结构类型的表征，目的是为了真实地模拟在汉字构形知识缺乏的情况下外国学生汉字习得的过程。三个子模型经过训练后，基本达到了预期的目的。在此基础上，我们对三个子模型进行了汉字构形规则性效应检验。

关于模型训练样本的表征方案，我们基本上采纳了邢红兵（2002）汉字表征方案中的字形表征方法，而且根据外国学生汉字认知的特点增加了汉字部件位置的表征。限于篇幅，在此不做详细介绍。

3. “CRCC 模型”汉字构形规则认知效应检验

“CRCC 模型”汉字构形规则认知效应检验主要包括两个方面：一是汉字构形规则的认知效应模拟；二是汉字结构类型认知效应模拟。实验任务为识别真、假、非字，这是行为实验研究通常采用的实验任务。真字具有音义，形体符合构字规则；假字虽无音义，但符合构字规则；非字不仅无音义，而且不符合构字规则。假字与非字的区别就在于是否符合构字规则，因此，通过假字与非字的识别任务，可以考察外国学生汉字构形意识的萌发与发展。行为实验研究还表明，结构类型对学习者汉字构形意识的发展具有一定的影响（李娟等，2000）。因此，我们还将检验三个子模型的结构类型认知效应。

3.1 模拟研究 1：汉字构形规则认知效应模拟

模拟研究 1 的目的是对三个年级的子模型进行汉字构形规则认知效应的检验，即所谓正字法规则效应检验。

3.1.1 实验材料

实验材料是从三个年级子模型的训练字表中抽取的。也就是说，用于测试模型的汉字都是模型学过的汉字。在三个子模型的训练字表中，我们按照三种汉字结构类型（左右结构、上下结构、包围结构）选择真字 30 个，每种结构类型 10 个。为了控制所选汉字的无关因素，我们分别对三个子模型的三种结构类型真字的部件数、笔画数进行 ONEWAY 检验，差异均不显著。与此同时，我们对所选汉字的频率按照模型训练字表中的实际频次进行匹配。我们将大于等于 20 次的汉字定义为高频字，小于等于 15 次的汉字定义为低频字。本次模拟研究选择的 30 个真字都属于低频字。

此外，我们分别在三个子模型的训练字表中选取一定量的汉字，造假字、非字各 30 个，每种结构类型各 10 个。非字通过调换真字部件位置的方法获得，如左右结构的“破”组合为“皮 + 石”，上下结构采取上下调换位置的方法获得，包围结构也采取部件位置调换的方法构成。但在实际的非字表征文件中只是将结构位置属性中位置表征置换。假字采取两个合法位置部件的组合获得，如将“破”中的“石”与“玲”中的“令”组合为“石 + 令”。

3.1.2 模拟与测试结果

模拟的目的：利用测试字表分别对一、二、三年级子模型对假字与非字、真字与假字、真字与非字的识别效应进行测试。

模拟步骤：将测试各年级子模型的真字、假字、非字的字表进行表征，然后输入经过训练的三个子模型。三个子模型运行后得到测试结果。基于三个子模型真字、假字、非字识别结果的正确率进行差异显著性检验（Mann-Whitney 检验）。

由于模拟研究的特殊性，我们采取的测试方法和测试指标与通常的行为实验方法有所不同。一是我们无法采取反应时的测试方法，只能对汉字识别的正确率进行统计；二是行为实验通常以拒绝假字、非字的正确率作为测量指标，而对模型只能以真字、假字、非字的正确识别率作为测量的指标。

测试结果：根据上述测量指标，我们对三个年级的子模型进行了测试，并对该模型识别真字、假字与非字的正确率进行了差异显著性检验。测试与检验结果见表 1。

表 1　三个子模型真、假、非字识别正确率差异显著性检验

年级	真字	非字	Sig.	真字	假字	Sig.	假字	非字	Sig.
一	42.03	18.97	p=0.001	40.17	20.83	p=0.001	40.17	20.83	p=0.001
二	44.47	16.53	p=0.001	43.08	17.92	p=0.001	37.83	23.17	p=0.001
三	45.12	15.88	p=0.001	42.08	18.92	p=0.001	37.68	23.32	p=0.001

测试与检验结果表明，一年级子模型对假字和非字识别的差异非常显著（p=0.001），真字与非字、真字与假字识别的差异也非常显著（p=0.001）；二年级子模型假字和非字的正确识别率差异非常显著（p=0.001），真字与非字、真字与假字的正确识别率差异也都非常显著（p=0.001）；三年级子模型在假字和非字的正确识别率上差异非常显著（p=0.001），真字与非字、真字与假字的正确识别率差异同样非常显著（p=0.001）。

3.1.3 统计分析及结论

根据上述测试结果，我们可以初步得出以下结论：

（1）统计分析表明，一年级子模型汉字构形规则认知效应非常显著。这意

味着，学过《汉语教程》一年级课程的外国学生，其汉字构形意识已经萌发。这一点与鹿士义（2002）的实验结果部分吻合。鹿的实验结果表明，以正确率为因变量，初级水平的外国学生在假字、非字的识别上差异非常显著（F=47.885，p=0.001）。也就是说，学习汉语 0.5—1 年的外国学生汉字构形意识已经萌发。这一点二者是相同的。不同的是，如果以反应时为因变量，鹿的被试在真字与非字的识别上差异不显著。这一结果使鹿对其被试汉字构形意识是否萌发的评价大打折扣。鹿认为，假字与非字之间的识别差异“只是一种假象”。我们认为，这一结果可能与鹿的被试个体差异以及学习时间长短差异比较大有关。

（2）统计分析表明，二年级、三年级子模型汉字构形规则的认知效应非常显著。由此我们可以推论，学过《汉语教程》的二、三年级学生，其汉字构形意识已经确立，而且达到了较高的水平。这一点与鹿士义（2002）的实验研究关于中级水平和高级水平的学习者对假字和非字识别的结果是基本一致的。由于鹿的中级水平被试在真字与非字的识别上差异不显著，鹿认为，中级水平的外国学生汉字构形意识发展与初级学习者没有什么差异。这一点与二年级子模型的表现差别较大。

3.2 模拟研究 2：汉字结构类型认知效应模拟

汉字的结构类型是汉字字形的一个重要特征，结构类型的认知效应能够反映学习者汉字组合规则的意识。以往关于学习者汉字构形意识发展的研究都把汉字结构类型作为一个重要的考察内容。模拟研究 2 的目的主要是考察汉字结构类型对汉字构形规则认知的影响。

3.2.1 实验材料

模拟研究 2 的实验材料和模拟研究 1 相同。我们分别选取三种结构类型（左右结构、上下结构、包围结构）的假字 30 个，每种类型 10 个；非字 30 个，每种结构类型 10 个。

3.2.2 模拟目的和步骤

模拟目的：模拟研究 1 没有考虑汉字结构类型对汉字构形意识发展的影响。因此，模拟研究 2 拟从字的种类（假字与非字）和汉字结构类型两个方面考察模型汉字构形规则的认知效应。

模拟步骤：将三种结构类型的假字和非字的表征文件输入三个年级的子模型，模型运行后得出模拟结果。然后，根据模型的模拟结果，即模型对三种不同结构类型的假字和非字识别的正确率进行统计分析。

3.2.3 模拟与测试结果

根据模拟结果，我们利用克-瓦氏检验（Kruskal Wallis Test）的方法分别对三个年级子模型对三种结构类型的假字和非字识别正确率的差异显著性进行了检验。检验结果见表 2。

表 2 三个子模型三种结构类型假字、非字识别正确率差异显著性检验

年级	左右结构	Sig.	上下结构	Sig.	包围结构	Sig.
一	χ^2=4.691	p=0.030	χ^2=1.762	p=0.184	χ^2=1.000	p=0.317
二	χ^2=4.318	p=0.038	χ^2=6.239	p=0.012	χ^2=4.684	p=0.030
三	χ^2=10.365	p=0.001	χ^2=2.283	p=0.131	χ^2=3.333	p=0.068

从上表可以看出，一年级子模型假字、非字的识别在左右结构水平上差异显著，在上下结构和包围结构水平上差异不显著。由此可知，汉字结构类型对一年级子模型汉字构形规则的认知产生了一定的影响。也就是说，一年级子模型汉字构形规则认知效应仅限于左右结构类型。

二年级子模型汉字结构类型识别的差异显著性检验结果显示，该模型假字、非字的识别在三种结构类型上差异均显著。也就是说，该模型所反映的二年级外国学生汉字构形意识的发展在一年级子模型的基础上有了较大的提高，因为二年级子模型汉字构形意识的发展已经不限于左右结构；此外，二年级子模型所表现的汉字构形意识在三种结构类型上的发展是同步的。

检验结果还显示，三年级子模型假字、非字识别仅在左右结构类型上差异显著；在上下结构和包围结构上差异均不显著。这表明，三年级子模型汉字构形规则认知水平在三种结构类型上的发展是不同步的。按照模型汉字识别能力的发展逻辑来看，三年级子模型所表现的汉字构形意识发展在上下结构和包围结构上没有达到应有的发展水平。

3.2.4 统计分析与初步结论

根据上述测试结果及统计分析，我们的初步结论是：

（1）一年级子模型的汉字构形规则认知效应明显受到结构类型的影响。这一结果与鹿士义（2002）的实验结果不一致。鹿的实验结果表明，初级水平外国学生的汉字构形意识发展不受汉字结构类型的影响。然而，一年级子模型的模拟结果与李娟等（2000）关于汉语儿童正字法意识发展的实验结果相吻合。李娟等发现，汉字结构类型对一年级儿童汉字识别有影响，即“被试对左右结构正字法比对上下结构和半包围结构的更为敏感”。他们认为：“这可能是由于左右结构类型的字在汉字中所占比例最高，因此积累的有关左右结构汉字的识字经验最为丰富，相应地对这种结构类型的正字法也就最敏感。”为了证实这种分析，我们对三个子模型训练字表中左右结构类型汉字所占的比例做了一个统计。统计结果发现，一年级子模型学习的汉字中，左右结构的汉字占 54.1%；二年级子模型中占 54.7%；三年级子模型中占 55.9%。因此，一年级子模型的模拟结果似乎可以从左右结构汉字在模型中所占比例比较高得到解释。

（2）与一年级子模型相比，二年级子模型的汉字识别水平得到了很大的提高。模型对假字、非字的识别能力已经不限于左右结构，而且在三种结构中得到了同步发展。这一点与鹿士义（2002）的实验研究结果不同。鹿的实验结果表明，中级水平外国学生的汉字正字法意识发展相对迟缓，即结构类型的认知效应不显著（$f=0.248$，$p=0.781$）。结构类型与字的种类之间的交互作用也不显著（$f=0.982$，$p=0.45$），因此也谈不上汉字构形意识的同步发展。之所以产生两种不同的结果，可能是由被试水平的差异造成的。从发展水平和实验结果看，二年级子模型的汉字认知水平相当于鹿的实验研究中高年级被试（1.5-2.5 年）的认知水平。因此我们认为，二年级子模型的模拟结果是符合其汉字认知水平的发展的，也符合模型自身发展的内在逻辑。

（3）汉字结构类型对三年级子模型汉字构形规则的认知产生了较大的影响，这种影响主要表现在左右结构假字与非字的识别上。这一模拟结果与鹿士义（2002）的实验结果不相吻合。鹿的实验结果表明，高级水平的外国学生假字、非字的识别在三种结构上差异显著或接近显著（左右结构 $p=0.0317$；上下结构

p=0.046[①]；半包围结构 p=0.051）。三年级子模型假字、非字的识别在左右结构上差异显著（p=0.001），其他结构均不显著（p=0.131，p=0.068）。这个模拟结果似乎不符合三年级子模型汉字认知发展应有的水平。

3.3 关于模拟研究结果的讨论

模拟研究 1 和模拟研究 2 分别对模型汉字构形规则认知效应以及汉字结构类型认知效应进行了检验，并得出了初步结论。针对上述结论，我们将讨论以下几个与外国学生汉字构形意识发展有关的问题。

3.3.1 外国学生汉字构形意识发展与语言习得水平的关系

目前，关于汉字构形意识发展的行为实验研究，由于被试选择的差异，我们很难确定外国学生汉字构形意识发展与其语言习得水平的关系。但是，根据模拟研究 1 的初步结论，结合行为实验研究的结论，我们似乎可以就二者之间的关系做出某些推论。

首先，根据模拟研究 1 的初步结论，我们得出的第一个推论是：外国学生汉字构形意识的萌发似乎晚于中国小学一年级儿童。证据是，模拟研究 1 的检验结果表明，一年级外国学生[②]汉字构形意识的萌发接近李娟等（2000）关于中国一年级小学生汉字构形意识萌发的水平。李娟等（2000）的实验表明，如果以正确率为指标的话，“一年级儿童已萌发了正字法意识，而且这种萌发在三种结构类型之间是同步的”；但若以反应时为指标，一年级儿童的正字法意识萌发尚不明显，而且受到结构类型的影响。这一结论与我们一年级子模型的模拟结果是相接近的，只是程度有所不同。因为，以正确率为指标，一年级子模型汉字构形规则的认知效应还仅限于左右结构，尚未达到在三种结构类型上同步发展的水平。基于这种分析，我们认为，外国学生要达到中国一年级小学生汉字构形意识发展的水平，至少需要一年左右的时间。

其次，如果上述推论成立的话，据此我们可以推断，外国学生汉字构形意识从萌发到确立大约还需要经历一年左右的时间。根据二年级子模型的模拟结果，

① 原文为 p=0.46，可能是笔误或印刷错误（见鹿士义，2002）。
② 本文指学过《汉语教程》一年级课程的外国学生。

我们认为，二年级外国学生经过又一个学年的学习，汉字构形意识已经确立。这就是说，外国学生汉字构形意识从萌发到确立的时段大约是一年。这两个阶段加在一起一共是两年。这一推论与鹿士义（2002）的结论大致相近。不同的是，鹿所说的是“从初识汉字”到汉字构形意识“萌发”需要两年左右。问题出在对“萌发”和“确立”这两个概念的理解上。在模拟研究中，我们是根据模型的假字、非字识别在三种结构类型上是否同步这一标准来定义汉字构形意识“萌发”和“确立”这两个概念的。如果模型的假字、非字识别仅限于某种结构类型，这只能看作汉字构形意识处于萌发阶段；如果假字、非字的识别在三种结构类型上是同步的，说明模型所模拟的外国学生的汉字构形意识已经确立。按照这个标准，我们认为，鹿实验研究中的高级水平被试已经处于汉字构形意识的确立阶段。因为他的实验表明，高级水平被试对假字、非字的识别在三种结构类型上差异均显著（$p=0.0317$，0.0460，0.0510）。

如果做进一步的比较，我们会发现，二年级子模型与中国小学三年级学生汉字构形意识发展水平具有一定的可比性。李娟等（2000）的研究将中国小学生汉字构形意识萌发和成熟年龄的分别推进到小学一年级和五年级，同时发现三年级是发展的转折年龄。这就是说，三年级是中国小学生汉字构形意识确立的年龄。由于二年级子模型已经具备与中国三年级小学生相似的汉字构形意识发展的特点和水平，因此我们认为，二年级子模型大致相当于中国三年级小学生汉字构形意识发展的水平。

3.3.2 外国学生汉字构形意识发展与识字量的关系

在模拟研究中，我们发现，汉字构形意识的发展不仅与学习者的语言水平有关，还与学习者的识字量有关。三个年级子模型的汉字认知效应表明，汉字构形知识的获得是一个不断积累的过程。这个积累过程与学习者的识字量密切相关。换句话说，汉字构形意识的发展要以足够的识字量为基础。据邢红兵（2002：37）统计[①]，中国小学一年级学生第一学年的汉字识字量为919个。由此我们可以推知，中国小学一年级学生汉字构形意识萌发的识字量大约在900字左右。那

① 统计数据来源于北京师范大学出版社1999年出版的《九年义务教育五年制小学试用课本》。

么，外国学生汉字构形意识萌发的识字量是多少呢？根据一年级子模型的模拟文本统计[①]，学习一个学年汉语的外国学生的识字量应为2200字左右。根据这个数字，我们可以推知，外国学生汉字构形意识萌发的识字量应该在2200字左右。由此可见，外国学生与中国小学生汉字构形意识萌发所需识字量差异巨大。这显然是由于汉字与拼音文字的“正字法”距离比较大造成的。因此，对于母语为拼音文字的外国学生而言，其汉字构形意识的发展需要积累足够的识字量。与中国小学生相比，外国学生的汉字习得任重而道远。

3.3.3 “特征分布频次”与“任务频次”对汉字构形意识发展的影响

从模拟研究2的初步结论可以看出，三个年级子模型的汉字结构类型的认知效应存在着明显的差异。也就是说，汉字结构类型对模型的汉字构形规则的认知产生了不同的影响。那么，我们如何解释这种差异？

首先，我们可以从汉字结构类型的“特征分布频次”（feature distribution frequency）来解释结构类型对模型汉字构形规则认知的影响。一年级子模型的汉字构形规则认知之所以在初级阶段仅限于左右结构的汉字，一方面是该模型的汉字识别能力很有限，而左右结构的汉字比较容易识别，因此，其汉字构形知识的获得首先是左右结构的汉字。

另一方面，统计分析表明，左右结构的汉字在三个子模型训练样本中的比例都在50%以上（见图2）。这种特征分布频次意味着左右结构类型的汉字得到了充分的训练，模型积累了较多左右结构汉字的知识，因而在左右结构汉字的识别上具有明显的认知效应。这是左右结构特征分布频次对模型学习产生的直接影响。模拟研究还表明，二年级子模型处于汉字识别能力发展的高峰期，左右结构汉字识别效应显著是必然的。三年级子模型在左右结构上的认知效应也是因为左右结构的汉字占比例最高，受到结构类型这一特征分布频次的直接影响而产生的结构类型效应（见图2）。

---

① 统计数据来源于《汉语教程》一年级课本。

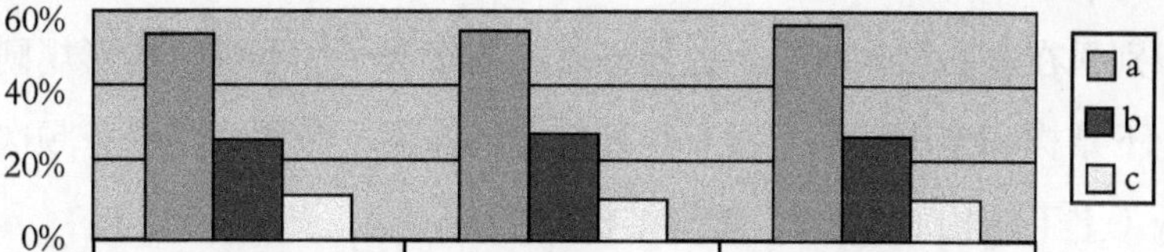

	y1	y2	y3
a	54.00%	54.70%	55.94%
b	25.80%	26.74%	25.87%
c	10.50%	9.10%	8.80%

图 2　三个子模型汉字结构类型特征分布 ①

从图 2 可以看出，单从结构类型分布的比例看，三个年级子模型在三种汉字结构类型特征分布的比例上差异并不大。左右结构类型占优势也只能说明左右结构类型汉字的认知效应。但我们无法解释二年级子模型汉字构形认知效应在三种结构类型上同步发展的问题。为此，我们对三个年级子模型的结构类型“任务频次”(task frequency)，即汉字实际出现频次进行了统计（见图 3）。

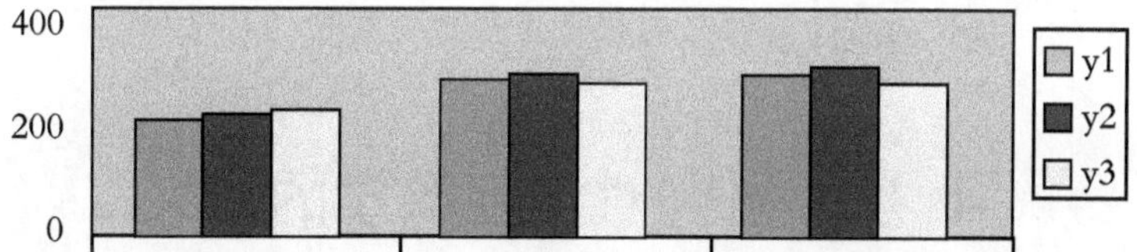

	a	b	c
y1	211.2	288.9	285.8
y2	221.5	298.1	300.0
y3	226.0	382.2	27.06

图 3　三个子模型汉字结构类型任务频次分布

从图 3 可以看到，二年级子模型上下结构和包围结构的任务频次在三个子模型中是最高的（上下结构 f =298.1；包围结构 f=300.0）。这说明，二年级子模型对三种结构类型汉字的识别能力都得到了充分的发展，这显然是任务频次在起作用，尽管二年级子模型中上下结构和包围结构汉字的特征分布比例均低于左右结

① 图2与图3中的a、b、c分别表示左右结构、上下结构和包围结构；y1、y2、y3分别代表一、二、三年级子模型。

构（见图 2）。根据这种任务频次效应，我们同样可以说明为什么三年级子模型的汉字识别只在左右结构水平上差异显著。三年级子模型汉字构形规则的认知之所以在上下结构和包围结构上没有得到充分的发展，是因为其任务频次比二年级子模型低（上下结构 f=282.2，包围结构 f=270.6）。

上述分析表明，仅仅从汉字结构类型特征分布或者仅仅从任务频次的角度来分析二年级子模型和三年级子模型的发展模式是不够的。我们必须从结构类型特征分布和任务频次两个角度来分析这些因素对模型汉字构形规则认知发展的影响。从图 2 与图 3 可以看到，左右结构类型在三个子模型中虽然占有较高比例，但是左右结构类型汉字的任务频次普遍低于上下结构和包围结构。同样，虽然上下结构和包围结构的任务频次都高于左右结构，但这两种结构的比例却明显低于左右结构。因此我们认为，三个年级子模型汉字构形规则认知的发展不仅仅是结构类型特征分布决定的，而是结构类型特征分布与任务频次，即模型与汉字频次的交互作用共同决定的。由此可见，汉字结构特征分布作为一种潜在的知识，对模型汉字构形知识的获得会产生直接的影响。但是，这种潜在知识的“浮现”（emergent）还要受到“任务频次”的影响。

4. 模拟研究对汉字教学的意义

利用“CRCC 自组织模型”，我们模拟了外国学生对汉字构形规则的认知效应。我们认为，“CRCC 模型”的模拟结果及初步结论不仅对外国学生汉字构形意识发展的研究具有一定的现实意义，而且对对外汉字教学也具有一定的参考价值。

在模拟研究中，我们发现，“CRCC 模型”训练样本潜在的汉字知识对模型汉字知识的获得具有重要的影响。但是，在对外汉字教学中，教材中的潜在汉字知识往往被忽视，如汉字的结构类型、汉字的频次分布、汉字的部件位置信息等。在外国学生的汉字习得过程中，往往是这些潜在汉字知识和信息在起作用。在汉字教学中，如果只注重常用汉字的频度，忽视汉字实际出现的频次，即任务频次，就难以取得良好的教学效果；如果只注重汉字教学的循序渐进，而忽视汉字结构特征的分布，汉字教学必然事倍功半。因此，对外汉字教学应该重视潜在的汉字结构类型的特征分布与汉字任务频次对外国学生汉字构形意识发展的影响。

模拟研究结论表明，对外汉字教学应该重新认识汉字频次对学习者汉字知识获得的重要影响。研究表明，学习者对频次是非常敏感的，汉字字形特征的获得是通过频次效应来实现的，汉字习得是一种“受频次左右”（frequency-based）的习得过程。如汉字结构类型的频次效应、汉字部件位置的频次效应等都表明，汉字特征的获得是受频次左右的。对外汉字教学要注重汉字局部特征信息的频次效应的影响。因此，我们在教学设计上要增加相应的教学环节，突显汉字的结构特征，巧妙地利用汉字识别的频次效应为学习者提供丰富的汉字特征信息的输入环境，提高对外汉字教学的效率。

此外，对外汉字教学不仅要注重汉字基础部件和常用汉字的教学，而且还要重视汉字识字量对汉字构形意识发展的影响。对于母语为汉语的中国小学生而言，少量的汉字基础部件和常用汉字的教学就可以使学习者较早地萌发汉字构形意识，因而比较容易形成举一反三的能力。外国学生虽然具有成人的认知能力，但其汉字构形意识的萌发却需要中国小学生两倍以上的汉字识字量。因此，集中识字更有利于外国学生汉字识别与书写能力的提高，提高汉字识字量是培养外国学生汉字构形意识的重要途径。

:: 参考文献 ::

陈天泉（1985）《汉字正字法》，湖北教育出版社。

江新（2003）初学汉语的美国学生汉字正字法意识的实验研究，载赵金铭主编《对外汉语研究的跨学科探索》，北京语言大学出版社。

李娟、傅小兰、林仲贤（2000）学龄儿童汉语正字法意识发展的研究，《心理学报》第2期。

鹿士义（2002）母语为拼音文字的学习者汉字正字法意识发展的研究，《语言教学与研究》第3期。

舒华、刘宝霞（1997）汉字结构的意识及其发展，载彭聃龄主编《汉语认知研究》，山东教育出版社。

王建勤（2004）欧美学生汉字部件认知效应的实验研究，《汉语研究与应用》第二辑，中国社会科学出版社。

邢红兵（2002）小学语文教材形声字表音情况统计分析及小学生形声字命名的自组织模型，北京师范大学博士学位论文。

Cheng, C. M. & Huang, H. M. (1995) *The Acquisition of General Lexical Knowledge of Chinese Characters in School Children*. In the 7th International Conference on the Cognitive Processing of Chinese and Other Asian Languages. Hong Kong.

Farkas, I. & Li, P. (2002) Modeling the development of the lexicon with a growing self-organizing map. In H. J. Caulifield *et al.* (eds.), *Proceedings of the Sixth Joint Conference on Information Science*. Association for Intelligent Machinery, Inc.

Jackson, N. E., Everson, M. E. & Ke, Chuanren (2003) Beginning readers' awareness of the orthographic structure of semantic-phonetic compounds: Lessons from a study of learners of Chinese as a foreign language. In Catherine Mcbride-Chang & Chen Hsuan-Chih (eds.), *Reading Development in Chinese Children*. London: Praeger Publishers.

James, D. L. & Miikkulainen, R. (1995) SARDNET: A self-organizing feature map for sequences. *Advances in Neural Information Processing Systems*, 7, 577-584.

Kohonen, T. (1982) Self-organized formation of topologically correct feature maps. *Biological Cybernetics*, 43 (1), 59-69.

Li, P. (1993) Cryptotypes, meaning-form mappings, and overgeneralizations. In E. V. Clark (ed.), *Proceedings of the 24th Child Research Forum*. Center for the Study of Language and Information, Stanford University.

Li, P. (1999) Generalization, representation, and recovery in a self-organizing feature-map model of language acquisition. In M. Hahn & S. C. Stoness (eds.), *Proceedings of the 21st Annual Conference of the Cognitive Science Society*. Mahwah, NJ: Lawrence Erlbaum.

Li, P. (2000) The acquisition of lexical and grammatical aspect in a self-organizing feature-map model. In L. Gleitman & A. K. Joshi (eds.), *Proceedings of the 22nd*

Annual Conference of the Cognitive Science Society. Mahwah, NJ: Lawrence Erlbaum.

Li, P. & Farkas, I. (2001) A self-organizing connectionist model of bilingual processing. In R. Heredia & J. Altarriba (eds.), *Advances in Psychology: Vol. 134. Bilingual Sentence Processing*. North Holland: Elsevier Science Publisher.

Li, P. & MacWhinney, B. (1996) Cryptotype, overgeneralization, and competition: A connectionist model of the learning of English reversive prefixes. *Connection Science,* 8, 3-30.

Li, P. & Shirai, Y. (2000) *The Acquisition of Lexical and Grammatical Aspect*. Berlin and New York: Mouton de Gruyter.

Miikkulainen, R. (1993) *Subsymbolic Natural Language Processing: An Integrated Model of Scripts, Lexicon, and Memory*. Cambridge, MA: MIT Press.

Miikkulainen, R. (1997) Dyslexic and category-specific aphasic impairments in a self-organizing feature map model of the lexicon. *Brain and Language*, 59 (2), 334-366.

Peng, D. L. & Li, Y. P. (1995) *Orthographic Information in Identification of Chinese Characters*. In the 7th International Conference on the Cognitive Processing of Chinese and Other Asian Languages. Hong Kong.

Richards, J. C., Platt, J. & Platt, H. (2000)《朗文语言教学及应用语言学词典》，外语教学与研究出版社。

原载《世界汉语教学》2005 年第 4 期

汉语学习者汉字知识获得机制模拟研究

1. 序言

本研究是基于联结主义人工神经网络，以外国学生汉字认知行为实验研究为参照的模拟研究。目的是通过对外国学生汉字知识获得过程的模拟，探讨第二语言学习者汉字知识的获得机制。

关于“联结主义”，简要地说，是关于人脑神经系统以知识平行分布表征和加工为特征的认知理论。因此“联结主义”又被称作“平行分布加工模型”（parallel distribution processing），简称 PDP。在工程和计算机领域，联结主义模型又被称作“人工神经网络”。联结主义理论目前在国外被认为是“风靡一时”的一种新的认知理论（李平，2002）。特别是近几年来，在语言认知与语言习得研究领域，联结主义神经网络，尤其是“自组织模型”，在语言习得研究领域的应用越来越多，模拟的范围涉及语言习得的语音、词汇、语法和语义等许多方面。本研究则是基于“自组织模型”的汉字字形认知的模拟研究。

2. “汉字部件识别模型”的建构与汉字认知模拟

模型建构是模拟研究的基础。建一个什么样的模型、如何构建模型，与模拟研究的目的是密切相关的。本研究是以外国学生汉字字形习得为背景的模拟研究，因此我们构建了一个能够反映外国学生汉字字形习得特点的“汉字部件识别模型”（the component recognition model of Chinese characters，简称“CRCC 模型”）。

2.1 “汉字部件识别模型”的结构与功能

本研究构建的“汉字部件识别模型”是由 Miikkulainen（1993，1997）开发的“DISLEX 模型”和 James & Miikkulainen（1995）开发的“SARDNET 网图”构成的。“DISLEX 模型”是一个标准的自组织模型，“SARDNET 网图”是一个“序列激活的保持与衰减网络”，在本质上也属于自组织模型。由于我们模拟的是外国学生的汉字部件识别机制和过程，因此，这个模型必须具备两个功能，即自组织功能和汉字部件分解的功能。为了实现这两个功能，“汉字部件识别模型”由两部分组成：即“标准的自组织网图”与“序列加工网图”。模型结构见图 1：

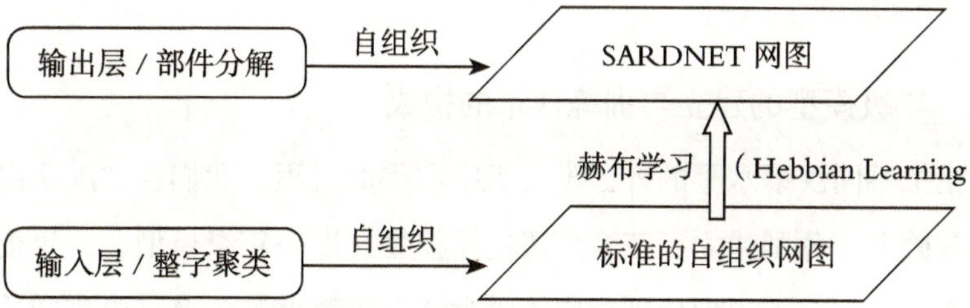

图 1 “汉字部件识别模型”结构示意图

图 1 的输入层是一个“标准的自组织网图”，作为汉字的整字表征层，用于汉字的整字加工。它的功能是通过自组织对具有相似特征的汉字进行聚类。由于本研究模拟的是外国学生汉字字形的识别，因此，作为模拟数据的汉字表征主要是汉字字形属性的表征。网络的输入层根据汉字的字形属性，如汉字的结构类型、汉字的部件属性以及汉字的视觉特征等进行聚类[①]。根据聚类结果，我们可

① 汉字字形表征方案，可参见笔者的博士论文《外国学生汉字构形意识发展的模拟研究——基于自组织特征映射网络的汉字习得模型》（北京语言大学，2005）。

以考察网络的部件识别效应。也就是说，网络通过自组织学习，可以识别具有相同部件以及相同结构类型的汉字。

本模型的第二层，即输出层，是一个部件序列加工网络。这个输出层的主要功能是将汉字分解为部件。如果网络进行了充分的训练，模型就能够完整、正确地将整字拆分为部件；如果网络的训练不充分，就会出现部件拆分错误，如形似部件混淆、部件结构类型错误和部件位置错误。我们利用模型的这一功能来模拟外国学生整字识别和部件识别的习得过程。

2.2 模型的训练与汉字认知模拟

对于第二语言教学而言，核心是"教什么""怎么教"的问题，"教什么""怎么教"对学习者的习得效果会产生直接的影响。"汉字部件识别模型"也存在同样的问题。对模型"训练什么""怎么训练"将对模型汉字知识的获得能力产生直接的影响。母语模型和第二语言学习者模型的差别也主要表现在训练的内容和方法上。通过模型训练和汉字识别能力的检验，我们可以发现一些行为实验预想不到的问题，而这些问题恰好揭示了行为实验难以观察到的学习者汉字知识的获得机制。

2.2.1 年级模型的建立与训练样本的构成

为了模拟不同汉语水平的外国学生汉字习得的过程，我们在"汉字部件识别模型"的基础上，分别建立了三个年级的子模型，即一年级模型、二年级模型和三年级模型。这三个子模型分别对应于学过《汉语教程》（北京语言文化大学出版社，1999 年）第一、二、三册内容的外国学生的识字水平。

为了客观反映外国学生汉字部件识别的习得特点，三个子模型模拟文本的选择和处理充分考虑了语言材料的真实性和模拟文本知识结构的自然分布。由于模型容量的限制，我们从《汉语教程》中随机抽取三个年级模型的汉字训练样本，样本容量为原文本的 10%。一年级模型的训练样本为 229 个字，二年级为 253 个字，三年级为 328 个字。其中二年级模型的训练样本包含小部分一年级模型已经学过的汉字，三年级模型包含小部分二年级模型已经学过的汉字。

2.2.2 模型的训练和检验

三个子模型建立以后，我们利用训练样本，分别对三个子模型进行训练。为了对模型的部件识别能力做出客观的评价，我们对三个经过训练的子模型的汉字部件识别能力进行了检验。检验的方法是，分别从三个子模型的训练样本中抽取等量的训练字各 30 个，其中每种结构类型（即左右结构、上下结构、包围结构）10 个，然后对三个子模型的汉字识别结果进行差异显著性检验。

检验结果表明，经过训练后，二年级模型的部件识别率好于一年级模型；但出乎预料的是，三年级模型的部件识别率低于二年级模型，仅相当于一年级模型的水平。这就是说，三年级模型的部件识别能力没有得到正常的发展。为了找到问题产生的根源，我们对三个模型训练样本的汉字频次进行了统计分析（见图 2）。

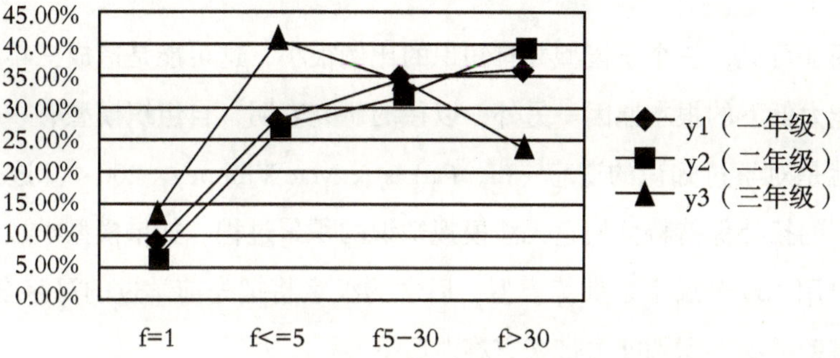

图 2　三个子模型训练样本中汉字频次分布图

从图 2 可以看到，一、二年级模型在各频段的汉字分布趋势是一致的；三年级模型中 5 次以下的汉字（即低频字）高达 41%，比二年级模型高 14%；而 30 次以上的高频汉字呈下降趋势，为 24%，比二年级模型低 16%。也就是说，三年级模型的训练样本中高频次汉字偏少，低频字偏多。这说明，训练样本的汉字频次分布对模型的训练结果产生了直接的影响。但这只是造成三年级模型汉字部件识别能力低下的一个原因。为此，我们对三个子模型共有汉字的分布做了进一步的统计分析。结果发现，二年级模型训练样本与一年级模型训练样本共有的汉字共 24 个，占二年级模型训练样本总量的 9.5%；三年级模型训练样本与二年级模型训练样本共有的汉字共 21 个，占三年级模型训练样本总量的 6.4%。三个子模型共有的汉字只有 4 个，占三年级模型汉字总量的 0.5%（见图 3）。

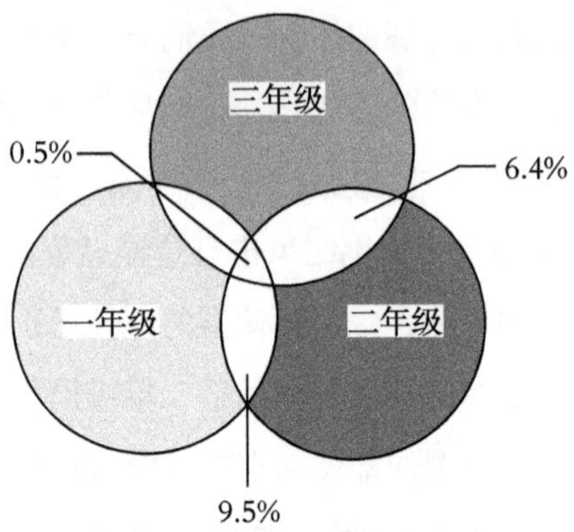

图 3　三个子模型共有汉字的比例

由图 3 可见，三个子模型共有知识的比例很小，这可能是造成三年级模型部件识别能力低下的根本原因。另外，以往的研究表明，自组织模型有一个先天不足，那就是对学过知识的遗忘（Li，Farkas & MacWhinney，2004）。这是因为自组织模型的拓扑保持特性使它无法模拟知识的积累过程。如果模型学过 100 个汉字后，再用 100 个汉字来训练模型，后学的汉字将把先前学过的汉字全部覆盖，因而给模型的汉字识别能力带来灾难性后果。

针对上述问题，我们从两个方面着手解决模型的知识积累问题。首先，从改变子模型之间新旧知识的衔接机制入手，来解决模型知识遗忘的问题。新的二年级子模型是由一年级子模型学过的汉字加上原二年级子模型学过的 100 个汉字构成的；新的三年级子模型是由新的二年级子模型的汉字加上原三年级子模型学过的 100 个汉字构成的。这样，三个新子模型的训练样本分别由 229 个汉字（一年级）、329 个汉字（二年级）、429 个汉字（三年级）构成（见图 4）。

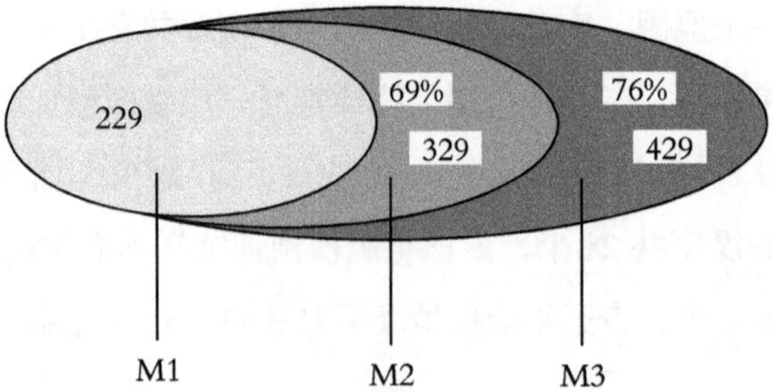

图 4　三个新的子模型共有汉字的比例

这样一来，新的一年级模型与二年级模型共有汉字的比例为 69%，二年级模型与三年级模型共有汉字的比例为 76%。三个新子模型扩大了共有汉字的比例，建立了模型之间新旧知识的衔接机制，这样就避免了自组织模型的遗忘机制对模型带来的灾难性后果。由于新模型较好地体现了汉字习得新旧知识的连续性，从而解决了自组织模型先天不足的问题。

其次，我们通过对三个新子模型共有的汉字频次进行累加的方法来解决模型的知识积累机制[①]。比如，一个汉字在一年级子模型配对文件中出现的频次为 10 次，在二年级模型配对文件中出现的频次也是 10 次，当这个汉字在二年级模型中重复出现时，模型便将这个相同汉字的频次进行累加，变为 20 次。当这个汉字在三年级模型中再次出现时，其频次继续累加。这种频次的累加，实际上就是模型汉字知识的积累过程。模型的知识积累机制正是通过频次累加建立起来的。

通过上述方法，三个子模型，特别是三年级子模型的知识结构得到了改善，从而使模型的汉字识别能力得到了根本的改善。在此基础上，我们对三个新子模型的生字识别能力进行了测试。由于这些生字都是模型没有接触过的汉字，模型需要运用已经学过的汉字部件及其结构知识进行识别。用于训练模型测试的生字在部件的结构类型上进行了匹配，每个年级选择 30 个生字，每种结构类型选择 10 个字，三个子模型共选择 90 个字。测试结果见图 5。

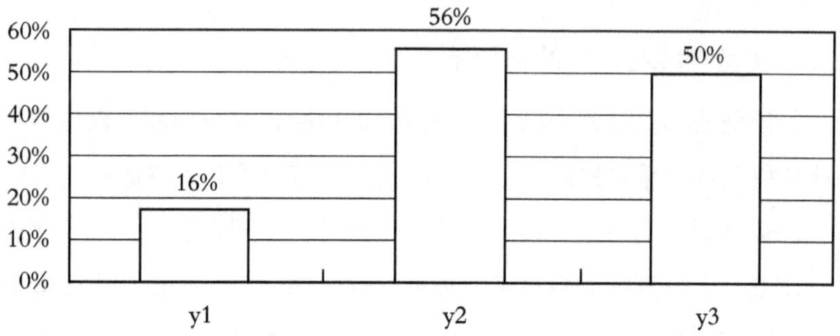

图 5　三个子模型汉字识别测试结果

① 本研究采用频次累加的方法对新模型进行训练的创意是由邢红兵博士提出的，在此表示谢意。

从图 5 显示的测试结果看，一年级模型处于汉字习得初级阶段，因而汉字识别率比较低，这是在情理之中的。在对一年级模型生字识别结果的分析中我们发现，30 个测试字中，一年级模型正确识别的只有 5 个字。即使在这 5 个字中，仍然有部件相混、结构相混的错误。比如，测试字“进”，模型正确识别了部件“辶”，但将部件“井”与“韦”相混，属于形似部件错误；在测试字“香”中，模型将上下结构的部件“禾”与左右结构的部件“禾”相混，这属于结构类型错误。这两个例子说明，一年级模型尚未获得汉字部件及其结构类型的知识。按照 Jackson，Everson & Ke（2003）的观点，一年级模型还处于“前成分加工阶段”；二年级模型的汉字识别率比较高，表明模型汉字识别能力发展比较快，因而获取新知识的能力也比较强；三年级模型的生字识别率略低于二年级模型，但相比原模型已经有了根本的改善。

需要说明的是，如果按照经过充分训练的模型汉字识别能力的标准，这三个子模型的汉字识别能力并没有得到充分发展。原因是，这三个子模型是按照外国学生汉字习得的实际水平，即实际的识字量进行训练和模拟的，因此，在某种程度上反映的是第二语言学习者实际的汉字识别能力的发展水平。

为了对三个子模型生字识别能力发展做出准确的评价，我们对模型的生字识别率进行了差异显著性检验。检验数据表明，一年级模型与二年级模型在生字识别能力上差异非常显著（$p=0.001$），二年级模型与三年级模型识别能力差异不显著（$p=0.882$）。

2.2.3 模型训练与检验的初步结论

三个子模型的训练过程和汉字识别能力的检验，对我们深入探讨学习者汉字知识的获得机制具有重要的启示。归结起来主要有以下几个方面：

第一，经过训练的三个子模型具备了一定的汉字识别能力。随着年级和水平的提高，模型汉字识别的能力也不断提高。这表明，三个子模型不仅能够获得新知识，如汉字部件知识、汉字结构类型知识，而且能够举一反三，识别尚未学过的生字。

第二，通过前后两个阶段的模型训练和汉字识别能力的检验，我们发现，新旧汉字知识的衔接机制和知识积累机制是制约模型汉字识别能力发展和汉字知识获得的核心机制。

第三，三个子模型通过汉字知识的衔接机制和积累机制，弥补了自组织模型知识遗忘的先天不足，从根本上改变了模型的汉字识别能力。这些机制的建立对进一步探讨汉语学习者汉字知识获得机制具有重要的理论价值和实践价值。

2.3 模型汉字知识获得机制的理论分析

通过模拟研究，我们试图回答三个与汉字知识获得机制相关的理论问题：（1）模型的汉字知识是从哪里获得的；（2）模型的汉字知识是以何种方式获得的；（3）模型的汉字认知能力是怎样发展的。

2.3.1 潜在的汉字知识的“浮现”

Ellis（2002）在《语言加工的频次效应》一文中对第二语言习得过程中的频次效应做过如下概括：

频次是语言习得的关键因素。因为所有语言层面的规则，从语音、句法到话语，都是一种结构规则。这些规则是在学习者对语言输入中语言分布特征的“日复一日的分析”（lifetime analysis）过程中浮现出来的。

这里边有三个重要的概念：一是“频次”，二是“分布特征”，三是“浮现”。这三个概念反映了联结主义的核心思想。我们可以这样解释这三个概念的关系：语言规则是以“分布特征”蕴含在语言输入之中的；学习者对这些特征的感知和获得是通过“频次”的积累来实现的；这个基于“频次”的学习过程就是规则的“浮现”过程。我们的模拟研究结果又一次见证了这个过程。

在对三个子模型训练样本中的汉字频次分布进行统计分析时我们发现，造成三年级子模型汉字识别能力低下的原因之一是低频字太多。从知识获得的角度来看，模型是通过训练样本获得汉字频次的知识的。汉字频次越低，意味着模型对汉字某些分布特征的训练次数越少。这样一来，模型关于汉字部件及其组合规则就无法通过频次的统计规则体现出来。模型也就无法获得汉字部件及其组合规则的知识。有研究表明，模型的频次统计规则与模型的知识获得高度相关。Harrington & Dennis（2002）也指出，假如所有的因素都是相等的，那么，语言输入中出现频次越多的语言形式就训练得越多。训练频次多的语言形式自然就会达到较好的语言习得水平。三年级子模型汉字知识的获得结果恰好证明了这一点。

语言材料中潜在的知识结构及其分布在语言习得过程中具有重要的影响，频次扮演了重要角色。Harrington & Dennis（2002）对此做了很好的说明：“在语言输入中，特定语言形式的频次分布决定了这些语言形式习得的快慢与好坏。”频次成为学习者从语言输入环境中获得知识的接口，语言规则的浮现正是基于频次累加的机制实现的，频次是模型语言知识获得的关键因素。

2.3.2 汉字知识的生成和“冻结”

自组织模型本身的缺陷以及模型汉字识别能力的改善，促使我们在理论上进一步思考模型与人脑知识生成的基本机制问题：汉字知识究竟是以何种方式形成的？频次累加在知识积累过程中扮演了什么样的角色？

钟义信（2004）在论述“形态性知识”① 的生成机制时指出：“现在，人们普遍认为，知识是由信息通过加工提炼生成的。”那么，人脑是通过什么样的机制将信息加工为知识的？钟文认为，信息生成形态性知识，并将其生成机制的原则算法归结为以下几个方面：

（1）观察一个信息样本 S_1，提取它的形式特征，记为 f_1。所提取的特征应当能够充分表征样本的本质方面。

（2）建立特征的相似性准则，然后观察第二个信息样本 S_2，也提取它的形式特征，记为 f_2，并与第一个信息样本的信息特征 $f1$ 相比较。如果这两个样本的特征能够满足特征相似性准则的要求，则第 2 个样本保留；否则舍弃。

（3）把这个步骤重复 N 次，从而得到一组具有共性意义的信息特征 $\{f_k\}$，k=1，2，…，K，……。它们构成一个“共性特征集合”。

（4）当观察的信息样本数 N 再进一步增加，而具备共性特征集合 $\{f_k\}$ 的样本数 K 稳定不变，或者已经没有新的样本可供观察时，就把这 K 个样本予以冻结。

（5）称所有满足共性特征集合 $\{f_k\}$ 的 K 个信息样本为同类信息样本。给这样形成的“类”命名，从而形成一个具有“类”名称的概念，完成一个概念的生成。

---

① 钟认为，知识作为认识论范畴的概念，包括三种类型的知识，即形态性知识、内容性知识和效用性知识。一切知识所表达的“运动状态和状态变化的规律”必然具有一定的外部形态，与此相对应的知识称为“形态性知识”。

上述原则算法清晰地描述了知识的生成过程。按照自组织模型的原理，我们可以将上述过程描述为：特征提取——特征比较——共性特征聚类——收敛——输出结果。在这个知识生成的过程中，"共性特征的聚类"蕴含了知识的累加机制。按照钟的说法，聚类过程蕴含累加机制就是把特征提取和比较"重复N次"。重复N次之后，人脑神经系统便"有了'类'的概念，就具有了分类的知识，也就具有了利用'类'的'共性特征集'对新的对象进行分类的能力"(钟义信，2004)。由此可见，累加机制是人脑神经系统知识生成与获得的基本机制。本文的三个子模型的训练过程实际上演绎的正是人脑形态性知识的生成过程。

Hasher & Zacks（1984）的研究表明，学习者对语言输入信息出现的频次非常敏感，他们会充分利用这些信息对频次进行编码，无论是明晰的知识还是潜在的知识。我们在模型的训练过程中也发现，频次累加机制不单单是一个简单的加减运算。实际上，这些看起来简单的频次累加过程包含了许多汉字特征的信息累加和计算，无论这些知识是明晰的还是潜在的。在我们的三个子模型中，每个汉字都包含了频次信息。作为一种明晰的知识，模型通过训练，即"重复N次"，首先获得了汉字的频次知识。与此同时，模型也获得了潜在的汉字知识，比如汉字的结构类型知识。在模拟过程中，我们并没有教给模型汉字结构的规则，也没有给模型关于汉字结构类型的表征信息。但是，模型能够在模拟文本中抽绎出汉字结构类型的知识。其原因在于，模型在计算汉字频次信息的同时，汉字结构类型的知识也通过频次的累加被编码了。模型学习N次"结"字，就学习了N次左右结构；"节"出现N次，上下结构就累加了N次。当汉字结构类型的知识被"冻结"后，这种知识作为一种"浮现特征"便浮现出来了。

从上述分析可以看出，频次累加机制不仅是一种知识生成机制，而且也是一种学习机制。这种机制是模型汉字识别能力发展的决定因素。

2.3.3 知识"衔接机制"对汉字认知能力的制约

自组织模型的先天不足，三年级子模型学习能力低下现象，促使我们思考另一个看似寻常的问题：人类的大脑一旦失去知识的衔接机制将意味着什么？这个问题使我们认识到，新旧知识的衔接机制是制约模型汉字知识获得和认知能力发展的重要因素。

人脑的知识积累过程是一个自然发生的过程。除了健忘症病人以外，通常我们很难观察到人脑缺少知识积累机制对人的语言能力发展的影响。三年级子模型的训练结果使我们观察到人脑在缺少知识积累机制的情况下对语言知识获得的巨大影响。打一个通俗的比方，三年级子模型汉字识别能力低下，属于"熊瞎子掰苞米"式的记忆能力。这个例子里边蕴含着一个深刻的道理，那就是，新旧知识的衔接是将知识转化为认知能力的关键机制。人类一旦失去这种机制，这个世界将是不可想象的。

从操作层面上讲，新旧知识的衔接机制是通过共有知识来实现的。有了共有知识，才能获得新知识，共有知识的多少在某种程度上决定了认知能力的形成和发展。我们通过改变三个子模型共有汉字的比例，使模型的认知能力得到了根本的改善，恰好说明了这一点。

Nelson（1999）指出："人的神经系统本身会随着学习经验的增加而加以改变或得到发展。"换句话说，如果人的神经系统失去了知识的衔接机制，就不会有经验的增加和知识的积累，人的神经系统也就不会得到改变和发展。

3. 模拟研究结论对汉字教学的启示

通过上述分析，我们认为，模型汉字知识的获得机制对对外汉字教学有以下几点启示：

（1）对外汉字教学要注意教材潜在知识结构对学习者汉字认知能力的影响。汉字知识与语法知识不同，不是通过线性的同现关系显示出来的。汉字的许多信息是潜藏在汉字的层次性结构中的，如部件信息、部件的位置与结构类型信息等。汉字教材要充分揭示这些汉字知识，在教材中巧妙地展示这些信息，这样外国学生就比较容易获得。如果汉字的频次分布不合理，低频次汉字出现过多，就会影响学生汉字能力的形成。其次，对外汉字教学不仅要重视汉字的特征频次分布，还要重视任务频次效应。当然，教材中汉字的重现率是有限的，但教师可以通过特定的教学方法来增加汉字的重现率。

（2）对外汉字教学应尽可能地利用汉字本身的特点，培养学生举一反三的能力，使学生的知识系统化。部件教学是对外汉字教学中普遍采用的教学方法，利用汉字结构类型的特征，如形声字，通过特征提取、特征比较、发现共性的方法来扩展学生的汉字知识，并将这一过程重复若干次，使学生汉字知识系统化。所谓“以旧带新”说的就是这个道理。

（3）对外汉字教学应该注重新旧知识的衔接，这是学生汉字识别能力发展的关键。我们的对外汉语教材多强调汉字频率的等级和难易分布，但常忽视新旧知识的衔接，教材中共有汉字比例过小。这容易造成“熊瞎子掰苞米”式的学习后果，学得多忘得也多，不容易形成知识的积累。这在一定程度上影响了学习者汉字识字能力的提高和发展。

:: 参考文献 ::

李平（2002）语言习得的联结主义模式，《当代语言学》第3期。

钟义信（2004）知识理论与神经网络，载周志华、曹存根主编《神经网络及其应用》，清华大学出版社。

Ellis, N. C. (2002) Frequency effects in language processing: A review with implications for theories of implicit and explicit language acquisition. *Studies in Second Language Acquisition*, 24 (2), 143-188.

Harrington, M. & Dennis, S. (2002) Input-driven language learning. *Studies in Second Language Acquisition*, 24 (2), 261-268.

Hasher, L. & Zacks, R. T. (1984) Automatic processing of fundamental information: The case of frequency of occurrence. *American Psychologist*, 39 (12), 1372.

Jackson, N. E., Everson, M. E. & Ke, Chuanren (2003) Beginning readers' awareness of the orthographic structure of semantic-phonetic compounds: Lessons from a study of learners of Chinese as a foreign language. In Catherine Mcbride-Chang & Chen Hsuan-Chih (eds.), *Reading Development in Chinese Children*. London: Praeger Publishers.

James, D. L. & Miikkulainen, R. (1995) SARDNET: A self-organizing feature map for sequences. *Advances in Neural Information Processing Systems,* 7, 577-584.

Li, P., Farkas, I. & MacWhinney, B. (2004) Early lexical development in a self-organizing neural network. *Neural Networks*, 17 (8-9), 1345-1362.

Nelson, C. A. (1999) Neural plasticity and human development. *Current Directions in Psychological Science*, 8 (2), 42-45.

Miikkulainen, R. (1993) *Subsymbolic Natural Language Processing: An Integrated Model of Scripts, Lexicon, and Memory*. Cambridge, MA: MIT Press.

Miikkulainen, R. (1997) Dyslexic and category-specific aphasic impairments in a self-organizing feature map model of the lexicon. *Brain and Language*, 59 (2), 334-366.

原载《语言文字应用》2008 年第 1 期

欧美学生汉字字形认知的实验研究①

本阶段的实验研究首先从汉字视觉加工的角度考察欧美学生汉字字形认知的特点。汉字的字形知觉是汉字视觉识别的初始阶段，这个阶段包括学习者从获得汉字的视觉刺激到获得完整汉字字形信息的加工过程。汉字字形知觉属于对视觉刺激的分辨阶段。被试对视觉刺激的分辨过程，实际上是将视觉呈现的汉字图形模式与“心理词典”中相对应的汉字字形单元进行匹配的过程。但是，对于欧美学生而言，在汉字习得的初级阶段，汉字的心理表征尚未建立或通过习得正在逐步建立。在这种情况下，欧美学生是怎样对汉字的视觉刺激进行分辨和加工的呢？在汉字字形识别的初始阶段是否存在字形的认知效应？这种认知效应是何时显现的？受到哪些因素的影响？这些问题是本阶段实验研究关注的主要问题。

为了回答上述问题，我们首先通过两项实验来检验欧美学生在不同教学方式下汉字部件的视觉加工过程。两项实验研究的变量完全相同，唯有被试学习汉语的时间不同。也就是说，第二阶段的实验研究基本上是以时间为线索，纵向考

---

① 本研究是王建勤主持完成的国家社科基金项目“来华欧美留学生汉字习得研究”（99BYY014）研究报告的（未发表）一部分。合作者高立群。

察欧美学生汉字认知的发展过程。为了获得欧美学生在汉字习得初始阶段对汉字字形认知的实验数据，本阶段实验一的两组被试在实验时均未接受正式的汉字教学；实验二是在被试学习了 5 周汉字的基础上进行的。我们试图通过不同教学阶段的实验研究考察欧美学生汉字字形视觉加工方式变化的规律。

1. 实验一

1.1 实验目的

本实验的目的是考察被试在视觉呈现条件下，对成字部件、不成字部件和图形的识别是否在汉字和图形两种背景下有所不同。本实验实施时，所有被试都没有接受过正式的汉字教学，属于真正的零起点汉语学习者。我们目的是希望对这些初次接触汉字的被试的汉字视觉加工的初始状态有所了解。

1.2 实验方法

实验设计：本实验采用 3×2×2 三因素混合设计。目标刺激为被试内因素，分为成字部件、不成字部件和图形三个水平；背景刺激为被试内因素，分为汉字背景和图形背景两个水平；汉字教学方式为被试间因素，分为笔画教学组和部件教学组两个水平。

被试：母语为英语、初学汉语的欧美留学生 17 人，其中男生 7 人，女生 10 人。这些学生均来自我们事先选定的两个教学班。为了进一步检验汉字教学的笔画认知效应和部件认知效应，其中一个班作为实验组，采取部件教学方法，另一个班作为控制组，采取笔画教学方法。笔画教学和部件教学的要求与探测性研究中对教师的要求相同。部件教学班的被试有 9 人，笔画教学班有 8 人。

实验材料：刺激材料包括两部分，一是作为背景刺激的汉字和图形各 24 个，其中汉字为常用甲级汉字，图形为随机排列的各种几何图形和标志。二是作为目标刺激的成字部件、不成字部件和图形各 4 个。这 4 个目标刺激各有两次机会出现在背景刺激中，还有两次机会不出现在目标刺激中，它们出现在汉字和图形背景中的机会是相等的。

实验程序：实验在计算机上利用目前国际通行的 DMDX 心理学实验平台进行。实验开始时，首先在屏幕上呈现背景刺激，要求被试努力记住。呈现 500 毫秒后，背景刺激消失，紧接着出现目标刺激。被试的任务就是判断目标刺激是否曾经出现在背景刺激中，并按相应的键做出反应，计算机自动记录被试反应的正确率和反应时间。

在正式实验开始时，有一个同样程序的 12 个项目的练习。

1.3 实验结果

表 1 列出了实验一各种实验条件下被试的反应时和错误率。

表 1 实验一中各种实验条件下被试的反应时（毫秒）和错误率

背景刺激	目标刺激			教学方式
	成字部件	不成字部件	图形	
汉字	833（1.6%）	945（7.8%）	870（7.8%）	笔画
	840（6.9%）	865（16.7%）	865（13.9%）	部件
图形	804（1.6%）	853（7.8%）	878（14.1%）	笔画
	811（6.9%）	910（13.9%）	890（11.1%）	部件

对实验一被试汉字识别反应时进行方差分析，结果显示，只有目标刺激类型（成字部件、不成字部件、图形）的主效应达到了显著水平（$p<0.001$），教学方式（笔画教学、部件教学）、背景类型（汉字背景、图形背景）的主效应和其他交互作用均不显著（$p>0.5$）。目标刺激类型的主效应分析表明，被试对成字部件的搜索速度最快，其次是对图形，然后才是不成字部件。这一结果说明被试在较为简单的部件和图形识别方面具有汉字优势。但是，由于被试对汉字背景刺激和图形背景刺激的认知模式没有显著差异，因此这种优势不能用汉字的学习经验来解释。事实上，本实验中的被试尚无正式学习汉字的经验，这种优势可能是由于成字部件在知觉模式上更具有完形特征造成的。

1.4 初步结论

从实验一的结果可以看出，没有汉字学习经验的欧美留学生在汉字和图形模式的知觉方面是相同的。但是在简单的汉字识别上较图形具有优势，这主要是由刺激模式的完形性质决定的，并不能说明零起点的欧美被试在汉字字形识别上具有任何认知效应。另外，由于没有对被试实施汉字教学，教学方式的主效应自然不会显著。实验结果恰好证明，笔画教学组和部件教学组被试的汉字习得水平在实施实验一时没有差异。

2. 实验二

2.1 实验目的

实验二的目的与实验一基本相同，即通过汉字的视觉呈现，考察欧美学生对成字部件、不成字部件和图形的识别是否在汉字和图形背景下有所不同。与实验一不同的是，实施本实验时，被试已经有了 5 周的汉字学习经验。因此，实验二的另一个目的是考察不同教学方式下，被试汉字认知是否存在部件效应和笔画效应。

2.2 实验方法

实验设计：本实验采用 $3 \times 2 \times 2$ 多因素混合设计。目标刺激为被试内因素，分为成字部件、不成字部件和图形三个水平；背景刺激为被试内因素，分为汉字背景和图形背景两个水平；汉字教学方式为被试间因素，分为笔画教学和部件教学两个水平。

被试：20 名学习汉字 5 周的欧美留学生，其中 15 名参加了实验一。来自笔画教学班的有 9 人，来自部件教学班的有 11 人。

实验材料：本实验的实验材料与实验一基本相同，作为背景刺激的汉字和图形各 24 个。汉字为常用甲级汉字，图形为随机排列的各种几何图形和标志。作为目标刺激的成字部件、不成字部件和图形各 4 个。目标刺激各有两次机会出现在背景刺激中，还有两次机会不出现在目标刺激中，它们出现在汉字和图形背景中的机会是相等的。

实验程序：实验在计算机上利用目前国际通行的 DMDX 心理学实验平台进

行。实验开始时，首先在屏幕上呈现背景刺激，要求被试努力记住。呈现500毫秒后，背景刺激消失，紧接着出现目标刺激。被试的任务就是判断目标刺激是否曾经出现在背景刺激中，并按相应的键做出反应，计算机自动记录被试反应的正确率和反应时间。

2.3 实验结果

在实验二中，被试由于具有以前实验的经验，因此反应正确率均高于95%，因此本实验仅对被试的反应时结果进行了统计分析。表2列出了实验二中被试在各种实验条件下的反应时。

表2 实验二部件探测实验反应时结果（毫秒）

背景刺激	教学方式	目标刺激		
		不成字	成字	图形
汉字	笔画	678	651	646
	部件	644	675	665
图形	笔画	715	698	728
	部件	695	684	753

对实验二被试的反应时进行统计分析，结果显示：教学方式和目标刺激性质因素之间的交互作用、目标刺激性质因素和背景刺激性质因素之间的交互作用均达到了显著水平（$p<0.05$）；其他因素的主效应和交互作用均未达到显著水平（$p>0.1$）。

对教学方式和目标性质因素的交互作用进行简单效应检验，结果显示：部件教学班和笔画教学班在图形识别和成字部件的识别上差异不显著，但在不成字部件的识别上存在显著差异，即部件教学班被试对不成字部件的识别要好于笔画教学班。分析结果详见图1。

从图1可以看出，通过5周的汉字教学，不同教学方式对欧美学生的汉字字形认知产生了一定的影响，这种影响主要表现在两个方面：

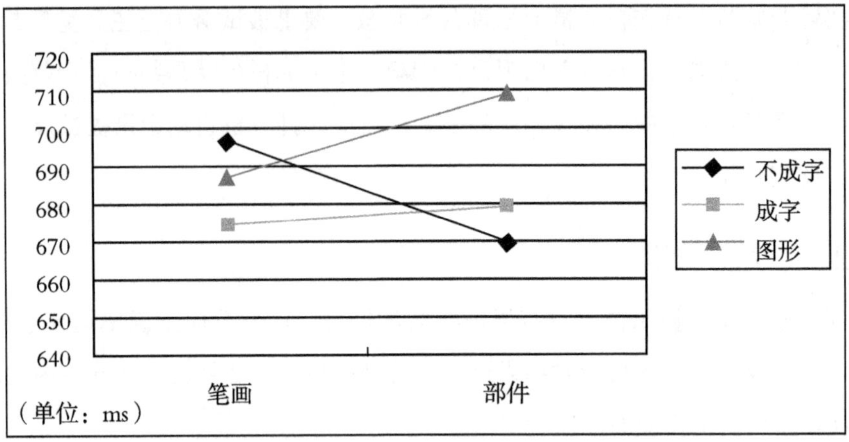

图 1　教学方式与目标刺激性质交互作用图示

一是随着汉字教学的展开，无论是笔画教学班还是部件教学班，被试都通过汉字学习逐渐掌握了一部分汉字，这些汉字的习得使被试获得了一定的正字法知识，积累了一定的汉字识别的经验。这主要是因为成字部件也可以单独作为汉字出现，因此笔画教学班和部件教学班的被试都会自动地对这些成字部件形成独立的表征单元。因而两组被试在成字部件的识别上没有显著的差异。

二是不同的汉字教学方式对被试的汉字认知产生了不同的效应。这种效应主要表现在两组被试在不成字部件的认知上。这主要是因为不成字部件一般不会单独出现，因此不成字部件的独立表征单元不会自动产生，而必须经过有目的的教学加以引导才能形成。由于部件教学班强调部件教学，包括成字部件和不成字部件，所以部件教学班在不成字部件识别方面具有识别优势。这一结果表明，部件教学在一定条件下优于单纯的笔画教学。

对目标刺激性质因素和背景刺激性质因素之间的交互作用进行简单效应检验，我们发现，在汉字背景下，成字部件、不成字部件和图形的识别没有差异，但在图形背景下，成字部件的识别要好于对图形和不成字部件的识别。分析结果详见图 2。

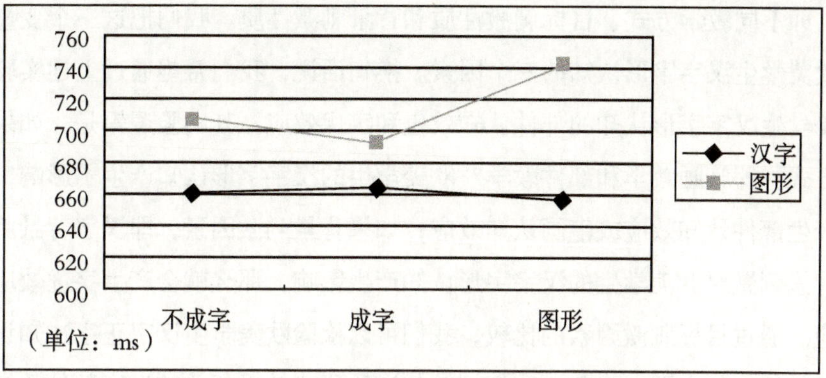

图 2　目标刺激与背景刺激交互作用图示

图 2 的分析结果表明，经过 5 周的汉字教学，被试对汉字的视觉识别已经不同于对图形的识别。在图形背景下，被试对成字部件的识别好于对图形和不成字部件的识别。其原因可能有两个方面：一方面，成字部件本身可以作为独立运用的汉字，对欧美学生来说，字形的心理表征比较容易建立；另一方面，成字部件的完型性好于不成字部件，因而在视觉识别上好于不成字部件。然而，在汉字背景下，被试对三种目标刺激模式的识别没有差异，也就是说，没有显示出“字优效应”。可见，被试限于目前的正字法水平，汉字背景并没有成为被试可利用的汉字识别的有利环境。

2.4　初步结论

与实验一相比，被试在实验二中的汉字视觉加工方式发生了一定的变化。这些变化主要表现在两个方面：一是部件识别效应，即部件教学对实验班在成字部件和不成字部件的认知方式上产生了一定的影响；二是经过 5 周的汉字学习，两组被试对成字部件的识别好于图形的识别。这都表明，汉字教学，特别是部件教学，对被试汉字正字法意识的萌发是有促进作用的，尽管这种正字法意识还处于低级阶段。

3. 关于欧美学生汉字字形认知的理论探讨

本阶段的实验研究通过实验一和实验二分别考察了欧美学生汉字认知的三个

变量，即不同教学方式、目标刺激性质和背景刺激性质。我们把这三个变量看作影响欧美学生汉字字形认知的三个因素。换句话说，我们希望通过上述实验来检验欧美学生汉字字形认知的部件认知效应和字优效应。其实验逻辑是，如果不同教学方式，即笔画教学和部件教学对欧美学生的汉字字形认知产生了影响，那么就会产生部件认知效应或笔画认知效应；如果背景刺激因素，即汉字背景刺激和图形背景刺激对欧美学生的汉字字形认知产生影响，那么就会产生字优效应或字劣效应。通过目标刺激因素的比较，我们可以检验欧美学生汉字正字法知识的水平和部件识别的水平。在此，我们拟就与实验研究结果相关的汉字部件认知效应和字优效应做进一步的理论探讨。

3.1 关于部件认知效应的讨论

关于汉字部件认知效应的讨论首先涉及的是汉字的认知单元问题。长期以来，对外汉字教学研究领域的学者从汉字本身的结构出发，提出了汉字部件教学的可行性问题（张旺熹，1990；崔永华，1997，1998；万业馨，1999）。但是，汉字的结构单元是不是就是汉字认知的单元？心理学家们通过实验研究对这一问题进行了检验和证实。彭聃龄、王春茂（1996）在张武田、冯玲实验研究的基础上，重新检验了汉字的笔画数效应和部件数效应。实验结果表明，笔画是汉字识别的一个基本单元，部件也是汉字识别的一个基本单元。心理学家关于母语者汉字认知单元的实验研究都是通过被试汉字识别的笔画数效应和部件数效应来验证的。但是，对于初学汉字的零起点欧美学生而言，在尚未建立正字法意识之前，是很难通过这种方法来检验部件的认知效应的。我们的实验研究则采用不同的方法来检验初学汉字的欧美学生的部件认知效应，即通过不同教学方式对学习者认知方式的影响来检验部件认知的效应。本阶段的实验二表明，经过 5 周的汉字学习，欧美学生已经初步建立了汉字部件的心理表征。这一方面说明，通过汉字教学，学习者可以把汉字部件作为一个认知单元，并逐步建立这个单元的心理表征。这实际上反映了汉字部件的教学效应，换句话说，这种效应是汉字部件教学的结果。另一方面，说明汉字部件作为一个认知单元，不仅具有可教性，而且具有可学性。两组被试对成字部件的识别好于图形这一结果也可以证明这一点。另外，部件教学班在不成字部件的识别上好于笔画教学班这一实验结果可以进一步证明，在汉字部件认知方面，部件教学的效果好于笔画教学的效果。由此，我们还可以推论，对于初学汉字的欧美学生而言，汉字部件作为一个认知单元具有一定的心理现实性，汉字部件教学也具有一定的可行性。

3.2 关于“字优效应”的讨论

所谓“字优效应”是 Reicher（1969）最先在实验中发现的一种上下文效应。研究发现，“识别一个字词中的字母的正确率要高于识别一个单独的同一个字母，这种现象称作字词优势效应（word-superiority effect）”（王甦、汪安圣，1992）。Reicher 提出字优效应后受到了许多学者的关注，他们通过一系列的实验研究证实了字优效应的存在。郑昭明（1982）利用 Reicher 的实验范式进行汉字认知的实验研究，发现了汉字正字法对汉字字优效应的影响。研究结果表明，真字的识别率高于假字的识别率，假字的识别率高于非字的识别率。这说明，在汉字认知过程中，存在着真字—假字—非字的字优效应。我们的实验研究没有采用 Reicher 和郑昭明的实验方法，而是采用在图形和汉字背景下寻找汉字部件的作业方式来考察欧美学生汉字字形的认知效应。但是我们的实验结果并没有显示出字优效应，即在汉字背景下，被试对三种目标刺激模式（成字部件、不成字部件和图形）的识别没有差异，换句话说，欧美学生在汉字背景下的部件识别出现了“字劣效应”。那么，我们如何阐释这种字劣效应呢？这个问题可以在郑昭明的研究结论中得到答案，即汉字正字法知识对汉字字形加工的影响，只不过我们是从相反的角度来解释所谓字优或字劣效应的。从字优效应的角度来考察欧美学生汉字字形的认知过程，我们发现，对于初级阶段的欧美学生而言，由于他们正字法水平比较低，无法利用正字法知识将汉字分解为有意义的部件，因而也就无法快速地从汉字背景中提取其组成部分。这种汉字背景下部件加工受阻现象，表面上看来是一种字劣效应的表现。事实上，对于欧美学生来说，并不是因为汉字背景没有为汉字部件加工提供良好的上下文语境，而是欧美学生汉字正字法知识水平比较低，不能有效利用汉字背景提供的汉字部件识别环境。由此可见，汉字正字法知识是影响欧美学生汉字字形加工，或者说字优效应的一个重要因素。此外，欧美学生在汉字字形加工上的字劣效应还与初级阶段汉字加工的特点，即所谓“总体特征优先”的理论相关。

在这个阶段，欧美学生汉字加工的特点是总体分析先于局部分析。所以，出现字劣效应是在情理之中的。

:: 参考文献 ::

崔永华（1997）汉字部件和对外汉字教学，《语言文字应用》第3期。

崔永华（1998）关于汉字教学的一种思路，《北京大学学报》（哲学社会科学版）第3期。

彭聃龄、王春茂（1996）汉字加工的基本单元：来自笔画数效应和部件数效应的证据，《心理学报》第1期。

万业馨（1999）汉字字符分工与部件教学，《语言教学与研究》第4期。

王甦、汪安圣（1992）《认知心理学》，北京大学出版社。

张旺熹（1990）从汉字部件到汉字结构——谈对外汉字教学，《世界汉语教学》第2期。

郑昭明（1982）汉字认知的历程，载高尚仁、郑昭明主编《中国语文的心理学研究》，（台北）文鹤出版有限公司。

Reicher, G. M. (1969) Perceptual recognition as a function of meaningfulness of stimulus material. *Journal of Experimental Psychology*, 81 (2), 275-280.

形音信息对欧美学生汉字认知的影响[①]

1. 序言

关于汉字形音信息对母语者汉字认知影响的研究已有许多成果发表。这些研究主要集中在汉字形音信息在语义通达中的作用问题上。概括地说，主要有三种观点：一种观点认为，语音的激活是语义通达的必要条件，没有语音的激活就没有语义的通达，这就是所谓语义通达中的语音转录假设（张厚粲、舒华，1989；谭力海、彭聃龄，1990；Perfetti，Zhang & Berent，1992；Perfetti & Zhang，1995）；另一种观点认为，语音在语义通达的初期不起作用，语义通常是由字形输入直接激活的，不必经过语音的中介，这就是所谓“直通模式”；介于两者之间的一种观点，即所谓“双通道假设”，是将上述两种假设结合起来。到目前为止，关于这一问题，学者们的研究尚未取得一致的结果。

近些年来，在第二语言习得研究领域，学者们也就形音信息对外国学生汉字

---

① 本研究是王建勤主持完成的国家社科基金项目“来华欧美留学生汉字习得研究”（99BYY014）研究报告（未发表）的一部分。合作者高立群。

认知的影响问题进行了探讨。

江新（2003）从知音与知义关系的角度，探讨了不同母语背景的外国学生在形声字与非形声字认知过程中的语义通达和加工策略问题。她发现，日、韩学生知音和知义之间没有密切关系，但对印尼和美国学生来说，知音与知义之间关系密切。作者认为，日、韩文字中既有拼音文字也有表意文字，因而日、韩学生在学习汉语这种表意文字时主要采取形码加工策略。印尼和美国学生的母语为拼音文字，他们学习汉字以音码加工策略为主。这说明，外国学生在语义通达中采取形旁还是声旁的加工策略与其母语背景相关，不同母语背景的学习者采取的策略是不同的。由此看来，对不同母语背景学习者的汉字教学应该采取不同的教学对策，顺应学习者的汉字认知策略进行汉字教学将会达到事半功倍的效果。

关于形音信息对汉字认知的影响，高立群、孟凌（2000）从另一个角度进行了探讨。作者采取校对阅读作业的方式，考察了不同水平的外国学生识别“音同别字”和“形似别字”的认知过程。该研究选择的被试汉语水平跨度比较大，不仅包括初级、中级、高级水平的学习者，而且还选择了外国研究生等高端学习者。实验研究结果表明，无论是初、中级水平还是高级水平的学习者，汉字识别始终是以利用字形信息为主、字音信息为辅。这一结论与江新（2003）的结论略有不同。由于高、孟的研究未报告被试的母语背景，因此两项研究在表音文字学习者汉字认知采用何种策略的问题上无法互相印证，因而有必要对这一问题做进一步研讨。

在上述实验研究的基础上，本阶段实验研究将分别考察汉字字形信息和字音信息对母语为拼音文字的欧美学生汉字认知的影响，并试图发现欧美学生汉字认知的策略，即欧美学生在汉字认知过程中究竟是采取字形认知策略还是字音认知策略。有关这一问题的考察，不仅对汉字认知研究具有重要的意义，而且对对外汉字教学的实践也具有一定的指导意义。

2. 实验一：汉字字形信息在汉字认知中的作用

2.1 实验目的

本实验采取启动范式下的“字判断”作业方式，考察汉字字形信息对部件教学班和笔画教学班汉字认知的影响。换句话说，我们一方面要考察欧美学生汉字认知是否存在字形启动效应；另一方面，还要考察字形信息对不同教学方式是否产生不同的影响。

2.2 实验方法

实验设计：本实验采用2×2二因素混合实验设计。启动刺激类型为被试内因素，分为形似启动刺激和无关启动刺激两个水平；教学方式为被试间因素，分为部件教学与笔画教学两个水平。

被试：欧美留学生18名，其中男7人，女11人。参加本实验的18名被试中，8人来自笔画教学班，10人来自部件教学班。在实施本实验时，这些被试已经经历了6周的汉字教学。

实验材料：实验材料分为启动刺激和目标刺激两种。目标刺激一部分为真字，共24个；另一部分为假字，共18个。与目标刺激相对应的启动刺激为42个汉字，分别与目标刺激组成“启动——目标”对。其中12个启动刺激与真字在字形上相似，属于形似启动，如“刀——力”；其他30个启动刺激与目标刺激在字形上不相似，属于无关启动，如“工——又”。

实验程序：采用启动范式下的字判断作业。实验在计算机上利用DMDX心理学实验平台进行。首先在屏幕上出现启动刺激，要求被试注视它，呈现300毫秒之后消失，紧接着呈现目标刺激。被试的任务就是判断这个刺激是否是汉字，并按相应的键进行反应，计算机自动记录被试的反应时和错误率。

为了使被试熟悉实验的操作程序，在正式实验前有一个20个项目的练习。

2.3 实验结果

表1列出了本次实验的欧美被试在形似启动和无关启动条件下的反应时和错误率。

表1 形似启动与无关启动条件下被试的反应时（毫秒）和错误率（%）

教学方式	启动类型	
	无关启动	形似启动
部件班	826（4.17）	701（6.25）
笔画班	787（11.7）	758（0.1）

对欧美学生在形似启动和无关启动条件下的实验结果进行方差分析，结果表明，不同教学方式的主效应不显著，即笔画教学班与部件教学班在启动条件下的汉字认知差异不显著（$p > 0.9$）；但启动类型的主效应达到了显著水平（$p < 0.05$）；此外，启动类型因素和教学方式因素的交互作用不显著（$p = 0.09$）。

从上述统计分析可以看出，经过 6 周的汉字教学，部件教学和笔画教学在教学效果上均未显示出差异。也就是说，不同的汉字教学方式对欧美学生的汉字认知并没有产生实质性的影响。但实验结果的统计分析表明，无论是笔画教学组还是部件教学组，形似启动更有助于汉字识别。显然，汉字字形信息的激活对汉字识别具有重要的作用。另外需要提及的是，在本次实验中，尽管汉字启动类型因素和教学方式因素的交互作用不显著，但从表 1 的反应时可以看出，在形似启动条件下，部件教学组汉字识别的速度（$t=701$ 毫秒）明显快于笔画教学组汉字识别的速度（$t=758$ 毫秒）。这一结果似乎表明，部件教学组在汉字字形信息的加工方面比笔画教学组更具有优势。这在某种程度上反映了 6 个星期部件教学的效果，即尽管只有 6 个星期，但部件教学对欧美学生汉字字形的认知也产生了一定的影响。

2.4 初步结论

根据上述分析，我们发现，汉字字形信息在欧美学生汉字认知过程中具有一定的作用。由此，我们可以得出以下初步结论：

（1）在形似启动条件下，无论是部件教学还是笔画教学，字形信息的激活都有助于欧美学生的汉字识别。换句话说，汉字字形信息对欧美学生汉字认知具有重要的影响——汉字字形信息为欧美学生汉字认知提供了重要的认知线索。由此可以推断，在形似启动条件下利用字形信息是欧美学生汉字认知的重要策略之一。

（2）尽管部件教学与笔画教学的主效应并不显著，但是教学方式因素与启动类型因素的交互作用接近显著，这在一定程度上可以说明，部件教学组的欧美学生在经过 6 周的汉字教学后比笔画教学组具有更快的汉字认知速度。因此我们可以说，部件教学组的欧美被试在利用字形信息方面优于笔画教学组。这在某种程度上反映出部件教学对欧美学生汉字字形认知产生了一定的影响。

3. 实验二：汉字形音义信息对汉字认知的影响

本研究的实验一通过启动范式下的字判断作业考察了字形信息对欧美学生汉字认知的影响，但仅仅考察字形信息的作用是不够的。因此，将汉字的形音义信息结合在一起来考察它们在欧美学生汉字认知过程中的作用是十分必要的。在欧美学生学习了 8 个星期的汉字之后，我们通过实验二系统地考察了这些被试利用形音义信息进行汉字加工的认知策略。

3.1 实验目的

本实验研究采取了启动范式下的命名作业方式。研究目的有两个：目的之一是通过汉字命名作业考察汉字形音义的信息对欧美学生汉字认知的影响；目的之二是通过分析汉字形音义信息在汉字认知中的作用来考察欧美学生利用汉字形音义信息进行汉字加工的认知策略。

3.2 实验方法

实验设计：本实验采取 2 × 4 的二因素混合实验设计。不同教学方式为被试间因素，分为笔画教学班和部件教学班两个水平；启动刺激类型为被试内因素，分为意义启动、形似启动、同音启动和无关启动四个水平。

被试：参加本次实验的欧美留学生共 23 名，其中男 9 人，女 14 人。11 人来自笔画教学班，12 人来自部件教学班。本次实验中 18 人参加了本研究的实验一。这些被试在参加本实验时，已经经过了 8 周的汉字教学训练。

实验材料：实验材料分为启动刺激和目标刺激两种，目标刺激为 36 个汉字，启动刺激也是 36 个汉字，分别组成 4 种类型的“启动——目标”对。第一种类型为意义启动，即 9 个启动刺激和目标刺激在意义上相关，如“万——千”；第二种类型为同音启动，即 9 个启动刺激和目标刺激在读音上相同，如“风——丰”；第三种类型为形似启动，即 9 个启动刺激和目标刺激在字形上相似，如“处——外”；第四种类型为无关启动，即 9 个启动刺激和目标刺激在形音义上没有关系，如“女——也”。

实验程序：采用启动范式下的汉字命名作业。实验在计算机上利用 DMDX 心理学实验平台进行。首先在屏幕上出现启动刺激，要求被试注视它，呈现 300

毫秒之后消失，紧接着呈现目标刺激，被试的任务就是对这个汉字进行命名。被试的声波经过麦克风中断计算机中的时钟，计算机自动记录被试的反应时和声音。主试根据被试的读音记录其错误率并经过事后的录音加以核对。

在正式实验前有一个 12 个项目的练习，以便被试熟悉本次实验的操作。

3.3 实验结果

在实验中，由于被试汉字命名的错误率比较高，因此不以反应时作为统计分析的指标。表 2 列出了被试在各种实验条件下的错误率。

表 2 形音义启动条件下的命名作业被试错误率（%）

教学方式	启动类型			
	意义启动	同音启动	形似启动	无关启动
笔画班	31.31	30.38	41.40	49.57
部件班	44.44	25.07	23.14	60.61

对被试汉字命名的错误率进行方差分析，结果显示，教学方式因素的主效应不显著（$p>0.9$），启动类型的主效应差异非常显著（$p<0.001$），启动类型因素与教学方式因素的交互作用也达到了非常显著的水平（$p<0.001$）。

启动类型的主效应非常显著，这说明欧美留学生在汉字认知过程中利用了形音义三方面的信息，或者说，形音义信息对欧美学生的汉字认知产生了影响。由于启动类型因素与教学方式因素产生了交互作用，因此我们对启动类型和教学方式因素的交互作用做了进一步分析。结果显示：

（1）部件教学班在同音启动和形似启动上比意义启动具有更大的启动量。笔画教学班意义启动和同音启动的启动量大于形似启动的启动量。

（2）对两个教学实验班的形音义启动量进行比较分析，我们发现，部件教学班的同音启动量（35.54）和形似启动量（37.47）要大于笔画班的同音启动量（19.19）和形似启动量（8.17），二者在意义启动上没有显著差异。

（3）上述分析表明，部件教学班对汉字的识别主要通过形、音信息，意义信息的激活较慢；笔画教学班被试对汉字字形的信息激活较慢。这说明部件教学班相对于笔画教学班在汉字识别方面的优势主要体现在字形的信息激活方面。这种优势应该主要归因于不同教学模式的差异，即部件教学更有利于字形信息的获得。

3.4 初步结论

汉字形音义信息对欧美学生汉字认知的影响给了我们诸多启示：

首先，尽管不同教学方式的主效应并不显著，但是通过对启动类型因素与教学方式因素交互作用的分析，我们看到，部件教学方式更有利于欧美学生汉字字形的认知。这一结论与实验一的结论一致。

其次，不同教学方式对欧美学生汉字形音义信息的认知产生了不同的影响。部件教学班的被试更多地利用汉字的形音信息，笔画教学班更多地利用了汉字的音义信息。

第三，部件教学班和笔画教学班被试汉字认知的主要差异是对字形信息的利用。从上述分析可以看出，部件教学班被试受益于部件教学，因而更多地采用汉字字形的认知策略。

4. 关于欧美学生汉字形音义认知的理论探讨

关于汉字形音义信息在欧美学生汉字认知过程中作用的讨论涉及汉字认知研究中两个重要的理论问题：一是汉字的词汇通达问题，二是汉字加工的策略问题。我们试图通过对这两个问题的探讨来发现欧美学生汉字认知的特点。

4.1 欧美学生汉字认知的词汇通达问题

在本文中，我们通过两项实验研究分别考察了汉字形音信息对欧美学生汉字认知的影响。实验一采取形似启动条件下的字判断任务，主要考察汉字字形信息对欧美学生汉字认知的影响；实验二则是采用在形音义三种启动条件下的汉字命名作业来考察这些语境信息对欧美学生汉字认知的影响。虽然这两项实验采取的作业方式不同，但我们考察的目的是一致的，即欧美学生是如何利用汉字的各种语境信息通达心理词典的。

形似启动条件下的字判断作业，要求被试对汉字的字形信息进行加工，并在心理词典中进行搜索，然后对字形提供的输入信息做出判断。通过词汇通达的过程，我们不仅发现了字形提供的语境信息对欧美学生的汉字认知有促进作用，即汉字字形的认知效应，而且还发现了教学方式因素对欧美学生汉字认知的促进作用。从实践角度讲，这也是我们最关心的认知效应。实验一的结果说明，部件教学作为教学干预因素，有助于欧美被试心理词典中字形的激活。这是因为部件教学强化了汉字部件的构形因素，被试对汉字部件与汉字结构的熟悉程度降低了字形信息提取的阈限水平，因而更容易被激活。这是部件教学班字形认知好于笔画教学班的主要原因。

为了进一步考察汉字其他信息对欧美学生汉字认知的影响，实验二增加了字音和字义信息的考察。实验二的结果告诉我们，启动条件下所提供的语境信息对欧美学生的汉字认知产生了不同的影响，对不同被试组的影响也不相同。对部件教学班而言，字形、字音提供的语境信息更有助于心理词典中相应信息的激活；笔画教学班激活量最大的是字音和字义信息。需要指出的是，这种差异显然不是由于语境信息造成的，我们只能从教学方式因素方面对这种差异做出解释。部件教学班由于强调部件教学，凸显了整字认知的字形线索和字音线索，这些线索有助于汉字整体结构的认知，因而在被试的心理词典中更容易被激活。笔画教学班由于在教学中强调笔画教学以及整字的形音义教学，所以建立汉字字形的表征相对困难。这一方面是因为笔画本身没有音义，另一方面，由于缺少部件教学的环节，学习者难以建立清晰的汉字内部结构的心理表征，因此在汉字整字字形通达上受阻。这是造成笔画教学班在字形信息认知上处于弱势的主要原因。根据“多层次交互激活模型”理论，Taft & Zhu（1995）进行了一系列实验研究，来检验汉语词内结构信息的加工过程。他们通过实验发现，汉语词汇信息表征系统同时包含部件层和语素层（汉字），而且语素层单元的激活直接受到部件单元激活的影响。我们的理论分析得到了 Taft & Zhu 研究结论的支持。由于汉字整字字形的激活依赖于汉字部件单元的激活，部件教学班从部件教学中受益，因此在汉字字形信息的激活和提取上优于笔画教学班。笔画教学班缺少部件教学的训练，因而在字形信息的加工上不及部件教学班。

4.2 欧美学生汉字认知的加工策略问题

实验一和实验二的研究结论一再表明，汉字形音义信息对欧美学生汉字认知具有重要的影响。而这种影响主要来自两个方面，一是汉字形音义认知效应本身，二是汉字认知的语境效应。汉字形音义的认知效应主要取决于学习者对汉字相关信息的熟悉程度，熟悉程度越高，心理词典中形音义信息被激活的阈限就越低，因而越容易被激活。汉字认知的语境效应取决于外在语境所提供的汉字形音义信息的冗余度，这些语境信息与其他汉字因素一起自上而下地决定着汉字的识别。对于学习者而言，在汉字认知过程中对语境提供的汉字形音义信息的选择和利用受到教学因素的影响，也可以说，教学因素在某种程度上影响着学习者汉字加工策略的选择和利用。

从上述两项实验研究的结论可以看出，部件教学班的被试在汉字加工过程中更多地利用了汉字的字形信息，其次是字音信息；笔画教学班的被试更多地利用了汉字的字义信息和字音信息。两个教学班汉字加工策略的差异主要是教学方式因素的影响。在相同的启动条件下，由于教学方式的影响，部件教学班的被试对汉字的形音信息比笔画教学班的被试更敏感，因而他们更多地采用字形与字音的加工策略。作为母语为拼音文字的欧美学生，他们似乎应该对音义的联系更敏感，但无论对哪种母语背景的外国学生来说，字形都是他们认知汉字的必经之路。我们的实验结果似乎更支持汉语词汇通达中的“双通道假设”。随着欧美学生汉字认知水平的不断提高，无论是部件教学还是笔画教学，学习者对汉字字形和字音的敏感性都会不断地提高。但是，部件教学更有助于培养欧美学生对汉字字形和字音的意识。在这一点上，我们的结论与高立群、孟凌（2000）的结论相一致，即欧美学生的汉字识别以利用字形信息为主，字音信息为辅。

:: 参考文献 ::

高立群、孟凌（2000）外国留学生汉语阅读中音、形信息对汉字辨认的影响,《世界汉语教学》第 4 期。

江新（2003）初学汉语的美国学生汉字正字法意识的实验研究，载赵金铭主编《对外汉语研究的跨学科探索》，北京语言大学出版社。

谭力海、彭聃龄（1990）关于语义情境与汉语单字词特征分析之间关系的实验研究，《心理学动态》第 2 期。

张厚粲、舒华（1989）汉字读音中的音似和形似启动效应，《心理学报》第 3 期。

Perfetti, C, A., Zhang, S. & Berent, I. (1992) Reading in English and Chinese: Evidence for a "universal" phonological principle. In R. Frost & L. Katz (eds.), *Orthography, Phonology, Morphology, and Meaning* (*Advances in Psychology, Vol.* 94, 227-248). Amsterdam: Elsevier, North-Holland.

Perfetti, C. A. & Zhang, S. (1995) Very early phonological activation in Chinese reading. *Journal of Experimental Psychology*: *Learning, Memory, and Cognition*, 21(1), 24-33.

Taft, M. & Zhu, X. P. (1995) The representation of bound morphemes in the lexicon: A Chinese study. *Morphological Aspects of Language Processing*, 293-316.

欧美学生汉语形声字规则性意识发展研究①

1. 序言

汉字是一种表意文字，字形和字音的关系不如拼音文字那样密切。西方语言学界根据“正字法深度”(orthographic depth) 把世界上的文字分成两种，一种是“浅层文字”(shallow orthography)，如塞尔维亚语、克罗地亚语、西班牙语；另一种是“深层文字”(deep orthography)，如希伯莱语、英语。浅层文字容易见形知音，而深层文字见形知音较困难。和这些文字比起来，汉语的正字法深度就更深一些。英语存在形—音对应的规则 (graphemic-phonetic correspondence，简称 GPC 规则)，汉语则不存在这种一对一的形—音对应规则。因此，汉语学习者如何建立这种形—音对应关系就成为认知心理学和心理语言学非常关心的一个重要问题。前些年，国外有些研究者认为汉语是一种形音脱节的文字，从字形无法读出字音。但现在看来这种看法是片面的。汉语是表意文字，但它也有标音的功

---

① 本研究是王建勤主持完成的国家社科基金项目“来华欧美留学生汉字习得研究”（99BYY014）研究报告（未发表）的一部分。合作者高立群。

能。王凤阳（1989）系统探讨了汉字发展的历史及形声字在汉字发展中的重要作用。他认为，大量发展形声字是汉字独特的表音道路。形声字在表音的同时保证了大量同音或音近词在书面上的区别和独立，使众多的同音、音近词各有归宿，互不干扰。

为此，有研究者对汉语形声字的读音进行了实验研究。汉语虽没有像英文那样整齐的形—音对应的读音规则，但也是有规律可循的。通常，人们将声旁读音和整字读音相同的形声字叫规则字，而将声旁读音与整字读音不同的叫不规则字。从汉字认知的角度讲，如果形声字声旁的读音影响整字的读音，那么在命名作业中，被试对规则字的命名反应时应该比不规则字的命名反应时短，或者说，应该有读音的规则性效应。

Seidenberg（1985）以汉字为实验材料研究了声旁对汉字读音的影响，结果发现，在低频字中，声旁提供的语音线索有助于汉字读音的提取。另外，舒华、张厚粲（1987）和 Hue（1992）在实验中也发现了汉语形声字读音中存在的规则性效应。舒华等（2000）认为，汉语母语者对形声字形成的读音规则性意识是语言能力发展的产物。换句话说，学习者的形声字规则性意识是随着语言能力的不断提高而发展的。那么，汉语作为第二语言的欧美留学生对形声字的认知是否也具有规则性效应呢？如果存在这种规则性效应，那么这种规则性意识是如何发展的呢？下面我们将对这个问题展开深入的探讨。

2. 实验一：欧美学生形声字认知的规则性效应研究

2.1 实验目的

本实验试图通过汉字命名作业的方式考察欧美留学生经过 6 周的汉字学习后，是否对汉语形声字具有规则性意识。换句话说，我们的目的是检验欧美学生形声字认知的规则性效应。

2.2 实验方法

实验设计：本实验采取 2×4 的二因素混合实验设计。教学方式为被试间因素，分为部件教学班和笔画教学班两个水平；汉字类型为被试内因素，分为规则字、不规则字、非形声合体字和独体字四个水平。

被试：参加本次实验的欧美留学生共 20 名，其中男 9 人，女 11 人。这些被试在参加本实验时，已经经历了 6 个星期的汉字学习。被试中有 9 名来自笔画教学班，另外 11 名来自部件教学班。

实验材料：本次实验共选取 32 个汉字，其中形声字 16 个（8 个读音规则字和 8 个读音不规则字），此外还有 8 个非形声的合体字和 8 个独体字。各种类型的字在笔画、HSK 等级上都进行了匹配。

实验程序：采用启动范式下的汉字命名作业。实验在计算机上利用 DMDX 心理学实验平台进行。首先在屏幕上出现注视点，呈现 300 毫秒之后消失，紧接着呈现汉字刺激，被试的任务就是对这个汉字进行命名。被试的声波经过麦克风中断计算机中的时钟，计算机自动记录被试的反应时和命名的发音。主试根据被试的汉字命名读音记录其错误率，实验结束后与录音进行核对。

为使被试熟悉本次实验任务，在正式实验开始前我们增加了一个由 12 个项目组成的练习。

2.3 实验结果

命名实验结束后，我们对被试汉字命名的实验结果进行了统计，结果详见表 1。

表 1 被试对各种类型汉字进行命名的正确率（%）

教学方式	规则字	不规则字	非形声合体字	独体字
部件教学班	62.50	47.50	57.50	67.50
笔画教学班	56.25	45.00	47.50	58.75

表 1 列出了被试对各种类型汉字命名的正确率。由于被试的错误率很高，因此反应时不作为本次实验结果分析的指标。对被试汉字命名的正确率进行方差分析，结果显示，教学方式的主效应不显著（$p>0.5$），汉字类型的主效应显著（$p<0.01$），教学方式因素和汉字类型的交互作用不显著（$p>0.8$）。图 1 对实验结

果进行了直观的描述。

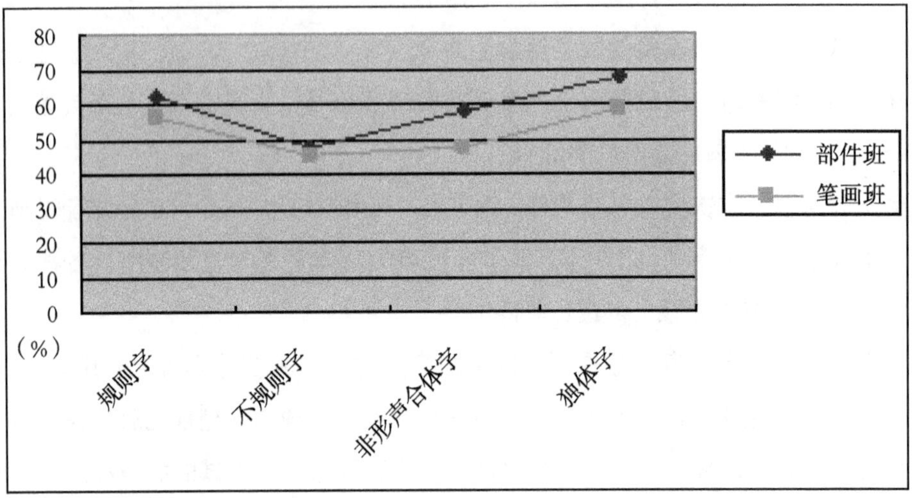

图 1　两组被试命名正确率的比较示意图

对汉字类型的主效应进行两两比较，分析结果显示，规则形声字和独体字的命名正确率之间没有显著的差异，但是它们都要比不规则形声字和非形声字有更高的正确率。这一结果表明，欧美留学生对规则形声字的读音已经具备了初步的声符意识，而这种声符意识能够促进规则字的命名，但对不规则字和非形声字则具有干扰作用。

教学方式因素的主效应不显著，并不能说明部件教学和笔画教学在留学生声符意识的培养方面作用一样。这一方面是因为声符意识的形成与学习者的语言水平有关，6 个星期的汉字学习还不能使欧美留学生建立明确的形声字的声符意识；另一方面，形声字正字法意识的形成是一个复杂的过程，部件教学会有利于欧美学生建立声符意识，但需要假以时日。

2.4　初步结论

从上述分析可以看出，学习了 6 个星期汉字的欧美学生对汉语形声字的认知已经显示出读音的规则性效应。由此我们可以得出以下初步结论：

（1）欧美留学生已经初步形成形声字的声符意识，这与学习者汉字学习经验的积累有关。学习者并不是被动地学习汉字，随着学习水平的提高，他们会逐渐发现汉语形声字的声旁与整字读音的关系。因此，无论是部件教学班还是笔画教学班的欧美学生都会形成一定程度的声符意识。

（2）分析表明，教学因素的主效应不显著。这一结果可以从两方面来理解：一是 6 个星期的部件教学对被试形声字的认知并没有产生明显的影响，这种教学效应需要一定的时间才能显现出来；二是形声字声符意识的发展具有一定的阶段性，这与学习者汉字认知能力的发展水平有关，到了一定的阶段，这种声符意识才能显现出来。目前的实验结果还不能证明欧美学生的声符意识是教学因素影响的结果，因此我们需要进一步的实验研究来检验。

3. 实验二：欧美学生汉语形声字规则性意识发展研究

3.1 实验目的

本实验是在欧美学生学习了 8 周汉字之后进行的。为了进一步考察欧美学生汉语形声字规则性意识的发展，本次实验以汉字部件作为启动刺激，以便考察两个教学班的欧美留学生经过 8 周不同方式的汉字教学，在形声字规则性意识的发展上是否显现出差异。

3.2 实验方法

实验设计：本次实验采用 2×4 的二因素混合设计。教学方式为被试间因素，分为部件教学和笔画教学两个水平；启动刺激类型为被试内因素，分为形似启动（不成字部件）、形音启动（成字部件）、无关启动三个水平。

被试：参加本次实验的欧美留学生共 20 名，其中男 9 人，女 11 人。有 17 名被试参加了本文的实验一。这 20 名被试中，有 9 人来自笔画教学班，11 人来自部件教学班。实施本实验时，所有被试都经过了 8 周的汉字教学训练。

实验材料：实验材料分为启动刺激和目标刺激两种。目标刺激由 24 个汉字组成，启动刺激由 24 个汉字部件组成，启动刺激分别与目标刺激组成 3 组“启动——目标”对。第一组将 8 个不成字部件作为启动刺激，与包含这些部件的目标汉字组成“启动——刺激”对。由于这些不成字部件不可音读，因此它们和整字只在形体上相似，如“夬——快”。第二组将 8 个成字部件作为启动刺激，与包含这些部件的目标汉字组成“启动——刺激”对，如“尺——迟”。由于这些成字部件和整字不仅形体相似，发音也一致，因此它们组成了形音相似启动。第三组将 8 个成字部件与目标汉字组成无关启动对，因为二者之间无形音相似关系，如“山——驾”。

实验程序：采用启动范式下的汉字命名作业。实验在计算机上利用 DMDX 心理学实验平台进行。首先在屏幕上出现启动刺激，要求被试注视它，呈现 300 毫秒之后消失，紧接着呈现目标刺激，被试的任务就是对这个汉字进行命名。被试的声波经过麦克风中断计算机中的时钟，计算机自动记录被试的反应时和声音。主试根据被试的读音记录其错误率，事后根据录音加以核对。

按照惯例，正式实验前有一个 12 个项目的练习，以便被试熟悉本次实验任务规定的操作程序。

3.3 实验结果

表 2 列出了本次实验的被试在各种启动条件下对形声字进行命名的正确率。

表 2　欧美被试在启动条件下对形声字命名的正确率（%）

教学方式	启动类型		
	形似启动	形音启动	无关启动
部件教学班	46.25	57.50	51.25
笔画教学班	53.75	37.50	48.75

对欧美被试形声字命名的正确率进行统计分析，结果显示，教学方式因素的主效应不显著（$p>0.6$），启动类型的主效应也不显著（$p>0.7$），教学方式因素和启动类型因素之间存在显著的交互作用（$p<0.01$）。对交互作用的简单效应分析表明，交互作用主要发生在形音启动条件下，部件教学班对此表现出很强的启动效应，但部件教学班在形似启动条件下没有启动。这一结果说明，部件教学班表现出的启动效应主要是由音启动造成的，而不是由形启动造成的。此外，这一结果还表明，本文实验一中部件教学班被试关于形声字读音规则性的效应也主要是由形声字的声符导致的。

上述统计分析还表明，笔画教学班在形似启动条件下没有表现出启动效应，在形音启动条件下表现出负启动效应。这和实验一的结果相互矛盾。其原因可能是笔画教学班的被试缺少部件教学的环节，不善于利用汉字的成字部件来激活汉字读音，而形音启动下的目标刺激又是一些新学的汉字，所以出现了负启动效果。

通过上述实验分析，我们可以看出，经过 8 个星期的汉字教学，不同教学方式对欧美学生形声字规则性意识的发展产生了一定的影响；笔画教学班和部件教学班的被试在形音启动下的声符意识发展显现出一定的差异；部件教学班被试的声符意识要强于笔画教学班被试的声符意识。

3.4 初步结论

上述实验研究考察了欧美留学生形声字认知过程中读音规则性意识的发展。8 个星期的汉字教学对两个教学班规则性意识的发展产生了一定的影响，主要表现在两个方面：

（1）部件教学班在形音启动条件下表现出很强的启动效应，但这种效应主要是由音启动造成的。这种音启动效应反映出部件教学班被试由于教学因素的影响，形声字读音规则性意识得到了较好的发展。

（2）尽管教学方式因素的主效应并不显著，但是教学方式因素对欧美被试的规则性意识发展还是产生了一定的影响。部件教学班和笔画教学班在形声字读音规则性意识的发展水平上产生了一定的差异，部件教学更有助于欧美学生规则性意识的发展。

4. 实验三：欧美学生汉语形声字规则性意识来源研究

4.1 实验目的

在实验二对欧美学生汉语形声字规则性意识发展考察的基础上，本实验试图通过增加不同层面的启动类型，即部件层面、整字层面的启动类型，进一步考察两个教学班的欧美留学生汉语形声字规则性意识形成的线索和来源。换句话说，我们的目的是考察欧美学生的形声字规则性意识究竟来源于整字层面还是部件层面。

4.2 实验方法

实验设计：本实验采取 2×2×6 三因素混合实验设计。教学方式为被试间因素，分为两个水平，即部件教学班、笔画教学班；启动刺激与目标刺激呈现的时间间隔为被试内因素，分为两个水平，即 150 毫秒、250 毫秒；启动类型为被试内因素，分为六个水平，即重复启动、音同形异启动、音同形同部件启动、音异形同部件启动、无音形同部件启动、无关启动。

被试：欧美留学生 23 名，其中男 10 人，女 13 人。19 人参加了本研究的实验二。这些被试在参加本实验时已经经过了 19 周的汉字教学，其中部件教学组 14 人，笔画教学组 9 人。

实验材料：60 对启动和目标字。

10 对为重复启动字对，如"高——高"（整字启动）；

10 对为音同形异启动字对，如"晶——京"（整字启动）；

10 对为音同形同部件启动字对，如"成——城"（部件启动）；

10 对为音异形同部件启动字对，如"台——始"（部件启动）；

10 对为无音形同部件启动字对，如"巠——经"（部件启动）；

10 对为无关启动字对，如"物——制"。

从启动类型上看，重复启动和音同形异启动都是整字启动，而其他启动属于部件启动。

实验程序：采用启动范式下的汉字命名作业。实验在计算机上利用 DMDX 心理学实验平台进行。首先在屏幕上出现启动刺激，要求被试注视它，呈现 300 毫秒之后消失，然后间隔一段时间呈现目标刺激。启动刺激消失和呈现目标刺激之间的时间间隔（SOA）有两种，分别是 150 毫秒和 250 毫秒。这两种间隔在各种启动条件下的分布是均衡的。被试的任务就是对出现的汉字进行命名。被试的声波经过麦克风中断计算机中的时钟，计算机自动记录被试的反应时和声音。主试根据被试的读音记录其错误率并经过事后的录音加以核对。

正式实验前有一个 20 个项目的练习。

4.3 实验结果

部件组中的一名被试没有完成全部实验，因此该被试数据被剔除。表 3 列出了本实验 22 名被试在各种条件下的平均反应错误率。

表 3 各种启动条件下被试命名的错误率（%）

SOA (ms)	教学方式	重复启动	音同形异启动	音同形同部件启动	音异形同部件启动	无音形同部件启动	无关启动
		高——高	晶——京	成——城	台——始	乛——经	物——制
150	部件组	72.5	57.5	35.0	60.0	67.5	80.0
	笔画组	81.7	51.7	43.3	55.0	71.7	83.3
250	部件组	47.8	37.5	57.5	77.5	85.0	77.5
	笔画组	43.3	31.7	58.3	71.7	81.7	70.0

对表 3 进行统计分析，结果显示，时间间隔（SOA）因素的主效应显著 [$F_{(1, 22)}$=23.08，p=0.000]，表明被试在两种时间间隔下的反应存在显著差异。为此，我们对两种时间间隔下的数据分别进行统计分析。

（1）对时间间隔 SOA 为 150ms 情况下两组被试的数据进行统计分析，结果表明，启动类型的主效应显著 [$F_{(5, 100)}$=19.22，p=0.000]，教学班因素的主效应不显著 [$F_{(1, 20)}$=0.268，p=0.610]，但是两因素的交互作用显著 [$F_{(5, 100)}$=6.562，p=0.000]。对这一交互作用进行简单效应分析，结果表明，除了在重复启动条件下和控制条件下两组被试没有显著差异 [$t_{(21)}$=1.33，p=0.200]，即没有表现出启动效果之外，在其他三种实验条件下均表现出了启动效应（p=0.05）。对两组的启动效应进行配对 t 检验，结果表明，在音同部件启动条件下，部件组的启动效应显著大于笔画组 [$t_{(20)}$=7.83，p=0.000]；在音异部件启动、无音部件启动和同音形异启动条件下，部件组和笔画组之间没有显著差异（p=0.436）。

（2）对时间间隔 SOA 为 250ms 情况下两组被试的数据进行统计分析，结果表明，启动类型的主效应显著 [$F_{(5, 100)}$=38.07，p=0.000]，教学班因素的主效应不显著 [$F_{(1, 20)}$=0.348，p=0.562]，两因素的交互作用也不显著 [$F_{(5, 100)}$=0.224，p=0.951]。对启动类型的主效应进行进一步分析，结果表明，在音异部件启动条件下，被试的反应和其他控制刺激条件下的反应没有显著差异 [$t_{(21)}$=0.212，p=0.834]；在无音部件启动条件下，被试的反应比在无关启动条件下的反应有更高的错误率 [$t_{(21)}$=2.455，p=0.023]，表现出负启动效应；在重复启动、音同部件启动和同音形异启动条件下被试均表现出显著的启动效应（p=0.001）。进一步对比这三种实验条件下的启动效果，结果表明，重复启动和同音形异启动之间没有显著差异，但是都要比音同部件启动条件有更大的启动效应（p=0.010）。

综合两种时间间隔的实验结果，我们认为，在汉字视觉加工的早期，留学生显示出对汉字部件层次的加工，其表现就是 SOA 为 150ms 时，在整字的重复启动条件下没有启动效应，而在部件启动条件下均具有一定的启动效应，也就是说，留学生对汉字部件的加工是在音、形两个层次上进行的，具有两个层次优势的音同部件启动具有最大的启动效应，并且在这两个层次同时加工的情形下，部件教学组的被试要比笔画教学组的被试表现得更好；而只具有音（同音形异）或形（音异部件和无音部件）优势的部件启动的启动效应相对就要小一些，并且部件教学组相对笔画组的优势也消失了。实验结果还表明，当汉字加工进入后期时，被试对汉字从部件加工逐渐过渡到整字加工，具体表现就是在 SOA 为 250ms 时，在整字重复启动条件下被试具有最大的启动效应；同时，部件形的加工开始逐渐衰退，而部件音的加工仍旧得以保持，主要表现为被试在音异部件启动、无音部件启动条件下启动效应消失，而音同部件启动和同音形异部件启动仍具有启动效果。

4.4 初步结论

根据本实验所得结果，我们认为，欧美留学生在汉字加工的早期存在着对汉字部件形信息和音信息的分析，而后期则逐渐过渡到依赖部件的音信息和整字的信息。也就是说，欧美学生对汉字的加工有一个从部件加工逐渐过渡到整字加工、由音形信息并重逐渐过渡到只重音信息加工的过程。当然，这种加工特点可能和本实验的特定实验任务有关，因为本实验主要要求被试对汉字进行命名，所以被试比较注重对汉字语音信息的提取，这可能造成被试在加工的后期更注重对汉字音的加工。由于本实验的作业任务并没有强调对汉字部件的加工，因此留学生在汉字加工早期更注重对汉字部件的加工应该与本实验的特定作业任务无关。

另外，本实验还发现，在汉字加工的早期，部件教学组相对笔画教学组在音形信息共存的条件下具有更强的认知加工优势，这表明部件教学所导致的部件加工优势只有在部件加工阶段才能够表现出来，而在过渡到整字加工阶段后，部件教学组的优势便消失了。这就提示我们，留学生对形声字的规则性意识主要来源于汉字加工的早期，倚重对汉字部件的加工分析而表现出来的。

5. 欧美学生形声字规则性意识发展的理论探讨

形声字具有汉语独特的表音、表义方式。这种方式为汉字认知中的语义通达提供了便捷的手段。据统计，现代汉字中形声字占 90% 以上（王宁，2002：76）。由于形声字在汉字中所占比重较大，因此，研究外国学生汉语形声字的认知对汉字教学有一定的指导意义。但也有研究表明，汉语形声字中，规则形声字所占比例并不高，约 23%，加上 42% 的半规则形声字，共 65%（邢红兵，2005：185）。这意味着汉语形声字的有效读音可达 65%。尽管不是所有的形声字都能直接音读，但这个比例对外国学生的汉字认知以及对外汉字教学仍然是具有重要意义的。

从汉字认知的角度讲，考察外国学生汉语形声字的认知，一方面，我们可以检验学习者在形声字认知过程中是否存在规则性效应，如果存在，那就可以证明形声字的教学将有助于外国学生的汉字认知，形声字的读音规则可以作为外国学生汉字认知的重要手段；另一方面，对外国学生汉语形声字认知的研究可以使我们观察到外国学生汉语形声字规则性意识形成、确立和发展的过程，从中我们可以发现外国学生汉语形声字的认知规律。

上述三项关于欧美留学生汉语形声字规则性意识发展的实验研究结论表明，欧美留学生汉语形声字的认知的确存在规则性效应，这种规则性效应表明学习者已经具备了一定的规则性意识，而且这种规则性意识主要来源于部件层面。上述研究对对外汉字教学具有重要意义的问题主要包括以下几个方面：

第一，从汉字认知策略的角度，我们更感兴趣的是欧美留学生对形声字的认知策略。也就是说，欧美学生是以何种方式来学习形声字的？形声字的字形、字音对他们的汉字认知有什么影响？从上述实验可以看出，欧美留学生在汉字认知的初期已经具备了形声字的规则性意识。这种规则性意识能引导欧美学生来识别和学习形声字，形声字的声旁和形旁为他们的汉字认知提供了线索和手段。至于欧美学生到底是通过字形通达语义还是通过字音通达语义，我们暂不讨论，因为我们的实验结果表明，这两种手段都是欧美学生形声字认知的重要途径。

第二，欧美学生形声字的认知加工存在着两种不同水平的加工过程。在初期，欧美学生的认知加工主要依赖部件层面的部件加工，到后期则主要依赖整字的加工。这一结论似乎与我们第一阶段的实验结果不一致，即零起点留学生的汉字认知最初是从整字加工开始的。其实，如果我们把欧美学生的汉字认知作为一个连续的过程来考察的话，问题就显得很清楚了。对于零起点的欧美学生，初次接触汉字，因为不具备汉字的正字法知识，不能将汉字分解为有意义的组合部件，因而不具备部件加工层面的亚词汇加工能力；当欧美学生具备了一定的正字法知识，比如具备了形声字的规则性意识，他们就已经具备了汉字深度加工的能力，形声字的规则性效应也就非常明显了。随着欧美学生汉字认知水平的提高，汉字认知的频次效应便显现出来。在这个阶段，欧美学生对熟悉程度比较高的汉字，包括形声字，便不再局限于部件加工层次，而到了汉字的整字加工层次。因此，我们可以把欧美学生的汉字认知过程描述为由整字到部件再到整字的加工过程。当然，我们是就欧美学生的汉字认知过程而言，即针对欧美学生汉字认知发展的不同水平而言的。

第三，汉字部件教学在培养欧美学生规则性意识以及利用汉字形音信息方面表现出一定的优势。部件教学在培养欧美学生的汉字深度加工能力方面具有一定的影响，而且应该成为汉字教学的一个重要环节。对于零起点的欧美学生而言，汉字认知的初期往往只能够认识汉字的整体框架，此时部件教学将有助于欧美学生认识汉字的内部结构，并从中发现汉字结构的规律性，这些规律性将有助于他们采取泛化的策略认识更多的汉字。汉语形声字的规则性和一致性为欧美学生识别形声字家族提供了认知的前提，那么基于形声字规则认知规律的部件教学必然会大大促进欧美学生的汉字认知。

:: 参考文献 ::

舒华、张厚粲（1987）成年熟练读者的汉字读音加工过程，《心理学报》第 3 期。

舒华、周晓林、武宁宁（2000）儿童汉字读音声旁一致性意识的发展，《心理学报》第 2 期。

王凤阳（1989）《汉字学》，吉林文史出版社。

王宁（2002）《汉字构形学讲座》，上海教育出版社。

邢红兵（2005）《基于统计的汉语字词研究》，语文出版社。

Hue, C. W. (1992) Recognition processes in character naming. In H. C. Chen & O. J. L. Tzeng (eds.), *Language Processing in Chinese* (*Advances in Psychology,* Vol. 90, 93-107). Amsterdam: Elsevier, North-Holland.

Seidenberg, M. S. (1985) The time course of phonological code activation in two writing systems. *Cognition*, 19 (1), 1-30.

华裔学习者跨文化族群认同及其传承语习得研究

近些年来，“华裔传承语”(Chinese Heritage Language)的习得与“族群认同”(Ethnic Identity)研究引起了第二语言习得研究领域的极大关注，其原因是亚洲移民，特别是移居欧美国家的华人华侨数量的急剧增长(Kondo-Brown，2005)。据统计，截至2008年，世界各国的华侨达到4800万，而改革开放三十多年来移居欧美国家的新移民达600多万。此外，学者们对移民的族群认同及其传承语习得的认识也发生了变化。有些学者已经认识到，“多语”(multilingual)、“多文化”(multicultural)并不会引起社会分裂与政治动荡，相反，“多语”“多文化”无论是对传承语学习者还是对国家都是不可缺少的文化、经济和政治资源(Fishman，1990；Krashen，1998a；Peyton，Ranard & McGinnis，2001)。

较早的少数族裔的传承语研究可以追溯到上世纪六七十年代。但是，直到上世纪80年代，少数族裔学习者的族群认同及其传承语习得研究才逐渐成为第二语言习得研究学者关注的领域。研究的问题主要包括：少数族裔传承语的习得、发展以及传承语的丧失与转用(Krashen，1998b；Cho & Krashen，1998；Kondo-Brown，2005；Montrul，2011)，少数族裔的族群认同建构及其传承语发展(Tse，1998)，以及影响传承语习得的态度、动机等情感因素(Shin & Krashen，1998；

Tse，1998；McQuillan，1998）。

相较而言，有关华裔族群认同与传承语习得的研究则比较少。已有的研究主要包括华裔传承语的保持与发展（Li，2006；Man，2006；魏岩军等，2012）和华裔传承语学习者的族群认同（王爱平，2004，2006；石维有，2009；Wong & Xiao，2010）。然而，目前关于华裔学习者族群认同的研究大都限于母语族群的认同研究及其对传承语习得与保持的影响，而很少涉及华裔传承语学习者的“双向认同”研究，即学习者对母语族群和主流族群的认同研究，以及“双向认同”对学习者传承语习得、保持和发展的影响。华裔传承语学习者作为一个特殊的群体，在主流社会要应对两种截然不同甚至相互矛盾的生活方式：一方面，他们要面对母语族群语言与文化传承的压力；另一方面，他们又要尽快融入主流社会，以免被视为另类。换句话说，华裔传承语学习者既要面对华裔族群的认同，同时还要面对主流社会族群的认同。有学者称其为生活在“两种文化夹缝”中的群体。有鉴于此，本研究主要探讨以下三个问题：

（1）华裔传承语学习者的双向族群认同倾向与策略；

（2）华裔传承语学习者双向族群认同对其传承语习得的影响；

（3）华裔传承语学习者族群认同的跨文化视角及教学对策。

1. 华裔传承语学习者双向族群认同倾向与策略

“族群认同”，按照 Robert *et al.*（1999）和 Phinney（1992）的观点，是指个体对一种文化、社团及群体的依附感和归属感，以及基于这种归属感所表现出的行为倾向。因此，无论是哪种族裔背景的传承语学习者，在不同的社会情境对族群认同都会做出不同的选择，如选择“同化策略”“保留策略”或者是“适应策略”（Schumann，1978）。但是，与传统的第二语言学习者或外语学习者不同的是，华裔传承语学习者将面对双向族群认同。在这种情境下，他们将会做出何种选择、采取何种策略是本研究拟探讨的首要问题。

1.1 研究目的

本研究从北美和东南亚两个地区中选择美国、印度尼西亚和泰国三个国家，找出具有相同华裔族群背景的传承语学习者，对他们的双向认同选择倾向进行比较，目的是考察不同国家和地区的社会环境对华裔传承语学习者在族群认同上的影响，以及族群认同建构的策略和特点。

1.2 研究方法

（1）调查对象

为了考察华裔传承语学习者在族群认同上的策略选择，本研究于2009年分别对美国爱荷华大学、卡耐基梅隆大学、纽约州立大学等五所高校和一所高中，印度尼西亚慈育大学、建国大学、马拉纳达基督教大学和国立第十九高中，以及泰国朱拉隆功大学、皇太后大学的华裔传承语学习者的族群认同及语言保持现状进行了较大规模的调查研究。因受调查条件限制，受试者未经随机选择，均采取整班测试。调查对象的具体情况如表1所列。

表1　华裔传承语学习者基本情况（单位：人）

基本信息		美国	印度尼西亚	泰国
总人数	296	111	120	65
年龄范围	16—20岁	70	75	25
	20岁以上	41	45	40
性别	男	50	40	13
	女	61	80	52
出生地 *	移居国	63	119	65
	非移居国	48	1	0
教育背景	高中	11	57	39
	大学	100	63	26
学汉语时间	1年以下	37	31	13
	1—3年	37	70	19
	3年以上	37	19	33

* 注："出生地"中的"移居国"指被调查者在父辈所移民国家出生；"非移居国"指被调查者在父辈移民前所在国出生。

（2）测量方法

本研究主要采取问卷调查的方法。问卷设计以 Zea *et al.*（2003）的“简明多维文化适应量表”（Abbreviated Multidimensional Acculturation Scale）为基础并做适当的修改，如原量表主要是面向其他母语背景的学习者，而本研究一律修改为面向华裔学习者。因此本研究的问卷包括“两个维度”的测量，即“母语族群认同”维度与所在国“主流族群认同”维度。每个维度包括 6 个题目，两个维度共 12 个题目，从不同角度测量学习者对两个族群的认同程度。施测要求调查对象在填写好本人的背景情况后，在所给题目对应的六点量表上画出自己的选择。为便于三个国家的华裔学习者准确理解题目的内容，题目分别用英语、印度尼西亚语和泰语译出。问卷举例：

母语族群认同：

I have a strong sense of belonging to my own ethnic (Chinese) group.

（我对自己所属的族群社团具有强烈的归属感。）

1——2——3——4——5——6

主流族群认同：

I feel a strong sense of attachment towards the local ethnic group.

（我对本地主流社团具有强烈的依附感。）

1——2——3——4——5——6

1 = strongly disagree　2 = moderately disagree　3 = slightly disagree

4 = slightly agree　5 = moderately agree　6 = strongly agree

这个量表与学习者不同的认同倾向和认同程度相对应。“不认同倾向”包括：“高度不认同”（1 分，strongly disagree）、“中度不认同”（2 分，moderately disagree）和“低度不认同”（3 分，slightly disagree）；“认同倾向”包括：“低度认同”（4 分，slightly agree）、“中度认同”（5 分，moderately agree）和“高度认同”（6 分，strongly agree）。本研究依据调查对象的选择对其认同倾向和认同程度进行统计分析。

（3）实施过程

本次调查从美国回收问卷 176 份，有效问卷 111 份；从印度尼西亚回收问卷 151 份，有效问卷 120 份；从泰国回收问卷 65 份，有效问卷 65 份。

为了保证问卷调查的可靠性，我们对本次问卷的信度进行了检验。母语族群认同总量表信度系数为 0.887，分量表信度系数为 0.86；当地主流族群认同总量表信度系数为 0.877，分量表信度系数为 0.824。信度检验表明，本次调查采用的族群认同量表的信度系数是相当高的。

1.3 结果与讨论

为了考察华裔传承语学习者双向族群认同策略，本研究对三个国家的华裔学习者母语族群和主流族群的认同倾向进行了统计分析。

（1）华裔学习者双向族群认同倾向分析

表 2 双向族群认同倾向差异比较

族群	美国	印尼	泰国
母语族群	24.87	23.07	22.49
主流族群	25.22	19.83	27.16

以国别为被试间变量、认同倾向为被试内变量的方差分析显示，国别的主效应差异显著 [$F_{(2, 293)}$=18.516，p=0.001]，即三个国家华裔学习者的族群认同倾向不同；双向族群认同倾向主效应差异不显著（$F_{(1, 293)}$=2.862，p=0.092）；但是，认同倾向与国别交互作用显著 [$F_{(2, 293)}$=39.3，p=0.001]。进一步简单效应检验显示，印度尼西亚华裔学习者双向认同倾向差异显著 [$F_{(1, 120)}$=43.202，p=0.001]，即母语族群认同好于主流族群认同；泰国华裔学习者双向认同差异显著 [$F_{(1, 64)}$=48.916，p=0.001]，但与印度尼西亚华裔学习者不同的是，泰国华裔学习者主流族群认同明显好于母语族群认同，见图 1。

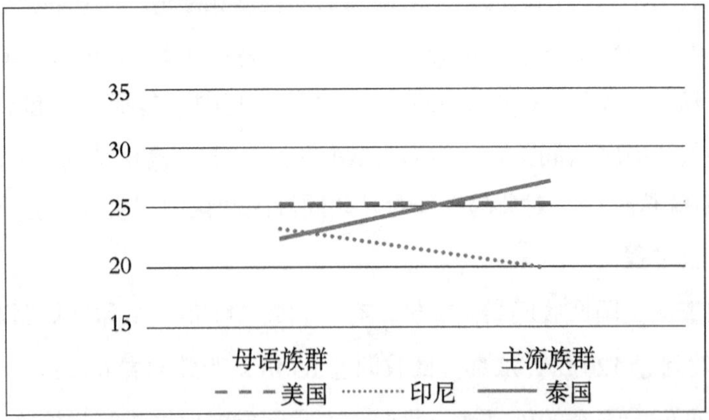

图 1 美国、印尼、泰国华裔学习者族群认同倾向比较

从图 1 可以看出，三个国家的华裔学习者跨族群认同的不同倾向反映了不同的认同策略。按照 Schumann（1978）的理论，美国华裔学习者采取了“适应策略”，即学习者不仅保留了母语族群的生活方式和价值观，而且能够适应主流族群的生活方式和价值观，因此他们对母语族群的认同程度和主流族群的认同程度相对而言都比较高（母语族群认同分数 24.87，主流族群认同分数 25.22，如图 1 虚线所示）。与美国华裔学习者不同的是，印度尼西亚华裔学习者更倾向于“保留策略”，即倾向于保留母语族群的生活方式和价值观，而在某种程度上拒绝接受主流族群的生活方式和价值观，因此，其母语族群认同程度高于主流族群认同程度（母语族群认同分数 23.07，主流族群认同分数 19.83，如图 1 点线所示）。但是，同为东南亚地区的华裔传承语学习者，泰国华裔学习者则显示出了与印度尼西亚学习者完全不同的认同倾向，即采取了“同化策略”，换句话说，泰国华裔学习者更倾向于主流族群的认同，在三个国家中认同程度最高，而对母语族群的认同程度比较低（主流族群认同分数 27.16，母语族群认同分数 22.49，如图 1 实线所示）。

上述分析表明，美国、印度尼西亚和泰国华裔学习者在双向族群认同上采取了完全不同的策略。造成这种差异的原因有多种，但是除了情感因素，即华裔学习者的态度和动机外，我们认为，这种认同策略的差异主要与华裔学习者所在国的社会文化环境、政府对待华人华侨的政策以及对待华裔传承语教育的政策密切相关。

首先，在我们调查的范围内，美国大约 50% 左右的华裔传承语学习者是出生后移民美国的（见表 1）。这些新移民移居美国后，首要任务是融入主流社会，因而对主流族群具有较高的认同倾向。与此同时，来自家庭和华人社区的影响、华人社团正面评价的增加，以及美国政府对少数族裔传承语教育政策的变化，在某种程度上使华裔学习者对母语族群的认同得到了鼓励和加强。因此，美国华裔学习者对双向族群认同采取“适应策略”是符合情理之事。

其次，印度尼西亚和泰国华裔学习者虽然同属东南亚国家，但却采取了截然相反的认同策略。这种差异显然与印度尼西亚和泰国对华人华侨采取的政策有关。有研究表明，印度尼西亚华裔学习者之所以具有强烈的“华人认同意识”是印度尼西亚政府推行强制同化政策的必然结果，或者说是政府排华政策促成了印度尼西亚华人的“华人身份认同”(王爱平，2006)。与印度尼西亚华裔学习者形成鲜明对照的是，泰国华裔学习者在族群认同上被称作“泰国、菲律宾型”认同模式（向大有，1992；石维有，2009）。相比较而言，泰国政府对华人采取宽待政策，泰国华人长期以来在泰国落地生根，融入泰国社会，被自然同化（王爱平，2006）。由于这些因素的影响，印度尼西亚华裔学习者采取“保留策略”，泰国华裔学习者采取“同化策略”亦是合情合理之事。

（2）双向族群认同程度分析

表3反映的是华裔学习者在母语族群和主流族群两个维度上认同程度的分布情况。表中的数字显示的是三个国家的华裔学习者在双向认同维度上认同分数的分布频次。

表3　双向族群认同分数分布频次（%）

国家	认同维度	低度认同	中度认同	高度认同
美国	母语族群	52	33	15
	主流族群	49	36	15
印尼	母语族群	64	32	4
	主流族群	76	22	2
泰国	母语族群	78	20	2
	主流族群	48	44	8

从表3我们发现，三个国家的华裔学习者在双向族群认同分数的分布上显示出一些值得关注的特点和倾向。为了便于观察，我们用图2来展示表3的数据。

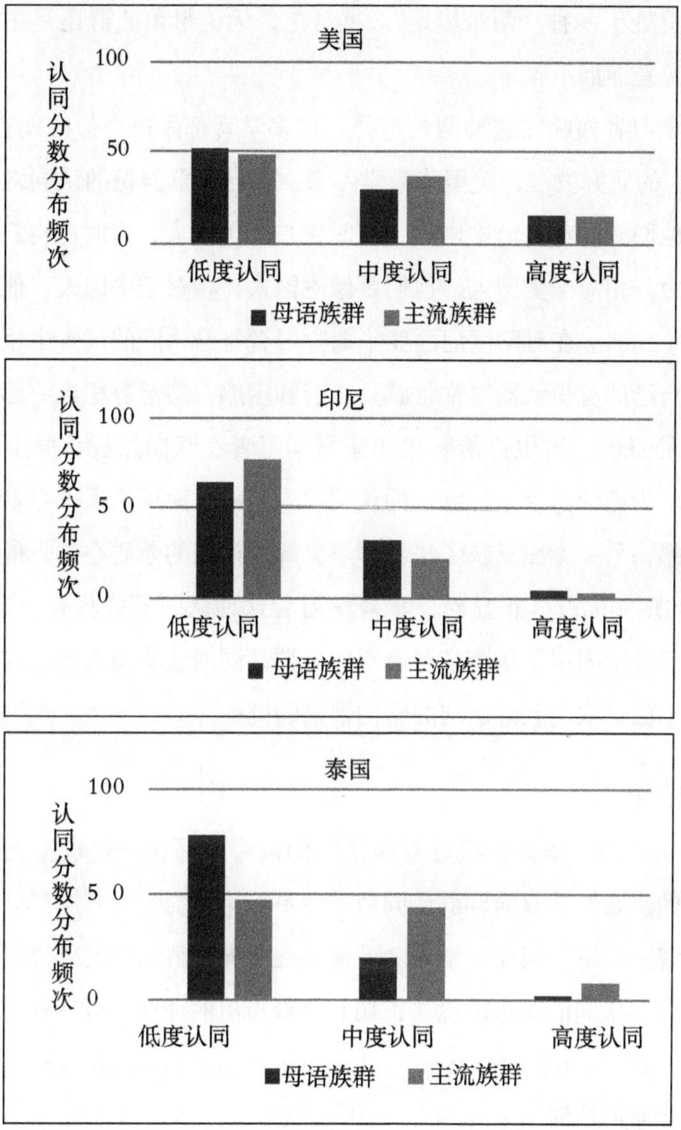

图 2　美国、印尼、泰国华裔学习者族群认同程度差异比较

从图 2 我们看到，三个国家的华裔学习者在双向族群认同分数分布上有两个明显的特点，一是三个国家的学习者都存在着不同程度的"低认同"倾向，在双向族群认同上选择"低认同"的美国学习者分别占总数的 52% 和 49%，印度尼西亚高达 64% 和 76%，泰国分别占 78% 和 48%；二是这种"低认同"倾向不仅表现在母语族群认同上，也表现在主流族群认同上。这一倾向表明华裔学习者在双

向族群认同上处于一种“两难境地”。换言之，无论母语族群还是主流族群，华裔学习者想说爱谁都不容易。

对华裔学习者面临的这种两难选择，许多学者都做过类似的调查。Wong & Xiao（2010）的研究发现，美国华裔学习者对自己族群身份的认同常常处于一种游离状态，他们有时称自己中国人，有时称自己美国人，有时称自己中国－美国人。他们认为，相对于美国人，他们更像中国人；相对于中国人，他们更像美国人。王爱平（2006）在对印度尼西亚华裔学习者身份认同的调查中也发现，许多学习者谈到自己的身份认同时常常感到痛苦和困惑，甚至有相当一部分学习者说不清楚自己的身份。这也许能够说明华裔学习者在双向族群认同上选择“低认同”的原因。华裔学习者这种特定的认同模式，一方面反映了学习者对两个族群都缺少归属感，另一方面反映了华裔学习者族群认同的矛盾心态，他们难以面对“我是谁”的现实问题。很显然，华裔学习者这种认同模式具有一定的普遍性，而且在一定程度上阻碍了华裔学习者双向族群认同的建构与发展。因此，华裔学习者将不得不面对双向族群认同的建构带来的挑战。

1.4 结论

上述分析表明，华裔学习者双向认同的两难选择在一定程度上反映了族群认同与建构的复杂性，双向族群认同似乎并不能为华裔学习者族群认同问题提供一个理想的解决方案。因此，学习者不得不在双向族群认同之外寻找新的精神家园，以解决族群认同的两难困境。正如有学者指出的那样，或许存在一个“第三族群”（ethnic American group, ethnic Indonesian group and ethnic Thai group，etc.），也许“跨文化族群认同”（transcultural ethnic identity）会为他们展现一个更为宽广的世界。

2. 华裔学习者族群认同策略对传承语习得的潜在影响

有研究表明，传承语能力的获得和发展是族群认同建构的重要途径，传承语习得水平的提高有助于族群认同的发展；也有研究表明，族群认同的建构为传承语的习得和保持提供了良好的动机，族群认同的发展也同样会促进传承语的习得和发展（Brown，2009；Tse，2010）。然而，族群认同是以何种方式促进语言习得的发展的、族群认同在多大程度上会促进传承语的习得和发展仍然是有待进一步探讨的问题。

2.1 研究目的

本研究旨在考察美国、印度尼西亚、泰国华裔学习者不同的族群认同策略对其传承语习得与保持的影响；此外，分别考察美国、印度尼西亚和泰国华裔学习者母语族群认同程度对其传承语习得与保持的影响。

2.2 研究方法

（1）调查对象

为考察母语族群认同策略对华裔学习者传承语习得的影响，本研究根据认同平均分数将调查对象分为“低认同组”（平均分 3.5—4.5 分的学习者）和“高认同组”（平均分 4.5—6 分的学习者）。

（2）测量方法

同样，为考察族群认同对传承语习得的影响，本研究要求被调查者根据“汉语水平自测量表”对自己的汉语水平进行自测。

2.3 结果与讨论

（1）华裔学习者母语族群认同策略对其传承语习得水平的影响

为了便于比较，本研究将三个国家的华裔学习者按其认同策略分为“双向认同组”（美国）、“母语认同组”（印度尼西亚）和“主流认同组”（泰国），见表 4。

表 4　三国华裔学习者传承语习得分数比较

语言水平	双向认同	母语认同	主流认同
听说水平	3.01	2.75	3.02
读写水平	2.29	2.68	2.94

以认同组类型为被试间变量、听说水平和读写水平为被试内变量的 3×2 的

多因素方差分析显示，不同认同类型组传承语水平的主效应差异不显著 [$F_{(2,\ 151)}$ =1.178，p=0.311]；听说水平与读写水平的主效应差异显著 [$F_{(1,\ 151)}$=16.393，p=0.001]；听说读写水平与认同类型的交互作用显著 [$F_{(2,\ 151)}$=12.298，p=0.001]，进一步简单效应检验显示，“双向认同类型”华裔学习者在听说水平与读写水平上差异显著（p=0.001），听说能力好于读写能力。

这些分析结果表明，三种不同类型的华裔学习者认同策略的选择对其传承语的总体习得水平并没有产生直接的影响，但三个国家的学习者在听说习得水平和读写习得水平上表现不同。这种不同主要表现在“双向认同类型”学习者在听说能力和读写能力上发展不平衡，但这些传承语习得水平上的差异可能并不完全是由学习者采取的不同认同策略类型造成的，还有可能是由不同语言技能使用的范围和需求造成的。换言之，华裔学习者族群的认同策略类型对其传承语习得的影响可能是潜在的、间接的。

（2）华裔学习者母语认同程度对其传承语习得水平的影响

本研究表明，华裔学习者普遍存在着“低认同”的选择倾向。那么这种认同程度上的差别是否会对华裔学习者的传承语习得产生影响呢？为了探讨这一问题，我们对“低认同组”和“高认同组”传承语习得的分数进行了比较，详见表 5。

表 5　华裔学习者认同程度对语言水平的影响

认同程度	语言水平	美国	印尼	泰国
低认同	听说水平	2.97	2.34	2.89
	读写水平	2.23	2.19	2.88
高认同	听说水平	3.24	3.03	3.35
	读写水平	2.48	3.03	3.30

方差分析结果显示，美国华裔学习者认同程度高低对其传承语习得水平的影响不显著 [$F_{(1,\ 84)}$=1.491，p=0.225]；听说水平与读写水平差异显著 [$F_{(1,\ 84)}$ =57.355，p=0.001]，即美国华裔的听说水平好于读写水平；认同程度与语言水平的交互作用不显著 [$F_{(1,\ 84)}$=0.031，p=0.86]。显然，方差分析的结果并没有显示出我们所预期的效应。这一结果很可能与美国华裔学习者对母语族群较高的低认

同倾向有关。族群认同对传承语习得的影响往往是间接的，因为族群认同程度不高便不会激发较高的学习动机，也便不会对传承语习得产生直接的影响。

对印度尼西亚华裔学习者的方差分析显示，其母语族群认同程度的主效应非常显著 [$F_{(1,82)}$=11.962，p=0.001]，即高认同组的传承语习得水平高于低认同组；但其听说水平与读写水平差异不显著 [$F_{(1,82)}$=0.982，p=0.352]；听说读写水平与认同程度的交互作用也不显著 [$F_{(1,82)}$=0.982，p=0.352]。这说明印度尼西亚华裔学习者母语族群认同程度对其传承语习得产生了显著的影响，即认同程度越高，其传承语习得水平也越高。我们认为，这与印度尼西亚华裔对母语族群的高认同策略密切相关。高认同激发了积极的学习动机，积极的动机提高了传承语的习得水平。对于印度尼西亚华裔学习者听说水平和读写水平并没有明显差异的原因，我们很难从认同高低上给出解释，可能与东南亚华裔传承语使用的范围和教学环境有关，其原因有待进一步的研究。

对泰国华裔学习者母语族群认同程度效应的方差分析显示，泰国华裔学习者母语认同程度对传承语习得的影响差异不显著 [$F_{(1,44)}$=1.698，p=0.199]，即泰国华裔学习者母语认同程度对其传承语习得没有产生直接的影响。这一点似乎与泰国华裔学习者在族群认同上采取“同化策略”有关。学习者对主流族群高度认同，对母语族群认同相对比较低，因此在传承语习得水平上没有显示出族群认同效应。此外，泰国华裔学习者在听说水平和读写水平上差异不显著 [$F_{(1,44)}$=0.097，p=0.757]，与认同程度的交互作用也不显著 [$F_{(1,44)}$=0.031，p=0.861]。这一点与印度尼西亚华裔学习者相似。

2.4 结论

从上述三个国家华裔学习者母语族群认同程度对其传承语习得影响的分析可以看出，尽管三个国家的华裔学习者族群认同效应各不相同，但是我们仍然能够看出两个重要的潜在影响：一是族群认同的高低对学习者的传承语习得都存在不同程度的影响，有的影响是直接的，有的影响是间接的；二是华裔学习者族群认同策略对其传承语习得具有潜在影响，华裔学习者传承语习得水平的差异基本上都可以从学习者采取的认同策略中得到解释。

3. 华裔传承语学习者族群认同的跨文化视角及教学对策

3.1 族群认同的理论导向及面临的困境

按照传统的族群认同理论，华裔学习者面对双向族群认同时可以采取三种策略选择，即“适应策略”“保留策略”和“同化策略”。但是这三种认同策略仍然无法解决华裔学习者普遍存在的两难选择问题。“适应策略”似乎给华裔学习者提供了解决双向族群认同问题的途径，但事实上，正如有学者指出的那样，如果学习者面对的是两种完全不同甚至是对立的文化，学习者很难在两者之间游刃有余（Epstein，2009）。在我们的调查中，即使美国华裔学习者采取了“适应策略”，但是他们也大都表现出低认同倾向。在面对“我是谁”的身份认同问题时，许多学习者认为自己是“中国-美国人”“中国-印度尼西亚人”“中国-泰国人”对自己的身份依然很纠结。

另外，有学者认为，族裔学习者族群认同建构的过程是一个动态的发展过程（Tse，1998）。按照这种理论，如果我们把华裔学习者族群认同的建构过程看作一个连续体的话，无论是美国、印度尼西亚还是泰国华裔学习者在族群认同的连续体上，都要向主流族群认同过渡，最终实现主流族群的认同。问题是，有研究表明，相当一部分学习者可能终生都会停留在认同建构过程的某个阶段，如两难选择阶段。因此，华裔学习者在族群认同上面临的两难困境仍然无法解决。

3.2 族群认同的跨文化视角

针对上述问题，有学者提出了族群认同的“跨文化视角”（transcultural perspective）。“跨文化”是上世纪80年代初出现的概念，90年代中期，这一概念在西方落地生根。“跨文化”意味着“当跨越不同文化的边界并吸收这些文化时，个体最初的文化认同开始扩散”。换句话说，“跨文化就是使每个人摆脱赖以生存的文化范围，或者说，超越自己文化认同的界限”（Epstein，2009）。按照这种理论，华裔学习者似乎应保持开放的心态，接受不同的文化。跨文化被看作扩展自己已有文化和族群认同限制的一种方式。通过多种文化的融合，每一种已有文化的内涵都能得到扩展和丰富，而不再仅仅局限于用种族和肤色来定义文化传统。

按照族群认同的跨文化观点，对于华裔学习者来说，他们在族群认同上不必再纠结于双向族群的“二选一”困境。事实上，华裔学习者已经不同程度地融合了两种甚至是多种文化和族群的特点，那么，族群认同为什么不可以有第三种选择？那就是带有两个族群文化特点的身份认同。事实上，华裔学习者已经是客观存在的“第三族群”，他们需要一个更为包容的、更为广阔的精神家园。“第三族群”认同不仅有利于双向认同，而且有利于双语或多语的习得与保持。

3.3 族群认同的力量与传承语教学策略

Krashen（1998a：3）在研究中发现，按照常理，多数移民都不愿意放弃自己的传承语。但是事实恰好相反，传承语没有得到保持和发展，这些移民成为语言转用的牺牲品。Krashen 的发现从反面证明了族群认同对传承语习得的影响。由此我们必然得出这样一个结论，即传承语教学要借助族群认同的力量，以促进传承语的习得与保持。而我们的研究发现：

第一，母语族群认同程度的高低并不是促进传承语习得的直接因素。因此传承语教学应该充分利用族群认同的力量来激发华裔学习者积极的学习动机，因为动机是促进传承语习得和保持的直接因素。

第二，在族群认同导向上鼓励跨文化族群认同。如果只强调融入主流文化社团，放弃母语族群认同，语言转用便不可避免。华裔传承语学习者只有以开放的心态接受不同文化，才能从根本上解决族群认同两难选择的困境。跨文化族群认同有利于学习者成为“附加式双语者”（additive bilingual），而不致成为语言转用的牺牲品。

第三，华语社团以及政府的语言政策是促进华裔学习者传承语习得与保持的重要因素。有研究表明，当少数族群受到正面的评价比较高时，其族群凝聚力便会得到加强，也就更容易使族群认同得到加强。政府的语言政策越有利于少数族群传承语的传播，越能激发华裔学习者传承语习得的动机，也就越有利于传承语的保持。这些外在环境为华裔传承语教学创造了良好的条件。

第四，家庭、父母对待传承语的态度也是影响传承语习得的重要因素，父母的坚持是传承语习得与保持的前提。如果父母鼓励学习者在家庭和华裔社团坚持使用传承语，那将会极大地促进传承语的习得和保持。

第五，我们的研究表明，不同地区、不同国家的社会文化环境不同，华裔学习者所采取的认同策略也不同，传承语的水平和技能也会有差异。因此，华语教师应将跨文化族群认同的观念融入传承语教学中，并设计“基于社团的传承语教学课程”(community-based curriculum)，为学习者提供更多的接触母语族群、运用传承语进行交际的机会，这样才能更好地促进学习者族群认同的构建与发展。

:: 参考文献 ::

石维有（2009）华裔国家认同与泰国 1932 年立宪革命，《广西师范大学学报》(哲学社会科学版）第 4 期。

王爱平（2004）文化与认同：印尼华裔青少年调查研究，《中国人民大学学报》第 6 期。

王爱平（2006）汉语言使用与华人身份认同——对 400 余名印尼华裔学生的调查研究，《福州大学学报》(哲学社会科学版）第 4 期。

魏岩军、王建勤、魏慧琳、闻亭、李可（2012）影响美国华裔母语保持的个体及社会心理因素，《语言教学与研究》第 1 期。

向大有（1992）“大框架下多模式”的走向——兼论海外华人的国家认同与民族同化，《八桂侨史》第 2 期。

Brown，C. L. (2009) Heritage language and ethnic identity: A case study of Korean-American college students. *International Journal of Multicultural Education*, 11(1), 1-16.

Cho, G. & Krashen, S. (1998) The negative consequences of heritage language loss and why we should care. In S. Krashen, L. Tse & J. McQuillan (eds.)，*Heritage Language Development*, 31-39. Burlingame, CA: Language Education Associates.

Epstein, M.(2009)Transculture: A broad way between globalism and multiculturalism. *American Journal of Economics and Sociology,* 68(1), 327-351.

Fishman, J. A.(1990) Empirical explorations of two popular assumptions: Inter-polity perspective on the relationships between linguistic heterogeneity, civil strife, and per capita gross national product. In G. Imhoff (ed.), *Learning in Two Languages: From Conflict to Consensus in the Reorganization of Schools*, 209-225. New Brunswick, NJ: Transaction Publishers.

Kondo-Brown, K. (2005) Differences in language skills: Heritage language learner subgroups and foreign language learners. *The Modern Language Journal,* 89(4), 563-581.

Krashen, S. (1998a) Introduction. In S. Krashen, L. Tse & J. McQuillan (eds.), *Heritage Language Development*. Burlingame, CA: Language Education Associates.

Krashen, S. (1998b) Heritage language development: Some practical arguments. In S. Krashen, L. Tse & J. McQuillan (eds.), *Heritage Language Development.* Burlingame, CA: Language Education Associates.

Li, G. (2006) The role of parents in heritage language maintenance and development: Case studies of Chinese immigrant children's home practices. In K. Kondo-Brown (ed.), *Heritage Language Development: Focus on East Asian Immigrants*. Amsterdam: John Benjamins Publishing Company.

Man, E. Y. (2006) First language use and language behavior of Chinese students in Toronto, Canada. In K. Kondo-Brown (ed.), *Heritage Language Development: Focus on East Asian Immigrants*. Amsterdam: John Benjamins Publishing Company.

McQuillan, J. (1998) The use of self-selected and free voluntary reading in heritage language programs: A review of research. In S. Krashen, L. Tse & J. McQuillan (eds.), *Heritage Language Development.* Burlingame, CA: Language Education Associates.

Montrul, S. (2011) Introduction: Spanish heritage speakers: Bridging formal linguistics, psycholinguistics and pedagogy. *Heritage Language Journal,* 8(1), i-vi.

Peyton, J. K., Ranard, D. A. & McGinnis, S. (2001) Charting a new course: Heritage language education in the United States. In J. K. Peyton, D. A. Ranard & S. McGinnis (eds.), *Heritage Languages in America: Preserving a National*

Resource. McHenry, IL: Center for Applied Linguistics.

Phinney, J. S. (1992) The multigroup ethnic identity measure: A new scale for use with diverse groups. *Journal of Adolescent Research*, 7(2), 156-176.

Robert, R. E., Phinney, J. S., Masse, L. C., Chen, Y. R., Roberts, C. R. & Romero, A. (1999) The structure of ethnic identity of young adolescents from diverse ethnocultural groups. *Journal of Early Adolescence*, 19(3)，301-322.

Schumann, J. H. (1978) The acculturation model for second language acquisition. In R. Gingras (ed.), *Second Language Acquisition and Foreign Language Teaching*. Washington, D. C.: Center for Applied Linguistics.

Shin, F. & Krashen, S. (1998) Do people appreciate the benefits of advanced first language development? Attitudes towards continuing first language development after "translation". In S. Krashen, L. Tse & J. McQuillan (eds.), *Heritage Language Development*. Burlingame, CA: Language Education Associates.

Tse, L. (1998) Ethnic identity formation and its implications for heritage language development. In S. Krashen, L. Tse & J. McQuillan (eds.), *Heritage Language Development*. Burlingame, CA: Language Education Associates.

Tse, L. (2010) The effects of ethnic identity formation on bilingual maintenance and development: An analysis of Asian American narratives. *International Journal of Bilingual Education and Bilingualism,* 3(3),185-200.

Wong, K. F. & Xiao, Y. (2010) Diversity and difference: Identity issues of Chinese heritage language learners from dialect backgrounds. *Heritage Language Journal*, 7(2)，153-187.

Zea, M. C., Asner-Self, K. K., Birman, D. & Buki, L. P. (2003) The abbreviated multidimensional acculturation scale: Empirical validation with two Latino/Latina samples. *Cultural Diversity and Ethnic Minority Psychology*, 9(2), 107-126.

原载《全球文化竞争背景下的汉语国际传播研究》

王建勤等著，商务印书馆，2015 年

英语背景汉语学习者汉语语调产出策略研究①

1. 序言

有研究表明，母语为非声调语言的汉语学习者，其汉语声调产出往往直接套用母语的语调模式。最早关注这一现象的学者是赵元任先生。他发现："比方外国人学了中国话，他学了'买'升，'卖'降，可是他平常习惯了肯定的调是望下，'这个东西我要买'的'买'就变成了'卖'了，同样，问话他要望上升，所以他要说'这个东西我要买，你卖不卖？'就说的象'这个东西我要卖，你买不买？'了，这就是因为语调把字调给盖掉了……"（赵元任，1959：94）这是赵元任先生对母语为非声调语言的汉语学习者用英语语调代替汉语声调产出，或曰语调迁移现象的描述，目的是说明汉语语调和声调的关系。他还提出了"代数和""小波浪跟大波浪"的理论假设（赵元任，1922；Chao，1933）。这一理论假设引起了国内语音学界的诸多讨论和争论（沈炯，1985；胡明扬，1987；吴宗济，1996；曹剑芬，2002）。

---

① 本文合作者胡伟杰、张葛杨。

然而，这些争论主要关注的是汉语语调和声调的关系，还很少有研究进一步探讨赵先生提及的汉语学习者用母语语调代替汉语声调这一跨语言迁移的问题。直到近十几年，第二语言教学与习得研究领域的学者才开始关注这一问题。桂明超（2000）在比较英语语调和汉语声调的基础上，收集和分析了美国学生汉语语调产出的偏误，以说明英语语调对美国学生汉语语调产出的影响。但这一结论还缺少实验语音学的证据。李晓朋（2012）的研究为英语背景汉语学习者的语调迁移提供了实验语音学的证据。具体表现是，在陈述句和疑问句中，“英语母语者的句子音高走势明显低于汉语母语者”，并“通过抬高句末音节的后半段的音高走势来凸显疑问句语气”。此外，谯蓉（2007）也采用实验语音学的方法，对汉语母语者和母语为日语的汉语学习者在三种语境（疑问、陈述、单字）下汉语单字句语调产出的结果进行了比较和分析。她发现，汉语母语者在产出单字句语调时，疑问语调对声调的影响主要通过整体抬高音阶和增加斜率两种方式对声调进行再调节。但是日本人似乎不会通过整体抬高声调音阶的方式来实现阴平调单音节疑问句，他们在发音的时候，往往通过较大的斜率表现疑问语气。谯荣的研究发现了母语为日语的汉语学习者单字句语调的产出与汉语母语者的不同，但并没有说明日语背景的汉语学习者用较大的斜率表现疑问语气是否是受到日语语调的影响。林茂灿（2015）对汉语和英语语调声学表现的异同直接进行对比，以此证明汉语学习者语调迁移在边界调上的表现是源于英语语调和重音的影响，并在此基础上提出了面向汉语学习者的语调教学策略。但该研究并没有对英语背景的汉语学习者汉语语调产出的声学表现进行描写，因而没有提供英语背景的汉语学习者汉语语调产出受到英语语调影响的直接证据。

从上述研究可以看出，虽然这些研究方法各异，但其研究结论反映了一个共同的假设，即语调迁移是母语为非声调语言的汉语学习者表达疑问和陈述语气时“洋腔洋调”的重要原因。问题是，母语为非声调语言的汉语学习者汉语声调和语调的习得是一个动态的过程，语调迁移这一假设是否能够完全解释学习者汉语语调产出的全过程？此外，无论是共时的对比分析还是学习者汉语语调偏误的声学特征分析，大都忽略了支撑汉语学习者语调习得的认知加工过程，因而不能够揭示学习者汉语声调习得的阶段性特征以及在不同阶段采取的认知加工策略，其结论难免会以偏概全。

为此，本研究试图通过行为实验研究探讨母语为英语的汉语学习者在不同语境下句末单字调的产出过程和阶段性特征，以及学习者在语调产出的不同阶段采取的认知加工策略，并在此基础上进一步探讨支撑学习者语调产出策略的心理语言学基础，从而为汉语语调教学提供可靠的实验依据。

2. 汉语句末单字调的产出实验

为了考察英语背景的汉语学习者英语语调对汉语句末单字调产出的影响，本实验选取三种语调语境（汉语单字调、陈述语调、疑问语调）探讨学习者是如何将母语语调模式迁移到汉语句末单字调产出模式中的。此外，本实验选择初、中级汉语水平的学习者与汉语母语者为被试，通过比较三者之间句末单字调产出的结果，探索汉语语调习得的过程和阶段性，以及学习者在不同阶段语调产出的认知策略。

2.1 实验方法

2.1.1 实验设计

本实验采用 3×3 两因素混合实验设计。因素一为汉语单音节词出现的三种语境，为被试内变量，包括三个水平，即汉语单字调、陈述语调和疑问语调；因素二为被试的汉语水平，为被试间变量，分为初级汉语学习者、中级汉语学习者和汉语母语者（参照组）三个水平。

因变量为汉语单字调、陈述句和疑问句句末单字调的斜率和起点音高。单字调的斜率以二次方程系数 b_1 值为测量指标①。

2.1.2 被试

被试包括英语母语背景的汉语学习者 20 名和汉语母语者 10 名。前者为北京语言大学的留学生，年龄为 19—26 周岁（男生 8 人，女生 12 人），其中初级水

① 本实验采用二次函数方程 $y=b_1x^2+b_2x+c$ 拟合四个声调，y 值为归一化后的调值，x 值为归一化后的时长，二次项系数 b_1 描述的是声调调形斜率（朱晓农，2005）。

平学习者 10 人，在华学习汉语 3—4 个月；中级水平学习者 10 人，在华学习汉语 18—20 个月。后者为北京语言大学中国大学生，年龄为 19—21 周岁（男生 4 人，女生 6 人），普通话水平均为二级甲等以上。

2.1.3 实验材料

实验材料为 40 个汉语单音节词，选自汉语教材《成功之路》(起步篇)，其中阴平、阳平、上声、去声的单音节词各 10 个。

这些单音节词分别在三种语境中呈现，即单字调、疑问语调和陈述语调。疑问语调通过负载句“这是_______？”呈现，陈述语调通过负载句“这是_______。”呈现，见表 1。

表 1　句末单音节词出现的语境与呈现方式

语境	呈现方式
无语调语境（单字调）	书
疑问语调语境	这是书？
陈述语调语境	这是书。

2.1.4 实验程序

实验前，要求被试逐一读出实验字表中的汉字，并解释这些汉字的意义，以确定被试已经掌握了这些汉字的正确读音，并理解这些汉字的意义。

为避免语调语境对无语调语境的影响，本实验分为两个阶段。首先进行无语境测试，即要求被试分别产出 40 个单字调，这些单音节词用 E-prime 2.0 随机呈现，每个单音节词呈现一次。被试的单字调发音通过 Praat 录音采集。然后要求被试通过负载句自然发音，以记录疑问语调和陈述语调的单字调产出。疑问语调和陈述语调句末单字各 40 个，用 E-prime 2.0 随机呈现，并用 Praat 录音采集被试的发音。

此外，通过 Praat 对被试产出单字调的音高和时长进行归一化。调值采用 T 值计算法：$T=[(\lg x-\lg b)/(\lg a-\lg b)]\times 5$，其中，x 为测量点频率，a 为调域上限的频率，b 为调域下限的频率（石锋，1990）。时长采用 y=x/m 转换法，其中，

x 为声调的初始时长，m 为被试产出的四个声调时长的平均值（朱晓农，2005）。

2.2 实验结果

本研究分别对被试产出的四个声调的调形曲线进行二次方程拟合，并对二次方程系数 b_1 值，即调形的斜率和声调起点音高进行方差分析，以考察被试句末单字调的加工策略。实验结果如下：

2.2.1 三种语境下句末阴平单字调的产出

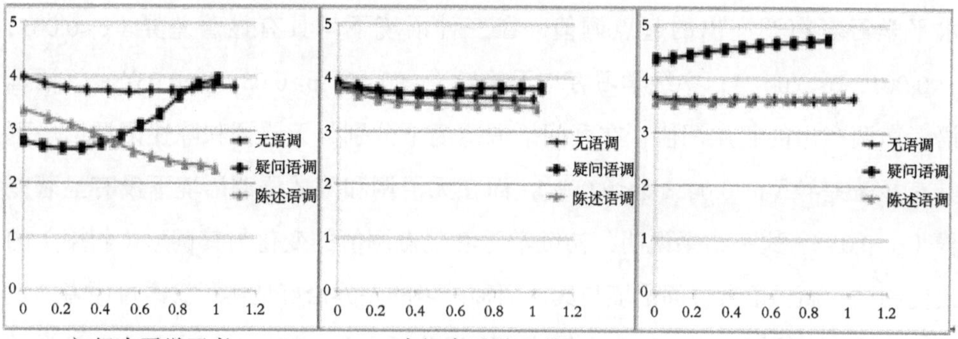

图 1　三组被试在三种语境下句末阴平单字调的产出

阴平调形斜率（b_1 值）的方差分析结果显示，语调语境主效应显著 [$F_{(2, 54)}=23.452$，$p<0.001$]，语言水平主效应显著 [$F_{(2, 27)}=11.985$，$p<0.05$]，语言水平和语调语境的交互作用显著 [$F_{(4, 54)}=45.468$，$p<0.05$]。这说明，三组被试汉语句末单字调的产出不仅存在语境效应，而且不同汉语水平的被试产出单字调的调形也存在显著差异。

简单效应检验[①]结果表明，初级汉语水平学习者阴平调形的斜率，在三种语境下均具有显著差异（p<0.001，p<0.001，p<0.001）；中级汉语水平学习者阴平调形的斜率，在三种语境下均无显著差异（p>0.05，p>0.05，p>0.05）；汉语母语者阴平调形的斜率，在三种语调语境下也均无显著差异（p>0.05，p>0.05，p>0.05）。从图 1a 可以看出，初级学习者在无语境条件下产出的单字调调形未发生变化，近似汉语的高平调。在疑问语调中，句末单字调的调形是一个升调，而

① 本实验方差分析的简单效应检验均采用 Sidak 校正，下文不再赘述。

陈述语调句末单字调则是一个降调，即调形发生了显著变化。在图 1b 中，中级学习者在三种语境中产出的单字调的调形无显著差异，换句话说，中级学习者句末单字调的产出并没有改变阴平本调的调形。在图 1c 中，汉语母语者在三种语境下句末单字调的调形未改变，但疑问语调的调阶却明显提高。

此外，起点调值的方差分析结果显示，语调语境主效应显著 [$F_{(2, 54)}=77.572$，$p<0.05$]，语言水平主效应不显著 [$F_{(2, 27)}=33.543$，$p>0.05$]，语言水平和语调语境的交互作用显著 [$F_{(4, 54)}=24.978$，$p<0.05$]。简单效应检验表明，初级汉语水平学习者声调产出的起点调值，在三种语境下均具有显著差异（$p<0.001$，$p<0.001$，$p<0.001$）；中级学习者均无差异（$p>0.05$，$p>0.05$，$p>0.05$）；汉语母语者声调产出的起点调值，在疑问语调语境下分别与无语调和陈述语调语境下具有显著差异（$p<0.001$，$p<0.001$），而在无语调和陈述语调语境下没有显著差异（$p>0.05$）。这一结果说明，初级学习者起点调值的变化与其调形（斜率）的改变相关，而母语者疑问语境与其他两种语境的差异恰好证实了汉语母语者通过提高调阶来表达疑问语气的产出策略。上述分析表明，初级学习者句末单字调的产出受到其母语语调的影响，但中级学习者却没有受到母语语调的影响。和汉语母语者相比，初级学习者通过改变调形表达陈述和疑问语气，而汉语母语者则通过提高音阶表达疑问语气，并不改变调形，尽管疑问句单字调末点的斜率有所变化。

2.2.2 句末阳平单字调的产出

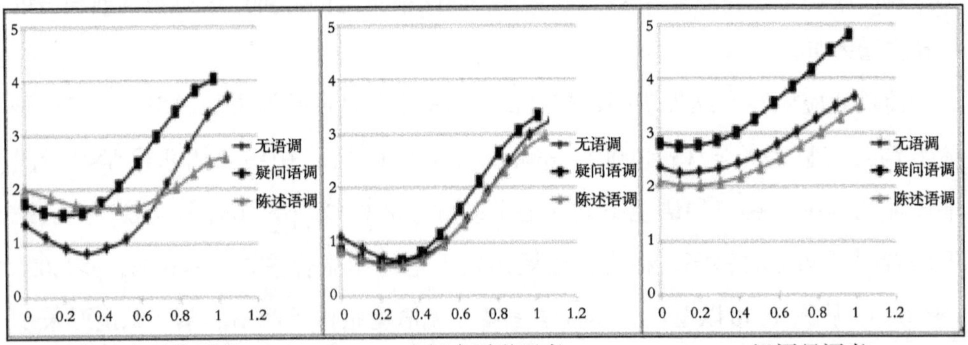

a. 初级水平学习者　　b. 中级水平学习者　　c. 汉语母语者

图 2　三组被试在三种语境下句末阳平单字调的产出

阳平调形斜率的方差分析结果显示，语调语境主效应不显著 [$F_{(2, 54)}$=2.854，$p>0.05$]，语言水平主效应显著 [$F_{(2, 27)}$=4.255，$p<0.05$]，语言水平和语调语境的交互作用显著 [$F_{(4, 54)}$=3.878，$p<0.01$]。简单效应检验表明，初级汉语水平学习者阳平调形的斜率，在三种语境下均具有显著差异（$p<0.001$，$p<0.01$，$p<0.001$）；但中级汉语水平学习者和汉语母语者阳平产出的斜率在三种语境下均无显著差异（$p>0.05$，$p>0.05$，$p>0.05$）。这一结果说明，在三种语境下，初级学习者阳平的产出仍然是通过改变调形的斜率来表达疑问和陈述语气的，具体表现为，疑问句语调的起点和末点均高于单字调，最明显的是陈述句语调起点音高高于单字调，而末点音高明显低于单字调，见图 2a。而中级学习者疑问句和陈述句句末阳平产出的斜率与阳平本调的斜率是一致的，也就是说，中级学习者并没有改变疑问句和陈述句句末阳平单字调的调形，这恰恰表明，尽管中级水平学习者没有改变阳平的调型，但仍无法有效地区分不同语调，所以听起来仍然是洋腔洋调，见图 2b。

阳平起点调值的方差分析结果显示，语调语境主效应不显著 [$F_{(2, 54)}$=2.417，$p>0.05$]，语言水平主效应显著 [$F_{(2, 27)}$=43.936，$p<0.01$]，语言水平和语调语境的交互作用显著 [$F_{(4, 54)}$=13.867，$p<0.01$]。简单效应检验表明，初级汉语水平学习者句末阳平单字调的起点调值，在无语调语境下分别与在疑问语调语境和陈述语调语境下具有显著差异（$p<0.001$，$p<0.001$），这种差异与疑问和陈述语调语境下调形的变化有关，即学习者受英语语调的影响，陈述句句末阳平单字调用降调，就需要提高起点的调高；疑问句句末单字调用升调，就得降低起点的调高（见图 2a）。而中级汉语水平学习者单字调的起点调值，在三种语境下均无显著差异（$p>0.05$，$p>0.05$，$p>0.05$），说明中级学习者三种语境下的单字调没有受到英语语调的影响。但是，汉语母语者在三种语境下阳平单字调的起点调值均有显著差异（$p<0.01$，$p<0.01$，$p<0.001$），这一结果和初、中级学习者均不相同，因为母语者阳平产出的起点调值的变化与调形的变化无关，而与调阶的变化相关。

2.2.3 句末上声单字调的产出

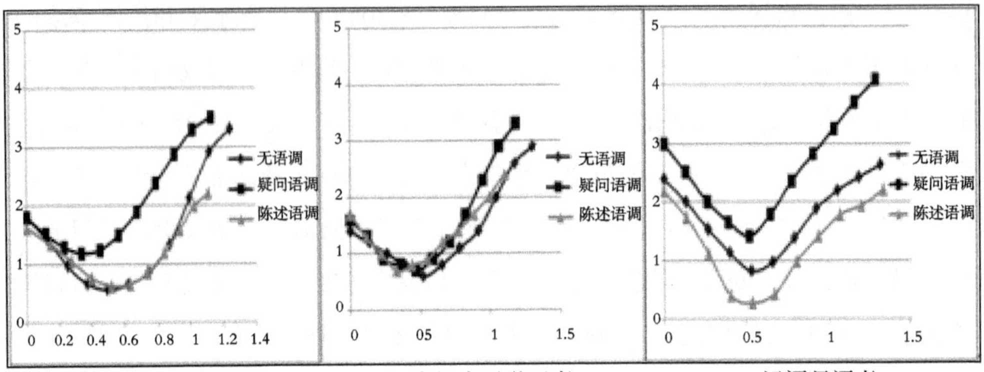

a. 初级水平学习者　　b. 中级水平学习者　　c. 汉语母语者

图 3　三组被试在三种语境下句末上声单字调的产出

上声调形斜率的方差分析结果显示，语调语境主效应不显著 [$F_{(2, 54)}=4.800$，$p>0.05$]，语言水平主效应不显著 [$F_{(2, 27)}=0.663$，$p>0.05$]，语言水平和语调语境的交互作用也不显著 [$F_{(4, 54)}=1.219$，$p>0.05$]。这一结果说明，从调形来看，不管是汉语母语者还是英语背景的汉语学习者，在三种语调语境下产出的上声调形的斜率没有显著差别，均为曲折调。

但是，上声单字调起点调值的方差分析结果显示，语调语境主效应显著 [$F_{(2, 54)}=23.621$，$p<0.05$]，语言水平主效应显著 [$F_{(2, 27)}=11.547$，$p<0.01$]，语言水平和语调语境的交互作用显著 [$F_{(4, 54)}=45.236$，$p<0.01$]。简单效应检验显示，初级和中级水平汉语学习者上声产出的起点调值，在三种语境下均无显著差异，临界值均大于 0.05。然而，汉语母语者上声的起点调值，在疑问语调下分别与在无语调和陈述语调下具有显著差异（$p<0.001$，$p<0.001$），在无语调与陈述语调下没有显著差异（$p>0.05$）。可见汉语学习者与汉语母语者句末上声单字调的调值变化是有差别的。也就是说，尽管初级学习者上声起点调值在三种语境中没有变化，但疑问句的拐点和末点调值明显提高，依然可以看到英语语调的影响（见图 3a）。而汉语母语者疑问句句末单字调起点调值与无语调和陈述语调的差异，则恰好说明汉语母语者依然是通过提高单字调的调阶来表达疑问语气的（见图 3c）。

2.2.4 句末去声单字调的产出

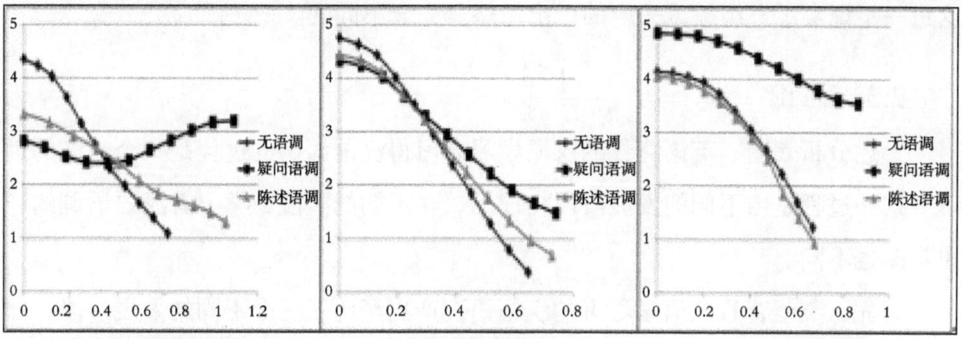

a. 初级水平学习者　　b. 中级水平学习者　　c. 汉语母语者

图 4　三组被试在三种语境下句末去声单字调的产出

去声调形斜率的方差分析结果显示，语调语境主效应不显著 [$F_{(2, 54)}$=5.264，$p<0.05$]，语言水平主效应显著 [$F_{(2, 27)}$=14.566，$p<0.001$]，语言水平和语调语境的交互作用显著 [$F_{(4, 54)}$=5.008，$p<0.05$]。简单效应检验表明，初级学习者去声调形的斜率，在三种语境下均具有显著差异（$p<0.001$，$p<0.01$，$p<0.001$）；中级学习者和汉语母语者去声调形斜率，在三种语境下均无显著差异（$p>0.05$）。从这一结果可以看出，三组被试去声的产出策略各有不同，尽管中级学习者和汉语母语者去声单字调的斜率没有显著差异。图 4a 显示，初级学习者受母语语调影响非常明显，疑问句句末单字调是升调，陈述句句末单字调是降调；在图 4b 中，中级学习者虽未改变去声的调形，三种语境下都是降调，但语调的调阶变化不明显，听起来好像是一个调；而汉语母语者采取的是整体提高调阶的方式来表达疑问语气的。这一点，去声起点调值的统计分析结果可以互为印证。

起点调值的方差分析结果显示，语调语境主效应不显著 [$F_{(2, 54)}$=5.332，$p>0.05$]，语言水平主效应显著 [$F_{(2, 27)}$=88.223，$p<0.01$]，语言水平和语调语境的交互作用显著 [$F_{(4, 54)}$=67.867，$p<0.01$]。简单效应检验结果表明，初级汉语水平学习者去声起点调值在无语调语境下分别与在疑问语调语境和陈述语调语境下具有显著差异（$p<0.001$，$p<0.001$），疑问语调语境下和陈述语调语境下没有显著差异（$p>0.05$）；中级汉语水平学习者声调产出的起点调值，在三种语境下均无显著差异（$p>0.05$，$p>0.05$，$p>0.05$）；然而，汉语母语者声调产出的起点调值，在疑问语调下分别与在无语调和陈述语调下具有显著差异（$p<0.001$，$p<0.001$）。这进一步证实了三组被试去声的产出策略是完全不同的。

2.3 讨论

上述分析表明，英语背景的汉语学习者习得汉语语调的过程是一个动态的过程。这一过程是由不同的发展阶段构成的，在不同的阶段，学习者汉语语调的产出策略也不同。

首先，英语背景汉语学习者的汉语语调产出经历了三个不同的发展阶段，即英语语调迁移阶段、汉语声调调型参照阶段和句末单字调调阶调节阶段。在语调迁移阶段，初级汉语水平的学习者句末单字调的产出，无论阴阳上去，都受到英语语调的影响，即学习者通过改变单字调的调形来表达疑问和陈述语气。虽然疑问句和陈述句句末上声的调形变化并不明显，但与汉语母语者相比，学习者不是整体提高上声的调阶，而是改变拐点后的调高来表达疑问语气。也就是说，初级学习者在疑问语境下上声的产出依然受到英语语调的影响，只是不那么明显而已。

其次，英语语调迁移的假设并不能解释学习者汉语语调产出的全过程。虽然我们的研究也证实了语调迁移的假设，即赵元任先生所说的用英语语调代替汉语声调的现象，但是我们的研究发现，语调迁移主要发生在初级阶段。在中级阶段，即汉语声调调型参照阶段，汉语学习者语调的产出基本上摆脱了英语语调的影响。声学分析表明，无论是疑问句还是陈述句句末单字调，中级汉语学习者都是按照阴阳上去四声本调的调型发音的。显然，中级汉语学习者与初级汉语学习者的语调产出策略是不同的，是语调迁移假设无法解释的。但这个阶段的问题是，中级汉语学习者虽然声调的调型发得很准，但是却不能有效地利用汉语的语调区分疑问和陈述语气，听起来依然是洋腔洋调。

第三，虽然本研究没有选择高水平汉语学习者作为被试，但是我们假定高水平学习者汉语语调的产出近似于汉语母语者，那么在第三个阶段，即“调阶调节”阶段，高水平汉语学习者就会像汉语母语者一样采取调阶调节的认知策略，即通过提高或降低句末单字调的调阶来表达疑问和陈述语气。具体而言，“疑问边界调相对于声调的音阶高，陈述边界调相对于声调的音阶低”（林茂灿，2015）。本研究所说的疑问句和陈述句句末单字调，就是所谓边界调。边界调，按照赵元任先生的说法，包含两个东西，即“小波浪跟大波浪”。“小波浪”即句末单字原有的声调，“大波浪”即疑问和陈述边界调将“小波浪”的调阶分别提高或降低来表达疑问和陈述语气，但“小波浪”的调型并不改变。然而，初级汉语学习者将汉语疑问和陈述边界调变成了一个东西，直接用英语的语调代替汉语的语调，这是母语为非声调语言的汉语学习者汉语语调产出的主要症结所在。

3. 结论

通过上述分析和讨论，本研究的基本结论是：

（1）英语背景的汉语学习者汉语语调的习得是一个动态过程，这一过程表现为三个不同的发展阶段，即语调迁移阶段、声调调型参照阶段和语调调阶调节阶段。如果局限于共时和静态的研究，其结论难免以偏概全。本研究的结果表明，语调迁移假设不能解释学习者语调习得的全过程。

（2）学习者汉语语调习得经历的三个阶段揭示了学习者汉语语调产出的三个认知策略，即“语调调节”“声调调节”和“调阶调节”。所谓“语调调节”，是指学习者在初级阶段以英语语调为参照调节汉语句末单字调的产出，其策略是改变单字调的调形；“声调调节”是中级阶段的汉语学习者根据汉语声调本调调节语调的产出，语调产出策略是调型参照；“调阶调节”是汉语母语者通过调节汉语句末单字调调阶的高低产出语调的策略。汉语学习者若想掌握正确的汉语语调，必须通过调节调阶的高低来表达疑问和陈述语气。

（3）母语为非声调语言的汉语学习者语调迁移现象在初级阶段具有一定的普遍性。这种语调迁移现象是建立在“语际识别”（interlingual identification）的基础之上的。因为英语的语调和汉语的声调有一个共同特点，即都是音高的变化，不同的是，语调是句子层面的音高变化，而声调是音节层面的音高变化。这种不同语言、不同层面音高变化的相似性为语调调节策略提供了语际识别和迁移的心理语言学基础。

（4）学习者汉语语调产出策略受“言语加工策略”（speech processing strategy）的制约，即汉语语调的“二次调节”策略（Meisel，Clahsen & Pienemann，1981）。英

语语调迁移主要表现在初级阶段，随着学习者汉语水平的提高，语调调节的策略不再适用，中级阶段采取声调调节策略的前提是必须摆脱前一阶段的加工策略，即语调调节策略的限制和制约，进行“一次调节”。同样，高级阶段汉语学习者的语调产出策略，即调阶调节策略的实施，前提是摆脱中级阶段声调调节策略的制约，进行“二次调节”，这样学习者才能最终掌握汉语语调产出的规律。

4. 教学建议

目前汉语教学界的语调教学主要是通过两种语言的对比（如汉语和英语语调的对比、汉语母语者与汉语学习者汉语边界调声学特征的对比），提出针对母语为非声调语言汉语学习者的语调教学策略的。本文在这些研究的基础上，基于本研究对汉语学习者汉语语调习得过程的分析和考察，提出以下补充建议：母语为非声调语言的汉语学习者的语调教学，应重视语调教学的阶段性，即针对不同汉语水平的学习者，在不同的教学阶段采取不同的教学策略。具体而言，语调教学要根据学习者在不同阶段采取的语调产出策略进行“逆向教学”。以初级阶段的语调教学为例，针对初级学习者的英语语调调节策略，语调教学应该首先回到音节层面，加强单音节声调调型的教学，增强学习者汉语声调的调型意识，使学习者认识到汉语声调和英语语调的差别，摆脱英语语调的影响。中级阶段的汉语语调教学，则应针对学习者受限于声调调型产出策略的实际，采取声调和语调“对举训练”的教学方法，即采取林茂灿先生的建议，通过汉语单字调“诗、时、始、事”与汉语疑问语调单字句“诗？时？始？事？”的对比进行练习（林茂灿，2015），使学习者认识到汉语疑问与陈述语调是通过整体提高语调调阶的方式来实现的，即调阶的提高和下降，而不是通过改变表疑问和陈述语气的单字调的调形来实现的。

此外，虽然有研究表明，汉语表疑问语气和陈述语气的边界调不仅有调阶的变化，而且斜率也有变化，但是针对汉语学习者的语调训练不应过于强调边界调斜率的变化，而要强调调阶高低的变化，以避免学习者受到英语语调的影响，将汉语声调调形变化和调阶变化混淆在一起。

:: 参考文献 ::

曹剑芬（2002）汉语声调与语调的关系,《中国语文》第3期。

桂明超（2000）美国英语语调对美国学生学习汉语普通话声调的干扰，杨吉春译,《世界汉语教学》第1期。

胡明扬（1987）《北京话初探》，商务印书馆。

李晓朋（2012）母语为英语的留学生汉语二语语调偏误研究，南京师范大学硕士学位论文。

林茂灿（2015）汉英语调的异同和对外汉语语调教学——避免“洋腔洋调”之我见,《国际汉语教学研究》第3期。

谯蓉（2007）汉语单音节句语调比较研究，北京语言大学硕士学位论文。

沈炯（1985）北京话的声调音域和语调，载林焘、王理嘉主编《北京语音实验录》，北京大学出版社。

石锋（1990）论五度值记调法,《天津师范大学学报》(社会科学版）第3期。

吴宗济（1996）赵元任先生在汉语声调研究上的贡献,《清华大学学报》(哲学社会科学版）第3期。

赵元任（1922）中国言语字调底实验研究法,《科学》第7卷，第9期。

赵元任（1959）《语言问题》，台湾大学文学院印行，商务印书馆1980年版。

朱晓农（2005）《上海声调实验录》，上海教育出版社。

Chao, Y. R. (1933) Tones and intonation in Chinese,《中央研究院历史语言研究所集刊》(第四本第二页), 121-134.

Meisel, J. M., Clahsen, H. & Pienemann, M. (1981) On determining developmental stages in natural second language acquisition. *Studies in Second Language Acquisition*, 3(2), 109-135.

原载《华文教学与研究》2016年第4期

语言调节与第二语言学习者语言能力发展研究

1. 第二语言习得研究的“社会转向”与新进展

第二语言习得研究探讨的一个基本问题，就是回答第二语言学习者的语言能力是如何获得和发展的。这个问题涉及两个相关问题的研究，一是第二语言习得机制的研究，二是第二语言习得过程的研究。然而，不同学派对这两个相关问题的回答却大不相同。

上世纪 80 年代，第二语言习得研究的心灵学派（mentalist）受乔姆斯基“管约理论”的影响，将第二语言习得过程看作“参数重设”(parameter resetting）的过程（White，1989)。因此，心灵学派关注学习者内在的“语言习得机制”(language acquisition device)，以此来阐释第二语言学习者语言能力的获得与发展。而认知学派（cognitivism），即信息加工理论，通过“计算机隐喻”(metaphor of computer）来阐释第二语言习得过程，把第二语言习得过程看作信息加工的过程。在语言习得机制上，认知学派认为，语言习得机制与一般的认知机制并无二致。

然而，上世纪 90 年代中期，应用语言学领域的学者认为，上述理论都是从心理语言学的角度阐释第二语言习得过程和机制的，忽视了语言习得与认知的社会性。Firth & Wagner（1997）对这一倾向提出了批评，他们反对用狭窄的心理语言学框架研究第二语言习得，主张将心理语言学框架整合到更为宽泛的社会语言学驱动的研究模式中来。Firth 和 Wagner 引发的这场争论，就是 21 世纪初学者们所描述的“第二语言习得的社会转向”（the social turn in SLA）（参见 Block，2003：4）。

第二语言习得研究的社会转向主要受“社会建构主义”（social-constructivist）、“社会文化理论”（sociocultural theory）以及“后结构主义”（poststructuralist）的影响。在这些理论中，社会文化理论对第二语言习得的贡献最大。早在上世纪 80 年代，美国学者 James Lantolf 就把维果茨基的社会文化理论引介到第二语言习得研究领域，并系统阐发了维果茨基的理论，因而被称作“新社会文化理论”（Neo-sociocultural theory）（Lantolf & Gabriela，1994；Lantolf & Thorne，2006，2007）。由此，这一理论逐渐被西方学者所熟悉。此外，90 年代中期，加拿大学者 Merrill Swain 对“语言输出”和“互动假设”重新进行了探讨，并灌注了社会文化理论的新理念。在此基础上他提出了一个新概念，即“languaging”，我们暂且译为“语言调节”。这一概念提出后，引发了许多学者对“语言调节行为”（languaging behavior）的研究。Ortega（2009：218）认为，Lantolf 和 Swain 这两位学者从社会文化理论的角度为第二语言习得概念的重建开辟了道路。社会文化理论也成为学界唯一普遍接受的第二语言习得理论。

2.“语言调节”概念的演变、理论背景与具体含义

长期以来，Swain（2006）一直在寻找一个词，这个词不仅能够强调语言产出在第二语言习得中的重要性，而且不会让人误以为表达的仅仅是语言“输出管道”的含义。她提出的“语言输出”这个概念，给人的印象好像语言仅仅是“传达固定信息的传声筒”而已。但在她看来，语言产出不仅仅是传达信息。实际上，人们产出语言，所从事的是认知或心理活动，是个体用语言来调节认知和思维的活动。因此，应该把语言看作建构意义的媒介。所以她一直希望找到一个

能够凸显语言作为意义建构和认知调节功能的词来表达这个概念。最初，Swain（2000）使用的是“verbalizing”和“verbalization”这两个词，但是“verbalizing”似乎只是指口语表达（speaking），而不是既包括口语也包括书面语（speaking and writing）。随着时间的推移，“languaging”这个词出现了。Swain 认为，这个词“表达了一种行为，一种动态的、用语言建构意义而永无完结的过程”。也就是说，“languaging”这个词不仅表达语言产出的含义，而且凸显了语言作为意义构建和认知调节工具的功能。因此，我们把“languaging”译为“语言调节”也正包含了这两方面的含义。

从上述演变过程可以看出，“语言调节”这一概念有两个理论基础，一是 Swain 的“输出假设”，二是维果茨基的“调节论”（mediation）。“输出假设”是 Swain 1985 年在法语作为第二语言的“沉浸式”课堂教学调查的基础上提出的。她发现，语言输入对学习者语言习得的影响是有限的，只有语言产出才能真正促进学习者语言能力的发展。语言产出（说和写）构成了第二语言习得的一部分。有学者认为，Swain 这一假设的提出，实际上是对克拉申“输入假设”的挑战。Swain 的课堂教学实践表明，只注重语言输入而忽视语言输出的教学虽然可以提高学习者的阅读理解技能，但对说和写的技能没有帮助。所以，她提出要通过语言产出“推动学习者用法语说话”（push to talk in French）。Swain 认为，推动学习者语言产出可以实现三个功能：（1）注意和触发功能。学习者通过语言产出行为，不仅可以意识到语言产出的问题，而且可以触发学习新知识的认知过程。（2）假设检验功能。语言产出为学习者提供了反思和修改语言表达的机会并让学习者检验自己的假设。（3）元语言（反思）功能。学习者可以通过元语言对自己的语言产出进行反思，并调节语言习得过程。显然，Swain 提出的语言调节概念实际上包含了这三个功能。因此可以说，输出假设是构成其语言调节概念的理论基础之一。但是，Swain 的输出假设并没有凸显语言作为认知调节工具这一功能。而“语言调节”这一概念强调的是语言作为调节工具在知识构建与认知发展中的调节作用。这一思想源于维果茨基的“调节论”。

维果茨基（Vygotsky, 1978，1987）指出：“所有高级心理认知过程都是通过调节实现的，而语言是最重要的调节工具之一。”因此，“调节”（mediation）是社会文化理论的核心概念。维果茨基认为，人类并不是以直接的方式改变物质世界，而是通过"物质工具"(physical tools) 间接改变世界的。与此同时，我们还通过"符号工具"调节我们的思维以及与他人和世界的关系。但是，无论是物质工具还是符号工具，都是人类文化创造的"产物"(artifacts)。Lantolf & Thorne (2006) 用下图直观地阐释了人通过调节工具与客观世界建立的间接关系。

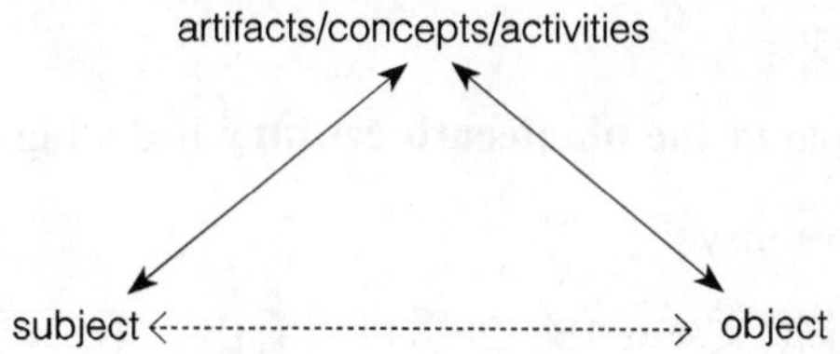

图 1　Lantolf"人类与世界关系调节本质"图

图 1 直观地展示了人与客观世界的间接关系，即人类创造的文化产物，包括物质和符号以及活动，将人与世界连接在一起。语言符号则是介于二者之间的最重要的调节工具。人类通过物质工具来改变世界，通过符号工具来调节人的认知和思维的发展。显而易见，Swain 的"语言调节"概念与维果茨基的"调节论"是一脉相承的。语言调节以语言作为调节工具来调节语言习得和认知发展过程，是学习者获得语言知识和技能的一种学习机制。Swain 将语言调节的概念引入第二语言习得研究领域，通过第二语言学习者的语言调节行为研究，为观察和分析第二语言习得过程和机制提供了新的理论框架和研究方法。

那么，Swain 是如何阐释"语言调节"的含义的呢？按照 Swain 的定义，语言调节主要包括三层含义：

（1）语言调节是知识建构的过程。Swain 指出，"语言调节是一种用于调节和解决复杂问题和任务的言语表达形式"(Swain *et al.*, 2009)，是学习者"通过语言建构意义、塑造知识和经历的过程"(Swain, 2006)。Watanabe (2004) 的研究对语言调节的过程进行了具体的描述，展示了第二语言学习者以语言作为调节工具构建语言知识的过程。该研究要求英语作为第二语言的学习者根据给出的题目 ("如果你生活在 19 世纪") 写一篇短文。下面 1a 和 2a 是学习者产出的短文例句，1b 和 2b 是英语母语者所做的修改。

[1a] *First, if I were a person who lived* ***in nineteenth century of Japan*** *and wanted to study in America...*

[1b] First, if I were a person who lived **in nineteenth-century Japan** and wanted to study in America...

[2a] *Secondly people* ***in nineteenth century*** *had a big problem about sending their letters to another country.*

[2b] Secondly people **in the nineteenth century** had a big problem about sending their letters to another country.

从英语母语者的修改文本（1b、2b）可以看出，第二语言学习者尚未习得名词短语和冠词的正确用法，但学习者最初并没有意识到他们在英语表达上存在的问题。

Ken: I don't need anything after century. No, I don't think so! We need 'in' or 'of'... Because nineteenth century is noun, not adjective... Because I always use this kind of phrase...

但通过比较，学习者发现了二者的不同，并以元语言知识作为调节工具，通过出声思维的方式最终获得了正确的规则。

Ken: in the, in the, in the, in THE nineteenth century

Yoji: So this is a different...so if we put 'the'.

Ken: Yeah, it sh-, it should be noun, noun... maybe we need article. We don't have to put in article for 'in nineteenth-century Japan' because this 'nineteenth century' is adjective...difference. Okay.

上面加横线的两段对话是学习者产出的"言语表达"。这些"言语表达"有以下几个特点，一是这种言语表达是以"出声思维"（think aloud）的方式出现的，而且是由于学习者意识到语言产出（1a、2a）的问题而触发的；二是这种言语表达反应了学习者对自己语言产出的反思以及假设检验的过程；三是这种出声思维与反思是以元语言作为调节工具的。学习者在言语表达与思考的同时完成了知识的建构和内化过程。

（2）语言调节是调控认知过程的工具。Swain（2006）指出："学习者在实施复杂的认知任务时，通过语言调节有意识地组织和控制其心理过程，去发现意义以及先前不知道的联系。" Swain 这一观点指明了语言调节行为发生的条件，即当学习者遇到复杂的认知任务时，便会通过语言这一工具去调节和控制认知和心理加工过程。维果茨基（Vygotsky, 1987）曾经做过一个"颜色词命名禁止"（forbidden color）实验。该实验要求 2 至 8 岁的儿童回答与家庭相关的物体颜色（如你家的房子是什么颜色），但是禁止说出特定的颜色（如白色），而且不能重复已经说过的颜色。为了帮助儿童完成这一复杂的认知任务，允许儿童用带颜色的卡片作为帮助记忆的辅助工具。研究发现，年龄小的儿童不能根据语言指令完成这一复杂的认知任务，也不会利用辅助工具帮助记忆，因为年龄小的儿童还不能有效地用语言和辅助工具调节和控制思维，完成认知任务；但年龄大一点的儿童则能够利用带颜色的卡片避免特定颜色词的命名，即年龄大一点的儿童还不能完全用语言工具调节记忆任务，还需要辅助工具的帮助；而年龄最大的儿童以语言作为调节记忆的工具就可以完成避免特定颜色词命名的认知任务，不需要辅助工具。

这个实验表明，语言是调节和控制人的认知活动和行为的重要工具，人的认知发展有赖于语言调节工具的内化和整合。因此，Swain 提出的"语言调节"概念凸显了语言调节人的认知过程的重要功能。

（3）语言调节是思维内化和外化的工具。Swain *et al.*（2009）指出，语言调节是学习过程的重要组成部分，它既可以把内部思维转换成外部言语，也可以把外部言语转化为内在的认知活动。但这两个过程都是通过作为调节工具的"符号中介"（semiotic artifact）来实现的。

我们还可以通过一个汉语声调习得的例子，来说明语言作为调节工具是如何实现思维的外化和内化过程的。贾琳、王建勤（2013）做了一项通过打手势教授汉语声调的实验。该实验要求实验组在声调产出时打手势，控制组只产出声调，但不打手势。声调感知实验的结果表明，实验组在手势启动条件下，声调感知成绩好于无手势启动的控制组；声调产出实验的结果表明，低水平学习者声调产出更多依赖手势提供的视觉信息，而高水平学习者则不依赖打手势提供的视觉信息。这两个实验的结果给我们两点启示：首先，学习者通过打手势将汉语声调范畴的感知外化，然后，外化的视觉信息被符号化，这就意味着学习者在大脑中建立了符号表征，并建立了声调范畴与符号的映射关系，从而使声调感知任务易化。其次，声调产出的实验说明，低水平学习者更多依赖声调的视觉信息，因为声调范畴的表征尚未完全建立（或称“内化”）；而高水平学习者通过符号化在大脑中已经建立了声调范畴的表征，即声调范畴已经被内化，因此，学习者可以通过符号的调节功能来完成声调的感知和产出任务。

上述实验表明，“符号”是实现思维内化和外化的关键，而语言是实现这两个过程的重要调节工具。正如 Veresov（1999）指出的那样，符号由于其两面性，即“客体形式与主体的意义”(objective form and subjective meaning)，使物质世界客观活动“主观化”(idealization）和个体心理世界主观活动“客观化”(objectification）成为可能（转引自 Lantolf & Thorne，2006：154）。

3. 语言调节与第二语言学习者语言能力发展

Swain 提出“语言调节”的概念后，引发了许多关于第二语言学习者“语言调节行为”(languaging behavior）的研究。与以往的认知实验研究方法不同，语言调节行为的研究有特定的研究范式，即“微观发生分析法”。这种分析方法关注人类认知发展形成的过程，而不是结果。正如维果茨基指出的那样，只有通过研究人类认知发展的变化过程才能发现其本质。因此语言调节行为研究关注的是第二语言习得的过程，在过程中发现语言调节如何促进学习者语言能力的发展的。

3.1 语言调节行为的研究范式

通俗地说，语言调节行为是学习者通过出声思维的“言语表达”作为调节工具调节语言习得与认知的心理过程。Swain *et al.*（2009：5）的解释是：“当面对复杂的任务时，我们自己就会大声说话，或默默自语，或向他人解释。这都是‘语言调节’的例子。”这些言语表达（大声说话、默默自语等）将我们的思维转换成调节工具（artifacts)，凭借这些调节工具我们进一步思考，在说或写的同时实现对概念和知识的深入理解。这就是所谓的“语言调节行为”。因此，语言调节行为研究，是关于学习者以语言为工具调节语言习得与认知过程的言语表达行为研究。对于学习者而言，语言本身是习得的目标，同时也是获得语言知识和认知发展的符号工具。换句话说，学习者在第二语言习得过程中具有双重任务，既要学习语言本身，同时又要掌握语言调节的工具，而语言本身的学习需要通过语言调节工具来实现。

语言调节行为研究的微观发生的分析方法源于维果茨基的发生学方法。由于微观发生分析强调符号工具的调节作用，因此维果茨基提出了“双重刺激”（double stimulation）的概念。Wertsch（2007）将其称为“双重刺激功能法”（functional method of dual stimulation）。所谓“双重刺激”，一个是指给学习者提供的待解决的认知任务或目标，如学习汉语的“把”字句等；另一个是指起调节作用的辅助工具，即符号工具。维果茨基认为，言语和其他符号系统为人类提供了一种独特的刺激形式，人可以用它来影响和控制自己的行为。维果茨基之所以提出“双重刺激”的研究方法，是因为在他看来，在实验室条件下的“刺激-反应”的研究方法只适合低级的心理功能的研究，不适合人的高级心理功能的研究。另外，以反应时为测量指标的心理实验是基于结果的研究方法，这种方法无法研究人的高级心理功能形成的历史和发展。人的高级心理机能都是通过辅助工具，或者说符号系统（包括语言符号系统）的调控来实现的。因此，第二语言学习者的语言调节行为研究，不仅关注语言学习本身，而且关注学习者如何利用语言符号调节语言习得过程，并通过语言调节将语言符号整合和内化为言语思维，最终实现语言能力的获得与发展。

3.2 语言调节的微观发生分析与学习者语言能力发展

本世纪初，Swain 提出的语言调节理论在第二语言习得研究领域引起了许多学者的关注，有关第二语言学习者语言调节行为的研究不断涌现。为了便于叙述，本文根据 Wertsch（2007）的分类，将语言调节行为分为两类，即“外显调节”（explicit mediation）和“内隐调节”（implicit mediation）。所谓“外显调节”，是指明显地、有意识地将调节工具引入调节活动，而引入的调节工具或符号都是物质化的。如“基于概念的语言调节”（concept-based languaging）。“内隐调节”则不需要人为地、有意识地引入调节工具，内隐调节本身就是交际活动的一部分。因此，内隐调节是以符号或自然语言为工具的，其基本功能是交际。根据这一分类，关于外显调节，本文主要探讨 Swain “基于概念的语言调节” 行为研究；关于内隐调节，主要介绍 “个体言语”（private speech）式和 “合作对话”（collaborative dialogue）式两类语言调节行为研究。

3.2.1 “基于概念的语言调节” 行为研究

按照 Wertsch 的分类，“基于概念的语言调节” 显然属于外显调节，因为基于概念的语言调节是指第二语言学习者以语言学概念作为语言调节的工具。这一符号工具是有意识地引入语言调节活动的，学习者通过这一具体的符号工具实现语言知识和技能的获得。Swain 基于概念的语言调节和研究方法来自维果茨基的 “基于概念的调节”（concept-based mediation）理论。维果茨基非常重视学校的正规教育，因为学校的语法教学可以促进母语学习者对 “科学概念” 的理解，从而促进儿童的思维发展。Lantolf（2011）将这一思想引入了第二语言课堂教学。尽管目前关于元语言知识在第二语言课堂教学中的位置依然是有争议的问题，但是他们仍然主张，第二语言课堂教学不能只是模仿儿童母语习得那种 “自发性学习”（spontaneous learning）的方式，课堂语言教学应该是发展学习者陈述性知识的最佳场所（Mitchell，Myles & Marsden, 2013：245）。换句话说，第二语言课堂的语法教学不仅应该重视 “内隐的程序性知识”（implicit-procedural knowledge）的习得，而且还应该格外重视 “外显的陈述性知识”（explicit-declarative knowledge）的学习，即所谓 “基于概念” 的语法学习。所不同的是，Swain 提出的 “基于概念的语言调节” 不是采取课堂教学灌输的方式，而是学习者通过语言调节，即对一些新的概念进行 “自我解释”（self-explain），以及对语言使用的具体例子进行评价等方式来学习语言知识。

在 Swain 的研究中，语言调节行为分析的基础是语言的 “概念单元”（concept units），即呈现给学习者的第二语言语法、语义等信息。当学习者在学习这些概念时，通过出声思维分析这些概念的含义，就构成了所谓的 “语言调节单元”（languaging units，即 LUs）。按照 Swain 的分类，学习者的语言调节行为包括两大类：“与概念相关的语言调节”（concept-bound languaging）和 “与概念无关的语言调节”（non-concept-bound languaging）。“与概念相关的语言调节” 包括三种类型:（1）重复释义（paraphrasing）。即重复通过卡片呈现的概念单元。（2）推理（inference）。推理有三种形式，一是整合信息（integration），当学习者试图理解句子结构时用元语言解释先前呈现的语言信息；二是“详细阐释”（elaboration），即通过比较或对比概念单元将新信息整合到自己的语言系统中去；三是形成假设（hypothesis formation），即学习者根据习得或理解的知识形成假设。这三种形式都是通过推理获得新知识。（3）分析（analysis）。即学习者根据元语言知识解释和分析特定的句子。除了“基于概念的语言调节”，Swain 还区分了两个与概念单元没有直接关系的语言调节类型:（1）自我评价（self-assessment）。这类语言调节主要用来监控调节行为，如学习者会说“这部分我不理解”“我不明白这是什么意思”。这种语言调节虽与调节的概念单元没有直接关系，但可以表明学习者当前的认知状态。（2）重读（rereading）。即学习者重述呈现的部分信息或整体信息，不存在任何信息的阐释和分析行为。这两类调节行为显然与前三类调节行为不同，前者是通过语言工具学习语言，而后者则体现为学习者在遇到调节困难时采取的策略。

Swain *et al.*（2009）对 9 名法语作为第二语言的学习者用其第一语言（即英语）作为调节工具调节法语语态的习得过程进行了详细的分析。下面这些“语言调节单位”（LUs）包含了上述五种调节类型。为便于理解，我们将其译为汉语。

①某人……在做，要做某事 // ②此刻我们说他们将实施这个行为，用，是，嗯，用 //（**S3：推理 / 解释**）

③这个物体这个球嗯而且他们是，re-，这个球是指，所以，作为逻辑宾语 //（**S4：重复释义**）

④ // 所以你可以假定受事在中性语态中也承担直接宾语的角色[原文如此，应该是主语]因为和被动语态起的作用相似？ //（**M9：推理 / 形成假设**）

⑤ // 如果不用图表 1 说明的那种结构，表示类似被动语态含义的另一种方式就是通过我们所知的中性语态 //（**重读**）

⑥ //……我现在要了解中性语态。但是那呈现信息的卡片没告诉我任何东西。没展示任何，嗯，没展示任何东西，没有说，没有举例

或说明什么是中性语态，但是我猜测，只是说摆脱被动语态的心理框架……//[①] **（自我评价）**

语言调节单元①②是对“语义概念单元”（S3，即主语可以是施事 / 行为者）的推理和解释，主要是整合先前概念单元的信息。语言调节单元③是对“语义概念单元”（S4，即宾语可以作为受事 / 逻辑宾语）的重复释义。语言调节单元④是对“混合概念单元”[②]（M9，即受事是语法宾语）的推断和假设，因为学习者用“假定”这个词来推测并形成假设，但这个推测并不正确。语言调节单元⑤和⑥都属于与概念没有直接关系的语言调节。在语言调节单元⑤中，学习者以“重读”的方式重述了卡片提供的法语被动语态和中性语态的信息，但并没有对这些信息做任何解释和分析。语言调节单元⑥是学习者对卡片文本信息的评价。

上述五种调控方式虽各有异，但知识的内化过程却并无二致。无论推理、释义还是形成假设，按照语言调节的观点，学习者知识的内化都经历了两个过程。一是外化过程，即学习者的所思所想都是通过言语表达出来的，这种言语表达（verbalization）是学习者思维的“外化”和“客体形式”（objective forms），而且都是通过元语言这种概念形式（施事、受事、被动态、主动态等）表达的。这些概念单元成为语言调节工具的承担者（agents）。学习者通过这些语言调节工具进一步分析（推理、释义、假设等），加深对概念含义的理解。二是内化过程。由于这些概念单元本身就是符号，因而无须经历符号化的过程，学习者直接将言语表达的客体形式与对概念的理解——即意义（subjective meaning）建立联系，最终实现概念的内化。概念的内化过程，按照心理语言学的观点，就是符号表征的建立过程。换句话说，学习者是通过符号心理表征的建立实现概念的内化的。需要指出的是，后两类语言调节类型，即“重读”和“自我评价”，虽与语言概念单元没有直接关系，但作为一种语言调节类型，在某种程度上可以看作学习者的言语加工策略。“重读”虽然没有对概念单元做出分析和解释，但是通过“重读”

---

① 注：// 分割语言调节单元；[ ] 方括号中的文字表示注释；……表示短于 5 秒的停顿；－表示不完整的话语；“” 中的文字表示朗读来自呈现语言信息卡片文本的话语；粗体字表示强调；斜体字是法语；带下画线的文字表示重叠的话语。

② “混合概念单元”在此指既包括语法概念也包括语义概念。

能够强化对概念单元的刺激，为后续概念的理解和加工提供基础。而“自我评价”往往是学习者对目前语言调节和认知状况的监控，同样可以为学习者调整元认知策略提供指引。

那么，语言调节是否促进了学习者第二语言知识的获得以及语言能力的发展？Swain 的研究结论是，所有的学习者都掌握了法语语态的概念，即通过语言调节实现从完全不了解到了解，而且能够正确地使用法语语态。使用语言调节数量和类型越多的学习者，对法语语态概念的理解越深刻，法语语态运用的正确率也越高。这一结论说明，语言调节是第二语言学习者获得语言知识和发展语言能力的重要工具。语言调节作为一种学习机制，从发生学的角度揭示了语言习得发生、内化以及发展的普遍规律。这也是维果茨基调节论对人的认知发展，包括学习者知识获得机制的理论阐释最伟大的贡献。

3.2.2 “个体言语”式语言调节研究

通常情况下，语言产出的主要目的是实现人际间的交际，即交际双方通过语言沟通信息。这种以交际为目的的话语被称作“社会言语”(social speech)。而“个体言语”(private speech)是一种特殊的话语，因为这种话语不以交际为目的，常常是说话人自己对自己说。但是，有的个体言语是有意识地“自我阐释”，这种自我阐释是基于概念的个体言语，或者说，是以语言概念作为调节工具，以自我阐释的方式调节语言知识的学习过程。这种个体言语式语言调节属于“外显语言调节”(explicit languaging)。然而，有的个体言语并不是学习者刻意为之，而是一种不自觉的言语行为。这种个体言语主要出现在特定环境中，即当学习者遇到复杂的学习任务时，常常会自己与自己说，即与想象中的自我对话。这种个体内的（intrapersonal）言语属于“内隐语言调节”(implicit languaging)。

按照 Saville-Troike（1988）的标准，个体言语有三个特点：(1）学习者说话时与对方无对视；(2）不需要对方回答；(3）常常降低声音自语。皮亚杰认为，个体言语是儿童“自我中心”(egocentrism）的表现。而社会文化理论则认为，个体言语是学习者试图用外在言语调节自己行为的一种能力的表现。母语者或熟练的学习者已经具备“自我调控”(self-regulation）的能力，通常情况下不需要通过个体言语来调节自己的言语行为。但是儿童和不熟练的第二语言学习者则需要在他人的帮助下来完成相对复杂的语言和认知任务，即所谓“他人调控”(other-regulation)。但是，学习者要实现从他人调控向自我调控的转变，除了他人的协助，还可以通过个体言语，即以“自我支架”(self-scaffolding) 作为调节工具来达到这一目的。

魏岩军（2011）在社会文化理论框架下对汉语作为第二语言的学习者在汉语习得过程中产出的个体言语类型、功能以及学习机制进行了详细的探讨。该研究是在课堂教学环境下通过看图（《猴子捞月亮》）叙述故事的方式，考察 10 名初级汉语水平学习者以个体言语为调节工具的语言调节过程。研究发现，在课堂教学环境下，学习者个体言语主要包括以下几种类型：重复、代替回答和合唱回答、个人演练、发现、评论、自我回答、词语游戏等。这些类型的个体言语，大致可以分为两类，一类是与语言规则直接相关的个体言语，如重复、代替回答、个人演练等；一类是评价类个体言语，如评论、发现等。限于篇幅，仅举数例如下：

个体言语片段 1（重复）：[①]

T1:【于是，这个领头的猴子在（·）对（·）一（·）一（·）一棵（·）一棵（·）一棵树旁边吹了一声口哨。

SS:【于是，领头的猴子在树的一：一棵树旁边吹了一声口哨。

E：于是，领头的猴子树（·）一棵（·）一棵树旁边吹了一声口哨。

M:°°领头的猴子°°(4.5)°°一棵°°(2.2)°°吹了°°(·)°°一声口哨°°。

魏的研究发现，“重复”类的个体言语是最多的，是学习者个体言语产出最常用的调节工具和方式。因为学习者可以利用“重复”类个体言语实现多种认知功能。如通过“重复”部分或整个前述话语将注意力集中在要学习的生词和语法上，试图回忆已学过的词语，以及加工和记忆目的语语言形式等（魏岩军，2011：32）。在个体言语片段 1 中，学习者并不是完整地重复前述话语，而是有选择地重复。这种有选择的重复，实际上是通过个体言语将注意力直接指向要学

① T1 表示教师，A、B、C、D、E 表示学习者，(·) 表示 0.2 秒以内的停顿，【表示两人以上的重叠话语，°° 表示低语，°°°° 表示更小声的低语，°°°°°° 表示极低的私语，粗体字表示个体言语，(XXX) 表示听不确切的话语，：：表示语音的延长。

习的新词语，如“领头的猴子”“吹了一声口哨”。

个体言语片段2（合唱回答）：

T1：所以说（·）猴子们听到（·）【听到口哨。

B：【猴子们听到他的口哨。

C：【猴子们听到口哨。

A：【°**听到**°（·）°**口哨**°以后，

T1：然后就

B：【然后就°**爬**：：°

C：【°**然后他们**°（·）然后他们跟着

A：【然后就爬上山顶

所谓“合唱回答”，是在课堂教学环境经常出现的一种比较隐蔽的个体言语。这种个体言语一方面说明学习者对课堂学习的积极参与，另一方面由于学习者的个体差异以及学习风格的不同，参与合唱的方式也不同。当学习者对产出的规则不确定时往往会采用这种隐蔽的个体言语。

个体言语片段3（排练）：

H:（3.0）月亮（1.0）又圆又大（1.1）领头（·）°°°**领？**°°°领头的猴子:（3.2）啊（0.9）领头的猴子摘（4.3）°°**下来**°°摘下来一个月亮？°**摘？**（·）**摘下来**°（·）((笑))摘下来一个月亮。

个体言语的另外一个重要功能是“排练”(rehearsal)，这种排练并非大声朗读，而是低声自语。排练是在不依赖他人辅助的情况下，边思考边演练，通过自我言语实现调节功能。

个体言语片段4（评论）：

A:【**哦**（·）**对对对**。有一群猴子们（·）猴子们（1.5）啊（0.8）挂（·）**不是：不是**（·）看见月亮在天上挂着了。

片段4的个体言语与前者不同，这种评论式个体言语反映了学习者对语言产出的自我意识，以及对语言产出的监控和评价。

尽管上述个体言语类型不同，其调节功能也各不相同，但是它们都有两个重要特点：一是这些个体言语都具有目标性，即学习者有明确的学习目标，如学习新词语或句法结构；二是以个体言语作为调节工具实现知识学习和言语行为的调控作用，如通过个体言语调节注意力的分配、调节学习过程、监控学习状态等。这两个特点构成了维果茨基所说的“双重刺激”。人与动物学习的区别，除了言语活动的目标性之外，就在于是否会使用符号工具。学习者的个体言语不仅具有目标性，而且利用个体言语这一符号工具可以实现个体言语向内在言语的转化，即实现由“他人调控”向“自我调控”的转化。这一转化实际上包括两个过程。一是思维的外化过程，当学习者看到猴子捞月亮的图片时，通过个体言语将思维外化，外化的个体言语作为调节习得过程的符号工具；二是个体言语转化为内在言语的内化过程，个体言语作为调节工具将思维与内在言语两端连接在一起。因此，个体言语作为一种学习机制在知识内化与习得过程中具有重要的作用。

3.2.3 “合作对话”式语言调节研究

“合作对话”（collaborative dialogue）既可以是师生之间的合作，也可以是学习者之间的合作。按照 Swain 的阐释，“合作对话”是一种知识建构的对话。在合作对话的过程中，语言运用和语言学习同时发生（Swain，2000）。合作对话式语言调节，是指双方通过对话和语言运用来调节语言学习。这既是一种认知活动，也是一种社会活动。

Swain 的论述至少包含三层含义：首先，合作对话作为一种互动过程，并不是简单地传递信息，而是由对话双方共同构建知识的过程，换句话说，合作对话既是语言运用的过程也是知识建构的过程，学习者通过对话的方式来学习语言。其次，合作对话式语言调节，通常是一种内隐调节，不需要有意识地引入调节工具，或者说，内隐调节是以合作对话的自然语言作为调节工具的。再次，按照维果茨基的观点，合作对话不单单是一种认知活动，而且是一种社会活动。因为维果茨基认为，知识的构建首先发生在“心理间平面”（interpsychological plain），即人际间的社会活动是知识产生的源头，通过社会交际转化为“心理内平面”（intrapsychological plain），即内在的知识。这种知识的内化是通过社会活动来实现的。合作对话就是学习者实现知识内化或语言习得的途径之一。

付佩宣（2014）对汉语作为第二语言的学习者合作对话式语言调节行为进行了深入的探讨。研究的目的是考察在互动环境下，第二语言学习者的语言调节行为对口语表达流利性的影响。参与该研究的初级和高级汉语水平的学习者各24名。该研究采用根据图片进行自由交谈的实验任务，以诱导学习者进行自然的合作对话。研究发现，初级汉语水平的学习者有五种调节方式（即重复、重组、替换、添加与确认）对其口语表达流利性有重要影响，而高水平的汉语学习者主要有四种调节方式（即重复、重组、替换和添加）对其口语表达的流利性有影响。限于篇幅，仅列举两例语言调节片段来阐释第二语言学习者通过合作对话进行语言调节的过程。

语言调节片段1（重复）：

语料来源：初级C5-2；S代表学习者，T代表母语者

T：为什么去家乐福呀？那么远。

S：家乐福有点儿便宜。

T：哦，家乐福便宜一点儿。

S：家乐福便宜一点儿，便宜一点儿，便宜一点儿。

语言调节片段2（重组）：

语料来源：初级C2-1

（第一次任务提到"玩儿"手机）

S：玩儿，玩儿他的，跟他的手机。

T：玩儿手机。

S：玩儿，玩儿手机，玩儿他的手机。

很多人玩儿手机这是，这个问题是多，很多国的问题。

这两个语言调节片段是母语者和第二语言学习者的合作对话。通过这两个语言调节片段，我们看看学习者是如何构建语言知识的。片段1中，学习者对母语者的提问做出回应，母语者发现学习者的回答不正确，便采取内隐的调节方式，即"重述"（recast）的方式为学习者提供正确的答案（"便宜一点儿"），学习者采取了模仿和重复的策略调节自己的语言表达。在片段2中，当学习者语言表达遇到困难时，母语者依然采取内隐的调节方式"重述"正确的话语。学习者首先采取模仿前述话语（玩儿+手机）的策略，然后采取"重组"和扩展的策略（玩

儿 + 他的 + 手机）。在这两个片段中，学习者首先采取的调节方式都是“模仿”。模仿作为一种重要的学习机制与机械的重复不同，维果茨基把模仿看作一个复杂的、潜在的转化活动，而不是简单的鹦鹉学舌。模仿是所有人类意识发展的源泉（Lantolf & Thorne，2006：167）。因为模仿是通过说和做相同的事来创建新知识的。学习者在这两个片段中采取的调节方式的不同之处是，前者采取重复的方式，后者采取重组的方式。与机械重复不同的是，这种重复是有意识的、具有目标的认知活动，而重组则是不断地调整和整合话语结构。

从上述分析可以看出，第二语言学习者语言知识的建构是通过内隐调节的方式实现的。这种调节方式的特点是，“合作对话”（collaborative dialogue）行为既是第二语言学习者知识构建的调节工具，同时也是获得语言知识的源头。这种调节工具不是人为引入的，而是交际双方的自然话语。这种外在的话语通常是在交际遇到困难时，由母语者提供“支架”（scaffolding）和“模版”（model），学习者对母语者的话语做出反应。这就是思维的外化和“客观化”（objectification），即双方的对话成为一种客观的调节工具，这一符号工具一旦被内化，知识构建的过程便达成。上述两个语言调节的片段直观地再现了这一过程。付佩宣（2014）的研究表明，合作对话式语言调节对汉语学习者的口语表达流利性有一定的促进作用。但是，由于调节方式不同（如内隐和外显调节），以及学习者的汉语水平不同，语言调节对学习者口语能力习得的促进作用也不同。

4. 语言调节行为研究的理论探讨

语言调节行为研究作为一个新的研究领域之所以引起诸多学者的关注，其魅力在于它为我们探讨第二语言习得研究提供了新的理论视角和独特的研究方法。这一研究，正如上文展示的那样，涉及了第二语言习得研究的许多基本理论问题，而基于社会文化理论的语言调节行为研究对这些基本理论问题提出了一些新的见解。因此，我们有必要对这些理论见解做一简要的阐释。

4.1 语言知识的建构与语言能力的发展

语言调节行为，无论是基于概念的，还是个体言语调节行为，都涉及一个

“个体发生”(ontogenetic) 的理论问题，即知识是如何建构的，或者说，知识是从哪里来的。按照维果茨基的个体发生理论，知识，无论是语言知识还是其他知识，都是通过“心理间平面”建构的。所谓“心理间平面”是指个体间的心理活动，人的意识首先存在于个体交际的心理活动中。意识是人共有的知识，因此语言知识也是通过个体之间的认知活动共建的。维果茨基之所以强调意识发生和知识构建的心理间平面，是因为在他看来，个体间知识的构建不仅是一种认知活动，而且是一种社会活动。这也是第二语言课堂教学强调交际、推崇任务型教学的主要原因。没有交际，没有任务和活动，语言习得便不会发生。课堂教学中语言技能的获得如果成为抽象的规则的操练，离开社会交际和活动，语言知识和技能的获得也无从谈起。至少个体间的交际活动为语言知识的获得提供了前提和源泉。然而，个体间的交际活动并不会必然带来语言习得的发生，也不会自然地促进学习者语言能力的发展。按照维果茨基的理论，第二语言学习者语言能力的发生，还必须实现由“心理间”向“心理内”的转化，这一转化就是他所说的内化过程。这一内化过程是通过语言这一调节工具实现的，因此语言调节行为是知识构建和语言能力发展的重要手段和途径。

4.2 语言调节的学习机制问题

语言调节的学习机制问题涉及语言知识内化过程的机制问题。按照维果茨基的内化理论，知识的获得需经历三个阶段。第一个阶段是“物化行为阶段”(a material or materialized action stage)。这一阶段学习者参与实物化的活动，如通过图表和实物表征抽象概念等。第二个阶段是“外部言语阶段”(external speech stage)。这一阶段语言外化为独立的认知加工工具，如把出声思维、个体言语等作为调节工具。第三个阶段是“心理行为阶段”(mental action stage)。这一阶段学习者的言语内化为内在言语，语言表达达到自动化。这种内在言语已经成为心理活动调节的工具，学习者可以通过内在言语调节言语行为，独立完成认知任务，而无须借助外在言语等辅助工具 (Swain，2000)。这是知识内化或获得的一般过程，同样，语言学习也需要经历相似的内化过程。语言知识的建构，首先需要将思维通过语言调节行为 (verbalization) 外化为外在言语 (external speech)。这时，这些外在言语便成为语言调节的工具，即思维被物化为符号工具。当外在言语这一符号工具内化为内在言语，语言知识的建构就完成了。由此可知，语言知识的内化作为一种学习机制，其特点在于语言本身既是学习的目的，同时也是调节语言习得过程的认知工具。这一机制揭示了语言习得发生和学习者语言能力发展的根本原因。

4.3 认知互动与语言调节的区别

Long（1983）提出的“互动假说”（interaction hypothesis）在第二语言习得研究领域引发了一系列实验研究。他试图证明这样一个命题，即语言输入调整（input modification）是否可以促进语言习得，然而实验研究的结论并不一致。问题在于互动假说是基于这样一种理论假设，即如果语言输入调整能够为学习者提供可理解输入，那么语言习得就会自动发生。但事实并非如此。按照维果茨基“调节论”的观点，语言输入与语言习得并非简单的、线性的因果关系。语言习得的发生有赖于语言调节工具的中介作用，即在“刺激”（语言输入）与“反应”（语言习得）之间，需要借助于语言这一符号工具（semiotic artifacts）的调节功能方能实现。这是维果茨基“调节论”在解释语言习得过程和机制，以及第二语言课堂教学方面最伟大的贡献。第二语言课堂教学，无论是听说法，还是交际法，抑或任务型教学，语言本身作为语言习得与教学重要的调节工具的功能往往被忽视。互动假说虽然强调语言输入环境的重要性，但是语言输入环境作为一种外在因素，并不能使语言习得自然发生。良好的语言输入环境不会自然改变学习者的言语行为，也不会带来学习者语言能力发展的必然结果。

4.4 第二语言学习者语言能力的评价问题

学习者的语言能力，按照维果茨基的理论，包括学习者已有的语言能力，即学习者可以独立进行语言交际的能力，此外还包括学习者未来语言发展的潜能。在二者之间还存在着一种正在发展中的语言能力，即学习者需要在他人的帮助下才能完成交际的能力。这就是维果茨基提出的“最近发展区”（Zone of Approximal Development）的观点。那么，如何评价学习者位于最近发展区中的语言能力？目前的标准化语言测验的评价方法是对学习者的“语言表现水平”

（performance level）进行测量。但是这种方法是基于结果的、静态的测量方法，显然不适合对学习者处于最近发展区的动态语言能力做出评价。因此，维果茨基提出了"学习潜能评价"（learning potential assessment）的概念。静态的、基于结果的语言测试测量的是学习者已有的语言能力，而学习潜能的评价则关注学习者在最近发展区中动态的、正在发展的语言能力。这种评价方法就是 Feuerstein *et al.*（1979）提出的"动态评价"（Dynamic Assessment，DA）方法，通常采用"前测"（pretest）——"调节"（mediation）——"后测"（protest）的程序进行评价。从这一评价过程可以看出，动态评价是一种动态的、基于过程的、测试与教学干预相结合的评价方法。这种评价方法关注的是学习者的学习潜能，因此，Kozulin & Garb（2002）提出了"学习潜能分数"（Learning Potential Score，LPS）的测量方法及计算公式。这种测量方法不仅对学习者的绝对分数（即后测所得成绩）进行评价，而且针对学习者语言学习的潜能（即对前测与后测成绩的比较）来评价学习者语言能力的发展。这种评价方法的优势在于，评价者通过前测可以发现学习者存在的问题，在教学干预阶段，即语言调节阶段，可以有针对性地设计干预计划，在教学过程中进行评测。因此这种方法更适合在课堂教学环境下制定更有针对性的教学策略，并对学习者的语言能力做出实时的、动态的评价。

:: 参考文献 ::

付佩宣（2014）互动环境下调控行为对学习者口语流利性获得影响的研究，北京语言大学博士论文。

贾琳、王建勤（2013）视觉加工对英语母语者汉语声调产出的影响，《华文教学与研究》第 4 期。

魏岩军（2011）第二语言学习者个体话语类型、功能及其内化机制研究，北京语言大学硕士论文。

Block, D. (2003) *The Social Turn in Second Language Acquisition*. 世界图书出版公司 2012 年版。

Feuerstein, R., Rand, Y. & Hoffman, M. (1979) *The Dynamic Assessment of Retarded*

Performers. Baltimore, MD: University Park Press.

Firth, A. & Wagner, J. (1997) On discourse, communication, and (some) fundamental concepts in SLA research. *Modern Language Journal,* 81(3), 285-300.

Kozulin, A. & Garb, E. (2002) Dynamic assessment of EFL text comprehension. *School Psychology International*, 23(1), 112-127.

Lantolf, J. P. (2011) The sociocultural approach to second language acquisition: Sociocultural theory, second language acquisition, and artificial L2 development. In D. Atkinson (ed.), *Alternative Approaches to Second Language Acquisition*. London & NY: Routledge.

Lantolf, J. P. & Gabriela, A. (1994) *Vygotskian Approaches to Second Language Research.* Norwood, NJ: Ablex Publishing Corporation.

Lantolf, J. P. & Thorne, S. L. (2006) *Sociocultural Theory and the Genesis of L2 Development*. Oxford: Oxford University Press.

Lantolf, J. P. & Thorne, S. L. (2007) Sociocultural theory and second language learning. In B. van Patten & J. Williams (eds.), *Theories in Second Language Acquisition*. Mahawah, NJ: Lawrence Erlbaum.

Long, M. H. (1983) Native speaker/non-native speaker conversation and the negotiation of comprehensible input. *Applied Linguistics,* 4(2), 126-141.

Mitchell, R., Myles, F. & Marsden, E. (2013) *Second Language Learning Theories* (3rd edition). London & NY: Routledge.

Ortega, L. (2009) *Understanding Second Language Acquisition*. London: Hodder Education.

Saville-Troike, M. (1988) Private speech: Evidence for second language learning strategies during the 'silent' period. *Journal of Child Language,* 15(3), 567-590.

Swain, M. (2000) The output hypothesis and beyond: Mediating acquisition through collaborative dialogue. In J. P. Lantolf (ed.), *Sociocultural Theory and Second Language Learning.* Oxford: Oxford University Press.

Swain, M. (2006) Languaging, agency and collaboration in advanced second language proficiency. In H. Byrnes (ed.), *Advanced Language Learning: The Contribution of Halliday and Vygotsky*. London: Continuum.

Swain, M., Lapkin, S., Knouzi, I., Suzuki, W. & Brooks, L. (2009) Languaging: University students learn the grammatical concept of voice in French. *Modern Language Journal*, 93(1), 5-29.

Veresov, N. (1999) *Undiscovered Vygotsky: Etudes on the Pre-history of Cultural-historical Psychology*. Frankfurt: Peter Lang.

Vygotsky, L. S. (1978) *Mind in Society: The Development of Higher Psychological Process*. Cambridge, MA: Harvard University Press.

Vygotsky, L. S. (1987) *The Collected Works of L. S. Vygotsky: Volume 1, Problems of General Psychology, Including the Volume Thinking and Speech*. Boston, MA: Springer.

Watanabe, Y. (2004) *Collaborative Dialogue Between ESL Learners of Different Proficiency Levels: Linguistic and Affective Outcomes*. Unpublished M.A. thesis. OISE, University of Toronto.

Wertsch, J. V. (2007) Mediation. In H. Daniels, M. Cole & J. V. Wertsch (eds.), *The Cambridge Companion to Vygotsky*. Cambridge: Cambridge University Press.

White, L. (1989) *Universal Grammar and Second Language Acquisition*. Amsterdam: John Benjamins.

原载《甲子学者治学谈》

冯胜利、李亚非、沈阳主编，北京语言大学出版社，2017 年

马若瑟汉语习得观今释

1. 引言

17 世纪末法国来华传教士马若瑟（Joseph de Prémare,1666—1736）被公认为“曾经有过的最好的汉学家”之一（荣振华，1995：660），中外学者对其汉学研究的贡献都给予了充分的肯定，特别是在汉语研究方面，学者们对他 1728 年撰写的《汉语札记》（拉丁文标题为 *Notitia Linguae Sinicae*）给予了较多关注。但在众多评价中，学者们关注最多的是马若瑟对汉语语法研究的贡献，而对他在汉语习得上的创见及其理论价值却缺乏深刻的认识，甚至存在某些误解。这些误解一方面是受历史的局限，另一方面是受学科发展的局限。为此，我们有必要站在今天的理论高度重新揭示马氏汉语习得观的理论价值与现实意义。

2. 前人对马若瑟《汉语札记》的评价及历史局限

马若瑟的《汉语札记》从成书（1728 年）到出版（1831 年）前后经历了 100

多年，在这100多年里，学者们对《汉语札记》的评价褒贬不一。当时在法国乃至整个欧洲具有重要影响的汉学家傅尔蒙（Étienne Fourmont，1683—1745），在1742年出版的《中华官话和文字的双重语法》（*Linguae Sinarum Mandarinicae Hieroglyphicae Grammatica Duplex*）一书的前言中，认为《汉语札记》一书组织得很糟糕，而且认为此书算不上一本真正的中文语法书。甚至连对马若瑟赞誉有加的雷慕沙（Jean-Pierre Abel-Rémusat，1788—1832）在其《汉文启蒙》（*Élémens de la grammaire Chinoise*）的前言中，也认为《汉语札记》不适于出版。如果不是当年英国传教士马礼逊(Robert Morrison,1782—1834)的关注和努力，也许我们今天就很难看到《汉语札记》这本传世之作了。

问题是，这些学者为什么会对《汉语札记》做出如此评价？我们认为，除了历史的局限，在很大程度上，这些学者还没有搞清楚《汉语札记》到底是一本什么书，更不要说对《汉语札记》的语言学思想做出客观评价了。为此，本文拟对以下几个问题做进一步澄清。

2.1 《汉语札记》是汉语教科书还是语法专著

学者们大都认为，《汉语札记》是一本系统的汉语语法著作（张西平，2009：556）。也有学者认为，《汉语札记》既是一本汉语教材，也是一本语法书（许光华，2009：47）。客观地说，《汉语札记》一书所涉及的内容已远远超过一本语法专著通常所包含的内容。从作者的本意来看，马若瑟并非是要编写一本系统的汉语语法书，而是要为商人和传教士们编写一本“初习语言之课本”（费赖之，1995：531）。因此，马若瑟的《汉语札记》在编写内容和体例上更多考虑的是汉语学习者学习汉语应该掌握的知识和技能，包括语言的、文化典籍的、口语和书面语的知识和技能。也正因为这样，傅尔蒙认为《汉语札记》算不上一本真正的中文语法书。从这个意义上讲，傅尔蒙的批评似乎有些道理。此外，前人之所以对《汉语札记》的性质看法不一致，是因为大多数学者忽视了马若瑟在汉语学习和汉语教学研究上的理论贡献。学者们大都承认，马若瑟“是当时欧洲人中著名的语法学家”（孟华，1993：114），但他们根本没有意识到马氏也是富有创见的第二语言习得与教学研究的专家。虽然当时学者们意识到了马氏的方法与他人不同，但并不清楚究竟有何不同。当然，雷慕沙这样的学者应该算是例外。雷慕沙认为："昔人为此研究者，泥守拉丁文法原则，若瑟则不然。其所用者全为新法，勿宁谓其摒除一切方法，即以语句之结构代替文法规则，质言之，习华语者重实习而不重理论。"（费赖之，1995：531）雷慕沙的最后一句评价，应该说极为中肯。正如 VanPatten（2002）指出的那样，"learning about language is not language learning"，马若瑟深得其法。作为面向汉语学习者的汉语教材，其目的不是让学习者都成为语言学家，而是使他们能够用汉语进行交流。系统的知识传授不能代替语言技能的训练，也不能保证他们成为流利的汉语使用者，这就是语言教科书和语法书的本质区别。因此我们说，《汉语札记》是一本非常有创见的汉语教科书。

2.2 《汉语札记》是语言读本还是文学讲义

我们仔细研读一下《汉语札记》的内容就会发现，这似乎不是什么问题。然而，这个问题之所以成为讨论的话题，源于雷慕沙对这本书的评价。他认为，《汉语札记》并非"如作者自谦之语"，只是一部"寻常的文法书"或"修辞学"，"几可谓之为一全部文学讲义"（费赖之，1995：531）。雷慕沙的评价显然有些言过其实。许光华（2009：47）也认为："雷慕沙似乎太强调该书的'文学'内涵，而忽略了它作为教材的价值。"许的评价是客观、中肯的。然而我们关心的是，为什么雷慕沙甚至后来的学者，把《汉语札记》要么看作语法书，要么看作文学讲义，而不是语言读本？在有些学者看来，《汉语札记》把中国典籍、语音、词汇、语法，甚至词典用法以及汉语学习体会都堆放在一起，无论是作为语法书还是他们所想象的汉语教材，似乎都不够中规中矩。因此，傅尔蒙批评《汉语札记》一书"组织得很糟糕"。有些学者则采取仁者见仁、智者见智的态度（引自 http://hudong.com）。今天看来，这些分析和评价对马若瑟实在是一种极大的误解。

那么，马若瑟为什么要在《汉语札记》中首先向汉语学习者介绍中国的典籍？在马氏看来，这些"书籍都是以中国人所熟知的语言和形式成书"的，"这些作品论辩有力，言辞隽永，是千古流传的美文"（张西平、李真等，2003：227）。从教材编写和教学方法的角度讲，马氏主张通过读典籍来学汉语，就是我们今天所说的"读写领先"的教学方法。这些典籍为汉语学习者，特别是成人第二语言学习者提供了良好的语言输入环境，更适合成人第二语言学习者。马氏坚信这种方法对来华传教士的汉语学习是非常有效的。因此，他充满自信地说："任何人只要发现我从这一学习方法中所获得的特别的益处，一定也会愿意遵循我所采用的方法。"（张西平、李真等，2003：228）

此外，马若瑟将中国典籍、词典用法等内容纳入《汉语札记》完全是为了满足学习者的需求而刻意为之。应该说，作为一本汉语教材，《汉语札记》在内容选择和编写体例上是颇有创意的。所以，就马氏的编写目的而言，他既不是为了写一本"文学讲义"，当然也不是为了写一本"组织得很糟糕"的语法书。只是后人和学者没有搞懂马氏的用意，没有搞清楚《汉语札记》作为一本汉语教科书的真正价值所在。

2.3 《汉语札记》是创新之作还是堆砌句子的汉语手册

马若瑟《汉语札记》编写的一个特色，就是试图通过大量例句来教授汉语。然而，当时学者们对《汉语札记》批评最多的，准确地说，误解最多的正是马氏在《汉语札记》中提倡通过例句学汉语的方法。傅尔蒙曾批评马氏的《汉语札记》"举的例子过多，提出的规则又太少，总之算不得一本真正的中文语法书"（许光华，2009：47）。雷慕沙虽然对《汉语札记》给予了高度评价，但是他仍然重复了傅尔蒙对《汉语札记》的批评，当然，他也重复了傅尔蒙的错误。马若瑟则认为，"学汉语最好是通过例子"，"因为通过例子比通过规则能更快地通晓中文"（张国刚等，2001：263）。然而，马若瑟所主张的这种做法在当时并不被人所理解，更不要说对马氏汉语学习方法的理论价值做出客观的评价了。即使是当今，有些学者也认为马氏过于强调语言实例，而忽视了语言规则，甚至将二者对立起来。其实，这是对马氏《汉语札记》所体现的语言习得观的一种误解。

那么，《汉语札记》究竟体现的是何种语言习得观呢？质而言之，马氏主张通过例句学汉语的方法就是当今认知研究领域所说的"基于样例的"（exemplar-based）"内隐学习"（implicit learning）方法。所谓"内隐学习"，通俗地说，是指语言习得是一种下意识的学习过程，比如儿童学习语言的时候并不知道是在学习语言，而是用语言做事。所谓"基于样例的学习"是说，儿童不是通过"外显的"（explicit）规则来学习语言，而是在丰富的语言交际环境中一句一句学会的。这种学习方法同样适用于第二语言学习者，是第二语言学习者构建内在的目的语系统的主要方法。当然，由于历史的局限，当时的学者，包括马氏本人尚未明确地意识到这种汉语学习方法的重要理论价值。但马氏看到了这种方法的实践价值。他认为，按照他这种方法，“只需要三到四年就能使人们学会说汉语，读中文书籍，用通俗和古典的汉语进行写作”（张西平，2009：562）。因此，无论从语言习得理论还是汉语教学实践的角度来看，《汉语札记》都是一部创新之作，而不是堆砌句子的汉语手册。费赖之（1995：531）的评价可以为证，他说：“此书既然具有此优点，是以今日侨居中国求精研话语之人，不惜以重价求之，致成罕觏。”

3. 马若瑟汉语习得观之创见

在澄清上述三个问题之后，我们有必要对马若瑟《汉语札记》中所体现的汉语习得观做进一步的理论探讨。这种理论探讨将使我们对《汉语札记》在汉语研究史上的历史贡献有一个客观、公正的认识。

3.1 “基于样例”的“内隐学习”观

作为一本汉语教科书，马若瑟在《汉语札记》中并没有，也不可能系统地阐释他的汉语习得观，其理论创见大都散见于《汉语札记》各章的叙述中。其中最经典的观点莫过于他所强调的通过例句学汉语的主张了。马若瑟明确地指出：“通过举例教汉语是最好的方法。似乎不大可能找到比这更好的方法了。……通过举例为学习者学习汉语提供了便捷的途径。相比之下，通过抽象规则学汉语冗长而又乏味。”（Joseph de Prémare，1728：33）在马氏看来，套用语法术语来教汉语是“非常不恰当的”，最好的办法是把那些语法术语统统放到一边，而选取大量的例子，使毫无经验的学生通过这种便捷的方式掌握运用汉语的实际能力（张西平、李真等，2003：253）。马若瑟这些主张从语言认知的角度提出了两个值得探讨的理论问题：一是“内隐学习”，二是“基于样例的学习”。这两个习得理论构成了马氏汉语习得观的主要观点。

“无意识认知”的概念早在300年前，即马若瑟生活的年代就已经存在了。

“内隐学习”的概念则是在上世纪60年代由美国心理学家Arthur Reber提出的。按照Reber的观点，内隐学习就是无意识地获得刺激环境中复杂知识的过程。这种知识的获得方式具有以下特点：（1）内隐学习具有自动性，即内隐学习能够自动发生，无须有意识地发现外显规则；（2）内隐学习具有概括性，即学习者能够从实例中抽取出规则；（3）内隐学习具有无意识性，即内隐知识的获得属于无意识加工（转引自张卫，2001）。因而学习者对这种内隐知识只知其然而不知其所以然，这就是马若瑟主张通过例句学习汉语的认知理论基础。当学习者通过例句接触到足够充分的语言输入时，语言习得便会自然发生。另外，通过例句，学习者能够下意识地获得例句中隐含的规则，无须有意识地学习。学习者无须经历从语法规则知识向语言技能转化的过程，因而是一种“便捷的途径”。按照Reber的观点，内隐学习的方法，特别是对复杂知识的获得，具有很强的“鲁棒性”（robustness）①。马氏看到了这种汉语学习方法的强大功效——当然，马若瑟在《汉语札记》中并不否认可以通过语法规则来学汉语，但是他认为，“列举的例句其实都显示了某种语法规则，如果一定要详细地叙述成语法原理，掌握起来就比较困难和费劲”（张西平、李真等，2003：248）。这就是说，从语法规则知识入手来学汉语，往往会事倍功半。其原因是，作为一种“外显知识”（explicit knowledge），语法规则转化为语言技能需要一个相当长的过程，效率比较低，而且语法规则的泛化和迁移效应也会给目的语的习得带来一定的负面影响。因此，马若瑟坚持通过例句学汉语的方法是有一定道理的。

既然内隐学习具有强大的学习功效，那么内隐学习是通过何种机制来实现的呢？这就是“基于样例”的学习机制。按照这种机制，“语言习得是一个一个地学习成千上万个结构，并根据结构出现的频次从中抽取规则的过程”（Ellis & Larsen-Freeman，2006）。这一机制包含两个含义：一是对于初学者而言，最便利的汉语学习方法就是一个例句一个例句地学，而不是从语言规则入手；二是当接触同类例句积累到一定的频次，学习者就会发现和抽取出例句中隐含的规则。所谓“书读百遍，其义自见”，说的就是这种频次效应。在《汉语札记》中，我们的确可以看出马氏的汉语学习方法与基于样例的“统计学习”思想是不谋而合

① “鲁棒性”是“robustness”的音译，也称“抗变换性”。

的。在此，仅举一例为证。马若瑟在介绍汉语“打”的用法时，将其分为三类。第一类表“处罚”义，第二类表“做某事”义。这两类所选大量例句都是围绕上述两类“打”的用法编排的，举例比较充分。第三类，作者认为是“随意选择的，并没有针对特定的模式”。这类例句列举了“打”的用法将近 20 种，有的甚至是一个例句就代表了一种用法，起到以简驭繁的作用。因为学习者具有基于样例的内隐学习能力，例句提供丰富的语言输入环境，“打”类规则的习得便会自然发生，教师大可不必杞人忧天。这也是马氏没有对第三类“打”的用法做详细分类和规则描述的原因。如果对这类复杂语言现象采取规则教学的方法，学习者将不堪重负。正如马氏所指出的那样，会使学习变得枯燥的正式的语法规则，在汉语学习中是“没有用武之地”的。

3.2 “读写领先”的学习观念

《汉语札记》是为来华初学汉语的传教士编写的一本汉语教科书，因而是一本为成人第二语言学习者编写的汉语教材。根据马若瑟学习汉语的切身体验，他认为，成人第二语言学习者应该从读中国典籍开始学汉语。马氏本人就是从读“四书”开始学汉语的，因此他强调在读经典的时候，对“那些美文锦句一定要全部背下来”；其次，“要尽快地开始练习写汉字”(张西平、李真等，2003：229)。马氏这些主张体现了“读写领先”的汉语习得与教学观念。马氏之所以提出这种主张有以下两个原因：(1) 与来华传教士的汉语学习目的有关。传教士到中国来就是为了传教。在马氏看来，来华宣讲基督教义不仅需要良好的汉语水平，而且需要了解中国的文化典籍，那么将汉语学习与读“四书”相结合是实现这一目的的最佳途径。因此，他主张读书做笔记时，“收集反复出现的佳句，以使更好地加深对原文的理解，以及培养对高雅文体的鉴赏（力）”(张西平、李真等，2003：227)。(2)“读写领先”符合成人第二语言学习者的习得特点。马氏作为一个成功的汉语学习者，其汉语学习的切身体验告诉他，通过学习中国文化典籍提高汉语读写能力是适合成人第二语言学习者的一条重要途径。阅读典籍可以为学习者随时随地提供丰富的语言输入，为“听说跟上”打下基础。因此，他建议那些有心学习中文的人士准备一个空白的本子，用来记录读书中遇到的字词句，并主张默写所背诵的文章中的字词。显然，这些方法是不适合儿童第二语言习得的。

马氏主张读写领先的学习方法，并不说明他不重视听说训练。事实上，马氏在《汉语札记》中非常重视汉语听说能力的培养。而读写领先能够为学习者提供丰富的书面语言输入材料，恰好为听说能力的发展奠定了理解的基础。

3.3 语言能力与文化知识融会贯通

从《汉语札记》中可以看出，马若瑟非常看重中国典籍在汉语学习者语言习得过程中的作用。因此，他在书中对那些新来的传教士郑重地提出了一个忠告，那就是“应该尽最大努力学习中国的‘四书’，就像中国的学童那样，从小就用心学习”。马氏劝告传教士们学汉语要和读“四书”相结合，目的有二：

首先，在马氏看来，对来华传教士而言，仅仅掌握汉语听说的语言技能是不够的，还必须了解和学习中国的文化典籍，并且能够融会贯通。因此，他主张一定要把那些“美文锦句”全部背下来，而且要像中国的学童那样耳濡目染，从小就受到古典文化的熏陶。只有那些既可以讲一口流利汉语、写一手漂亮文章，又谙熟中国文化的传教士才能胜任向这里的人宣讲基督教义的工作。

其次，马氏认为：“如果一个外国人可以根据自己的理解评价中国的典籍，对那些名家名篇信手拈来，而且还能把中国的经典讲得头头是道，甚至比他的老师还好，那么他将很快得到中国人的认同和接纳。”（张西平、李真等，2003：229）由此可以看出，他在《汉语札记》中主张通过学习中国典籍来学汉语的观点，至少有两点值得我们思考和借鉴：一是汉语学习的过程不单单是学习语言技能的过程，而是语言与文化融会贯通的过程；二是第二语言习得过程伴随着“语言社会化”（language socialization）的过程，只有这样，第二语言学习者才能被目的语社团认同和接纳。而这两点恰恰是目前汉语作为第二语言的教学研究和实践所忽视的。

3.4 成功的学习者的学习策略

马若瑟作为一位学者，在汉语研究上做出了许多贡献；而作为一名成功的汉语学习者，他在汉语学习策略上的一些切身体验同样具有重要的价值。马氏在《汉语札记》中有关汉语学习策略的论述，大都属于“元认知策略”（metacognitive strategy）（Ellis，1994：714）。这些策略对学习者来说都是非常实用的。

3.4.1 一般的汉语学习策略

马若瑟在《汉语札记》第一章列举了汉语学习的五种方法，这些方法归结起来主要包括三种学习策略。

策略一，要想学好发音，首先训练自己的耳朵。在听说技能中，“听”是基础和前提，因为没有输入就没有输出。“如果不通过耳朵来训练，是不会得到任何有关读音和声调的印象的”，用现代认知心理学的术语来说，就是听力训练是语音和声调表征建立的基础。

策略二，背单词要先诵读，再联想字形和字义。策略二的认知基础是“联想记忆”，这种记忆是建立在“双通道”加工的基础之上的，即通过语音和字形来通达字义。马氏这种策略是符合汉字认知加工规律的，也是非常有见地的。

策略三，先默写背诵的字词，然后对照书本纠错。背诵是口头表达，默写是笔头表达，这是两种不同的语言产出方式。默写背诵的字词可谓一举两得，既可以提高口头表达能力，又可以提高笔头表达能力。

马氏这些元认知策略都来源于自身的汉语学习体验，这说明马氏在汉语学习过程中具有敏锐的自我意识和监控意识。这些朴素的思想都蕴含着深刻的认知原理。

3.4.2 阅读典籍的学习策略

马氏在学习汉语的过程中，受中国文化典籍的熏陶，对中国的语言和文化具有极强的认同感，因而非常享受汉语“独有的特质和内在的美感”。因此，他在“阅读典籍的次序”一节提出了汉语典籍阅读的“三个宗旨”，即三个元认知策略。

策略一，通过收集反复出现的佳句培养语感和对高雅文体的鉴赏力。语感是一种潜在的、通过内隐学习获得的知其然而不知其所以然的语言知识，这种知识是不可能通过语法规则的学习获得的。因此，他主张收集反复出现的美文佳句，甚至要把它们背下来。在他看来，这是获得语感和鉴赏力的最佳途径。这是极为朴素但又极为有效的方法。

策略二，通过比较注释家们不同的注释学习文雅的文体。对于汉语学习者而言，区分和鉴别汉语口语和书面语的差异、不同语体风格和文体的差异并非易事，所以他主张在阅读典籍时要注意比较不同学者对同一典籍的不同注释。这些注释是学习不同文体和语言风格最好的教材。

策略三，“伴随性”词汇学习策略。即在阅读典籍时，对确定的字词进行注音和释义。马氏在阅读典籍和学习汉语时特别强调随时记下字词的音义，随时记录遇到的隐喻、反义词以及花鸟树木的名字，这就是“伴随性词汇习得”（incidental vocabulary acquisition）（Hulstijn，2001）。有研究表明，儿童母语词汇大都是通过伴随方式习得的。这种方法同样适用于第二语言学习者。

3.4.3 汉字学习的策略

马若瑟对汉字有比较深入的研究。首先，在字形的认知与书写上，他将汉字的构成因素分为三类：一是基本字，实际上是汉字的基本笔形；二是独体字；三是合体字。马氏对合体字的解释，实际上是对汉字部件的认识，尽管当时还没有“部件”这一概念。其次，马氏特别强调，汉字认知要兼顾形音义，包括声调。

3.4.4 口语语法学习策略

有学者认为，马若瑟一方面主张摆脱用拉丁语法解释汉语的做法，另一方面又不得不套用拉丁语的语法范畴来解释汉语，处于一种矛盾状态。但是在《汉语札记》中，我们仍然能够看到马氏在语法学习策略上一些明确的理论倾向和理论主张。

首先，马氏在《汉语札记》中不是不讲规则，而是在讲规则时更注重讲用法。比如在讲“名词”时，他摒弃了抽象地描述语法规则的方法，而是通过例句来描写用法。这是马氏《汉语札记》阐释语法时的最大特点。

其次，马氏在《汉语札记》中采取枚举式方法解释基本用法，对于复杂的规则和用法则让学习者通过实践去学习。比如“量词”的用法，书中仅举了六个使用不同量词的短语。马氏认为“举这些例子就足够了，其余的关于量词的知识则需要在实践中去获得”（张西平、李真等，2003：243）。这说明，马氏在语法学习上不重规则重实践，这是符合语言教学的实践性原则的。

第三，马若瑟坚决反对套用母语规则来解释汉语现象，主张从汉语语言事实出发来理解字词句。他认为：“用我们的语法学家所使用的术语来套用汉语的语法现象，是非常不恰当的。”（Joseph de Prémare，1728：178）这样做的后果，只能是削足适履。为了避免这个问题，马氏主张传教士要尽可能早地学会用汉语思维，避免母语的影响。

总之,《汉语札记》中包含的汉语习得观是极为丰富的，只要我们用心研读，一定会获益良多。

4. 马若瑟汉语习得观的现实意义

《汉语札记》成书在两个多世纪以前，但其中蕴含的语言学、语言习得乃至语言教学等多个领域的朴素而深邃的思想，对当今的对外汉语教学研究和教学实践仍具有深刻的现实意义。

（1）马若瑟通过例句教汉语的主张具有深厚的语言习得和认知理论基础，这些主张对当今对外汉语课堂教学仍然具有重要的实践价值。中国自从有了“葛朗玛”（grammar），语法规则教学在对外汉语课堂教学中就一直占有重要的地位，语法的系统性和科学性成为评价一本对外汉语教材的不二标准。大多数对外汉语教材千变万变，对外汉语语法体系却几乎没有变，因为大家对语法规则是培养学习者语言能力的唯一途径这一点深信不疑。这种重规则轻实践的观念忽视了语言能力培养的另一条途径，即内隐学习，忽视了学习者自主学习的能力，这是阻碍对外汉语课堂教学从以教师为中心向以学习者为中心转变的一个重要原因。我们期望马氏的汉语习得观能为当今对外汉语的课堂教学送来一盏明灯。

（2）马若瑟主张通过读典籍来学汉语，强调的是汉语教学既要重听说，也要重读写。而当今对外汉语教学为了满足学生的不同需求，大多重听说却不重读写，甚至没有读写，更不要说中国文化典籍的阅读了。这种教学观念在某种程度上误导了学习者。通过这种方法培养出的汉语人才，对中国文化一无所知，或者知之甚少，在国际交流中根本派不上用场，更不要说对人类文化交流做出贡献了。因此，马氏的教学主张值得我们思考和参照。

（3）马若瑟主张汉语学习与中国文化贯通，这一观点实际上是目前学者们所说的语言“工具论”与“认同论”之争。主张“工具论”的学者认为，语言是工具，教师的任务就是教语言，语言教学与文化无关；主张“认同论”的学者则认为，语言习得不仅仅是语言能力的获得，而且会促进学习者对语言和文化的认同。马若瑟就是一个最好的例证。作为一个成功的汉语学习者，他对中国的语言和文化赞赏有加，高度认同，绝非个人好恶使然。遗憾的是，如今对外汉语教学重视语言技能训练、忽视文化教学的现象比较普遍。如何在课堂教学中体现文化教学因素一直没有得到很好的解决。马氏的方法应该可以给我们一些启示。

（4）作为成功的汉语学习者，马若瑟的学习策略无论是对汉语教师还是对汉语学习者都具有重要的参考价值。汉语教师通过分析成功的汉语学习者的学习策略，可以发现一般学习者汉语学习的特点和规律，这些规律为有针对性地实施个性化教学提供了客观依据。汉语学习者可以借鉴成功学习者的经验，举一反三，提高汉语学习效率。马氏学习汉语的元认知策略虽然朴素、简单，但绝非只是经验之谈，其中蕴含着深刻的道理，值得我们认真研究。

:: 参考文献 ::

费赖之（1995）《在华耶稣会士列传及书目》，冯承钧译，中华书局。

孟华（1993）《伏尔泰与孔子》，新华出版社。

荣振华（1995）《在华耶稣会士列传及书目补编》，耿昇译，中华书局。

许光华（2009）《法国汉学史》，学苑出版社。

张国刚等（2001）《明清传教士与欧洲汉学》，中国社会科学出版社。

张卫（2001）内隐学习及其特征研究，《华东师范大学学报》（教育科学版）第1期。

张西平（2009）《欧洲早期汉学史——中西文化交流与西方汉学的兴起》，中华书局。

张西平、李真等（2003）《西方人早期汉语学习史调查》（上），中国大百科全书出版社。

Ellis, N. C. & Larsen-Freeman, D. (2006) Language emergence: Implications for applied linguistics–Introduction to the special issue. *Applied Linguistics*, 27(4), 558-589.

Ellis, R. (1994) *The Study of Second Language Acquisition.* Oxford: Oxford University Press.

Hulstijn, J. H. (2001) Intentional and incidental second-language vocabulary learning: A reappraisal of elaboration, rehearsal and automaticity. *Tijdschrift Voor Gerontologie En Geriatrie*, 258-286.

Joseph de Prémare (1728) Notitia Linguae Sinicae. Translated into English by J. G. Bridgman. Printed at the Office of the Chinese Repository, 1847.

VanPatten, B. (2002). *From Input to Output: A Teacher's Guide to Second Language Acquisition*. McGraw-Hill, Boston.

原载《语言教学与研究》2012年第5期

第二语言学习者语感的获得与发展

“语感”并不是什么新话题，早在上世纪30年代就已经引起了国内许多学者的关注，其中讨论最多的是母语语感的培养。近些年，语感问题在中小学语文教学领域、外语教学领域以及对外汉语教学领域又成了学者们共同关注的焦点。其原因是，学者们发现，无论是母语教学还是外语教学，传统教学理念指导下的课堂教学效果有诸多不尽人意之处。因此这些领域的学者们有一个共同的目标，即希望通过语感问题的再讨论和再认识，为课堂教学以及教材编写寻求新的出路。

然而，目前关于语感的讨论，仁者见仁，智者见智，观点之多、角度之多在某种程度上造成了一些理论上的混淆。正如有学者指出的那样：“至今似乎还没有一种完整而明确的表述，可以让我们从理论上深刻地把握住语感。”（刘大为，2003）

鉴于上述原因，本文试图从语言习得与认知的角度对语感问题，特别是第二语言学习者语感的获得与发展问题进行深入的探讨，期望能够对语言教学，特别是对外汉语的课堂教学以及教材编写提供一些参考和建议。

1. 语感的本质与基本特征

1.1 关于语感的不同观点

我国最早提出“语感”这一概念的是上世纪20年代的夏丏尊先生。他认为语感是“对于文字的灵敏的感觉”①。夏先生所说的语感是对书面语言的感觉，叶圣陶先生对语感的定义则是“对语言文字的敏锐的感觉”②，这就是说，语感的感觉对象不光是文字，还包括语言。这两种看法的一个共同点，就是把语感看作一种感性认识。邢公畹（1981）认为，语感是对“语言的共同的感性认识”。这三位学者把语感限定在感性认识的层面是符合语感的本质特征的，这些关于语感理论的探讨为后来的语感研究奠定了良好的基础。

在此之后，有关语感问题的探讨可以说是“百花齐放”。学者们从不同的角度来描述和阐释语感现象，在此，我们列举几个具有代表性的观点。

第一种观点认为，语感是一种直觉能力。这种观点认为，语感“是一种感性认识的能力，一种知其然而不知其所以然的直觉能力”（王培光，1991）。所谓“知其然而不知其所以然”，是说任何一种语言的母语者都能够意识到语言直觉能力的存在，但是并不知道这种能力是由哪些因素构成的，是受什么规则支配的。有的学者更为明确地指出，语感是“在感觉层面”“无意识”的“言语活动能力”（王尚文，2000）。这两种观点从不同的侧面揭示了语感的直觉特性和无意识特性。还有学者提出了与此相类似的观点，认为“语感是对语言隐含意义的一种深刻的直觉”（李海林，1992）。当然也有学者不同意这种看法，因为言语未必都有隐含意义，那些具有语表意义的言语通常也要靠语感来把握（王尚文、燕芹，1993）。

第二种观点认为，语感是一种语言能力。持这种观点的学者认为，“语言能力的心理学表达就可以概括为语感，甚至可以说语感是语言能力结构的核心要素”（周健，2003）。这种观点阐释了语感与语言能力的关系，认为语感是语言能力的核心和基础。

---

① 见杜草甬等《夏丏尊论语文教育》，河南教育出版社，1987年出版，第116页。转引自周红辉（2007）。

② 见中央教育科学研究所《叶圣陶语文教育论集》，教育科学出版社，1980年出版，第267页。转引自周红辉（2007）。

第三种观点认为，“语感是一种文学修养，是长期的规范的语言运用和语言训练中养成的一种带有浓重经验色彩的比较直接、迅速地感悟、领会语言文字的能力”（李珊林，1990）。这显然是一种高层次的语言文字能力。

第四种观点认为，“语感是感性和理性相统一的一种悟性”（杨炳辉，1993）。这就是说，语感既是感性的也是理性的。这种看法似乎有模糊感性知识和理性知识界限之嫌，二者的统一更使人费解。

目前关于语感的定义显然不限于上述观点。上述学者对语感的看法应该说从不同侧面并在某种程度上揭示了语感的某些特征，但这些看法也存在一些问题。

首先，学者们对语感内涵的理解差别太大。打个不恰当的比方，有些学者对语感的描述和阐释如同盲人摸象，难以触及语感的本质。这是造成认识上混乱的一个主要原因。

其次，有些学者的观点或多或少都涉及了语感的某些心理特征，如语感的感性认识特征、直觉特征等。然而，这些分析基本上没有涉及语感的心理基础，对语感特征的描写和分析过于表面化。

第三，语感定义的外延扩大化。目前在有关语感讨论的文献中，语感这一概念不仅包括感性知识，而且包括理性知识。有人把语感看作直觉能力，有人把语感看作语言能力，也有人把语感看作交际能力，甚至文学欣赏能力。语感成了无所不包的概念。

为了澄清上述问题，我们有必要对语感的本质进行深入的分析和探讨。

1.2 语感的本质

语感问题是语言学界一直感兴趣的话题，然而心理学界却很少涉及。因为两个学科的研究兴趣不同，因此讨论的话题也各不相同。比如语言学界关心的是语感的培养和语感教学问题，心理学界更为关注“内隐学习”（implicit learning）和“外显学习”（explicit learning）的问题，但是很少有学者将二者结合起来探讨语感的本质问题。为此，我们试图从心理语言学的角度来探讨这一问题。

1.2.1 语感的基本属性

在讨论语感的属性之前，我们首先需要澄清两个概念，即“语感”与“语言的感知”。“语言的感知”，顾名思义，是对语言的感知，即把语言作为感知的对象。然而，对语言的感知可以是感性的也可以是理性的。也就是说，我们可以用不同的方式来感知语言。换句话说，我们可以通过有意识的心理活动来感知语言，也可以通过“无意识”或“下意识”的方式来感知语言[①]。“语感”固然也是对语言的感知，但是“语感”是以一种特殊的方式，即无意识或下意识的方式来感知语言的。以这种方式感知语言的特点，就是我们通常所说的“知其然而不知其所以然”。语感的这种特点表明其本质属性是无意识的，因为语感对语言的感知不是以理性的思维方式或明晰的规则来把握的。

通常，我们在课堂上向学生展示和讲解语法规则或学生练习语法规则都是在有意识的状态下进行的。教师和学生都能够明确地意识到这些语法规则，因为这些规则是明晰的、可以陈述的，或者说属于陈述性知识。然而语法规则的知识还可以通过另外一种方式获得：从语言习得的角度讲，就是以“习得”的方式获得；从心理学的角度讲，这种习得方式就是所谓“内隐学习”方式。通过内隐学习获得的语言知识，通常叫作程序性知识，这种知识往往是不可言说的。

由于这种知识的隐性特征，我们往往不能直接从大脑中提取这种知识，而只能通过语感直觉地把握这种知识。比如英语中，在 interesting、lawful 这些形容词前加前缀 un- 可以构成 uninteresting、unlawful 这些反义词，然而 loyal 的反义词则需要加 dis- 这个前缀来构成，即 disloyal，而不能说 unloyal。如果我们让英语母语者判断 unloyal 是否合法，他们会不假思索地做出正确判断。如果我们问为什么可以说 unlawful 而不能说 unloyal，大多数人则会一脸茫然。这个例证说明，英语母语者是以直觉的方式，或者说，是凭借语感对语言现象做出是否合法的判断的。至于“为什么”，因为母语者无法通过有意识的活动方式通达或提取这种隐性语言知识，所以只能跟着“感觉”走了。

同样，我们可以凭直觉判断汉语词“军人”“士兵”是合法的，而“兵人”是不合法的。但后者为什么不合法，不是每个汉语母语者都能说清楚的，其原因是我们无法以明晰的语言来描述这些潜在的语法知识。换句话说，这些潜在的知

---

① 不同学者对“下意识”和“无意识”的定义不同。本文认为“下意识”本质上属于“无意识”范畴，因此不再区分。

识处于人的意识之外。因此有学者认为，语感在本质上属于无意识，“以无意识方式活动的语言意识就是语感。一个更为简洁的表述则是——语感就是语言的无意识”(刘大为，2003)。更为准确地说，语感就是无意识范畴中的一种直觉意识。

1.2.2 语感的心理学基础

语感作为一种直觉意识不是凭空产生的。有学者认为，语感是通过丰富的语言学习经历建立起来的。所谓“书读百遍，其义自见”说的就是语感建立的经验基础。然而，这种说法只是从外部经验描述语感建立的过程，并没有涉及语感建立的心理学基础。语感的“心理学基础”实际上指的是学习者通过“内隐学习”建立的隐性语言知识系统，这一点已经得到了心理学实验研究的证实。美国心理学家 Arthur Reber 早在上世纪 60 年代就已经证明了内隐学习的存在。Reber (1967) 实验研究的第一部分是让两组被试学习一种人工语法，即“有限状态语法”[①]。一组被试的任务是记忆由人工语法构成的字母串，另一组被试的任务是发现构成这些字母串的规则。实验的第二部分是对两组被试进行测试，测试任务是让两组被试判断两种不同类型的字母串是否符合人工语法。其中一部分字母串是合语法的，另一部分是不合语法的。测验结果表明，字母串记忆组的测试成绩优于规则发现组。这一结果说明,“内隐学习”在复杂语言材料加工的许多方面都优于“外显学习”。Reber 的实验研究表明，内隐学习有助于隐性语言知识的建立，而隐性语言知识是被试语法判断的依据和基础。换句话说，隐性语言知识是被试语感建立的心理学基础，语感是建立在隐性语言知识基础上的一种语言直觉能力。

1.2.3 语感的直觉本质

上述研究表明，语感属于无意识范畴。因此，无意识的语感必然遵循无意识的心理规律。那么，语感是怎样形成的呢？它又是以何种形式表现的呢？

首先，隐性语言知识是以一种潜意识的方式存在于我们大脑中的。母语者之所以能够准确、流利、有效地使用语言，是因为母语者已经充分地掌握了隐性语言知识。然而，母语者虽然能够有效地运用自己的语言进行交际，但却不能完整、清晰地说出这些语言知识。这一事实说明，隐性语言知识处于潜意识状态，

---

① “有限状态语法”是形式语法的一种类型。

语言使用者通常意识不到它的存在，即便使用者知道隐性语言知识的存在，也不能通过语言使这种知识从潜意识状态浮现出来。

那么，我们是怎样运用这种处于潜意识状态的隐性语言知识的呢？这就涉及语言意识的第二个层面，即下意识的语言运用。我们常常下意识地使用语言，如毫无准备的即兴发言、不假思索的语言产出都是下意识使用语言的表现。然而学习者意识不到这种下意识的语言运用是如何选择词语、如何使用语法规则的，这是下意识活动的明显特征。下意识是对心理活动的一种本能反映，只是没有上升到意识层面。但是，这种下意识活动显然是基于潜意识中已有的隐性语言知识系统进行的。

另外，潜意识中的隐性语言知识总是要通过语言的判断和运用来证明自己的存在，如对句子合法性的评价，这就形成了语言意识的直觉层面。刘大为（2003）认为，对语言规则运用正确与否以及表达效果好坏的评价，说明评价者拥有评价的依据，即“相应的语言知识”。但是评价者只是感觉到规则运用的正确与否，而不能进一步说明理由，这说明他只是直觉地认识了这些知识，也就是所谓直觉意识，而这种直觉意识的来源是潜意识中的隐性语言系统。

从上述分析可以看出，语感实际上是基于隐性语言知识的一种直觉意识或直觉能力。这种直觉能力是潜在的隐性语言知识的一种表现，换句话说，语感是以隐性语言知识为支撑的语言直觉能力。综上所述，语感是一种无意识或下意识的语言感知，是以隐性语言知识为心理基础的语言直觉能力。

1.3 语感的基本特征

通过上述分析，我们对语感的本质有了一个基本的认识。那么，语感作为一种语言直觉能力具备哪些基本特征呢？显然，这些基本特征与语感的本质属性密切相关。概括地说，主要有以下几个方面：

（1）语感的直觉性。语感的这一特征是由语感的直觉本质决定的。通过语感对语言进行感知和运用是人们最为自然的语言运用状态，心理学界的研究可以证明这一点。目前心理学界普遍认为，意识心理的活动区主要在大脑的左半球，无意识心理的活动区主要在右半球。人的语言能力主要依赖左半球，然而语感是一种无意识的直觉状态，主要依赖大脑的右半球。这就是说，语言表达必定是左右半球协调活动的结果。那么，如果没有右半球的参与会怎么样？人固然不会丧失语言能力，但人就不再可能流畅地、熟练地运用语言了。有报告指出，右半球被切除的病人在语言技能上基本不受损害，但说话有点像机器人，机械呆板。右脑损伤的病人虽然能够精确地理解字面意义，但却无法主动地探寻句中的隐含意义和其他含义，不能理解语句的语调和感情色彩，更不能创造性地运用语言（刘大为，2003）。由此可见，语言直觉是最基本的语言运用能力，没有语感，人就失去了正常的语言能力。

（2）语感的整体性。有学者认为，对语感的整体性特征有两种理解：一是指把语言文字放在具体的语境中完整地感受其表达的深厚意蕴，而不是一个字一个词地进行解释，把文章弄得支离破碎；二是指对言语对象整体的、全面的、笼统的把握，而不是条分缕析，兼顾方方面面各个层次的具体理解和切分（张征，2003）。应该说，这种理解抓住了语感整体性特征的实质。因为语感是一种感性认识，是一种直觉能力，所以不是从理性分析入手去把握语言现象。这是语言直觉的整体性特征。因此，那种按照语言要素来肢解语感的做法是不符合语感的整体性特征的。

（3）语感的自主性和无意识性。我们在分析语感产生的心理过程时看到，语感是基于潜意识中的隐性语言系统的一种直觉表现。这种潜意识中的语言系统常常是不受意识控制的。在日常生活中，我们的心理活动在绝大多数情况下都是以直觉的方式进行的，而潜意识在隐蔽的背景中支配着整个心理活动。在语言获得上也是如此，我们不仅可以通过“外显学习”获得语言知识，而且可以在无意识状态中通过“内隐学习”获得语言知识。这种“内隐学习”是自动发生的，通过这种方式，语言习得的效率更高。这是语感产生的基本特征。

除了上述特征外，语感还有其他一些特征，如创造性特征、个体差异性特征等，但上述特征是我们理解语感的最基本的特征。

2. 第二语言学习者语感的获得

探讨语感本质的目的在于阐明语感产生的心理机制，这对阐明语感的获得过程是非常必要的。然而，我们更感兴趣的是第二语言学习者的语感问题，即第二语言学习者的语感是怎样获得的。为此，这一节我们主要讨论三个问题：（1）语感获得的心理机制，即内隐学习与语感获得的关系；（2）隐性语言知识的心理表征与语感的浮现；（3）内隐学习与外显学习对语感的影响。

2.1 内隐学习与语感获得的心理机制

上一节我们谈到，语感是基于隐性语言知识的一种语言直觉，或者说，隐性语言系统是语感赖以存在的心理学基础。那么语感的获得实际上依赖于隐性语言知识的获得。因此，第二语言学习者语感的获得要从第二语言隐性语言知识的获得谈起。

2.1.1 隐性语言知识的获得方式

第二语言知识的获得包括隐性语言知识的获得与显性语言知识的获得，然而这两种语言知识的获得方式是不同的。在第二语言习得研究领域，学者们认为，隐性语言知识是通过“习得”的方式获得的，显性语言知识是通过“学习”的方式获得的。Krashen 在其“监控理论”假设中做了详细的阐述。在认知心理学界，学者们通过“内隐学习”和“外显学习”来描述两种语言知识获得的方式。相比较而言，传统的语言认知研究主要是关于外显学习的研究，而内隐学习是语言认知研究的一个新领域。特别是近些年来，内隐学习成为认知心理学研究的热点（郭秀艳、崔光成，2002）。

所谓“内隐学习”，是指有机体在与环境接触的过程中，不知不觉地获得了一些经验，并因此而改变其事后的某些学习行为。内隐学习的奠基人 Arthur Reber 通过实验研究证明了内隐学习的存在，而且对内隐学习的特征进行了深入的探讨。Reber（1967）认为，内隐学习具有自动性、抽象性和理解性。所谓“自动性”，是指内隐学习是自动发生的，无须有意识地学习和发现语言的规则。该实验采用基于人工语法的字母串记忆任务，目的就是要证明内隐学习的自动性。尽管学习者并没有刻意去学习复杂的人工语法，但是学习者仍然可以自动获得人工语法的规则。所谓“抽象性”，是指学习者获得的隐性语言知识是抽象的，是可以迁移到新情境同类结构知识的获得过程中去的。

所谓“理解性”，是指学习者可以通过某种方式利用隐性语言知识。语感就是通过直觉的方式运用隐性语言知识的一种表现。比如，当外国学生说“我把飞机坐到我们国家去”，母语者会凭借语感或以语言直觉的方式来判断这个句子的合法性，其原因是母语者具有判断句子合法性的依据，即隐性语言知识。第二语言学习者同样需要依据这种隐性语言知识去判断句子的合法性，而这种知识只能通过内隐学习的方式来获得，特别是那些复杂的语法规则。比如，对汉语动态助词“了”语义特征的描写，是语法学家们面临的一个难题，“了”的语义特征对第二语言学习者来说也是一个学习的难点。但是，学习者并没有因为语法学家没有描写清楚，就不能习得“了”的语义特征。那么，“了”的语义特征作为“隐性范畴”，学习者是怎么获得的呢？答案当然是内隐学习。因此，内隐学习不仅是第二语言学习者隐性语言知识获得的一种方式，同时也是第二语言学习者语感建立的基础。

2.1.2 隐性语言知识获得的前提

隐性语言知识是通过内隐学习的方式获得的，但是隐性语言知识的获得还有一个重要的前提，即语言输入。没有语言输入，语言习得便不会发生。VanPatten（2002）指出，在第二语言习得领域，语言输入有其特定的含义，即指学习者听到或读到的那些具有某种交际意图的语言。所谓“交际意图”，是指引起学习者注意的语言内容。学习者的目的是要理解这些内容，即话语的意义。对于第二语言学习者而言，有些语言材料可以成为语言习得的输入，有些则不能。其区别就在于这种语言材料是否具有交际意图，是否是有意义的话语。因此，对语言输入意义的理解构成了语言习得的基础。学习者理解了语言输入的意义，语言习得便自然发生了，因为只有那些具有交际意图的语言输入才是隐性语言知识获得的前提条件。第二语言学习者通过内隐学习的方式会自动地获得复杂的语言规则，而且具有非常高的学习效率，这是通过外显学习难以实现的。这种自动获取语言规则的内隐学习过程是一个由部分到整体逐渐吸收的过程，并经历不同的发展阶段。比如，学习者第一次接触 brother-in-law 这个词时并不知道它是什么意思。在具体的交际情境中，由于语境提供了意义理解的线索，学习者第二次听到这个词才开始了解它的词义，这个时候该词就成为了被吸纳的对象。当学习者在语言环境中再次听到这个词，它的形式和意义就会再次建立联系，并被逐渐地吸收到学习者已有的词汇系统中去。这个词一旦被吸收，每当学习者听到它的时候，该词形式和意义的联系就会再次得到加强，并融汇到词汇联结网络中去，与其他词建立联系，构成新的网络，如 brother-in-law、sister-in-law、mother-in-law。语法的获得也同样要经历这些吸纳阶段，形式和意义的联结是隐性语言知识获得的基本条件，而且这种知识是以内隐的方式而不是外显的方式获得的。

2.1.3 隐性语言知识的重构与语感的建立

对于第二语言学习者来说，第二语言语感的建立要比母语者语感的建立困难得多。原因在于建立第二语言的语感需要对已有的隐性语言知识系统进行“重构”。

所谓“重构”，是指第二语言学习者隐性语言系统语言结构的“参数重设”（parameter resetting）。比如普遍语法中的“动词位移参数”（verb movement parameter）在不同的语言中要进行参数重设，这种重设过程就是所谓的“重构”。在法语和西班牙语中，动词可以移到副词前边，但英语中不允许这样，如“×John drinks often coffee”。那么，当母语为英语的西班牙语或法语学习者在学习这种语言时，便要经历动词位移参数的重设。

还有一种现象涉及词汇范畴意识的重构。第二语言学习者习得第二语言的词汇时总会遇到两种语言词汇之间“一对多”和“多对一”的情况。而“一对多”的情况对学习者来说，无论是在词汇理解还是词汇产出方面都会造成困难。比如英语的 warm 对应汉语的“温暖”和“暖和”，外国学生在语言表达时往往不知道在具体的上下文中应选择哪个词。这就需要学习者在心理词典中逐渐建立汉语词汇范畴，这种词汇范畴的建立也是一种重构过程。不过，由于隐性语言系统是隐含的，所以学习者往往意识不到这种变化。这些例子说明，对于第二语言学习者来说，隐性语言知识的重构是获得第二语言语感的基本机制。

2.2 隐性语言知识表征的建立与语感的浮现

第二语言语感的获得涉及语言认知的两个重要理论问题：一是隐性语言知识

表征是如何建立的；二是第二语言的语感是怎样形成的。我们结合 Reber 的实验研究以及联结主义理论来阐述这两个问题。

2.2.1 隐性语言知识表征的建立

Reber（1989）为了证实内隐学习中知识表征的产生，仍然采用人工语法的实验范式进行研究。该实验在测试阶段向被试呈现 50 个字母串，每个字母串呈现 2 次，每次呈现都要求被试对字母串进行分类。被试对每个字母串进行的分类只能出现四种结果：两次分类都正确（对、对），两次分类都不正确（错、错），两次分类只有一次正确（对、错；错、对）。该实验的逻辑是，如果被试知道某个字母串是否符合语法，那么对这个字母串的两次分类都会是正确的，这表明被试已经建立了相关字母串的表征；如果被试不知道某个字母串是否符合语法，分类的结果则是基于猜测。实验结果表明，被试后三种分类结果的反应值在统计上差异不显著，因为后三种反应都是以猜测为基础的，具有随机性，与被试的知识表征无关。而后三种分类结果的反应值都显著低于第一类的反应值，说明被试已经建立了知识表征。

通过 Reber 的实验，我们看到，被试通过内隐学习可以习得字母串中隐含的语法规则，并建立相应的知识表征。为了进一步说明通过内隐学习建立知识表征的过程，我们来看一个通过联结主义"自组织模型"模拟汉字正字法知识获得的实例。王建勤（2005）利用自组织模型模拟了汉字部件及其结构类型知识获得的过程。该模拟研究选择了 90 个模型没有学过的汉字，其中左右结构、上下结构、包围结构各 30 个，以检验模型对汉字部件和结构类型的识别能力。模拟结果表明，虽然模型本身并没有进行汉字结构类型知识表征的训练，但是模型的确已经具备了识别汉字结构类型的知识。这表明，模型经过"自组织学习"（self-organized learning），已经建立了汉字结构类型知识的表征，因而能够有效地识别汉字的三种结构类型。模型这种"自组织学习"实际上是一种内隐学习。对该研究的进一步分析发现，模型汉字结构类型知识表征的建立，是由语言材料中潜在的汉字结构类型的分布特征决定的，其中汉字结构类型的频次扮演了重要角色。换句话说，汉字结构类型的知识是通过结构类型的频次进行编码的。当模型学习了 N 次"结"字时，也同时以内隐的方式学习了 N 次左右结构；当"节"字在语言材料中出现了N次时，模型便以内隐的方式学习了N次上下结构。简而言之，模型汉字结构类型的知识表征是通过这种内隐式学习建立的。

2.2.2 第二语言语感的“浮现”

隐性语言知识表征的建立为第二语言学习者语感的形成奠定了心理基础。表征建立的同时也伴随着语感的形成和建立，二者是并行不悖的。那么，如何解释语感的获得机制呢？我们还是以外国学生汉字正字法意识的获得为例来说明第二语言语感的获得机制。

在对外汉语课堂教学中，汉字教学多数并不单独设课。这在某种程度上不利于外国学生汉字正字法意识的获得，但是这并不意味着外国学生不会萌发汉字正字法意识。事实上，尽管汉字教学没有单独设课，外国学生依然可以逐渐萌发正字法意识，只不过这个过程会更长。比方说，随着阅读过程中接触汉字数量的增加，外国学生会逐渐萌发部件意识。他们会发现，学过的汉字中有许多相同的构字成分，每当接触一个新字，他们就会发现这个汉字中包括以前学过的汉字。这实际上就是部件意识的萌发。另外，学生在汉字学习中也会逐渐意识到，汉字中有些部件经常出现在左边，如单人旁；有些经常出现在右边，如立刀旁；而有些字左右都出现，如耳刀旁。这都是正字法意识萌发的表现。虽然教师在汉字教学中并没有教给学生这些知识，但他们凭借这些萌发的意识也能够判断哪些字是合正字法的，哪些字是不合正字法的。那么，外国学生这种正字法意识是怎么形成的呢？有学者认为，第二语言学习者就像凭直觉计算频次的统计学家。他们对语言输入信息出现的频次非常敏感，因而会充分利用这些信息对频次进行编码，无论是外显知识还是内隐知识（Harrington & Dennis，2002；Hasher & Zacks，1984）。第二语言学习者的正字法意识正是在基于频次的统计学习的基础上形成的。从上述分析可以看出，隐性语言知识是通过内隐的自组织学习来获得的。语感是这种内隐的自组织学习的副产品，伴随着隐性语言知识的建立，语感便会自然而然地浮现出来。

2.3 内隐学习与外显学习对语感的影响

内隐学习与外显学习对语感的影响，实质上说的是内隐学习与外显学习的关系问题。前面我们对内隐学习与语感的影响已经进行了详细的讨论，即内隐学习是隐性语言知识的获得方式，隐性语言知识构成了语感的心理学基础。那么，外显学习对语感的建立有什么影响呢？

首先，我们探讨一下外显学习对隐性语言知识获得的影响。这个问题无论是在第二语言习得领域还是认知心理学领域都是一个颇有争议的问题，只是使用的概念略有不同而已。按照 Krashen 的观点，外显学习对隐性语言知识获得的影响，实际上就是第二语言习得领域中争论的“语言习得”与“语言学习”关系的问题。Krashen（1977）认为，隐性语言知识是通过“习得”的方式获得的，“学习”只在语言输出过程中起监控作用。而且，通过“学习”获得的显性语言知识是不能转化为“习得”的知识，即隐性语言知识的。这就是所谓“无接口”理论。然而，有的学者不赞成 Krashen 的这一理论。Bialystok（1978）认为通过学习获得的显性语言知识是可以转化为隐性语言知识的，即所谓“有接口”理论。

认知心理学领域也有两种不同的看法。Reber 等学者（Reber *et al*., 1991）认为，隐性语言知识都是在无意识状态下通过内隐学习获得的；而 Dulany 等学者（Dulany *et al*, 1984）认为，内隐学习是可以在清醒意识状态下进行的。他们为了证实隐性语言知识可以被有意识地加以利用，在实验中要求被试学习一些符合人工语法的字母串，然后要求被试对新的字母串进行分类，而且要求被试具体指出字母串的哪些特征是合语法的，哪些是不合语法的。实验结果表明，被试大都能正确地指出符合或不符合语法的具体特征。Dulany 等由此认为，学习者是可以有意识地利用隐性语言知识的。但是有学者认为，Dulany 等人的研究方法有问题，即当要求被试确定哪些字母串的哪些特征合语法或不合语法时，很可能产生追加学习，使被试对字母串隐含的规则做出外显的概括。因此，这一结果不仅包含了通过内隐学习获得的知识，而且包含了在测验中通过外显的追加学习获得的知识。

那么，目前学者们在这个问题上的共识是，隐性语言知识只能通过内隐学习获得。张翔、杨治良（1992）认为，学习者不可能将隐性语言知识提取到意识中并表达出来，“只能让内隐学习到的知识贮藏在无意识状态中备用”。然而，外显学习获得的知识与内隐学习获得的知识之间不是完全“无接口”的。Reber（1989）

认为，当一个人以无意识的方式，不带任何外显倾向学习复杂任务时，或当提供给被试的外显规则与材料潜在的规则相一致时，都会产生同样的学习效果；当提供给被试的外显规则与材料潜在的规则不一致时，外显学习不如内隐学习效果好。

这些学者的观点可以概括为以下两点：（1）隐性语言知识只能通过内隐学习获得，外显学习的效果不如内隐学习的好；（2）当外显学习的规则与内隐学习的规则一致时，有助于隐性语言知识的获得，当两者不一致时，则无助于隐性知识的获得。这一结论对我们的启示是，语感的获得主要依赖于隐性语言知识的获得；显性知识对语感获得的影响——如果存在的话，也是间接的。

3. 语感获得机制对课堂教学的启示

通过对第二语言语感获得机制的讨论，我们可以得出以下的初步结论：（1）第二语言的语感是"浮现"的，不是通过规则教学培养的；（2）第二语言的语感主要是通过内隐学习的方式获得的，不是通过外显学习的方式获得的；（3）基于意义的语言输入和交际是语感获得的良好环境，明晰的语言规则的阐释与教学对语感获得的影响是间接的。

基于上述结论，我们结合对外汉语课堂教学的实际，探讨一下在课堂教学环境下第二语言学习者语感获得的问题。

3.1 语言规则教学是否有助于语感的获得

语言规则教学是否有助于学习者语感获得的问题，实际上还是显性语言系统和隐性语言系统的关系问题，即显性语言知识能否转化为隐性语言知识的问题。我们在上一节谈到，显性语言知识只能起到促进隐性语言知识获得和发展的作用。但是过分强调语言规则教学对学习者语言习得的作用也是不符合实际的。语言规则教学有助于学习者获得显性语言知识，但这种知识不会通过机械的语言操练自动转化为隐性语言知识，因为这两种知识是通过不同途径获得的。语言规则教学可以使学习者的语言表达（performance）在某种程度上超越学习者的语言能力（competence），比如在语言监控的情况下。但是语言监控不是语言习得，在监控条件下语言规则的运用并不能导致语言习得的发生。同样，语感的获得不是受规则驱动的，而是以隐性语言知识为基础的。当隐性语言知识通过内隐学习的方式逐渐建立时，语感的获得便水到渠成。

3.2 如何看待外显学习对语感获得的影响

从语感的角度讲，第二语言学习者对句子合法性的判断，一方面依靠语言直觉，即我们所说的隐性语言知识；另一方面，学习者也可以根据显性语言知识，即在课堂学过的语法规则来判断句子的合法性。VanPatten（2002：13）曾经对母语为英语的西班牙语学习者进行测试，让他们对西班牙语句子的合法性进行判断。测试结果表明，对于那些在课堂没有学过的句法知识，64 名被试依据隐性语言知识正确判断的句子占 64%，根据已知语法规则正确判断的句子占 27%，根据已学过的句法知识正确判断的句子占 67%。这说明，学习者具备两种语言知识，即隐性和显性知识。学习者对未学过的句子结构主要依赖隐性知识进行判断，对已学过的句子结构主要依赖显性知识进行判断。另外，测试结果表明，学习者的隐性语言知识和显性语言知识是分开存储的。

那么，显性语言知识是否可以转化为隐性语言知识？即二者之间是否有接口？之所以提出这个问题，是因为按照认知心理学关于技能发展的观点，学习者首先获得语言的“陈述性知识”，然后转变为“程序性知识”，并通过语言表达达到自动化。因此一些学者认为，第二语言习得就是学习者获得显性语言规则并通过反复练习使这些规则的表达达到自动化的过程。然而大多数第二语言习得研究者对这种观点持否定态度，原因在于，显性语言知识对第二语言习得只能起辅助作用，而这种辅助作用并不能与隐性语言知识系统画等号。VanPatten 打了一个比方，倒很能说明二者之间的关系：就好像一个腿受伤的人用双拐支撑伤腿，以帮助伤腿恢复，但是当这个人的腿伤好了以后，我们不能说是双拐治好了他的伤腿，更不能说双拐变成了他的双腿，我们只能说双拐促进了伤腿的恢复过程。这个类比说明，隐性语言系统只能通过语言输入的接触和加工来获得，显性语言系统只能起到促进隐性语言系统获得和发展的作用。

3.3 语言操练是否有助于语感的获得

“精讲多练”一向是对外汉语课堂教学的一条基本原则，似乎没有人怀疑语言操练能否对第二语言学习者隐性语言系统的获得产生影响。语言操练有三种方式，即机械操练、有意义的操练以及交际性操练。机械操练只注重形式不关注意义，答案只有一个是正确的，学习者无法控制，只能简单地重复，如替换练习、句式转换等操练方式；有意义的操练更注重意义的表达，虽然学习者也无法控制答案，但能理解句子的意义；交际性操练属于有意义的操练，答案由学习者来控制。机械操练属于以语言输出为导向的操练方式，但这种操练方式是本末倒置的。通俗地说，应该先有输入后有输出。语言规则是通过对语言输入材料的加工来获得的，没有输入就不会有产出，语言的产出同样需要习得适当的输入程序。另外，机械操练不注重有意义的操练，因而不存在对结构意义的理解，语言获得就不会发生，语言操练也必然事倍功半。20 世纪 90 年代初期的研究表明，运用传统的语法教学方法并不能促进语言的获得，其原因是机械操练并不能促使学习者对语言输入进行加工。机械操练只能使学习者获得显性语言知识，但这种训练无助于隐性语言知识的获得。

如果在教学中照搬传统私塾的死记硬背来培养语感，或试图通过强化训练来培养语感，这与我们讨论的语感获得机制是背道而驰的。

3.4 关于课堂教学的建议

那么什么样的课堂教学有助于隐性语言系统的建立及语感的获得呢？VanPatten（2002）在讨论内隐学习对课堂教学的启示时提出了五条建议，本文择其要者，抄录如下：

第一条建议：语言输入越多越好，基于意义的课堂教学越多越好。语言输入是指输入那些具有交际意图、基于意义的语言，学习者的目的是通过这种语言输入获得所传达的信息。因此，语言教学课程应该尽可能多地提供语言输入，把交际作为课堂教学的中心环节，使课堂教学以意义为中心，而不仅仅是以语言形式为中心。这样的课程才能够为学习者提供理想的语言输入。沉浸式教学、基于内容的教学，以及自然法教学都是基于意义的教学，是为学习者提供更多语言输入的教学方法。

第二条建议：课堂教学互动越多越好。基于意义的、适合学习者水平的互动课堂可以提供丰富的语言输入，从而促进语言习得。此外，基于任务型教学的互动也可以为学习者提供良好的语言输入和互动环境。学习者可以通过这种互动环境来参与交际，获得充分的语言输入，促进语言习得的发展。

第三条建议：所有学习者的语言产出都应基于意义或交际。学习者的语言输出应该是以表达某种意义为目的的，不能为了输出而输出，更不能强迫学习者超越现有水平实现语言输出。所有的输出本质上都应该是交际的。此外，不仅互动任务可以产出有意义的语言输出，即使是语法练习的任务也可以如此。

第四条建议：语言结构教学应该基于意义并与输入或交际相联系。虽然句型练习、填空练习等基于语法结构的练习方式已经有很长的历史了，但有研究表明，这种练习方式并不能促进语言习得。Smith（1993）提出了“输入强化”（input enhancement）的概念，描述教师如何帮助学习者习得语言结构。所谓“输入强化”，是说语言结构教学不能脱离意义。教师一方面可以通过交际和互动进行语言结构教学，另一方面可以通过理解任务进行语言结构的教学。比如“重述”（recast）就是基于双方的交际来实现语言结构和意义的获得的，还有“确认”（confirmation check）以及“澄清”（clarification requests）等方法也可以达到语言结构和意义获得的目的。在理解任务中，还有一种有效的方式是“基于结构的输入”。这种方法是在任务中给出一些语法结构，作为语言输入的提示，并要求学习者提供正确的语法形式，完成规定的任务。总而言之，这些方法的目的只有一个，即语法结构的教学不应该仅仅是形式的教学和操练，而应该在有意义的交际中去习得语法的结构和意义。

∷ 参考文献 ∷

郭秀艳、崔光成（2002）内隐学习本质特征的实验研究，《心理科学》第1期。
李海林（1992）语言的隐含意义、语感与语感教学，《语文学习》第10期。
李珊林（1990）语感训练的思考及做法，《语文学习》第9期。

刘大为（2003）作为语言无意识的语感，《华东师范大学学报》（哲学社会科学版）第 1 期。

王建勤（2005）外国学生汉字构形意识发展模拟研究，《世界汉语教学》第 4 期。

王培光（1991）语言能力与语法教学，《中国语文》第 4 期。

王尚文（2000）语感是言语形式感，《云梦学刊》第 1 期。

王尚文、燕芹（1993）语感：一个理论与实践的热点，《语文学习》第 3 期。

邢公畹（1981）论“语感”，载宋玉柱《现代汉语语法论集》，天津人民出版社。

杨炳辉（1993）语法教学必须与培养语感相结合，《语文学习》第 4 期。

张翔、杨治良（1992）内隐学习与外显学习的比较研究，《心理科学》第 4 期。

张征（2003）对语感本质的再认识——与张景祥先生商榷，《西安外国语学院学报》第 1 期。

周健（2003）论汉语语感教学，《汉语学习》第 1 期。

周红辉（2007）二语语感与习得，《大学英语》（学术版）第 1 期。

Bialystok, E. (1978) A theoretical model of second language learning. *Language Learning*, 28(1), 69-83.

Dulany, D. E., Carlson, R. A. & Dewey, G. I. (1984) A case of syntactical learning and judgment: How conscious and how abstract? *Journal of Experimental Psychology: General*, 113(4), 541-555.

Harrington, M. & Dennis, S. (2002) Input-driven language learning. *Studies in Second Language Acquisition,* 24(2), 261-268.

Hasher, L.& Zacks, R.T. (1984) Automatic processing of fundamental information: The case of frequency of occurrence. *American Psychologist*, 39 (12),1372-1388.

Krashen, S. (1977) Some issues relating to the monitor model. *On TESOL' 77*. 144-158.

Reber, A. S. (1967) Implicit learning of artificial grammars. *Journal of Verbal Learning and Verbal Behavior,* 6(6)，855-863.

Reber, A. S. (1989) Implicit learning and tacit knowledge. *Journal of Experimental Psychology: General,* 118(3)，219-235.

Reber, A. S., Walkenfeld, F. & Hernstadt, R. (1991) Implicit and explicit learning:

Individual differences and IQ. *Journal of Experimental Psychology: Learning, Memory, and Cognition*, 17(5), 888-896.

Smith, M. S. (1993) Input enhancement in instructed SLA: Theoretical bases. *Studies in Second Language Acquisition*, 15(2), 165-179.

VanPatten, B. (2002) *From Input to Output: A Teacher's Guide to Second Language Acquisition.* Boston: McGraw-Hill.

原载《语言教学与研究》2012 年第 5 期

汉语习得研究的多元视角 ①

自上世纪 80 年代开始，第二语言习得研究受不同理论的影响，形成了许多不同的研究领域。这些研究领域反映了第二语言习得研究不同的理论视角，如第二语言习得研究的语言学视角（UG approach）、社会语言学视角（sociolinguistic perspectives）、认知视角（cognitive approaches）以及社会文化视角（sociocultural perspectives）等。汉语作为第二语言的习得研究虽然起步比较晚，但在这些理论的影响下，近十几年来也初步形成了一些新的研究领域。

1. 汉语习得研究的语言学视角

在第二语言习得研究领域，第二语言习得研究的语言学视角，主要是指从语言类型学和 Chomsky 的语言学理论，即普遍语法的角度研究第二语言习得。由于 Chomsky 的普遍语法理论对第二语言习得影响最大，因此本节主要介绍在普

① 本文此前未正式发表。

遍语法理论框架下的汉语习得研究。

1.1 基本概念和相关理论

1.1.1 什么是普遍语法

上世纪60年代末70年代初，“普遍语法”(Universal Grammar)被Chomsky赋予了特定的含义，即“普遍语法是由一些原则、条件和规则构成的系统”(Chomsky，1975)。到了80年代，Chomsky又提出了“管辖与约束理论”(Government and Binding Theory)，认为人类的语言是由“原则”和“参数”构成的。普遍语法的“原则”是恒定不变的，适用于所有的语言。对于学习者而言，“原则”是先天的，是不需要学习的；而“参数”是由有限的数值构成的，不同参数的设定构成了不同语言之间的差异。Chomsky这一理论对第二语言习得研究产生了极大的影响，一些第二语言习得理论就是建立在原则和参数理论基础上的。到了90年代，Chomsky的普遍语法理论内容又发生了重大变化，提出了“最简方案”(minimalist programme)的思想。Chomsky认为，人类语言的核心是“词库”，由“词汇语类”(lexical categories)和“功能语类”(functional categories)构成。通俗地说，“词汇语类”是指包含实词的类别，如名词和名词性短语、动词和动词性短语等；“功能语类”包括指示词、助词以及抽象的语法特征等，如时态、主谓一致等形态特征。在“最简方案”中，普遍语法的“参数”包含在功能语类中。“最简方案”提出后，出现了一些基于这一理论框架的第二语言习得研究。

1.1.2 第二语言习得的逻辑问题

第二语言习得的逻辑问题源于儿童母语习得的逻辑问题。有学者认为，儿童的语言能力不可能只是通过有限的外部语言输入获得的。换句话说，儿童不可能只是通过模仿父母或其他成年人的语言就习得目的语规则系统。一方面，这种外在的语言输入是贫乏的；另一方面，儿童在认知水平很低的情况下，很难习得抽象的语言知识。那么问题的必然结论就是，儿童语言能力的获得只能依赖先天的语言习得机制，如果没有普遍语法这种先天的生物遗传属性，儿童是不可能学会语言的。这就是所谓“语言习得的逻辑问题”(the logic problem of language acquisition)。那么，成人第二语言学习者是否也面临这一逻辑问题呢？Cook(1988)认为，第二语言学习者同样存在这个问题，因为他们的第二语言知识如果不是从语言输入中获得的，就一定是在大脑里已经存在了的。第二语言学习者和儿童母语学习者一样，依赖先天的语言习得机制习得第二语言。但是 Schachter（1988）认为，第二语言学习者所面临的“逻辑问题”与儿童母语学习者根本不同，因为二者的语言能力在本质上是不同的，即使部分成人第二语言学习者可以依赖先天的语言习得机制达到母语者的水平，但是大多数人仍然达不到母语者水平。

1.1.3 普遍语法的“可及性”问题

普遍语法的“可及性”（accessibility of UG）问题是指成人第二语言学习者是否还可以利用普遍语法习得第二语言的问题。目前有三种不同的观点：

第一种观点认为，普遍语法不仅适用于儿童母语习得，而且也适用于成人第二语言习得。Flynn（1996）指出：“如果能证明第二语言学习者可以利用普遍语法的原则实现与母语不同的第二语言参数设置，那最好的解释就是，普遍语法仍然在起作用。”有研究表明，第二语言学习者可以成功地对第二语言的参数进行重设。比如，英语作为第二语言的日本学习者不仅能够成功地重新设置“中心语参数”，即实现由日语的中心语后置到英语的中心语前置的参数重设，而且能够运用在日语中不起作用的一些原则，如“毗邻原则”(subjacency principle)，即在英语中能够正确地将“wh- 短语”移位到句首。这些研究表明，普遍语法仍然适用于第二语言学习者。

第二种观点认为，普遍语法是不可及的。也就是说，普遍语法不再适用于第二语言习得。证据是，移民儿童的第二语言大都能够达到类似母语者的水平，而他们的父母却很少如此。这一基本事实主要与两个因素有关，一是语言习得的关键期，二是语言习得机制。成人第二语言习得与母语习得之所以有很大的差别，一个很重要的原因就是普遍语法在关键期后就不再起作用，即不再适用于成人第二语言习得。Johnson & Newport（1989）在英语语法直觉判断的研究中发现，7岁以前移民美国的儿童以类似母语者的方式进行语法判断，而年龄大的学习者语法判断的错误多于前者。这意味着，关键期前的儿童第二语言学习者在语法判断中依据的心理机制与成人第二语言学习者不同，因为前者依然可以凭借普遍语法习得第二语言，而成人第二语言学习者只能凭借一般的学习策略来学习第二语言。机制不同，第二语言习得的最终水平也不同。

第三种观点是一种折衷的观点，即对成人第二语言学习者而言，普遍语法有些部分是可及的，有些部分是不可及的。Schachter（1988）的假设是，普遍语法的原则对成人第二语言学习者可能依然适用，但有些参数可能不会被习得，其证据是，成人第二语言学习者的语言表达并没有出现所谓的“野语法”。也就是说，学习者不会产出违反普遍语法原则的语法错误，因为他们的语言产出是受普遍语法制约的。但是当第二语言的参数与其母语参数不同时，他们却不能够正确地设置并习得第二语言的参数。所以，对第二语言学习者而言，普遍语法的原则是可及的，但是第二语言的部分参数却是不可及的。

上述三种观点都有各自的实验依据，但这些研究都只描述了问题的一个侧面，因而难以形成共识。因此，关于普遍语法的可及性问题还需要多侧面的实验研究做进一步的探讨。

1.2 基于普遍语法的汉语习得研究

基于普遍语法的汉语习得研究的数量相对较少。但近些年这一领域的研究开始逐渐增多，主要集中在三个方面，一是围绕普遍语法的原则和参数问题探讨汉语学习者习得某些原则和参数的研究，二是围绕功能语类问题的汉语习得研究，三是检验“界面假设”（interface hypothesis）的汉语习得研究。

80 年代的“管辖与约束理论”对汉语习得研究影响很大，许多汉语习得研究建立在这一理论基础上。管辖理论，简而言之，主要阐释的是管辖（governor）与被管辖成分之间的句法关系，如动词管辖名词性宾语（He *likes me.*），介词管辖名词性成分（He spoke *to me.*），即介词宾语必须是宾格名词性成分。约束理论则是阐释回指成分或代词与其先行词的关系，如：

a. 张三觉得李四对自己没有信心。

b. 张三觉得李四对他自己没有信心。

句 a 的简单反身代词“自己”既可以指“张三”也可以指“李四”；句 b 中的复合反身代词“他自己”只能指“李四”。这两个句子中的反身代词不同，与其先行词“张三”的指称和约束关系也不同。由于语言类型不同，不同母语背景的汉语学习者在习得汉语反身代词与先行词的指称关系时可能会存在一些困难和问题。曾莉（2012）对这一问题做了比较详细的探讨。她的研究发现，母语为英语的汉语学习者能够成功地习得汉语复合反身代词“他自己”与先行词的约束关系，但在习得汉语简单反身代词“自己”与先行词的约束关系上却存在困难，即只能习得简单反身代词的某些指代特征。这一方面是因为反身代词的局部回指和先行词之间的约束关系是自然语言的共性，因而相对容易习得；另一方面，汉语学习者容易将“自己”与“他自己”相混淆，因而在判断长距离回指时，不能很好地区分二者在回指距离上的差异。

围绕普遍语法理论的另一个领域是基于“界面假设”的汉语习得研究。所谓“界面”，是指抽象的语言系统中不同模块之间或语言表达之间的相互影响和映射关系，只要不同语言表达层级之间存在映射，“界面”就蕴含在这些层级之间。抽象的语言系统包括句法、语音、形态和语义等不同模块，这些模块各自有它自己的组织结构和组织层级。因此，语言规则及其处理包括两类，一类是语言机制中每个模块内部的运行机制，如语音规则和句法规则；另一类是联系不同语法模块的运行机制，如句法和语义之间的界面、形态和语音之间的界面等（袁博平，2015）。按照 Sorace & Filiaci（2006）提出的“界面假说”，“纯句法特征即便在学习后期才能被掌握，但最终是可以被完全习得的；而句法与其他的认知范畴间的界面特征则难以被完全习得”。根据这一假设，袁博平（2015）依次考察了母语为英语的汉语学习者习得汉语非宾格动词与非作格动词、存在极性词（existential polarity words）等语法点时，对“语法—语义”这一内部界面和“句法—语篇”这一外部界面的习得情况。研究发现，虽然界面会给汉语学习者习得带来困难，但并非如这一假说所预测的那样永远难以习得。另外，界面本身可能并不是造成二语习得困难的根本原因，界面所需的信息处理量才是决定汉语学习者能够在多大程度上习得各种界面的关键因素。

1.3 研究方法与评价

基于普遍语法的第二语言习得研究，顾名思义，都是建立在普遍语法框架下的第二语言习得研究，其目的是为了检验普遍语法的普遍性和适用性。

基于普遍语法的汉语习得研究，在研究方法上和其他语言作为第二语言的习得研究一样，首先是根据普遍语法的理论形成第二语言习得的理论假设。White（1985）根据普遍语法的原则与参数理论，提出第二语言习得的过程就是“参数重设"(parameter resetting) 的过程。如不同语言类型在“中心语参数”的设置上存在差异，汉语说“我吃饭”，日语说“我饭吃”。汉语动词短语的中心语“吃”在前 (head initial)，日语动词短语的中心语则在后 (head final)。因此，日本学生要习得正确的汉语语序，就必须对其母语的参数重新进行设置。其次，研究者通过实证研究来检验这一假设对汉语作为第二语言的学习者是否成立，即是否可以通过参数重设假设来解释第二语言习得的过程和机制。

基于普遍语法的第二语言习得研究，基本上都是采用学习者对第二语言的语法判断这种研究范式来考察学习者的语言习得过程的。之所以采用这种语法直觉判断的方法，是因为这与普遍语法对学习者语言能力的理论假设密切相关。学习者的语言能力，即“心理语法"(mental grammar) 是一种内隐知识，这种内隐知识的获得是第二语言习得的最终目标。因此，语法直觉判断是考察学习者语言能力的重要方法。当然，这种研究范式也受到了一些学者的质疑。有学者认为，早期基于普遍语法的第二语言习得研究过于依赖语法判断的方法，缺少纵向研究，因而不知道通过语法判断获得的到底是内隐知识还是外显知识。但是现在这一领域的研究已经不仅仅局限于这种研究方法，而更多地与实证研究相结合，研究的理论和方法也在不断更新。

2. 汉语习得研究的社会语言学视角

基于社会语言学视角的第二语言习得研究，大致可以分为两个方面，一是第二语言学习者语言变异的研究，二是从更为宽泛的社会环境因素来考察第二语言学习者的语言习得过程，如“语言社会化"(language socialization) 研究、跨文化认同研究等。

2.1 汉语学习者的语言变异研究

2.1.1 语言变异的相关概念

2.1.1.1 什么是语言变异

通常所说的“语言变异”是指说话者的语言表达系统由于社会因素（社会等

级、职业等）、社会心理因素、心理语言因素而产生的语言形式变化。第二语言学习者的语言变异大致可分为两类，即“系统变异”和“非系统变异”。

“系统变异”是指第二语言学习者的语言变异随着情境的变化而变化。言语情境是第二语言学习者语言变异产生的主要原因。见下面例句：

[1] 我在五道口吃饭。（情境 A）

[2] 我吃饭在五道口。（情境 B）

按照 Labov（1972）的观点，如果学习者对言语输出注意的程度比较高，其言语表达大都符合目的语规则，如情境 A 中句 [1] 的状语语序；当学习者对言语输出注意的程度比较低时，其言语表达在语序上就会偏离目的语规则，如情境 B 的句 [2]。这种变异是随情境的变化而变化的，属于情境变异或系统变异。

“非系统变异”是指第二语言学习者经常在同一情境用两个或两个以上的语言形式表达同一功能。非系统变异也称“自由变异”(free variability)，这种变异不受语境因素的影响，见下面汉语学习者的表达片段：

在中学毕业后，我一个年没学，转到另一个大学学习中文一年，再没学一年，再学一个半年，没学一个年……

这种交替使用两种不同形式（一年 / 一个年）来表达汉语数量结构的现象是典型的自由变异。这种变异是非系统的，不受言语情境的影响。虽然第二语言学习者的语言变异是造成其中介语系统不稳定的一个重要因素，但同时也是促进其中介语系统不断发展的动因。

2.1.1.2　上下文语境变异

“上下文语境变异”是指由上下文语境的变化而引起的语言变异。上下文语境效应主要体现在语言的音系、形态和句法层面。Dickerson（1975）考察了在朗读对话时，四种上下文语境对日本学习者发英语 /z/ 这个辅音的影响。该研究发现，当 /z/ 出现在元音前面时，日本学习者可以正确发出这个音；当 /z/ 出现在 /m/、/b/ 等辅音前面时，学习者使用 [z]、[s]、[dz] 和发音较短的 [z] 这四种变体；当 /z/ 出现在 /θ/、/t/ 等辅音前面时，学习者使用 [z]、[s]、[dz]、发音较短的 [z] 和不发音这五种变体；当 /z/ 出现在音节末尾时，学习者使用 [z]、[s]、[dz] 三种变体。Dickerson 采用历时的方法，在九个月内分三段时间收集数据，最终，每一次的数据分析都发现了相同的变异模式。

2.1.1.3 中介语语体风格连续体

Tarone（1982，1983）把学习者的中介语系统看作一个由不同语体风格构成的连续体。连续体的一端被称作“随便体”(vernacular style)，另一端被称作“严谨体”(careful style)。前者指学习者在非正式情境下的语体风格，后者指学习者在正式情境下的语体风格。学习者的中介语根据情景语境的需要在这两种语体间移动变换（王建勤主编，2009）。Tarone 认为，随便体和严谨体都是构成学习者中介语语言能力的一部分，因此在考察学习者的中介语时，应该收集不同语体的数据材料来反映不同的语言规范。她认为语体变换是由心理语言机制，即学习者对语言形式注意程度的高低造成的。当学习者对语言形式的注意很少时，其中介语表现为“随便体”；当学习者将其注意力主要集中在语言形式上时，其中介语表现为“严谨体”。这些不同的语体风格构成了学习者的中介语语体风格连续体。

2.1.2 汉语学习者语言变异的相关研究

汉语学习者语言变异的研究相对比较少，已有研究主要集中在语音和句法的层面上。

已有的汉语学习者言语情境变异的研究，主要借鉴 Labov（1972）关于母语者语言变异研究的范式以及 Tarone（1983）中介语语体风格连续体的理论框架，考察不同言语情境对学习者汉语声调产出的影响（袁博平，1995a；严彦，2006）。袁博平（1995a）根据 Labov 的“注意程度”假说，分别统计了初中高三组以英语为母语的汉语学习者在五种言语情境下汉语声调产出的正误数据。这五种情境依次为：①口头表达；②朗读句子；③朗读短语和词语；④朗读最小配对；⑤给最小配对标声调。研究结果表明，从情景①到情景⑤，由于学习者对声调产出的注意程度逐渐提高，声调产出的正确率也逐渐上升，形成了一个不断变化的连续体。袁博平的研究基本证实了言语情境变异的假设。与此同时，他也发现，三、四年级学习者在注意力程度最高的标声调测验中的正确率，与注意力程度较低的实际发音没有明显差异。这一结论表明，学习者对语言产出注意程度的高低并非造成语言变异的唯一因素。

除了情境变异研究之外，也有学者探讨上下文语境对汉语学习者口语产出语音变异的影响。梅丽（2005）考察了卷舌声母的后接元音和声调这两个上下文语境对零加级（学习汉语四个月左右）、初级（学习汉语一年左右）、中级（学习汉语一年半至两年）日本学习者习得汉语舌尖后音的语音变异现象的影响。研究发现，上下文语境在一定程度上影响了语音变异。当后接元音为 /i/ 类时，零加级汉语水平学习者将舌尖后音发成舌面前音和舌叶音的比例较大，学习者 /tş/ 的发音受到了后接元音和声调的影响。

上述两项研究都是对汉语学习者言语产出的系统变异研究，而自由变异研究却屈指可数。王建勤（1997）考察了汉语作为第二语言的学习者言语表达中的自由变异现象。研究发现，学习者在习得“不”和“没”否定结构的过程中，把“不”和“没”看作两个可替换的自由变体。而且“不”和“没”否定规则的习得是一个缓慢扩散的过程，呈现为四个过渡阶段，即“不”的否定占主导地位阶段；“不”和“没”作为自由变体互相替代阶段；以“没”为主的泛化阶段；“不”和“没”分化，各司其职阶段。自由变异的现象往往出现在新规则刚刚导入的阶段。随着学习者语言水平的提高，自由变异现象就会逐渐消失。

2.1.3 第二语言学习者语言变异的研究方法

第二语言习得研究领域的语言变异研究，较常见的研究方法主要有三种，即“分类规则”（categorical rules）和“变量规则”（variable rules）描写方法、中介语语体风格连续体的描写方法，以及“扩散模式”（diffusion model）。

按照 Labov（1972）的“语体变换”（style shifting）理论，语体变换是系统的，是可以预测的。因此，我们就可以用“分类规则”对学习者的语体变异做如下描述：

Thing → /θ/________（情境 A）

Thing → /t/________（情境 B）

这一规则的含义是，学习者在情境 A，即对英语 thing 的产出注意程度比较高时，使用合目的语标准的变体 /θ/；而在情境 B，即对英语 thing 的产出注意程度比较低时，则使用另一变体 /t/。显然，分类规则适合描写系统变异现象。

然而，学习者的语言变异实际上并不完全是非此即彼的简单分类变化，而往往是基于概率变化的。因此，Labov（1972）又提出了“变量规则”的描写方法。所谓“变量规则”，是指两个或多个变体在不同情景语境和上下文语境中出现的可能性，见下例：

Y（变体）0.6——语境 / 语体 A
（随便体）
Z（变体）0.4——语境 / 语体 A

X（变量）

Y（变体）0.9——语境 / 语体 B
（严谨体）
Z（变体）0.1——语境 / 语体 B

在语境 / 语体 A（随便体，即对语言产出注意的程度比较低）中，X 作为考察和描写的变量（如英语 thing），其变体 Y（/ θ /）出现的概率为 60%，X 的变体 Z（/t/）出现的概率为 40%；在语境 / 语体 B（严谨体，即对语言产出注意的程度比较高）中，X 的变体 Y（/ θ /）出现的概率为 90%，X 的变体 Z（/t/）出现的概率为 10%。由此可见，变量规则对语言变异现象的描写是建立在概率的基础上的，而且能够动态地反映第二语言学习者语言特征的发展变化。

用于系统变异研究的第二种方法就是 Tarone（1983）提出的中介语语体风格连续体的描写方法。这种描写方法也是根据学习者对言语产出注意程度的高低来设计言语情境的，通常采取读词表（注意程度高）、读句子（注意程度较高）、朗读语言片段（注意程度较低）、自由表达（注意程度低）等不同的实验任务来实现（Dickerson，1975；袁博平，1995b；梅丽，2005）。学习者在这些不同言语情境下的语言产出构成了一个不断变化的连续体，可以看出学习者的语言变异随着言语情境的变化而变化。但是这种研究方法也有一定的局限性，即言语情境只是引起学习者语言变异的因素之一，为了避免这种局限，还应该考虑其他因素对语言变异的影响。

上述研究方法适合于系统变异现象的描写，研究非系统变异（即自由变异）则适合采用“扩散模式”。Gatbonton（1978）利用这一模式考察了 27 个在加拿大学习英语的法裔学生在大声朗读和即兴说话两项任务中发三个目的语语音 /θ/、/ð/、/h/ 时出现的变异现象，并用扩散模式解释了这种自由变异现象。她认为，在第二语言发展过程中有两个主要阶段，即“习得阶段”和“替代阶段”。在“习得阶段”，学习者习得目的语中某个变项的正确变体，并在所有的语境中都使用这个变体，同时也使用该变项的不正确变体；到了“替代阶段”，正确变体逐步取代不正确变体，自由变异消失（详见 Ellis，1985）。

2.2 汉语学习者的语言社会化研究

2.2.1 什么是语言社会化

语言社会化的一个基本观点是，语言和文化并不是截然分开的，无论是母语习得还是第二语言习得，语言和文化都是一起被学习者习得的。有学者认为，语言知识和社会文化知识是相互依存的。学习者的一个基本任务就是在习得语言形式的同时习得相关的意义和功能，而这些意义和功能在很大程度上是依据社会文化构成的。一方面，语言知识寓于社会文化知识之中；另一方面，社会文化知识的理解与阐释在很大程度上是通过语言媒介来实现的（Ochs，1988）。更有学者认为，语言社会化与学习者语法能力的发展也密切相关。Ochs & Schieffelin（1995）指出，在每个社区，语法形式、运用这一形式的社会文化环境以及语法形式的表征意义，都对儿童理解与产出这些语法形式产生影响。

学习者们这些观点反映了这样一种共识，即语言社会化就是将学习者语言能力的发展和社会文化的发展联系在一起，因为至少儿童母语知识的习得同时伴随着与母语知识相关的社会文化规范的习得。但是第二语言学习者第二语言的习得并不一定伴随着目的语社团社会文化规范的习得，这有可能是学习者所处的外语习得环境使然，也有可能是语言教学方法使然，比如强调规则操练和强化的听说法，就在某种程度上将二者分离开来了。因此，有学者呼吁应该提出一种更为完整的语言习得理论，将第二语言习得的认知过程和社会过程结合在一起（Watson-Gegeo & Nielsen，2003），其目的是使第二语言学习者在习得第二语言的同时实现语言社会化。

2.2.2 汉语学习者语言社会化相关研究

语言社会化研究作为一个新的研究领域，最初源于儿童母语习得，如萨摩亚西部和巴布亚新几内亚儿童的语言社会化研究。学者们发现，不同文化和族群儿童的母语习得及与之相伴随的语言社会化过程存在较大的差异。随着应用语言学领域的"社会转向"，儿童母语习得的语言社会化理论也引起了第二语言习得研究领域的兴趣。但第二语言习得研究领域关注的主要是第二语言课堂教学中学习者的语言社会化问题（Poole，1992；Cekaite，2007；Ohta，1999）。受语言社会化理论的影响，近些年虽然汉语学习者语言社会化研究尚不多，但已有学者在这个领域做出了初步的探索（贾莉，2008；闻亭，2013；魏惠琳、周春红，2013）。

魏惠琳、周春红（2013）以美国华裔汉语学习者为研究对象，从学习者运用汉语请求策略的角度，考察学习者语言社会化的进程。该研究发现，不同汉语水平对汉语学习者非规约性间接策略的使用有显著影响，即高水平的汉语学习者更多地使用非规约性、间接的请求策略。作者认为，这一结果，一方面可能与学习者的态度有关，即持积极态度的学习者更倾向于少用直接策略，更多地使用非规约性策略；另一方面，持积极态度的学习者会更加注意暗示和言外之意的理解和使用，从而体现了学习者社会文化知识的积累。但是统计分析表明，持积极态度的中高级汉语学习者语言社会化的程度，与初级汉语学习者相比，并没有显著的提高。作者进一步指出，造成这种现象的原因是，高水平汉语学习者可能会更加刻意地增加非规约性策略的使用，但是由于海外汉语学习者的汉语习得缺乏真实的语言环境，因而在一定程度上影响了他们的语言社会化进程。

2.2.3 语言社会化研究的方法

语言社会化研究根植于早期儿童学习说话的纵向的人种学研究。这类研究通过对学生在由特定学习者和特定文化构成的语言运用情境中语言使用的观察和描写来考察其语言社会化进程。因此，这种研究多采取纵向的观察和质性分析。如 Ochs & Schieffelin（1982, 1995）通过考察儿童与保姆的会话发现，在北美中产阶级白人中，儿童几乎从一出生就被看作是会话的同伴；而在萨摩亚，儿童并不会被看作会话的同伴。此外，儿童受教育的方式也不同，白人阶层通过会话来扩展儿童会话的能力，通过交际来帮助儿童澄清常规的交际话语；而在巴布亚新几内亚，成人却很少帮助儿童去澄清他们不理解的话语。由此可以看出，与儿童进行会话这种教育方式本身就是由特定文化构成的。

在第二语言习得研究领域，由于第二语言课堂教学常常缺少由特定文化构成的语言运用情境，因此，教师在课堂常常通过目的语社团的言语交际习俗和习惯的教学让学习者掌握恰当和得体的目的语规则。在汉语学习者的语言社会化研究中，已有研究基本上是通过特定的交际活动，或者创设特定的交际情境和语用环境，引导学习者学习特定的汉语语用规则，如请求策略、间接言语行为等。而在研究方法上，通常采用问卷和话语补全等方式来考察学习者的语言社会化进程。由于这种方法不是自然、真实的语言交际情境，因而有一定的局限性。

2.3 汉语学习者跨文化认同研究

2.3.1 “认同”的含义

“认同”（identity）一词有多重含义，它既指“同一性”也指“独特性”。因为这解释了个体与他人或群体的相似和相异两层关系，即指明了你和一些人有何共同之处，以及你和他人又有何区别。认同，既包括主观上个体对“你是谁”的认识，也包括客观上个体所属的群体。此外，认同包括很多类型，如身份认同，即“你是谁”，同时也包括社会认同、族群认同、个人认同等。在第二语言习得研究领域，第二语言学习者的认同研究，主要是借用了社会心理学“社会认同”的概念。Tajfel（1974）将社会认同定义为个体认识到自己所在群体的成员所具备的资格，以及这种资格在价值上和情感上的重要性。在汉语习得研究领域，学者们更为关注的是汉语学习者对目的语社团的语言、文化、族群与价值观的认同，特别是汉语学习者的“跨文化认同”（cross-cultural identity）和“超越文化认同”（transcultural identity）的研究。第二语言习得研究领域之所以关注学习者的认同研究，是因为学者们发现，第二语言学习者对第二语言的态度、动机以及认同这些社会因素和情感因素将会对第二语言习得产生重要的影响。

2.3.2 汉语学习者跨文化认同的相关研究

汉语学习者的语言文化认同研究，就研究对象而言，主要分两大类，一类是关于华裔汉语学习者的认同研究，一类是关于非华裔汉语学习者的认同研究（王建勤，2013；冯丽萍等，2013；魏岩军等，2015）。之所以这样区分，是因为华裔和非华裔汉语学习者面临完全不同的语言、文化、族群和价值观等方面的认同问题。华裔汉语学习者作为一个特殊的群体，在移居国的主流社会要应对两种截然不同甚至相互矛盾的生活方式：一方面，他们要面对母语族群语言文化传承的压力；另一方面，他们又要尽快融入主流社会，以免被视为另类。换句话说，华裔汉语学习者既要面对华裔族群的认同，同时还要面对主流社会族群的认同，即所谓“双向认同”的问题。因此，在汉语习得研究方面，汉语学习者跨文化族群认同已成为学者们关注的重要领域。

为此，有学者从来华经历、汉语水平以及态度和动机等不同角度考察了这些社会和情感因素对汉语学习者跨文化认同的影响。研究发现，有来华经历的美国汉语学习者在语言、文化和族群认同上比无来华经历的汉语学习者认同程度更高，但在价值观认同上则无区别。此外，不同国别汉语学习者的态度和动机对其语言、文化、族群和价值观的认同也存在不同程度的相关关系（魏岩军等，2015）。但是这些研究并没有触及汉语学习者的“双向认同”问题。实际上，第二语言学习者都会不同程度地面临双向认同问题，而华裔汉语学习者作为生活在“两种文化夹缝”中的人，这个问题就更为突出。王建勤（2013）在考察华裔汉语学习者双向文化认同时发现，这个特殊群体在语言、文化、族群和价值观认同上处于一种两难境地，即在“我是谁”这个问题上处于一种游离状态。他们有时称自己中国人，有时称自己美国人，有时称自己“中国-美国人”或“美国-中国人”。他们认为，相对美国人，他们更像中国人；相对中国人，他们更像美国人。这种族群认同上的矛盾心态阻碍了他们族群身份认同的构建。因此，作者提出了“第三种身份”的构建，即 Epstein（2009）提出的“超越文化认同”（transcultural identity）。按照这种理论，华裔汉语学习者应该采取开放的心态，接受不同的文化，通过多种文化的融合使已有文化的内涵得到扩展和丰富，而不再仅仅局限于以种族和肤色来定义族群和文化认同。

上述研究的意义在于，跨文化认同或超越文化认同作为一种社会和情感因素，对汉语学习者，尤其是华裔汉语学习者的汉语习得具有潜在而又深远的影响。

2.3.3 跨文化认同研究方法

早期的文化或族群认同研究，虽然研究对象是跨文化群体，但是其理论和方法都是建立在单向的认同研究基础上的。有学者认为，第二语言学习者族群认同的建构过程是一个动态发展的过程，即学习者要向主流族群认同过渡，最终实现主流族群的认同（Tse，1998）。问题是，有研究表明，有相当一部分第二语言学习者终生都会停留在认同建构过程的某个阶段，如两难选择的阶段。换句话说，那种单向的研究方法并不适合第二语言学习者，特别是族裔“传承语”（heritage language）学习者。因此，目前的跨文化认同研究，大多采取“多维文化适应量表”的问卷调查方法（参见 Zea *et al.*，2003）。这种多维文化适应量表为考察双向认同提供了可选择的空间。因为双向认同研究不仅要考察第二语言学习者对母语语言或文化的认同，而且还要考察学习者对目的语语言或文化的认同。但是，这只是作为一种测量和调查工具，跨文化认同研究需要在适当的理论框架下进行，并选择合适的研究方法。

3. 汉语习得研究的认知视角

当代认知心理学有两种不同的理论取向，即“信息加工取向”和“联结主义取向”（Best，2000）。在这两种理论取向的影响下，汉语习得研究形成了两种不同的研究领域，即基于“信息加工理论”（information processing theory）的汉语习得研究，以及基于“联结主义”（connectionism）的汉语习得研究。

3.1 基于信息加工理论的汉语习得研究

“信息加工理论”产生于上世纪 70 年代。该理论把人的心理看作类似计算机的符号加工器。这些符号加工器控制着语言心理表征的建构、语言输入和输出等加工过程。在第二语言习得研究领域，有三个关于信息加工的重要假设。第一，人的认知结构是由“表征”（representation）和“通达”（access）构成的。所谓“表征”，是指存储在人脑中的知识，语言表征主要是由语音、词汇、语法、图式等知识构成的；所谓“通达”，是指在言语理解与产出时对存储在人脑中的知识进行检索、提取的加工过程。第二，信息加工有两种不同的加工机制，即自动加工和控制加工。母语者的言语交际大都是自动加工，而不熟练的第二语言学习者的言语交际则更多采取控制加工。第三，认知加工的资源，如注意和记忆资源是有限的。言语交际的自动加工需要较少的注意资源，控制加工则需要更多的注意资源。基于信息加工理论的第二语言习得研究，基本上都是在上述理论框架下探讨学习者语言习得和语言认知加工过程和机制问题的。

3.1.1 汉语学习者心理表征的研究

在汉语习得研究领域，学习者关注较多的是汉语学习者的声调表征问题。声调表征的研究，通俗地说，是研究汉语声调知识，如声调的音高、重音等声学特征以及音位特征在学习者大脑中是如何建立的。声调表征的研究可以揭示学习者汉语声调习得的心理过程和加工机制，这种研究大都采取实验语音学和认知实验研究相结合的方法。张林军（2011）从声调的声学信息和音位表征两个方面研究了美国学生汉语声调的加工机制。研究发现，初级水平的美国学生已经具有明确的声调范畴，声调识别能够达到很高的正确率，但在词汇加工中，声调的音位表征却远未形成。其原因是，声调范畴的知觉和音位表征是两个相对独立的层面，抽象的音位表征的建立对汉语学习者而言更为困难。然而，汉语声调关键性声学信息的感知对声调音位表征的建立具有直接的影响。

3.1.2 关于汉语学习者心理词典的研究

"心理词典"(mental lexicon）是包含所有词语信息的心理知识系统。这些知识包括词的发音、形态、句法以及语义信息等，它们构成了学习者的心理词典。在心理词典中，词语是按照语义网络的方式组织在一起的。语义相近、相关的词更容易被激活，如"父亲"激活"母亲"、"桌子"激活"板凳"、"苹果"激活"水果"的时间要短于"父亲"激活"桌子"或"板凳"激活"水果"的时间。因此，研究者通常采用词汇联想测试的方法考察汉语学习者心理词典的结构和组织方式。通过心理词典的研究，可以发现学习者汉语词汇的形、音、义等各种信息的表征是如何建立的，这些信息又是通过何种方式组织在一起的。词汇联想实验包括四种反应类型，即聚合反应、组合反应、语音反应和无反应。聚合反应是指刺激词和联想词属于同类词，如"大—小""父—母"等。组合反应指刺激词和联想词具有先行句法关系或搭配关系，如"大—苹果""环境—污染"等。语音反应指那些联想词与刺激词仅在语音上相似的联想反应，如"dog—bog"等。聚合反应和组合反应在母语者心理词典中是最普遍的组织方式，语义关系密切，因而加工深度比较高；语音反应和无反应与语义没有任何联系，因而加工深度比较低。孙晓明（2010）的研究发现，汉语学习者随着语言水平的提高，聚合反应和组合反应不断增加，语音反应和无关反应（无反应）逐渐减少。此外，汉语学习者在汉语词汇理解和产出上的加工深度存在差异，产出性词汇加工深度比较高，理解性词汇加工深度比较低。李广利、姜文英（2015）采取同样的研究范式，进一步发现，汉语学习者心理词典中的词汇以语义关联为主。其中中级水平学习者聚合关联占主导地位，初级学习者聚合和组合关联比例相当。与英语学习者相比，汉语学习者的词汇关联中，汉字字形关联多于字音关联，而且语块形式的关联较多，反映了汉语学习者心理词典结构组织方式的差异和特点。

3.1.3 伴随性词汇习得与词汇通达研究

"伴随性学习"（incidental learning）与"刻意学习"（intentional learning）相对。二者的区别在于，伴随性学习是在刻意注意条件下的学习，如要求学习者完成阅读理解任务，事后测试学习者对某些词语的理解，但事先并不告知学习者阅读后要对词语进行测试；而刻意学习则明确告知学习者在阅读中要注意生词，读后要对这些词语进行理解测试。在汉语习得研究领域，学者们关注较多的是伴随性词汇习得，目的是考察学习者在伴随性学习条件下的词汇习得是否比刻意的词汇学习效率更高。王志军、郝瑜鑫（2014）采用眼动技术，并通过设置不同的语境任务考察前后语境位置以及语义提示词（同义词 / 反义词）对汉语学习者词汇习得的影响。研究结果显示，语境对词语学习有显著影响，前语境句子的整句注释时间明显短于后语境句子，同义语境句子的整句注释时间明显短于反义语境句子。其结论是，前语境和同义语境更利于目标词的学习，即在上下文语境条件下，伴随性学习有助于阅读过程中的词汇习得。

词汇通达研究关注的主要问题是，学习者在言语理解与产出过程中，以何种方式检索和提取词汇知识，学习者的词汇通达受到哪些因素的影响。有学者通过真假词判断任务，并通过多元回归分析详细地考察了汉语复合词加工的影响因素（郝美玲、厉玲，2015）。该研究发现，整词频率、首词频率、首词家族数、语义透明度和具体性是影响汉语母语者复合词加工的最主要因素。而对第二语言学习者而言，整词频率、尾词素、语义因素是影响其汉语复合词加工速度的主要因素。复合词的通达既存在整词加工也存在词素加工。基于这一结论，该研究认为，在汉语词汇教学中不仅应强调词汇复现率，而且应重视词素教学对扩大词汇量的重要作用。

3.1.4 汉语学习者正字法意识研究

在汉语习得研究领域，汉字认知研究一直是学者们关注较多的研究领域。近些年，学者们从多个侧面研究了学习者汉字认知的过程和机制，但大多数是关于汉语学习者正字法意识形成和发展的研究。“正字法”是对汉字字形的规范，包括笔画、部件的结构和组合规律。汉字“正字法意识”指学习者对汉字结构和组合规则的意识。汉字作为一种表意文字，对母语为拼音文字的汉语学习者而言，其识别和书写是非常困难的。因此，汉字正字法意识的形成和发展是考察汉语学习者汉字识别和书写水平的重要因素和手段。汉字认知研究大都采取认知实验的研究范式，即通过真、假、非字的识别和判断考察学习者汉字正字法意识的建立和发展。所谓真字，是具有形音义的字；假字，符合正字法，但无音、无义；非字，既不符合正字法，也无音、无义。汉字正字法意识的研究，不仅研究汉字的字形结构意识，而且研究汉字的结构规则，如部件的组合规则、部件的位置、部件的一致性意识等。张金桥（2008）通过实验研究考察了印尼华裔汉语学习者汉字正字法意识的形成和发展。实验研究表明，印尼华裔初级汉语学习者已经具备了正字法意识，中高级汉语学习者的正字法意识在左右结构和上下结构的汉字中均有体现，而且左右结构汉字的正字法意识具有优势。

阮氏芳等（2016）的汉字部件延迟书写研究发现，学习了 3 个月汉语的越南学生已经具备了汉字部件意识，而且部件构字能力是影响学生汉字书写的重要因素。该研究也发现，学习者对汉字左右结构部件的结构意识好于上下结构。此外，吴思娜（2008）对日韩学生的汉语形声字声旁一致性意识进行了检验。研究发现，汉字水平高的留学生在一年级时就具有了一致性意识，而汉字水平低的留学生到三年级才发展出一致性意识。这一结果表明，学习者的汉字水平是影响其形声字一致性意识的主要因素。

从上述研究可以看出，基于信息加工理论的汉语习得研究，基本上都是围绕认知研究领域的基本理论问题，采用认知实验的研究范式，研究汉语学习者习得汉语语音、词汇、汉字等语言要素的认知过程和加工机制。但不同语言层面的研究方法有所不同：汉语学习者声调习得的认知研究，基本上是采取实验语音学研究和认知实验研究相结合的方法；而词汇和汉字的习得主要借鉴认知心理学的研究范式。

3.2 基于联结主义的汉语习得研究

“联结主义”作为一种新的认知理论兴起于上世纪80年代。这一理论与信息加工理论相比，有两个不同之处。首先，联结主义强调知识的“分布表征”，而不是符号表征。在信息加工的语义网络中，一个节点表示一个概念，而联结主义是通过神经网络中神经元之间的联结模式表达的。其次，在信息加工方式上，联结主义采取平行加工，而不是序列加工。联结主义作为“浮现主义”（emergentist）家族中的一员，具有三个共同的学习原则。一是“联想学习”（associative learning）。联想学习是基于实例和样例的学习。当学习者对语言输入中呈现的一个个样例（如N个“把”字句）形成记忆时，学习便发生了。频次越高的样例越容易形成记忆。二是“概率学习”（probabilistic learning）。这种学习方式并非分类的，而是渐进的，是基于经验和概率进行猜测和推断的学习。三是“基于运用的学习”（usage-based learning）。根据这一学习原理，语言知识和运用是不可分的，学习者通过语言运用来学习语言。联结主义的上述学习原则，反映了语言知识获得的普遍规律。学者们基于上述原则，通过特定的方法来探索第二语言习得的普遍规律。

在汉语习得研究领域，联结主义认知理论的引进比较晚，基于这一理论的研究也相应较少。一方面是因为信息加工理论在第二语言习得的认知研究方面仍然占主导地位，另一方面，基于联结主义的研究方法，即基于人工神经网络模拟的方法在一定程度上限制了这一研究领域的发展。但是，基于人工神经网络模拟的方法与其他行为实验研究相比仍然具有一定的优势。第二语言学习者的语言习得涉及的因素和变量比较复杂，但行为实验研究的变量有限。基于统计分析的结果难以客观地揭示交织在一起的多种因素的关系，而基于联结主义的神经网络可以从多个维度分别表征更为复杂的因素和变量，因为神经网络具有人脑学习功能的生物有效性，通过模拟可以更为直观地观察到复杂的学习过程。在汉语习得研究领域，神经网络最早用于汉语学习者汉字构形意识的模拟研究。王建勤（2005）利用“基于衰减网络的自组织模型”（self-organized model based on SARDNET）模拟了汉语学习者汉字构形意识的发展。“汉字构形意识”主要包括两个方面，一是汉字组字单元的意识，即汉字部件意识；二是汉字组字单元之间的组合规则意识。为了模拟汉字构形意识的萌发和发展，该研究从汉字部件数、结构类型等 9 个维度对汉字进行表征。模拟的结果表明，初级水平的子模型已经具备了汉字构形规则的认知能力。模型对汉字结构类型的认知效应主要反映在左右结构的汉字上。模型汉字识别采取的首要策略是字形策略，其次才是结构识别策略。该模拟研究在一定程度上避免了行为实验的局限，其结果比较客观、可靠。

利用神经网络进行模拟的另一个领域是汉语声调范畴的模拟研究。陈默（2012）利用"自组织模型"（self-organized model）模拟了母语为非声调语言的汉语学习者习得汉语声调范畴的认知机制和发展过程。该研究实际上是一个双表征模型，既包括学习者母语语音特征的表征，也包括学习者目的语，即汉语语音特征的表征。声调表征包括调值、调型、调长和调域等多个维度。模拟结果显示，初级子模型已经形成了声调范畴，其中阳平和上声范畴的区分最差。该模拟结果澄清了以往行为实验不一致的结论。

上述基于联结主义神经网络的模拟研究，均采用了无监督学习的自组织神经网络。这种自组织模型与有监督的学习模型相比，更符合人脑的学习过程和特点。虽然基于自组织模型的汉语习得模拟研究目前还有很多局限，但是随着深度学习模型的进一步应用，汉语习得模拟研究将会取得新的进展。

4. 汉语习得研究的社会文化视角

"社会文化理论"的全称为"社会文化心理理论"（sociocultural theory of mind），是由上世纪初苏联心理学家 Vygotsky 提出的。但直到上世纪 80 年代，这一理论才被西方学者 Lantolf 等引入第二语言习得研究领域。由此，基于社会文化理论的第二语言习得研究成为了一个新的研究领域。

4.1 社会文化理论的基本观点

4.1.1 调节与调节学习

"调节"（mediation）是 Vygotsky 社会文化理论的核心概念。这一概念的含义是，人类在改造物质世界时，往往通过间接的方式，即通过物质工具来调节我们与物质世界的关系。同样，人类也利用符号工具，如数字、信号、音乐、语言等来调节人的思维，调节人与人、人与世界的关系。其中，语言是区分人与动物最重要的调节工具。这些调节工具，无论是物质的还是符号的，都是人类创造的"文化产物"(artifacts)，这些产物都是人类文化和智慧的结晶。Lantolf & Thorne（2006）用下图直观地阐释了人通过调节工具与客观世界建立的间接关系。

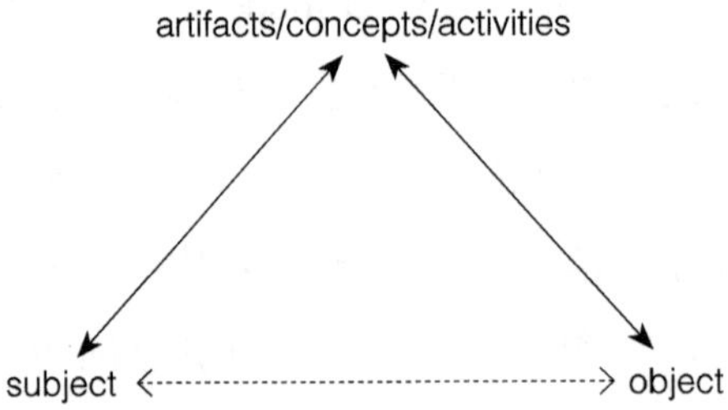

图 1　Lantolf"人类与世界关系调节本质"图

上图展示了人（subject，主体）与客观世界（object，客体）的两种关系，虚线表示直接关系，实线表示间接关系，这种间接关系是通过调节工具来实现的。调节工具不仅包括物质和符号工具（artifacts），而且包括概念（concepts）和活动（activities），也就是说，概念和活动也具有调节工具的功能，比如通过概念调节人的思维、通过活动调节人的认知过程。在所有这些调节工具中，语言符号是最重要的调节工具。人类通过物质工具来改变世界，同时也通过符号工具来调节人的思维和认知机能的发展。

按照社会文化理论的观点，语言习得本身也是通过调节工具进行调节的过程。学习者不但可以通过使用和控制心理工具，如语言和符号来学习语言，而且还可以借助其他辅助工具，如多媒体来学习语言。但是社会文化理论认为，语言习得过程在本质上是社会化调节的过程。语言习得总是发生在人与人的社会互动环境中，无论这种互动是面对面的现实场景还是网络的虚拟世界，离开社会环境，语言习得便不会发生。因此，研究者试图在社会文化理论的框架下探讨基于调节的语言习得过程和习得机制。

4.1.2 调控、支架和最近发展区

“调控”(regulation) 这一概念作为调节的一种形式，是用来阐释儿童认知能力发展过程和阶段性的术语（Lantolf & Thorne，2007）。按照 Vygotsky 的观点，儿童的认知发展要经历三个不同的发展阶段。第一个阶段是“客体调控”(object-regulation)。所谓“客体调控”，是指儿童的思维受他所处的环境左右，比如让儿童抓取面前摆放的各种玩具，儿童往往不会按照父母的意愿行事，而是被那些颜色更鲜亮、比较大或离得最近的玩具所吸引。换句话说，儿童此时的思维受环境控制。同样，儿童模仿周围成人说话也属于客体调控。第二个阶段是“他人调控”(other-regulation)。在这个阶段，儿童往往需要一个能力更强的人来帮助自己完成认知任务，如父母或保姆为儿童提供“儿向语言”，帮助儿童学说话等。第三个阶段是“自我调控”(self-regulation)。在这个阶段，儿童的认知能力已发展成熟，不需要他人帮助就能独立完成认知任务。

“支架”(scaffolding) 的含义是，在专家和新手、教师和学生或者同伴之间合作完成认知任务或言语交际的过程中，当新手或学生不能独立完成这些任务时，由专家或教师提供帮助（即所谓“搭支架”），以完成学习任务。支架有不同类型，专家与新手是最常见的支架类型。如果是同伴之间搭支架，则需要一方水平略高于另一方。与搭支架相关的另一个概念是“最近发展区”(Zone of Approximal Development)，Vygotsky 将其定义为儿童现阶段独立解决问题的发展水平与其在成人引导下解决问题的潜能之间的差异或距离。因此，儿童潜能的发展有赖于成人的帮助，即在其不能独立解决问题的情况下通过搭支架跨越最近发展区。换句话说，儿童学习潜能需要借助他人调节（即搭支架的方式）才能发展为现实能力。

4.1.3 个体言语与内在言语

“个体言语”(private speech) 是指儿童或成人第二语言学习者在完成认知任务或遇到困难时，常常出现的自言自语或重复他人话语的现象，其目的显然不是为了交际。按照社会文化理论的观点，这种个体话语是学习者正在形成的一种自我调控能力的表现，即以个体言语作为调节思维和言语行为的工具，并最终内化为“内在言语”(inner speech)。当内在言语作为思维的调节工具时，学习

者就不再依赖外化的个体言语。研究个体言语的价值在于，个体言语可以为我们提供观察学习者以个体言语作为调节工具向内在言语转化的这一内在过程的窗口。

4.2 基于社会文化理论的汉语习得研究

社会文化理论拓宽了第二语言习得研究的理论视野，使研究者可以从另一个视角探讨语言习得研究的过程和机制。在汉语习得研究领域，学者们通过微观发生分析的方法和实证研究对社会文化理论进行了多方面的检验和探讨。

按照 Vygotsky 的观点，儿童的认知发展必然经历客体调控、他人调控和自我调控三个阶段。但是，成人第二语言学习者的汉语习得是否也会经历这三个不同阶段呢？蒋荣（2013）根据这一理论，通过实证研究对不同汉语水平的学习者在词汇习得过程中采取的调控方式及其发展过程进行了考察。该研究发现，不同汉语水平学习者的词汇习得过程并没有表现出像儿童母语习得那样明晰的发展阶段。初级汉语水平的学习者在词汇习得上更多地依靠客体调控和他人调控的方式；中级汉语水平的学习者自我调控能力得到了一定的发展，但主要依赖的仍然是客体调控和他人调控的方式；然而，高级汉语水平的学习者并不依赖客体调控和他人调控的方式，因为这些学习者已经具备了自我调控的能力。这一结果表明，成人第二语言学习者词汇习得采取的调控方式与其语言水平相关，而儿童语言习得依赖的调控方式则与其认知水平密切相关。

在社会文化理论中，语言教师最感兴趣的问题是如何在课堂教学中搭支架，以及哪些支架更有助于汉语学习者的语言习得。有学者认为，语言习得的最终目的是通过他人调节跨越最近发展区，从而具备自我调节的能力。在课堂教学环境下，教师是为学习者提供他人调节的最佳人选，而搭支架是教师最常用的他人调节方式。因此，姜晓（2016）通过实验研究分别考察了"认知支架"（cognitive scaffolding）和"情感支架"（motivational scaffolding）对汉语学习者听说能力的影响。研究结果表明，真正对学习者听说能力产生作用的是教师在课堂教学中搭建的情感支架。也就是说，情感因素会对学习者听说能力的提高产生直接的影响。这一结论实际上得到了神经科学实验证据的支持，即控制情感因素的大脑"边缘系统"(limbic system) 的激活有助于提高语言习得的效率。

关于“个体言语”的研究是汉语习得研究较少关注的研究领域，但近些年也出现了一些相关研究。魏岩军等（2014）采取“微观发生分析"(microgenetic analysis) 的方法考察了汉语学习者如何利用个体言语作为调节工具跨越最近发展区习得汉语的过程。该研究重点考察了个体言语的功能及其在语言习得过程中的作用。研究发现，个体言语的主要功能包括三个方面：一是认知和元认知功能，这是个体言语最重要的功能，因为这一功能可以直接促进个体言语的内化；二是情感功能，即学习者常常用个体言语来控制感情，有效降低焦虑感；三是参与功能，这个功能实际上是一种比较隐蔽的演练功能，反映了学习者对课堂学习的积极参与。该研究并没有采用实验研究，而是采取了源于 Vygotsky 社会文化理论的微观发生分析方法，具有一定的借鉴意义。

4.3 社会文化理论的微观发生分析方法

“微观发生分析”方法是大多数基于社会文化理论的语言习得与认知研究所采用的方法（Lantolf & Thorne, 2006）。这种方法源于 Vygotsky 的发生学方法。所谓“微观发生分析”，是通过对学习者个体认知发展过程的纵向考察，揭示学习者最终实现自我调控的阶段性变化的定性研究方法。Vygotsky 认为，只有通过变化才能正确地理解发展。Lavelli *et al.*（2004）认为微观发生分析方法有四个特点：（1）需要对个体变化进行一个时段的观察；（2）应分别对个体变化前、变化期间和变化后的过程进行观察；（3）在变化期间进行定期观察；（4）通过定量和定性方法对个体变化进行密集观察和分析，以便确认发展变化的过程。但是，微观发生分析很少采用定量研究方法，而是通过质性分析来考察特定语言功能和特征是如何变化并内化的。然而，许多研究社会文化理论的学者经常采取的是定量研究的方法（Swain *et al.*,2009）。Vygotsky 之所以主张采用微观发生分析的方法，是因为他认为，基于反应时的实验室研究只适合人的低级心理机能的研究，而不适合研究人的高级心理机能的发展。此外，社会文化理论的研究者主张采用微观发生分析的方法研究个体的认知发展过程，而不主张采用实验的方法做群体的研究。

:: 参考文献 ::

[美] Best, J. B.（2000）《认知心理学》（黄希庭主译），中国轻工业出版社。

陈默（2012）第二语言学习者汉语声调范畴浮现的模拟研究，《中文信息学报》第1期。

冯丽萍、步延新、Li Hong（2013）短期来华美国留学生课外语言接触及其影响因素分析，《语言文字应用》第3期。

郝美玲、厉玲（2015）初级阶段留学生汉语复合词加工影响因素研究，《语言教学与研究》第2期。

贾莉（2008）《美国华人移民子女语言社会化研究》，河南大学出版社。

姜晓（2016）课堂"支架"构建对短期语言习得的效用分析，《云南师范大学学报》（对外汉语教学与研究版）第1期。

蒋荣（2013）调控理论视角下汉语学习者词汇习得的认知机制研究，《语言教学与研究》第1期。

李广利、姜文英（2015）汉语二语学习者词汇网络的关联特征研究——以初、中级汉语水平澳大利亚汉语学习者为例，《华文教学与研究》第4期。

梅丽（2005）日本学习者习得普通话卷舌声母的语音变异研究，《世界汉语教学》第1期。

阮氏芳、李虹、伍新春、孙鹏（2016）汉语作为第二语言的越南大学生汉字部件意识的发展，《心理与行为研究》第1期。

孙晓明（2010）词汇加工深度对留学生产出性词汇的影响，《民族教育研究》第6期。

王建勤（1997）汉语"不"和"没"否定结构的习得过程，载王建勤《汉语作为第二语言的习得研究》，北京语言大学出版社。

王建勤（2005）外国学生汉字构形意识发展的模拟研究——基于自组织特征映射网络的汉字习得模型，北京语言大学博士学位论文。

王建勤主编（2009）《第二语言习得研究》，商务印书馆。

王建勤（2013）华裔学习者跨文化族群认同及其传承语习得研究，《台湾华语教学研究》第7期。

王志军、郝瑜鑫（2014）母语环境下美国汉语学习者心理词汇发展的实证研究，《语言教学与研究》第1期。

魏惠琳、周春红（2013）学习态度对美国华裔语言社会化的影响——以请求策略为例，《教学研究》第5期。

魏岩军、王建勤、贾琳（2014）第二语言学习者“自我言语”功能研究，载《汉语应用语言学研究》，商务印书馆。

魏岩军、王建勤、朱雯静、闻亭（2015）影响汉语学习者跨文化认同的个体及社会心理因素，《语言文字应用》第2期。

闻亭（2013）汉语第二语言学习者间接言语行为的语言社会化研究，北京语言大学博士学位论文。

吴思娜（2008）日、韩留学生形声字声旁一致性意识的萌芽与发展，《暨南大学华文学院学报》第4期。

严彦（2006）美国学生习得普通话第三声的声调变异研究，北京语言大学硕士学位论文。

袁博平（1995a）Variability and systematicity in the performance of the four Chinese tones by English SLA learners of Chinese，《世界汉语教学》第1期。

袁博平（1995b）第二语言习得研究的回顾与展望，《世界汉语教学》第4期。

袁博平（2015）汉语二语习得中的界面研究，《现代外语》第1期。

曾莉（2012）母语为英语的留学生对汉语反身代词的习得研究，《华文教学与研究》第3期。

张金桥（2008）印尼华裔留学生汉字正字法意识的形成与发展，《语言文字应用》第2期。

张林军（2011）美国留学生汉语声调的音位和声学信息加工，《世界汉语教学》第2期。

Cekaite, A. (2007) A child's development of interactional competence in a Swedish L2 classroom. *The Modern Language Journal,* 91(1),45-62.

Chomsky, N. (1975) *Reflections on Language*. New York: Pantheon Books.

Cook, V. J. (1988) *Chomsky's Universal Grammar: An Introduction*. Oxford: Basil

Blackwell.

Dickerson, L. (1975) The learner's interlanguage as a system of variable rules. *TESOL Quarterly*, 9(4), 401-407.

Ellis, R. (1985) *Understanding Second Language Acquisition*. Oxford: Oxford University Press.

Epstein, M. (2009) Transculture: A broad way between globalism and multiculturalism. *The American Journal of Economics and Sociology*, 68(1), 327-352.

Flynn, S. (1996) A parameter-setting approach to second language acquisition. In T. Bhatia & W. Ritchie (eds.), *Handbook of Second Language Acquisition*. CA: Academic Press.

Gatbonton, E. (1978) Patterned phonetic variability in second-language speech: A gradual diffusion model. *The Canadian Modern Language Review*, 34(3), 335-347.

Johnson, J. S. & Newport, E. L. (1989) Critical period effects in second language learning: The influence of maturational state on the acquisition of English as a second language. *Cognitive Psychology*, 21(1), 60-99.

Labov, W. (1972) *Sociolinguistic Patterns*. Philadelphia, Pennsylvania: University of Pennsylvania Press.

Lantolf, J. P. & Thorne, S. L. (2006) *Sociocultural Theory and the Genesis of Second Language Development*. Oxford: Oxford University Press.

Lantolf, J. P. & Thorne, S. L. (2007) Sociocultural theory and second language learning. In B. VanPatten & J. Williams (eds.), *Theories in Second Language Acquisition*. Mahwah, NJ: Lawrence Erlbaum.

Lavelli, M., Pantoja, A. P. F., Hsu, H.-C., Messinger, D. & Fogel, A. (2005) Using microgenetic designs to study change processes. In D. M. Teti (ed.), *Handbook of Research Methods in Developmental Science*. Baltimore, Md: Blackwell Publishers.

Ochs, E. (1988) *Culture and Language Development: Language Acquisition and Language Socialization in a Samoan Village*. Cambridge: Cambridge

University Press.

Ochs, E. & Schieffelin, B. (1982) Language acquisition and socialization: Three developmental stories and their implications. In R. A. Shweder & R. A. LeVine (eds.), *Culture Theory: Essays on Mind, Self and Emotion*. Cambridge: Cambridge University Press.

Ochs, E. & Schieffelin, B. (1995) The impact of language socialization on grammatical development. In P. Fletcher & B. MacWhinney (eds.), *The Handbook of Child Language.* Oxford: Blackwell.

Ohta, A. S. (1999) Interactional routines and the socialization of interactional style in adult learners of Japanese. *Journal of Pragmatics*, 31(11), 1493-1512.

Poole, D. (1992) Language socialization in the second language classroom. *Language Learning*, 42(4), 593-616.

Schachter, J. (1988) Second language acquisition and its relationship to universal grammar. *Applied Linguistics*, 9(3), 219-235.

Sorace, A. & Filiaci, F. (2006) Anaphora resolution in near-native speakers of Italian. *Second Language Research*, 22(3), 339-368.

Swain, M., Lapkin, S., Knouzi, I., Suzuki, W. & Brooks, L. (2009) Languaging: University students learn the grammatical concept of voice in French. *The Modern Language Journal*, 93(1), 5-29.

Tajfel, H. (1974) Social identity and intergroup behaviour. *Social Science Information*, 13(2), 65-93.

Tarone, E. (1982) Systematicity and attention in interlanguage. *Language Learning*, 32(1), 69-84.

Tarone, E. (1983) On the variability of interlanguage systems. *Applied Linguistics*, 4(2),142-164.

Tse, L. (1998) Ethnic identity formation and its implication for heritage language development. In S. Krashen, L. Tse & J. McQuillan (eds.), *Heritage Language Development.* Burlingame, CA: Language Education Associates.

Watson-Gegeo, K. A. & Nielsen, S. (2003) Language socialization in SLA, In C. J. Doughty

& M. H. Long (eds.), *The Handbook of Second Language Acquisition*. Oxford: Blackwell.

White, L. (1985) The "pro-drop" parameter in adult second language acquisition. *Language Learning*, 35(1), 47-61.

Zea, M. C., Asner-Self, K. K., Birman, D. & Buki, L. P. (2003) The abbreviated multidimensional acculturation scale: Empirical validation with two Latino/Latina samples. *Cultural Diversity and Ethnic Minority Psychology*, 9(2), 107-126.

汉语作为第二语言教学研究

新形势下对外汉语教学学科建设的理性思考

随着国家的经济崛起和文化繁荣，汉语国际传播加快了走向世界的步伐，国际汉语教育事业不断繁荣发展。然而，就在我们为国际汉语教育事业的发展而欢呼的同时，对外汉语教学的学科建设却面临诸多问题和挑战。比如，在国际汉语教育事业快速发展的新形势下，“对外汉语教学”的学科名称和专业名称的存废问题、对外汉语教学的学科属性和学科归属问题、对外汉语教学与国际汉语教育的关系问题，以及对外汉语教学的学科理论基础等问题。这些问题在对外汉语教学学科建设的发展史上曾经一而再、再而三地成为学者们争论的话题。如今，在国际汉语教育快速发展的新形势下，这些问题再次成为学科发展绕不开的话题。显然，对外汉语教学的学科发展又走到一个新的十字路口。在这种新形势下，我们必须认真思考和回答“对外汉语教学学科发展向何处去”这一核心问题。

就目前学者们的讨论来看，新形势下对外汉语教学学科建设面临的重大问题主要包括三个方面：对外汉语教学的学科名称、内涵与存废问题；对外汉语教学与国际汉语教育的关系问题；对外汉语教学的学科理论问题。本文拟对这三个问题做进一步的探讨，并希望能够回答与对外汉语教学学科发展相关的问题。

1. 对外汉语教学的学科名称、内涵与存废问题

对外汉语教学的学科名称、内涵问题一直是学者们争论不休的问题。过去学者们关心的是对外汉语教学的“名”与“实”是否相符的问题。当今学者们关注的是这一学科的名称是否过时、内涵是否已经发生变化以及名称的存废问题。

1.1 学科名称之辩

关于对外汉语教学这一学科名称是否过时的问题，有些学者认为，对外汉语教学这一名称已经不能涵盖目前国际汉语教育的内涵。理由是对外汉语教学是指针对国内来华留学生的汉语作为第二语言的教学，因而不能涵盖海外汉语作为外语的教学。

显然，这种看法是根据学习者学习目的语的环境来区分“第二语言教学”和“外语教学”的，认为在目的语国家（中国）教汉语是第二语言教学，在非目的语国家（如英国）教汉语是外语教学。但是，这种观点混淆了“第二语言”和“第二语言教学环境”、“外语”和“外语教学环境”两对概念。Ellis（1985: 5）曾经指出，第二语言和外语并不是一对对应的概念。VanPatten（2002: 9）对这两对概念做过详细的阐释。他认为，第二语言是就语言习得顺序的先后来区分的，与习得环境无关。因为，“第二语言”可以在“第二语言环境”(second language context）习得和教学，也可以在“外语环境”(foreign language context）习得和教学。比如，对于美国母语非汉语的学习者而言，从习得的先后顺序来看，汉语是他们的第二语言，那么，他们在中国学习汉语是在第二语言环境学习第二语言，在美国学习汉语是在外语环境学习第二语言。汉语作为“第二语言”的性质并不因其习得的环境而改变。

如果上述观点成立的话，无论是面向国内来华留学生的对外汉语教学，还是面向海外母语非汉语学习者的汉语教学，在本质上都是第二语言教学，即二者在汉语习得的先后顺序上都是“第二语言”，尽管二者的习得和教学环境不同。由此可见，对外汉语教学和海外汉语教学既有共同点，也有不同点。共同之处是二者属于同一个学科，本质上都是第二语言教学。不同之处是第二语言教学发生的环境不同，一个是外语环境，一个是第二语言环境。如果一定要找一个涵盖二者

的学科名称的话，那就是“狭义的应用语言学”，因为二者本来就属于应用语言学这个学科。

1.2　学科内涵之辩

有学者认为，从对外汉语教学到国际汉语教育，反映了学科建设的时代变化和形势变化，这些变化使对外汉语教学的学科内涵发生了巨大变化。这种变化主要表现在汉语教学对象的变化上。因为最初“对外汉语教学”被定义为“对外国人的汉语教学”，或者说是指针对来华留学的外国人的汉语教学。而国际汉语教育时代到来后，汉语学习者不单指来华留学的外国人，还包括大量的海外汉语学习者。事实上，海外汉语学习者的存在并不始于国际汉语教育时代，这些学习者始终存在，只是数量没有今天这么多而已。

但是，后来学者们认识到，对外汉语教学作为一个学科，在本质上是汉语作为第二语言的教学（赵金铭，2011）。如果这个定义成立的话，我们不得不承认，从对外汉语教学到国际汉语教育，对外汉语教学这一学科的内涵并没有发生实质性的变化。就教学对象而言，即使最初对外汉语教学的内涵被定义为来华留学的外国人，但他们基本上都是第二语言学习者，对这些学习者的教学自然是汉语作为第二语言的教学；同样，对于海外那些母语非汉语的学习者来说，汉语也是他们的第二语言，对他们的汉语教学与对来华留学生的汉语教学，在本质上并无二致。换句话说，无论是对外汉语教育时代，还是国际汉语教育时代，只要是汉语为非母语的学习者，汉语大都是他们的第二语言，因此，对他们的教学都是汉语作为第二语言的教学。在这个意义上说，对外汉语教学的内涵并没有发生本质的变化。

1.3　专业名称存废之辩

国际汉语教育对对外汉语教学带来的直接影响是，“对外汉语”这一本科专业名称被取消。2010 年，高校本科专业目录修订工作再次启动。教育部中文学科教学指导委员会建议将“对外汉语”改名为“汉语国际教育”。理由是：（1）“对外汉语”是对外国留学生进行汉语教学，培养对象是外国学生；而学“对外汉语”专业的都是母语为汉语的中国学生，因而有“牛头对马嘴”之嫌。（2）该专业是培养热爱祖国、热爱母语、熟悉汉语特点及中国文化知识、具有推广和传播汉语能力、富有跨文化交际意识并能够进行汉语国际化有关学术问题初步研究的专门人才。（3）该专业的课程体系包括语言与语言学知识、中外文化知识、语言教学法。“这一体系，远非‘对外’所能概括，亦非‘汉语’可以包容。”（转引自李向农、贾益民，2011）

上述理由对“对外汉语”专业的理解实在是太离谱。

首先，尽管“对外汉语”这个名称并没有完整地表述清楚这个专业的内涵，但是无论国内还是国外的学者都不会把这个专业的培养对象理解为对外汉语教学的对象。不管这个专业名称叫什么，学界都知道这个专业是培养教外国人汉语的汉语教师，丝毫没有所谓“牛头对马嘴”之嫌。这个职业在英语教学界叫作 TESOL（Teaching English to Speakers of Other Languages）。作为专业，其培养目标当然是教外国人英语的教师，TESOL 也是这些教师的教学任务。对外汉语教学与 TESOL 是同一个专业，只是所教的语种不同。这是学界尽人皆知的事实。

其次，“对外汉语”改为“汉语国际教育”，虽然名称变了，但是专业的性质并没有变，因为国务院学位委员会公布的“汉语国际教育”的英文名称同样是 Teaching Chinese to Speakers of Other Languages。

再次，“汉语国际教育”更名后的培养目标和课程体系与“对外汉语”专业的培养目标和课程体系并没有什么不同。就培养目标而言，“对外汉语”专业同样要培养“热爱祖国、热爱母语、熟悉汉语特点及中国文化知识、具有推广和传播汉语能力”的专门人才；就课程体系而言，“对外汉语”专业的学生同样要学习“语言与语言学知识、中外文化知识、语言教学法”。如果认为这是汉语国际教育的课程体系，那么这些课程在“对外汉语”专业已经设置许多年了。

上述分析表明，对外汉语教学的形势在变化，时代在发展，学科建设和专业设置与时俱进本是题中应有之义。专业名称的存废不是问题，问题在于我们对对外汉语教学这个学科以及这个专业的性质缺少明确的、科学的认识。英语以及其他语言作为第二语言的教学具有上百年的历史，对外汉语教学也走过了半个多世纪。看看我们的同行，就应该知道我们的学科建设应该怎么走，我们这个学科的专业应该如何设置了。

2. 对外汉语教学与国际汉语教育的关系问题

国际汉语教育的出现使对外汉语教学处于一种尴尬的境地。因为国际汉语教育时代到来了，所以对外汉语教学无论是作为专业名称还是学科名称，都已经或正在改名换姓，学者们也试图通过理论探讨来理顺二者的关系。

2.1　对外汉语教学与国际汉语教育的关系

目前关于对外汉语教学与国际汉语教育二者之间的关系，大致有三种不同观点：第一种观点，主张对外汉语教学要融入国际汉语教育的大潮，把“国际汉语教育”定义为“对外汉语教学”（汉语作为第二语言的教学）加上海外“汉语作为外语的教学”，二者是继承和发展的关系（赵金铭，2011）。

第二种观点，主张用“国际汉语教学”替代“对外汉语教学”，并进一步扩大其学科内涵，即把“国际汉语教学”定义为“对外汉语教学”加上“汉语传播”，二者是替代和扩展的关系（吴应辉，2010）。

第三种观点，主张在“国际汉语教育”学科里，加上“面向非华裔外国人和面向华人华侨的汉语国际教育”，即把“国际汉语教育”定义为“华裔汉语国际教育”（包括华人华侨）加上“非华裔汉语国际教育”。这种观点，实际上是把学习者群体分为华裔与非华裔，国际汉语教育自然由面向这两部分学习者的汉语或华语教学构成（李向农、贾益民，2011）。

2.2　学科关系之辩

上述关于对外汉语教学与国际汉语教育二者关系的三种不同观点，反映了学者们在学科建设上不懈的理论探索和一些新思考，希望在新形势下为对外汉语教学，当然也为国际汉语教育指明发展的方向。但是，在新形势下，我们在对学科建设进行新思考的同时，更应该尊重学科发展的历史事实。

第一，就对外汉语教学与国际汉语教育的学科发展历史而言，国际汉语教育和对外汉语教学是否存在包容关系还需要进一步研究和探讨。退一步说，即使二者存在包容关系，就学科发展的历史长短而言，对外汉语教学作为一个独立的学科已有 30 多年的历史，在学科建设上是理所当然的老大哥；国际汉语教育，如果从2005年算起，即使作为一个学科，其学科建立的历史还不到10年，当然是小弟弟。

第二，就学科理论建设而言，对外汉语教学积累了几十年学科理论建设的经验，奠定了比较丰厚的理论基础；国际汉语教育，如果作为一个学科，其理论建设则刚刚起步。因此，在学科建设上，国际汉语教育需要继承对外汉语教学的理论传统，离开对外汉语教学，国际汉语教育就会成为无源之水、无本之木。

第三，对外汉语教学学科发展的历史与现实表明，作为一种客观存在，这个学科依然具有强劲的发展势头，每年来华留学生持续不断地、成倍地增长就是证明。尽管这个数量远不如海外汉语学习者的数量，但是要培养真正知华、友华，搭建世界各国语言、文化桥梁的人才，对外汉语教学是不可替代的重要力量。

第四，用“国际汉语教育”称说国内的“对外汉语教学”有些名不副实。对外汉语教学至今仍然是指“国内的”汉语作为第二语言的教学，而不是“国际的”汉语作为第二语言的教学。况且，我们不能自己称自己为“国际”。因此我认为，“对外汉语教学”和“国际汉语教育／教学”在学科属性上同是以汉语作为第二语言的教学，应该用“国际汉语教育／教学”指称海外的汉语作为第二语言的教学，用“对外汉语教学”指称国内的汉语作为第二语言的教学，二者应为平行关系。另外，海外汉语作为第二语言的教学并非新形势下发现的“新大陆”，其发展也已经有几十年的历史了。

第五，海外华裔（包括华人华侨）的华语教学与非华裔的汉语教学的确有不同的特点。但海外华裔的华语教学仍属于国际汉语教育，这应是题中应有之义，没必要在自成系统的华语教育后边加上国际汉语教育的标签，这样反而使学科性质变得模糊。

3. 对外汉语教学的学科理论问题

有学者认为，对外汉语教学学科理论的建构始于上世纪80年代（刘珣，

2000)。随着学科的发展，许多学者着手探讨学科的理论建设问题，这是学科理论建设逐渐走向成熟的标志。但是多年来，学者们对学科属性的理论探讨曾几度左右摇摆，对学科理论框架的探讨也很少形成共识。

3.1 关于学科属性的理论探讨

纵观对外汉语教学学科建设的发展历程，在对外汉语教学学科建设方面，共有三次学科属性的理论探讨。

第一次是对外汉语教学学科建立之初关于学科的确立与不可替代性的讨论。通过这次讨论，对外汉语教学从"小儿科"成为了学界公认的独立学科。

第二次是20世纪80年代末90年代初关于对外汉语教学学科的"文化教学属性"和"语言教学属性"的讨论。当时受"文化热"的感染，有学者试图将"对外汉语教学"改为"对外汉语文化教学学科"。好在1994年召开的"对外汉语教学的定性、定位、定量问题座谈会"及时拨正了航向，使对外汉语教学的学科建设朝着正确的方向发展。

第三次是20世纪90年代末关于对外汉语教学是"语言学科"还是"语言教育学科"的讨论。有学者认为，语言教学需要摆脱纯语言学研究方法的影响，对外汉语教学不应该归入狭义的应用语言学，而应归属语言教育学。原因是，"把作为一门综合学科的第二语言教学仅仅定位于其支撑理论之一的语言学是不恰当的"(刘珣，2000)。这种观点一直延续至今。但是，这种观点的问题在于囿于早期的"应用语言学"概念的内涵，即语言学理论在语言教学中的应用(Linguistic Applied)，而忽视了这一概念内涵的变化与发展，即将多种理论应用于语言教学研究(Applied Linguistics)(Davies & Elder，2004)。因此，这种观点对"应用语言学"这个学科概念的理解过于狭窄。此外，"对外汉语教学"是一个交叉学科，需要多种理论支撑。如果将对外汉语教学完全归入语言教育学，只强调对外汉语教学的教育学属性同样失之偏颇。

3.2 关于学科理论与学科基础理论的探讨

关于对外汉语教学的学科理论框架，学者们做了许多有益的探索，概括起来主要有以下几种不同观点：

第一种观点认为，对外汉语教学的学科理论包括两个方面，即基础理论与教学理论。基础理论包括语言理论、语言学习理论、一般教育理论；教学理论包括教学的性质和特点、教学过程、教学活动、与教学相关的内外部因素（吕必松，1995，1997，1999）。

第二种观点认为，对外汉语教学学科体系的框架包括三个方面，即理论基础、学科理论和教育实践。理论基础包括语言学、心理学、教育学、文化学、社会学、横断学科及哲学；学科理论包括基础理论（对外汉语语言学、对外汉语教学理论、汉语习得理论和学科研究方法学）、应用研究；最后是教育实践（刘珣，1998，1999）。

第三种观点认为，对外汉语教学的学科理论包括三个方面：即学科支撑理论、学科基础理论、学科应用理论。学科支撑理论包括语言学、心理学、教育学、其他；学科基础理论包括第二语言教学理论、语言习得理论、汉语语言学、学科方法论、学科发展史；学科应用理论包括总体设计理论、教材编写理论、课堂教学理论、语言测试理论、教学管理理论（崔永华，1997）。

从上述三种观点可以看出，学者们在描述学科理论框架时使用的概念大同小异，但理论观点却言人人殊，难有共识。我们认为，对外汉语教学的学科理论框架要形成共识，必须搞清楚两个关系：一是学科自身理论和学科基础理论的层次关系，二是学科本身与其他相关学科的关系。

首先，我们认为，学科自身理论与学科基础理论在学科的理论框架中属于不同层次。第一个层次应该是学科自身的理论。“学科自身的理论”是指构成学科本身的理论。对外汉语教学是以汉语作为第二语言的学习者为教学对象的第二语言教学学科，直接构成这个学科的理论主要包括两个方面：“学”的理论和“教”的理论。“学”的理论包括对第二语言学习者的语言系统的研究、习得过程和习得机制的研究以及学习者的研究，如学习者个体差异、情感因素等；“教”的理论包括对教学理论、教学方法、课堂教学、教学模式等方面的研究。没有这两方面的理论，这个学科的理论框架就不存在。至于上述观点提及的其他与学科自身理论相关的理论都可以归入这两类理论研究。

其次，学科理论框架中的第二个层次是学科的基础理论。“学科的基础理论”

指对学科理论起支撑作用、与学科理论关系最密切的理论。基于这种认识，我们认为，与对外汉语教学密切相关的、作为学科理论基础的相关理论，主要包括语言学理论、心理学理论、教育学理论。对外汉语教学是语言教学，自然离不开语言学理论的支撑；语言教学以学习者为中心，语言习得离不开心理学，特别是心理语言学和认知心理学的支撑；对外汉语教学虽是语言教学，但仍要遵循一般的教学规律，因此需要教育学理论的支撑。这三个基础理论涵盖了对外汉语教学"教"与"学"，教什么、怎么教的主要方面。

基于上述分析，我们认为，对外汉语教学的学科理论建设要明确以下四个认识：第一，要理清学科自身理论和学科基础理论的层次关系，避免学科理论层次关系上的混淆；第二，要在第二个层次上，即学科基础理论的层次上，明确本学科基础理论与其他相关学科理论的范围和界限，范围过宽便失去了本学科的特点和学科存在的必要性；第三，学科理论框架建构的依据是学科的性质和特点，学科理论框架的层次不宜过多，学科理论框架大而全反而会使学科理论框架模糊不清；第四，汉语作为第二语言的教学是世界第二语言教学领域中的一员，学科的理论建设理应借鉴其他国家第二语言教学学科理论建设的经验。

4. 结语

国家经济的发展与文化的繁荣为汉语国际传播带来了不可多得的机遇。汉语国际传播不仅促进了国际汉语教育事业的发展，也为对外汉语教学的学科建设带来了生机。在这种新形势下，对外汉语教学的学科建设需要学者们的理性思考，对学科性质需要科学认识，学科之间的关系需要理顺，学科理论需要形成共识。唯有如此，才能推动国家汉语国际传播事业的发展。

4.1 澄清学科性质的认知

随着形势的变化、时代的发展，每当学科发展走到新的十字路口，学科名称、内涵的争辩和讨论实属必然。但是，理应越辩越明，而不是重复历史覆辙。目前有关对外汉语教学学科名称和内涵的讨论表明，我们对已有半个多世纪发展史的学科性质并不是那么清楚。一方面，我们缺少对同类学科的借鉴，在学科的认识上难免一叶障目；另一方面，学科建设是学术问题，应有科学态度，需要理性思考，这样对学科性质才能有科学的认识。

4.2 理顺学科之间的关系

中国的崛起和海外汉语学习者的剧增促进了国际汉语教育的发展。但是，国际汉语教育只是世界汉语教学的一个市场，它代替不了国内的对外汉语教学；同样，它也代替不了海外华语教学。汉语国际传播，由于地域关系，形成了事实上的三支生力军，即国内的对外汉语教学、海外的国际汉语教学和华语教学。三者同属一个学科——应用语言学，三者之间依托“大汉语”的平台，三路同标，互相补充，共同发展。

这种格局是学科发展的必然，不管你给它贴上什么标签，都不以人的意志为转移。

4.3 形成学科理论的共识

“打铁还需自身硬”，这句话同样适用于对外汉语教学的学科理论建设。目前学界对学科理论之所以难以形成共识，主要是对对外汉语教学学科的性质和特点缺少科学的认识所致。刘珣（2000）指出：“学科的特点是一门学科得以存在的基础，学科的性质则决定学科的内容、任务及其发展的方向，明确学科的性质和特点，是学科理论建设的首要任务。”对外汉语教学作为一个独立的学科，意味着这个学科具有自身的理论，换句话说，这个学科具有与其他学科不同的理论，这是学科特点的体现和学科赖以生存的基础。此外，作为一个独立的学科，必须有支撑本学科的基础理论，即那些与本学科联系最密切的学科理论，这反映了这个学科理论与其他学科理论的联系和范围。从这两个基点出发，对学科理论的界定，一方面要避免以偏概全，另一方面要避免范围过宽，从而失去学科本身的特点。

总之，对外汉语教学的学科理论建设，应该融入世界第二语言教学学科建设的主流，应该借鉴世界各国第二语言教学学科建设的经验，求同存异，形成共识，共同发展。

:: 参考文献 ::

崔永华（1997）对外汉语教学学科概说，《中国文化研究》春之卷（总第15期）。

李向农、贾益民（2011）对外汉语教学与汉语国际教育：专业与学科之辨，《湖北大学学报》（哲学社会科学版）第4期。

刘珣（1998）语言教育学是一门重要的独立学科，《世界汉语教学》第2期。

刘珣（1999）也论对外汉语教学的学科体系及其科学定位，《语言教学与研究》第1期。

刘珣（2000）近20年对外汉语教育学科的理论建设，《世界汉语教学》第1期。

吕必松（1995）在对外汉语教学的定性、定位、定量问题座谈会上的发言，《世界汉语教学》第1期。

吕必松（1997）对外汉语教学概论（讲义）（续十七），《世界汉语教学》第1期。

吕必松（1999）对外汉语教学学科理论建设的现状和面临的问题，《语言文字应用》第4期。

吴应辉（2010）国际汉语教学学科建设及汉语国际传播研究探讨，《语言文字应用》第3期。

赵金铭（2011）国际汉语教育研究的现状与拓展，《语言教学与研究》第4期。

Davies, A. & Elder, C. (2004) *The Handbook of Applied Linguistics*. Blackwell.

Ellis, R. (1985) *Understanding Second Language Acquisition*. Oxford: Oxford University Press.

VanPatten, B. (2002) *From Input to Output: A Teacher's Guide to Second Language Acquisition*. Boston: McGraw-Hill.

原载《汉语应用语言学研究》

北京语言大学对外汉语研究中心编，商务印书馆，2013年

对外汉语语法教学的认知视角

0. 引言

在对外汉语教学界，学者们普遍认为，对外汉语语法教学教什么、怎么教取决于对语言本质的认识。如果把语言看作遣词造句的规则，语法教学就会关注语言规则的教学；如果把语言看作结构系统，语法教学就会关注语言要素的教学；如果把语言看作交际工具，语法教学就必然关注“语法技能”[①] 的教学。但是语法教学实践表明，如果仅凭对语言本质的认知来确定语法教学教什么、怎么教，必然会带来两个结果：(1) 语言学理论不同，对语法教学的认识也不同，即使同一理论，对语法教学也是仁者见仁、智者见智。受结构主义的影响，语法教学强调结构；受功能主义的影响，语法教学强调功能；认知语言学兴起后，便有学者主张将语法化研究引入语法教学。所以，有学者认为，“语言学上怎么说，语言教师就怎样教”(吕必松，2008)。但后果是，语言学理论的不同导致语法教学观

① Larsen-Freeman (1992) 认为，除了听、说、读、写四种技能之外，还应增加第五种技能，并将其称作“语法技能”。

念的左右摇摆，而语法教学本身的规律以及语法教学的认知规律研究被严重忽视。（2）语法教学“教”与“学”的分离依然存在。对外汉语语法教学长期以来一直关注教什么、怎么教的问题，学习者学什么、怎么学的问题至今没有引起足够的重视。语法教学关注“外在大纲”，却很少关注学习者语法习得的“内在大纲”，语法教学也成为脱离学习者的纯粹的结构与规则教学。上述问题在第二语言教学界带有一定的普遍性。因此有学者指出，语法学什么、怎么学，教什么、怎么教不仅取决于对语言本质的认识，还取决于我们对语言习得过程的认识（陈国华，2009），因为语法教学不仅仅涉及教学内容，即语言本身的结构和规律，而且还涉及语法教学的教学规律以及学习者的学习规律。所以，仅仅从语言学角度探讨语法教学是不够的，我们还需要从语言习得和认知的角度探讨语法教学教什么、怎么教的问题。

鉴于上述原因，本文拟从第二语言习得的认知视角来探讨对外汉语教学 60 多年来在语言学理论影响下，对外汉语语法教学理念的演进和理论导向，并在此基础上进一步探讨对外汉语语法教学教什么、怎么教这两个问题所涉及的认知理论问题。在理论探讨的基础上，本文还提出对外汉语语法教学应该遵循的基本原则，并期望对语法教学模式的构建提供一些认知研究的依据。

1. 对外汉语语法教学理念的演进与理论困境

60 多年来，对外汉语语法教学受各种语言学理论的影响，其教学理念也不断地发生变化。然而，随着语言学理论的不断涌现，语法教学很难找到单一的理论支撑。不同语言学理论的引进致使语法教学理念左右摇摆，甚至陷入一种理论困境。

1.1 对外汉语语法教学理念的演变

20 世纪 50 年代是对外汉语教学的初创时期。这一时期的汉语教学和教材编写理念主要是受结构主义语言学的影响，代表作是当时北京大学邓懿教授编写、时代出版社 1958 年出版的《汉语教科书》。这套教材被称为我国对外汉语教学史上第一部正式出版的汉语教材。多数学者认为，这套教材“主要借鉴了结构主义描写语法的观点”，同时“受传统语法体系的影响较大”（吕文华，1994：56）。尽管如此，其教学理念主要是受结构主义语言学的影响，语法教学主张“讲练并重”，即强调知识和技能训练并重（周祖谟，1953）。但是在实际的教学中，在知识与技能两者关系的处理上，“或多或少地存在着偏重传授语言知识的倾向”（吕文华，1994：47）。基于这种教学理念的教学实践，从认知理论的角度看，隐含着这样一种假设，即知识可以转化为技能。这种假设就是第二语言习得研究领域所说的“有接口”的观点。

但是到了60年代，学者们对这一问题有了新的认识。60年代的对外汉语语法教学仍然是受结构主义语言学理论的影响，但是在语法教学理念上发生了重要变化。语法教学明确提出了“实践性原则”，强调“精讲多练”，而不是“讲练并重”。钟梫（1979）在总结15年对外汉语教学经验时指出：“通过大量接触和运用语言材料来掌握语言，这是学好实践外语的必经之路。想先从理论着手或主要从理论着手来掌握实践外语，那是达不到目的的。”基于这种认识，对外汉语教学普遍采用“相对直接法”，强调技能训练。反映这一教学理念的教材是商务印书馆出版的《基础汉语》。同是强调“实践性原则”，60年代的教学理念所隐含的认知理论假设与50年代完全不同，即在知识与技能的关系问题上，不认为知识可以转化为技能，即所谓“无接口”观点。

70年代的语法教学虽然也是以结构主义语言学作为理论基础，但是在教学观念上有所变化，即在贯穿实践性原则的同时，强调“句型教学”。通过句型教学掌握句子结构，有利于课堂操练和贯彻“精讲多练”的原则（吕必松，2008）。句型教学主要是受听说法的影响。因为听说法本身的语言学基础是结构主义。此外，听说法的心理学基础是行为主义学习理论，因而强调课堂操练。由此可以看出，这一时期对知识与技能关系的认识是建立在行为主义学习理论基础之上的。认为知识（即句型）通过操练就会形成技能，即言语行为习惯。这一理念对对外汉语教学的影响非常深远。

80年代的语法教学引进了功能主义语言学理论，在理论导向上发生了重要变化，在教学理念上也因此强调结构与功能相结合。即“以功能为中心，组织相关的语法点和词汇构成一个单元或系列”，“这些孤立的、纯结构形式的语法点就可以为完成一定的交际任务服务”（刘珣，2000：367）。这一时期的代表作是刘珣、邓恩铭编写的《实用汉语课本》。该教材所反映的教学理念，从认知的角度看，是将“内隐学习”(implicit learning) 和“外显学习”(explicit learning) 相结合。功能体现的是内隐学习，而结构体现的是外显学习。这是对外汉语教学理念的一大进步。

随着语言学理论的发展，各种语言学理论不断涌现，而 90 年代后的语法教学在语言学理论上出现了断层，即某种语言学理论一统天下的情况已然成为过去。在这种情况下，学者们依据不同的理论提出了不同的语法教学理念。陈贤纯（1991）认为，语法教学应在少量讲解、适当机械练习的基础上，加大语言材料的输入量，通过语言材料本身，规则就会自然形成。李泉（2003）则强调“与其多讲语法，不如多让学生接触有关的语言材料”的语法教学策略。更有学者主张“淡化语法和规则教学”，甚至主张“语法词汇化教学”(杨惠元，2003；吴勇毅，2002)。学者们之所以强调语言输入材料在语法教学中的作用，实际上是一种“基于样例”(exemplar-based) 的内隐式教学理念。但这些学者并不主张放弃外显的规则教学。因此，这一时期的语法教学所体现的仍然是内隐与外显相结合的认知理论假设。

1.2 语法教学的理论困境

对外汉语语法教学前 30 年基本上是在结构主义语言学理论框架下探讨语法教学教什么、怎么教的问题。90 年代后，语法教学依附于单一语言学理论的情况已经不复存在。语法教学的理论导向有些迷惘，或者说陷入了困境。

首先，已有的支撑语法教学的语言理论不能解释语法教学实践所面临的理论问题。在结构主义语言学理论的影响下，语法教学面临的主要问题是语法知识和技能之间的关系问题：一种观点认为知识可以转化为技能，另一种观点认为知识不能转化为技能。两种不同观点导致了不同的教学实践。语法教学应坚持“讲练并重”，还是坚持“精讲多练”？结构主义语言学无法回答，也无法解释知识究竟能不能转化为技能，以及知识在多大程度上能够转化为技能的问题，因为二者之间的关系不是一个语言学问题，而是涉及第二语言学习者的语言认知问题。

其次，随着语法教学实践的发展，语法教学难以找到合适的语言学理论作为支撑。80 年代功能主义语言学的引进，为语法教学提供了新的理论基础，在一定程度上促进了语法教学理念的转变。但是在教什么、怎么教的问题上，语法教学实践仍然没有摆脱听说法的桎梏（刘珣，2000：366），理论和实践仍然脱节。90 年代后的语法教学，特别是中高级阶段语法教学的理论导向陷入了困境。施光亨（1990）曾撰文，提出中高级阶段汉语教学呼唤航标，其中包括语法教学理论的航标。

对外汉语语法教学理念的演进过程及理论导向上的困境表明，语法教学教什么、怎么教的问题仅仅用语言学的理论框架是得不到解释的。正如 Larsen-Freeman（2003：4）所言："毕竟，我们教的是学生，而不是单纯地教语言。"因此，我们有必要从第二语言习得理论的认知视角对语法教学中的一些基本理论问题做更为深入的探讨。

2. 语法教学基本理论问题的认知视角

对外汉语语法教学涉及的不仅仅是语言本身，而且还涉及第二语言学习者。因此从教与学的关系来看，语法教学的一些基本理论问题大都属于第二语言习得与认知问题，这些问题都是语法教学必须回答的问题。

2.1 语法教学知识与技能的"接口"问题

对外汉语语法教学中，所谓知识和技能的"接口"问题，是指语法知识通过课堂操练是否可以转化为"语法技能"（grammaring）的问题。这一问题在第二语言习得研究领域仍然有争论。有学者认为"有接口"，有的认为"无接口"。但无论是有接口还是无接口，目前已有的研究表明，二者之间的关系问题存在两个基本事实：

第一，并不是所有的语言知识都可以转化为技能。按照"技能习得理论"（skill acquisition theory），知识向技能的转化遵循所谓"幂定律"（the law of power）（DeKeyser，2007）。也就是说，技能的习得起始于"陈述性知识"（declarative knowledge），通过操练转化为"程序性知识"（procedure knowledge），然后通过较长的训练达到"自动化"（automatization），见图 1：

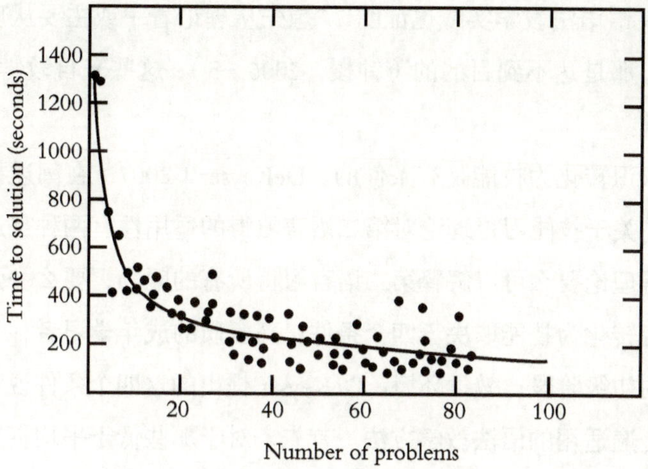

图 1 技能学习幂函数曲线（引自 DeKeyser，2007）

图 1 描述的是一般认知技能的幂函数曲线。DeKeyser（1997）通过其人工语言（autopractan）的实验研究证实了语言技能学习与这一幂函数曲线的预期是一致的。但是，我们近期一项关于汉语作为第二语言的学习者习得汉语句法的对比实验研究表明，与一般认知技能习得不同，汉语作为第二语言的技能习得并不完全遵循技能学习的幂定律（李睿，2015）。实验研究的结论表明，对于第二语言学习者来说，并不是所有的语言知识都能通过操练转化为语言技能，原因是，语言技能的获得和一般认知技能的获得机制不同。正如 VanPatten（2002）指出的那样："人类大脑发展语言的方式与人类其他认知能力是不同的。"换句话说，人类的"语言习得机制"(language acquisition device）与一般的"认知机制"（cognitive mechanism）不同。其次，第二语言习得机制与母语习得机制也不同。根据这些研究结论，我们认为，语法教学对知识与技能的"有接口"观点不能寄予过高期望。对于第二语言学习者而言，虽然语言规则的操练能够带来语言表达一定程度的自动化，但正如 Bialystok(1994）指出的那样："通过操练可以自动地、流利地'通达'(access）知识，但这并不意味着知识表征发生了变化。"换言之，流利的表达并不能说明学习者已将抽象的规则转化为了内隐的知识系统。然而，按照 VanPatten（2002）的观点，语法教学的最终目的是使学习者掌握内隐的语法知识系统，因为这是支撑学习者熟练的语言表达技能的基础。此外，20 世纪

60年代对外汉语语法教学实践也证明，“想先从理论着手或主要从理论着手来掌握实践外语，那是达不到目的的”（钟棱，2006：5）。这些来自教学实践的经验，可谓言之凿凿。

第二，知识转化为技能是有条件的。DeKeyser（2007）在阐述技能习得理论时指出，目前关于技能习得理论对第二语言习得的适用性有两种普遍的误解，即认为技能习得理论要么可以解释第二语言习得所有的问题，要么一无所用。实际上，知识能否转化为技能取决于四个条件：高资质的成年学习者；学习简单的结构；在学习的初级阶段；教学环境。DeKeyser提出的这四个条件说明，语言技能操练并不是普遍适用的语法教学方法。首先，对于那些低于平均资质的第二语言学习者来说，他们很难形成语法规则的陈述性表征，自然也就难以有效地将陈述性知识转化为程序性知识（即技能）。所以，操练并不适合这部分学习者。其次，听说法适合初级阶段的第二语言学习者，而且仅适合简单的语法规则教学，复杂的语法规则并不适合。因为简单的语法规则可以通过外显学习达到一定程度的自动化，而复杂的语法规则更适合于内隐学习的方式。基于规则操练的听说法由于效果不尽人意受到很多批评，其原因是语法技能习得是有条件的，听说法并不是普遍适用的教学方法。

2.2 内隐与外显的语法教学问题

在对外汉语语法教学研究领域，课堂教学教不教语法、怎么教语法，学者们的观点并不一致。有人强调语法教学的重要性，有人则主张淡化语法教学。显然，问题的关键不在于教不教语法，因为无论是儿童还是成人第二语言学习者都需要学习语法，问题在于课堂教学如何教语法、学习者怎样学语法。其次，我们更关心哪种语法教学方式更有效。

关于语法教学怎么教的问题，历来有两种不同的看法。一种看法主张“外显的语法知识”（explicit knowledge）的教学，或基于“经验法则”（rules of thumb）的陈述性知识的教学。需要说明的是，所谓“外显的语法知识”的教学，并非“基于概念的”语法规则的教学，或元语言知识的语法教学（Lantolf & Thorne，2006：303），而是主张从语法规则入手进行形式操练（focus on forms），如采取语言要素加句法形式操练的教学方法。另一种看法主张从语言材料入手并通过功能性操练进行语法教学（focus on form），即基于内隐方式的语法教学。基于内隐或外显方式的语法教学具有不同的特点，其教学效果当然也不同。Reber（1967）关于内隐学习的心理实验研究表明，内隐学习具有强大的功效，特别是复杂规则的学习，更能够体现出内隐学习的优势效应。但是也有一些实验研究表明，外显式语法教学比内隐式语法教学更具有优势，学习效果更好。那么如何解释这些不同的结论？实际上，内隐式和外显式教学效果的优劣并非非此即彼。就内隐和外显的学习特征而言，内隐学习具有较高的稳定性，获得的是内在的深层结构，因而在最终的知识获得方面要优于外显学习。比如儿童母语习得，以及儿童第二语言习得都显示出内隐学习的优势效应。但这种内隐学习的效果需要较长的时间才能显现出来。而外显学习可以在短时间内获得较好的学习效果，但外显学习获得的是表层规则，而且具有不稳定性。为此，汉语语法教学应根据内隐学习与外显学习的不同特点，以及成人第二语言习得特点制定教学的基本原则。

首先，语法教学应根据语法规则的复杂程度选择不同的教学方式。DeKeyser（1998）认为，有些抽象的规则可以通过操练达到自动化，有些规则太复杂，如果通过外显学习就太困难，而通过内隐学习会更有效。按照这种观点，简单的语法规则可以通过规则操练，即外显式语法教学，取得良好的教学效果；而复杂的规则可以采取交际性或功能性训练，即内隐的教学方式，以取得更好的教学效果。这就是说，语法教学不必把两种教学方式截然分开，应根据不同情况选择不同的教学方法。其次，语法教学应根据学习者不同的学习阶段选择不同的教学方法。对于初级阶段的汉语学习者，应该采取以内隐方式为主的语法教学，在中高级阶段则可以适当引入基于规则甚至是基于概念的外显式语法教学。陆俭明（2000）曾经指出，一二年级不宜过分强调语法教学，更不能大讲规则，三四年级可适当加大语法教学，略微系统讲解必要的实用汉语语法知识。这一教学原则是符合语法教学实际的。

2.3 淡化句法与语法词汇化教学问题

由于汉语语法教学效果不理想，学者们对语法教学存在的问题不断进行反思，并提出了语法教学的新思路。杨惠元（2003）提出，对外汉语语法教学应

"强化词语教学，淡化句法教学"，扭转忽视词语教学、过分重视句法教学的倾向。因为语法教学不仅仅是语言规则的教学，还应包括语音、语义、语用以及语言其他层面的规则教学，仅把语法限制在句法层面是没有根据的。此外，吴勇毅（2002）提出，在语法教学中，有些语法现象或语法结构可以通过词汇教学的方式进行教学，如离合词和动补结构等都可以用词汇化的方式来处理。其目的是以词汇教学代替语法说明，以词汇教学带动语法教学。那么，从第二语言习得与认知的角度来分析，这些教学思路是否符合成人第二语言学习者的学习特点和规律？我们来看看心理语言学家的实验研究所提供的依据。

Ullman（2001）通过脑成像（fMRI）和脑电（ERPs）等实验手段发现，母语者词汇习得属于陈述性知识，主要依赖人脑颞叶和顶叶进行加工，而语法属于程序性知识，主要依靠左额叶和基底神经节进行加工。Ullman 还发现，第二语言学习者的词汇习得所对应的脑区与母语者是相同的，但是其语法习得所对应的脑区与母语者不同，第二语言学习者的语法习得对应的脑区依然是颞叶和顶叶，与词汇习得对应的脑区相同。Ullman 的研究结论表明，第二语言学习者是通过词汇习得对应的脑区来加工第二语言语法信息的，而且随着年龄的增长，这种趋势越来越明显。我们新近一项关于第二语言学习者词汇和语法习得机制的行为实验研究也证实了 Ullman 的研究结论（李睿，2015）。那么，这些结论对语法教学的意义何在呢？这些结论表明，一方面，由于第二语言学习者和母语者词汇习得所对应的脑区是相同的，即词汇习得的机制是相同的，都是"基于联想的学习机制"（associative learning mechanism）。这意味着，如果对语法结构采取词汇化教学，会在一定程度上降低句法习得的难度，特别像汉语离合词和动补结构这一类的句法结构的习得，从而提高这些语法结构教与学的效率。另一方面，由于第二语言学习者句法习得所对应的脑区和母语者不同，因此，如果淡化句法教学或者采取词汇化教学，则不利于第二语言学习者句法加工能力的提高。因为句法加工是"基于计算的加工机制"（computational learning mechanism），如果完全采取句法词汇化教学，将不利于学习者规则分析与概括能力，以及句法生成能力的提高。儿童母语句法的习得通常是由整体到部分，即有些句法结构是作为一个不可分的整体来习得的，当这些句法结构的输入足够大的时候，儿童的句法结构意识便会浮现，即可以意识到原来被当作不可分的句法结构的内在结构关系，从而大大提高句法的生成能力。但对于第二语言学习者而言，初级阶段的句法词汇化教学虽然可以降低句法难度，但是由于第二语言学习者语言输入环境的限制，基于计算的句法加工能力比较低，因此在语法教学后期应该适当加大句法规则的教学。这对全面提高第二语言学习者的语法技能和交际能力是非常必要的。至于说语法词汇化教学的实际效果如何，还有待进一步的教学实验研究来证实。

3. 社会文化心理理论视角下的语法教学

对外汉语教学 60 多年来，知识与技能之间的关系问题一直是语法教学的核心问题。但在信息加工理论和技能习得理论的影响下，语法教学关注的焦点是知识对技能的影响，即语法知识的操练最终是否可以促进技能的习得。然而近些年来，随着维果茨基“社会文化心理理论”(sociocultural theory of mind)的引进，出现了一种新的理论导向，即由技能获得到“科学概念”(scientific conception)提升的发展路径。这一理论导向可以使语法教学摆脱知识与技能关系问题上的窠臼。

3.1 语法教学由技能获得到“科学概念”提升

目前，在所有讨论内隐与外显语法教学的文献中，几乎很少讨论语法概念的教学问题，甚至排斥语法概念的教学。然而，按照维果茨基的观点，学校课堂上的语法概念教学不仅可以促进儿童母语学习者对“科学概念”的理解，而且可以促进其思维发展。儿童母语习得主要是通过模仿和“自发性学习”(spontaneous learning)的方式形成基本母语能力的。但是课堂的母语教学可以帮助儿童“科学概念”的获得，包括语法概念的获得，使儿童形成完整的母语能力。Lantolf & Thorne（2006）将这一思想引入第二语言课堂教学，并认为，第二语言课堂教学不能只是模仿儿童母语习得那种“自发性学习”方式，课堂语言教学应该是发展第二语言学习者陈述性知识的最佳场所（Mitchell，Myles & Marsden，2013：245）。换句话说，第二语言课堂的语法教学不仅应该重视“内隐的程序性知识”(implicit-procedural knowledge)的习得，而且还应该重视“外显的陈述性知识”(explicit-declarative knowledge)的学习，即所谓“基于概念的”

（concept-based）语法学习（王建勤，2016）。但是，维果茨基以及提出“系统-理论教学”（systemic-theory instruction）的 Gal’perin 从未说过这种外显的“科学知识”（外显的语法知识）可以转化为“即时表达的知识”（knowledge of spontaneous performance）。实际上，这两位学者都认为，“即时表达的知识”作为学习者通过课堂科学概念教学的结果，会更加明确、系统。

通过对上述学者提出的由技能获得到“科学概念”提升的语法教学思路的分析，我们发现，这一教学思路实际上是把语法教学中知识与技能之间的关系问题分解为两条教学路径：一是基于“内隐的程序性知识”的语法教学，二是基于“外显的陈述性知识”的语法教学。二者之间并非是前因与后果的关系，因为通过内隐的程序性知识的语法教学，即注重技能习得的教学方法，学习者可以获得即时语言表达的技能；而外显的陈述性知识的语法教学，即基于概念的语法教学，也同样可以促进语法技能的获得（Swain *et al.* 2009）。两条路径，一个目标，即语法技能获得，可谓殊途而同归，从而避免了从知识和技能之间关系的角度思考问题的窠臼。

3.2 语法教学的“内隐调节”与“外显调节”

根据上述观点，语法教学既要重视内隐知识的教学，也要重视外显知识的教学。但是，怎样通过这两条教学路径实现语法技能的获得？按照维果茨基“调节论”（mediation）的观点，无论是内隐的还是外显的语法教学，语法技能的获得都需要通过“调节工具”（mediational means）来实现。维果茨基指出，人类并不是以直接的方式改变物质世界，而是通过“物质工具”（physical tools）间接改变世界。与此同时，我们还通过“符号工具”（symbolic artifacts）调节我们的思维以及与他人、与世界的关系。语言则是人类最重要的调节工具，通过语言调节人的思维等高级认知机能的发展。Swain *et al.*（2009）指出，“语言调节”（languaging）是学习过程的重要组成部分，它既可以把内部思维转换成外部言语，也可以把外部言语转化为内在的认知活动。换句话说，语言习得也是通过语言调节来实现的。根据 Wertsch（2007）的分类，语言调节分为“外显调节”（explicit mediation）和“内隐调节”（implicit mediation）。所谓“外显调节”，是指明显地、有意识地将调节工具引入调节活动，而引入的调节工具或符号都是物质化的，如“基于概念的语言调节”(concept-based languaging)。“内隐调节”则不需要人为地、有意识地引入调节工具，内隐调节本身就是交际活动的一部分。因此，内隐调节以符号或自然语言为工具，其基本功能是交际。按照这个分类，内隐的语法教学主要是通过内隐调节，即在自然交际的环境下实现的，那么课堂语法教学就应该注重功能性和交际性的联系，通过交际和互动来学习语法。学习者通过这种方法获得的是内隐的知识，即知其然不知其所以然的知识。这是语法技能获得的特点，这种方法适合初级阶段的语法教学。而外显的语法教学，在此，我们强调的是“基于概念的”的语法教学，即通过引入调节工具，如语法概念（当然不排除其他辅助工具），使语法概念“物化”(materialization)，从而调节语法概念的认知和内化（王建勤，2016）。已有的研究证明，“基于概念”的语法教学有助于第二语言学习者对语法概念的内化，同时能够促进语法技能的获得。这种方法对中高级水平的第二语言学习者是非常有效的（Swain *et al.*，2009）。

综上所述，维果茨基的社会文化心理理论，特别是“调节论”为汉语作为第二语言的语法教学提供了双重路径。内隐调节为内隐式语法教学搭建了实现语法技能获得的桥梁，同样，外显调节通过语法概念的调节为学习者语法知识和语法技能的获得提供了有效的教学手段。按照维果茨基的观点，人类的认识发展，包括语言能力的发展都是通过调节工具来实现的。因此，他提出了“双重刺激”(double stimulation）的概念。所谓“双重刺激”，一是指给学习者提供的待解决的认知任务和目标，如语法学习的目标（如“把”字句）；二是指起调节作用的辅助工具，如语法概念作为调节工具（如“处置”“位移”等）。因为维果茨基认为，除了学习目标本身提供的刺激，言语和其他符号系统作为一种调节工具，也为人类提供了一种独特的刺激形式，人可以用它来影响和控制自己的行为。按照这一观点，语法教学不仅要关注教学内容本身，而且要关注学习者如何利用语言符号（如语法概念）调节语言习得的过程，以及学习者如何通过语言调节将语言符号整合和内化为言语思维，最终实现语言能力的获得和发展。此外，语法教学在不同的教学阶段应该采用不同的教学方法，在初级阶段应以内隐教学为主，把富有意义和交际性的活动作为调节工具，以此来实现语法技能获得的目标。而中高级阶段应在内隐式教学的基础上，增加外显式教学，通过基于概念的语法教学，包括其他辅助性的调节工具，提高学习者的语言意识，促进学习者语法技能的获得和提升。

:: 参考文献 ::

陈国华（2009）导读，载 D. Larsen-Freeman 著《语言教学：从语法到语法技能》，外语教学与研究出版社、圣智学习出版公司。

陈贤纯（1991）谈语法教学，载第三届国际汉语教学讨论会会务工作委员会编《第三届国际汉语教学讨论会论文选》，北京语言学院出版社。

李泉（2003）语法在对外汉语教学中的地位和作用及相关问题，载国家对外汉语教学领导小组办公室教学处编《对外汉语教学语法探索——首届国际对外汉语教学研讨会论文集》，中国社会科学出版社。

李睿（2015）汉语第二语言学习者口语技能习得机制研究，北京语言大学博士学位论文。

刘珣（2000）《对外汉语教育学引论》，北京语言文化大学出版社。

陆俭明（2000）"对外汉语教学"中的语法教学，《语言教学与研究》第 3 期。

吕必松（2008）对外汉语教学研究今昔谈，2008 年 6 月 27 日在南京大学的讲演稿。

吕文华（1994）《对外汉语教学语法体系探索》，语文出版社。

施光亨（1990）中高级汉语教学呼唤"航标"，《语言教学与研究》第 4 期。

王建勤（2016）语言调节与第二语言学习者语言能力发展研究，待发表。

吴勇毅（2002）汉语作为第二语言语法教学的"语法词汇化"问题，《暨南大学华文学院学报》第 4 期。

杨惠元（2003）强化词语教学，淡化句法教学——也谈对外汉语教学中的语法教学，《语言教学与研究》第 1 期。

周祖谟（1953）教非汉族学生学习汉语的一些问题，《中国语文》第 7 期。

钟梫（1979）十五年（1950—1965 年）外国留学生汉语教学总结，《语言教学与研究》（试刊）第 4 期。

钟梫（2006）《钟梫对外汉语教学初探》，北京语言大学出版社。

Bialystok, E. (1994) Representation and ways of knowing: Three issues in second language acquisition. In N. Ellis (ed.), *Implicit and Explicit Learning of*

Languages. London: Academic Press.

DeKeyser, R. M. (1997) Beyond explicit rule learning: Automatizing second language morphosyntax. *Studies in Second Language Acquisition*, 19 (2), 195-221.

DeKeyser, R. M. (1998) Beyond focus on form: Cognitive perspectives on learning and practicing second language grammar. In C. Doughty & J. Williams (eds.), *Focus on Form in Classroom Second Language Acquisition*. New York: Cambridge University Press.

DeKeyser, R. M. (2007) Skill acquisition theory. In B. VanPatten & J. Williams (eds.), *Theories in Second Language Acquisition: An Introduction*. Mahawah, New Jersey, London: Lawrence Erlbaum Associates.

Lantolf, J. P. & Thorne, S. L. (2006) *Sociocultural Theory and the Genesis of Second Language Development*. Oxford: Oxford University Press.

Larsen-Freeman, D. (1992) A nonhierarchical relationship between grammar and communication (PartⅡ). In J. E. Alatis (ed.), *Georgetown University Round Table on Languages and Linguistics*. Washington, DC: Georgetown University Press.

Larsen-Freeman, D. (2003) *Teaching Language: From Grammar to Grammaring*. Thomson/Heinle.

Mitchell, R., Myles, F., & Marsden, E. (2013) *Second Language Learning Theories (Third Edition)*. London & New York: Routledge.

Reber, A. S. (1967) Implicit learning of artificial grammars. *Journal of Verbal Learning and Verbal Behavior*, 6 (6), 855-863.

Swain, M., Lapkin, S., Knouzi, I., Suzuki, W. & Brooks, L. (2009) Languaging: University students learn the grammatical concept of voice in French. *The Modern Language Journal*, 93 (1), 5-29.

Ullman, M. T. (2001) The neural basis of lexicon and grammar in first and second language: The declarative/procedural model. *Bilingualism: Language and Cognition*, 4 (2), 105-122.

VanPatten, B. (2002) Processing in SLA. In B. VanPatten (ed.), *Processing Instruction: Theory, Research and Commentary*. Mahwah, NJ: Lawrence Erlbaum Associates.

Wertsch, J. V. (2007) Mediation. In H. Daniels, M. Cole, & J. V. Wertsch (eds.), *The Cambridge companion to Vygotsky*. New York: Cambridge University Press.

原载《汉语应用教学研究》

北京语言大学对外汉语研究中心编，商务印书馆，2016 年

语言经济学视角下的“三教”问题研究

自从国家提出汉语“走出去”战略以来，对外汉语教学事业迎来了前所未有的大发展。然而，孔子学院的高速发展使汉语国际传播面临的“三教”问题日益严峻。有人甚至把“三教”问题比作汉语国际传播的“三座大山”(梁杰，2009)。“三教”问题的产生引起了海内外学者的高度关注。人们开始思考究竟是什么原因致使汉语国际传播遭遇“三教”难题。如果原因搞不清楚，“三教”问题不可能真正得到解决。

因此，本文拟在澄清对“三教”问题不同认识的基础上，提出对“三教”问题的另类思考，即从汉语国际传播资源配置与制度建设的角度对“三教”问题产生的原因进行深入探讨，并期望在此基础上提出解决“三教”问题的对策。

1.“三教”问题的不同观点与另类思考

所谓“三教”问题，即“教师、教材和教法”问题。其实“三教”问题并不是什么新话题，因为它一直是对外汉语教学领域持续关注和研究的问题，只是在不同的历史时期，“三教”的内涵有所不同而已。那么，在汉语国际传播的新形势下，重新审视和探讨新时期汉语国际传播所面临的“三教”问题是十分必要的。

1.1 “三教”问题提出的背景

关于“三教”中教师问题的研究始于20世纪80年代（张和生，2006）。当时主要关注的是对外汉语教师素质问题的研究，即一个合格的对外汉语教师应该具备哪些知识结构和能力结构。但对对外汉语教师的教学能力培养和教师培训还缺少深入的研究，因为当时还没有大规模外派汉语教师的需求。至于“三教”问题中教材和教法问题的研究几乎与对外汉语教学学科发展的历史同龄。特别是对外汉语教材研究，一直是对外汉语教学界讨论最多的研究领域。

20世纪90年代前，对外汉语教材研究关注较多的是国内对外汉语教材的编写理论和编写原则；90年代后关于外向型教材、国别化教材以及教材创新的研究已经得到普遍关注；近10年对外汉语教材开始关注面向海外的本土化教材。

至于对外汉语教学界的教学法研究，经历了从最初的关于国外外语教学法流派的研究到对外汉语教学的知识与技能教学法的研究，以及近些年来关注交际能力、关注基于内容的教学法以及基于任务的教学法研究等历程。总之，对外汉语教学界一直在关注“三教”问题的研究。

然而，国家提出汉语“走出去”的战略之后，孔子学院在海外如雨后春笋。据称，平均每四天就诞生一所孔子学院。孔子学院“大跃进”式的高速发展使对外汉语教学界措手不及。几乎是在一夜之间，“三教”问题再次成为热议的话题，甚至成为汉语国际传播不得不认真面对的难题。2008年在北京召开的第九届国际汉语研讨会上，人们才真正认识到，解决“三教”问题已是目前汉语国际传播的当务之急（梁杰，2009）。

1.2 关于“三教”问题的不同看法

“三教”问题被旧话重提，重新引起国家和对外汉语教学界的关注。人们不禁要问，究竟是什么原因使“三教”问题成为汉语国际传播的难题？对此，汉语传播机构和学界的看法大不相同。

一种观点认为，“三教”问题成为汉语国际传播的难题主要表现在两个方面：一曰：数量缺口，即对外汉语教师和教材供不应求，形成教师和教材缺口；二曰：水土不服，即对外汉语教师、教材以及目前的教学方法不能适应海外汉语教学的环境。造成目前这种状况的原因，有人认为是由于对外汉语教学 50 年来“一直局限于来华留学生教育”，“工作重心是‘请进来’”，没有“走出去”。另外，“目前我国对外汉语教学教师量少质差，汉语教材陈旧落后，缺乏针对性，以致成为制约汉语国际传播工作开展的瓶颈”（宁继鸣，2006）。因此，对外汉语教学已经无法适应汉语国际传播的新形势。

如何评价对外汉语教学 50 年已经超出本文的范围，但需要说明的是，将所谓“三教”难题归罪于对外汉语教学 50 年是不符合实际的。实际上，对外汉语教学 50 年，并不只是只有“请进来”，没有“走出去”。对外汉语教学从一开始既有“请进来”，也有“走出去”，与当今不同的只是规模而已。另外，没有对外汉语教学 50 年就没有汉语国际传播的今天。到目前为止，对外汉语教学 50 年所形成的汉语教师队伍仍然是支撑海内外汉语教学的骨干，海内外汉语教学所使用的汉语教材仍然是集 50 年对外汉语教学经验的延伸和发展。

关于“三教”问题的另一种观点，主要来自对外汉语教学界在汉语国际传播新形势下对目前海内外汉语教师以及教材、教法问题的自我反省和新思考。对外汉语教学界的学者们已经形成这样一种共识：“三教”问题的核心是教师问题，教师问题主要是教学观念的问题。在汉语国际传播的新形势面前，对外汉语教师的培养、教材的编写以及教学的方法的确需要转变观念，以满足海内外汉语学习者日益增长的新需求。对外汉语教学界在新形势下对对外汉语教学现状的反思，体现了学科发展的自觉意识，有力地推动了新形势下对外汉语教师培养以及教材、教法创新的研究和实践（李晓琪，2007；王建勤，2007，2008）。

尽管如此，孔子学院成立 5 年来，汉语国际传播面临的“三教”问题并没有得到根本解决。就在刚刚结束的“欧洲地区孔子学院 2009 年联席会议”上，学者们谈论的依然是“三教”问题。这促使我们不得不启动另类思考机制，对目前国家汉语国际传播的资源配置效率以及制度安排进行客观的反思。

1.3 对“三教”问题的另类思考

对“三教”难题的上述思考，无论是追溯历史还是对当今对外汉语教学观念的反省，都还局限于语言教学层面。这些思考是必要的，但还远远不够。要解决汉语国际传播面临的“三教”难题，我们还需要一种另类思考，即从语言经济学的角度对汉语国际传播本身的制度安排以及在公共产品资源配置和供给的效率上存在的问题进行深入的探讨。

按照公共产品供给理论，汉语国际传播属于公共产品，这种产品的提供，政府责无旁贷。但是汉语国际传播所提供的产品，即语言教育服务，是一种准公共产品。由于这种准公共产品具有“拥挤性”，通常需要非营利组织来提供。然而，无论是政府还是非营利组织，在提供汉语国际传播产品和服务时都会出现效率低下问题，即所谓“政府失灵”和“非营利组织失灵”的问题。按照这种理论，汉语国际传播面临的“三教”难题恰恰是政府与非营利组织在提供汉语国际传播产品服务方面以及汉语国际传播制度安排失灵的结果和表现。这是“三教”难题产生的根本原因。

2.“三教”问题的语言经济学分析

按照语言经济学理论，“三教”问题产生的根本原因是汉语国际传播的制度安排和资源配置的效率问题。换句话说，“三教”问题涉及汉语国际传播产品与服务的供给究竟应该由哪些主体来承担，这些产品与服务究竟以何种方式提供更有效的问题。因此，我们有必要从语言经济学的角度对“三教”问题进行深入的分析和探讨。

2.1 汉语国际传播的产品属性与产品供给的效率准则

按照萨缪尔森（Samuelson, 1954）的公共产品理论，公共产品是指某一消费者对某种物品的消费不会降低其他消费者对该物品消费水平的物品。这就是说，第一，公共产品和服务是向全社会提供的，全体社会成员共同消费，共同受益，这就是所谓公共产品效用的“不可分割性”；第二，任何一个社会成员对公共产品的消费都不影响和妨碍其他社会成员消费，即公共产品具有消费的“非竞争性”；第三，公共产品在技术上无法拒绝其他社会成员付款消费，即公共产品具有受益的“非排他性”。萨缪尔森的理论有效地区分了公共产品和私人产品的区别。然而在现实生活中，还有一种介于公共产品和私人产品之间的特殊产品，即“准公共产品”。所谓“准公共产品”，是指那些不同时具有非竞争性和非排他性的产品。也有人将其称为半公共产品，或半私人产品。

汉语国际传播所提供的产品——语言教育服务，如教师、教材、教法等对外汉语教学资源就属于典型的准公共产品。语言教育服务作为一种准公共产品，具有受益的非排他性，即所有社会成员和汉语学习者都可以享用这种产品的服务，但这种产品与服务具有竞争性特点。比如，教师、教材以及教学方法，所有社会成员都可以享用，没有办法拒绝他人因此而受益。正因为此，这种语言教育服务的享用会造成拥挤性，其表现是产品和服务供给不足。“三教”问题恰恰反映了这种准公共产品的拥挤性和竞争性特点。从理论上说，世界上每个汉语学习者都有权享受汉语教师提供的语言教育服务，都有资格分享汉语教材这种公共资源。但是，由于这种公共资源是有限的，便会产生供给不足。这就涉及这种准公共产品资源的配置方式和效率问题。

2.2 汉语国际传播资源配置的效率准则

评价汉语国际传播资源配置的效率准则是什么？按照经济学家的观点，这个评价标准就是“帕累托效率”准则。所谓“帕累托效率”(Pareto efficiency)，是指社会资源配置达到了这样一种状态：如果对资源配置方式进行调整，至少可以使一个人的处境变好，同时不会使其他任何人的处境变坏，那么这种资源配置的状况就是最佳的，或者说是有效率的；反之，就是缺乏效率的。当资源配置尚未达到帕累托最优状态时，就存在着“帕累托改进”(Pareto improvement) 的余地。为了明了起见，我们举一个帕累托改进的例子。比如，一辆公共汽车可以乘坐 40 人，如果只有 39 人，那么就没有实现帕累托效率最优，因为增加一个人（这个人的处境变好）不会使其他人的处境变坏。如果增加了一个人，就是帕累托改进；如果没有增加任何人，这种资源配置方式就是无效率的。同样，如果乘车人数超过了“拥挤点”，但不增加车辆，这种资源配置方式也是无效率的。

按照这个效率准则，目前汉语国际传播的资源配置方式是无效率的。换句话说，汉语国际传播在资源配置的效率上还存在着巨大的差距和改进的空间。一方面，汉语学习需求暴涨；另一方面，汉语教师和教材教法等资源匮乏，造成汉语教学资源消费的拥挤性。因此，国家必须改变目前汉语国际传播的资源配置方式，提高产品供给的效率。

2.3 汉语国际传播公共产品供给的现状

按照公共产品供给的效率准则，目前汉语国际传播在教师培训与教学产品需求与供给方面的现状如何呢？

我们首先看看对外汉语教师的需求与供给情况。据媒体报道，国家汉办预测，2010 年国外学习汉语的人数预计达到 1 亿，全球汉语教师缺口超过 400 万人（梁杰，2009）。由此可见，目前“三教”的教师问题主要是数量缺口问题。面对巨大的教师需求，供给的情况如何呢？自 2003 年 6 月外派第一批汉语教师到现在，已有 7464 名经过培训的汉语志愿者到世界各地的孔子学院任教。自 2004 年到 2007 年，来华培训和赴外培训国外汉语教师约 21383 人次。此外，汉办每年公派到国外的汉语教师有 1000 多人。粗略估计，汉办 6 年之内培训和外派教师近 30000 人，平均每年培训和外派汉语教师 5000 人。按照这个发展速度，弥补 400 万汉语教师的缺口需要 800 年。这样的产品供给效率简直是不可想象的。因此，仅仅依靠孔子学院这种产品供给方式是无法解决教师问题的。

再看对外汉语教材的需求和供给。有报道称，汉办认为，汉语教材也存在较大的缺口，但没有提供预计的数据。教材的缺口主要是教材的种类和不同语种教材的供给不足问题。那么，海外汉语教师是怎样看待汉语教材问题的呢？有人认为，国内出版的汉语教材比较难，容量比较大，不适合国外的教学实际。也有人认为，“近几年，中国大陆的海外汉语教材多得不可胜数，面对琳琅满目的汉语教材，汉语教师却不知该如何选择”（梁杰，2009）。如果这些海外教师反映的情况属实的话，那么，我们很难得出教材存在数量缺口的结论，最多是所谓“水土不服”而已。但是，一项汉语教材出版现状调查表明，目前国内出版的汉语教材至少 3300 种以上，但是北美地区使用较多的国内出版的教材不超过 5 种（王建勤，2009）。这种巨大的反差说明，汉语教材的问题目前主要不是数量缺口，而是走不出国门。

至于教学方法的研究，我们从目前面向海外的汉语教材所反映的教学观念的转变可以了解到教学方法的改变。比如受到海内外汉语教师和汉语学习者的欢迎的《体验汉语》所反映的教学理念是以任务型教学方法培养学生在"用中学"的交际能力。这种教学观念和教学方法与传统的教学方法有很大的不同。这说明对外汉语教学界的教学观念在转变。

上述情况表明，"三教"的主要问题是教师供给不足，缺少满足不同需求的本土化教材，但教师的教学观念和教学方法已经有所改进。

2.4 汉语国际传播在制度安排与资源配置方式上存在的问题

从上述分析可以看出，"三教"难题与汉语国际传播的制度安排与资源配置方式密切相关。所谓"制度安排"，在制度经济学中是指支配经济单位之间合作与竞争的规则。对于汉语国际传播来说，制度安排是指公共产品提供者之间合作与竞争的游戏规则。所谓"资源配置方式"，是指汉语国际传播这种准公共产品由谁来提供，以及提供的方式。那么，目前国家在汉语国际传播的制度安排和资源配置方式上存在哪些问题呢？

首先，国家在国际汉语教育这种准公共产品供给的制度设计上存在一些缺陷。按照公共产品供给理论，汉语国际传播中的语言教育服务作为准公共产品的供给至少存在三种可能的制度安排。一种是由政府直接提供国际汉语教育产品和服务，但是，语言教育服务是一种典型的准公共产品，具有拥挤性，同时海外汉语学习者在语言教育服务的消费偏好上存在极大差异，因此这种产品应该交给非营利组织或企业来提供。这就是说，准公共产品提供的主体可以是政府、非营利组织，也可以是企业。三者在产品提供的方式上有所不同。但是，目前我国现行的汉语国际传播机构既代表政府，又是非营利组织，同时也有全资的下属企业。按照公民社会理论，非营利组织是相对于政府和营利组织（即企业）而存在的，三类组织之间是合作、平等、制衡的关系。然而，目前我国的汉语传播机构这种"官民两重性"和"官商两重性"必然导致行业垄断，导致资源配置的低效。以汉语教师培训与派出为例，由于汉语国际传播机构的"官民两重性"，汉语师资培训和派出尚未允许社会教育培训机构进入，教师培训和外派成为带有政府色彩的垄断资源。但是，作为非营利组织的孔子学院，由于本身并不具备师资培训的条件和资质，只能依赖部分高校培训汉语师资。因此，这种语言教育服务产品提供的制度安排，必然造成“三教”问题中汉语教师数量的巨大缺口。

其次，从国际汉语教育服务产品的资源配置方式看，三种资源配置方式变为一种资源配置方式。孔子学院作为非营利组织“一枝独秀”，使政府公平提供公共产品的职能失灵，企业也不能充分发挥市场调节资源配置的职能。在公共产品提供领域，政府是解决公平分配公共产品的重要手段，可以有效打破行业垄断，解决公共产品提供中的“市场失灵”问题。然而，孔子学院依然是政府主导型的非营利组织，行业垄断在所难免，甚至会出现所谓“寻租”现象。另外，由于企业不能有效进入语言教育服务提供领域，非营利组织没有竞争，自然会导致汉语国际传播产品和公共资源配置提供效率低的问题。

第三，由于孔子学院采取单一的汉语推广模式，过度依赖国家投资，企业和社会资源（如在教育界资质良好的教育企事业单位、社会慈善和其他非营利公益组织等）得不到有效开发和利用，使汉语国际传播这一产业不能实现规模化发展，致使“三教”问题成为“三教”难题。比如，汉语教材作为一种可分割使用的准公共产品，在一定程度上可以通过产品的个性化开发满足海外汉语教学市场的多样化需求，因此，这种能够反映汉语教学市场消费者偏好的产品完全可以由出版社以及其他企业来提供。如果只由非营利组织提供这类产品，就会出现所谓“非营利组织失灵”的现象。在海外汉语学习者需求多样化的情况下，企业通过市场配置资源，一方面可以实现汉语教材产业的规模化，另一方面可以有效解决汉语教材品种以及教材本土化问题。

第四，由于汉语国际传播机构的“官商两重性”，既是裁判员又是运动员，除了导致国际汉语教育资源出现垄断外，还会导致非营利组织疏于治理，偏离社会公益的宗旨，急功近利，使“三教”问题长期得不到解决，甚至受利益驱使，给汉语国际传播带来负面影响。

3. 解决“三教”问题的对策

从根本上解决“三教”问题，必须改变目前汉语国际传播在制度设计上的缺陷，理顺非营利组织与政府、企业之间的关系，加强对非营利组织的治理，建立政府、企业与非营利组织之间良好的互动环境。因此我们认为，要有效解决“三教”难题，目前的汉语国际传播机构必须实现“三个转变”。

（1）建立政府、非营利组织和企业在国际汉语教育产品与服务供给方面的多中心体制和互补机制，实现汉语国际传播制度安排的根本转变。

要从根本上解决汉语国际传播的“三教”难题，前提是非营利组织必须与政府和企业脱钩。事实证明，目前这种“官民商一体”的汉语传播机构，不利于建立公共产品提供的多中心体制，不便于发挥政府公平、高效的主导模式，不便于发挥非营利组织和企业在国际汉语教育资源配置上的互补机制。建立政府、企业、非营利组织的多中心体制，使三者之间建立一种合作和伙伴关系，这种制度安排是有效地解决“三教”问题的关键。

（2）允许企业和其他非营利组织公平进入国际汉语教育产品与服务供给领域，实现国际汉语教育资源配置方式的根本转变。

对汉语教师和教材需求与供给现状的分析表明，采取非营利组织单一的资源配置方式是不可能解决“三教”中教师和教材的缺口问题的。要解决这两个问题，汉语师资培训和教材出版必须发挥企业和其他非营利组织的作用，通过多种资源配置方式，实现产业化发展。只有实现了国际汉语教育大规模的产业化发展，才能在短期内解决教师和教材缺口问题。

（3）理顺非营利组织与政府、企业之间的关系，明确非营利组织的公益职能，实现国际汉语教育服务产品的生产与供给从合一到分离的转变。

从过程上看，国际汉语教育服务产品的提供包括两个环节：一是生产，二是供给。在这两个环节中，供给的核心是投入资金和计划安排，生产的核心是汉语教育服务的产出和输出。就政府、企业和非营利组织在国际汉语教育服务领域的互补关系而言，教育服务产品的生产和供给这两个环节是可以分离的。这两个环节的分离，一方面可以避免非营利组织“官商两重性”问题，另一方面可以充分发挥企业在公共产品领域的市场调节作用，把某些公共产品的生产委托给企业，比如教材的出版。非营利组织主要负责资金的投入以及提供国际汉语教育服务产品计划和规划。只有充分发挥市场和社会组织的作用，国际汉语教育服务才能实现产业化和规模化的发展，从而切实解决汉语国际传播面临的“三教”问题。

总之，国家应该加强汉语国际传播战略的规划，尽快调整国际汉语教育资源提供的制度安排，建立政府、企业和非营利组织多种汉语教育资源配置的互动环境，在国家经济和文化和平崛起的机遇期，尽快解决汉语国际传播面临的“三教”难题，使汉语真正走出国门，走向世界。

:: 参考文献 ::

李晓琪（2007）汉语国际推广事业中的教材建设，《世界汉语教学》第3期。

梁杰（2009）中国文化大规模走出国门，《中国教育报》9月30日第4版。

宁继鸣（2006）汉语国际推广：关于孔子学院的经济学分析与建议，山东大学博士学位论文。

王建勤（2007）美国国家语言战略与我国语言文化安全对策，《国际汉语教学动态与研究》第2期。

王建勤（2008）汉语国际推广的语言标准建设与竞争策略，《语言教学与研究》第1期。

王建勤（2009）汉语国际传播标准的学术竞争力与战略规划，载北京师范大学、北京市社会科学界联合会编《科学发展：文化软实力与民族复兴——纪念中华人民共和国成立60周年论文集（上卷）》，北京师范大学出版社。

张和生（2006）对外汉语教师素质与培训研究的回顾与展望，《北京师范大学学报》(社会科学版）第3期。

Samuelson, P. A. (1954) The pure theory of public expenditure. *The Review of Economics and Statistics*, 36(4), 387-389.

原载《全球文化竞争背景下的汉语国际传播研究》

王建勤等著，商务印书馆，2015年

对外汉语教学研究述评

1. 对外汉语教学研究概况

对外汉语教学是汉语作为第二语言或外语的教学。这个学科从20世纪50年代到现在已经有60余年的历史了。这60年大致分为两个阶段：20世纪50年代—70年代末为对外汉语教学事业的开创期，80年代至今为对外汉语教学学科建立和发展时期。（刘珣，2000）

在对外汉语教学事业的开创期，对外汉语教学主要是对来华留学生的“预备性质的教学”。这一时期教学研究的标志性成果，一是周祖谟1953年发表的《教非汉族学生学习汉语的一些问题》，这是新中国对外汉语教学史上第一篇探讨非汉族学生汉语教学的文章；二是1958年北京大学邓懿等编写的《汉语教科书》，这部教材是“把汉语的科学语法转化为教学语法的第一个样板”（吕必松，2008）。60年代，由于留学生人数和国别的增加，采取翻译法已不再可能。因此，对外汉语教学开始采取所谓“相对直接法”的教学方法，并提出了汉语教学应贯彻“实践性原则”（钟梫，1979）。70年代，对外汉语教学界开展了一系列教学改革试验。与此同时，学者们开始探索对外汉语教学的一些基本理论问题，如实践性原则问题、语言知识和言语技能的关系，以及对不同教学方法和教学原则的探讨。80 年代，跟随着国家改革开放的步伐，对外汉语教学迎来了学科建设的春天。这一时期，对外汉语教学在学科建设上主要有两点收获：一是确立了对外汉语教学作为一门学科的地位；二是吕必松提出了对外汉语教学“四大教学环节”的理论，确立了对外汉语教学的学科建设框架（崔永华，2005）。这一时期的研究领域包括对学科理论的探讨、对教学原则和教学方法的探讨、教学大纲和教材的编写、对语言教学与文化教学关系的探讨、对语言测试的研究等。90 年代，对外汉语教学研究领域不断拓宽，学科建设研究不断深入。这一时期集中探讨的理论问题是学科性质和内涵问题，这些理论探讨对学科建设产生了重要影响。

世纪之交是对外汉语教学研究的繁荣发展时期。这一时期，对外汉语教学理论研究的标志性成果是 2006 年商务印书馆出版的“对外汉语教学专题研究书系”（共 7 个系列 22 本），汇集了对外汉语教学 50 多年来具有代表性和影响力的研究。有学者认为，这一时期“对外汉语教学作为一个学科，内涵更加丰富，体系更加完备，视野更加开阔，范围更加广泛，研究理念更加先进，研究成果更加丰厚”（赵金铭，2006）。

2. 对外汉语教学研究的历史与发展

2.1 对外汉语教学事业开创期的教学研究

从上世纪 50 年代至 70 年代末，经过近 30 年教学经验的积累，对外汉语教学研究取得了许多成果。这一时期的教学研究主要是对学科基本理论问题的研究和探索。

2.1.1 对外汉语教学研究的基本理论问题

这一时期教学研究的基本理论问题首先是关于学科性质的探讨。周祖谟（1953）认为，教非汉族学生的语法教学和教汉族学生不同，不能专门讲述理论知识，“不实践，空学一些语法知识是没有用处的”。因此他主张，汉语教学应该遵循“实践性原则”；在教学内容上应以词汇语法为中心，语法教学以句法为中心；在教学方法上主张“讲练并重”，听说读写四项技能全面要求，阶段侧重。

这些原则至今仍然是对外汉语课堂教学的基本原则。60 年代学者们对“实践性原则”有了新的认识，认为“通过大量接触和运用语言材料来掌握语言，这是学好实践外语的必经之路”(钟棱，1979)。基于这种认识，课堂教学由“讲练并重”改为“精讲多练”，在教学方法上采用“相对直接法”。《基础汉语》可以看作是第一部体现“实践性原则”，采用“相对直接法”的教学研究成果。

其次是关于语言知识与言语技能的关系问题的探讨。50 年代，语言知识与言语技能被放在同等重要的位置，60 年代则明确认识到，“想先从理论着手或主要从理论着手来掌握实践外语，那是达不到目的的”(钟棱，1979)。因为言语技能并不完全是通过语言知识的传授获得的，通过操练也可以获得。70 年代，学者们开始关注言语技能训练和交际能力的培养问题，因为大家认识到，“对外国人的汉语教学，不是一般地传授知识与技能，而是培养他们运用汉语进行交际的实际能力”(李培元，1989)。

第三是关于先“语”后“文”，还是“语文并进”问题的讨论。50 年代，周祖谟（1953）等学者主张先“语”后“文”的教学方法，即听说领先，读写在后。但 60 年代的对外汉语教学实践表明，先“语”后“文”的教学方法并不可行，这种方法看似分散了学习者汉语学习的难点，但实际上却集中了难点，因而有学者主张“语文并进”。先“语”后“文”问题的焦点是汉字教学问题。50 年代，曾有人主张汉语教学应从汉字教学入手。但是周祖谟认为：“汉语和汉字不是一回事，如果以为学习汉语能够认识汉字就成了，这是不对的。”可见，他是不赞成所谓“字本位”教学的，因为“单纯从汉字出发，领导学生认识几千汉字，读一些课文是不能实际应用的”。我们认为，周祖谟对汉语和汉字关系的评价是中肯的。

2.1.2 对外汉语教学研究领域的拓展

开创期的汉语教学研究领域相对狭窄，主要包括三个方面：即课堂教学研究、汉语教材编写研究和教学法研究。

课堂教学研究主要包括课堂教学的基本原则，如实践性原则；在教学内容上，则主张以词汇、语法教学为中心；在教学目标上，听说读写全面要求，但不同教学阶段有不同的侧重。

汉语教材编写研究关注的主要是编写原则问题。在词汇、语法选择上，主张贯彻“少而精”的原则；在词汇和语法编排上主张“以结构为纲”；关于语言基础与专业结合的问题，主张先打语言基础，后结合专业。

教学法研究主要探讨理论与实践的关系、听说和读写的关系、单项训练和综合训练的关系，以及模仿和活用的关系。此外，70 年代，学者们开始着手一系列的教学实验，比如句型教学实验、直接用汉字教语音和提前教汉字的教学实验，以及听说和读写分课型教学的实验，但这些实验研究并没有取得实质性成果。

2.2 学科建立和发展时期的对外汉语教学研究

80 年代初对外汉语教学作为一门学科正式建立，这极大地促进了对外汉语教学理论研究的发展。

2.2.1 对外汉语教学理论研究

2.2.1.1 有关对外汉语教学学科性质的讨论

八九十年代，对外汉语教学界有过三次学科性质的大讨论。第一次是 80 年代关于对外汉语教学是否是“小儿科”的讨论（吕必松，1983）；第二次是 80 年代末 90 年代初关于对外汉语教学的“文化教学属性”和“语言教学属性”的大讨论（刘珣，2000）；90 年代末，学科性质和内涵问题再次成为学界讨论的热点，即对外汉语教学应属于“应用语言学”还是“语言教育学”(刘珣，2000)。通过这些理论探讨，学界对学科性质的认识逐渐明确。第一次讨论澄清了第一语言与第二语言教学的区别、外语和少数民族汉语教学的区别；第二次讨论明确了对外汉语教学作为“语言教学”的学科性质；第三次讨论到目前为止，学界尚未形成共识。很显然，每当学科发展进入一个新阶段，学科性质都成为首先要考虑的问题。这种左右摇摆说明本学科的发展还不够成熟，对学科性质的认识还有待深入的理论探讨。

2.2.1.2 有关对外汉语教学学科理论的探讨

90 年代是学科理论研究比较集中的时期，但学者们对学科理论的认识各不相同。有学者认为，对外汉语教学学科理论包括“基础理论”和“应用理论”，前者包括语言理论、语言学习理论、“交际文化”理论、一般的教育理论等，后者包括教学理论和教学法（吕必松，1995）。但也有学者把基础理论称作“支撑理论”，包括语言学、心理学、教育学，而把 L2 教学、习得理论、汉语语言学等内容称作基础理论；应用理论则包括语言教学活动的基本环节（崔永华，1997）。也有学者认为，学科理论包括理论基础、学科理论和教育实践，其理论内涵更为繁杂（刘珣，2000）。虽然学者们的不同看法反映了不同的研究视角，但学科理论探讨首先应该理清两个关系，一是学科自身理论和学科基础理论的层次关系，不能将两者混淆在一起；二是本学科基础理论与其他相关学科理论的关系，范围过宽就失去了本学科存在的必要性。

2.2.1.3 有关语言教学与文化教学关系的探讨

80 年代中期到 90 年代初期，对外汉语教学界受当时“文化热”的影响，围绕语言教学与文化教学关系问题进行了持续多年的大讨论。讨论的焦点是与语言教学密切相关的文化因素问题。代表性观点有三：一是张占一（1984）提出的“交际文化”论；二是赵贤洲（1989）提出的“文化导入”论；三是陈光磊（1997）提出的“语构、语义、语用文化”论。这些理论探讨的目的是揭示第二语言教学中的文化因素。这次讨论对对外汉语教学学科产生了深刻的影响，一是学界开始注重汉语中文化因素的教学，二是加强了文化对比研究，三是确立了文化教学在汉语教学中的地位。这些影响一直延续至今（崔永华，2005）。

2.2.1.4 “字本位”和“词本位”教学之争

1989 年白乐桑等编写的《汉语言文字启蒙》正式出版，引起了对外汉语教学界关于“字本位”和“词本位”教学的争论。有学者认为，对外汉语教学基本上走的是印欧语言教学的路子，汉字被排除在语言要素之外，成为词汇的附属品（吕必松，1999）。白乐桑（1997）则认为，不承认汉字的特殊性，不能正确处理文字与语言的关系，是造成汉语教学危机的根源。1997 年，徐通锵《语言论》出版，理论界的研究使对外汉语教学界的讨论日趋热烈。但是也有学者认为，“字本位”和“词本位”在教学实践中并不是截然对立、相互排斥的（张和生，2007）。即使是白乐桑也不完全排斥“词本位”教学。他主张书面语教学以字为基本单位，而口语教学应以词为基本教学单位（白乐桑，1997）。这种教学本位“二元论”的观点说明，语言和文字毕竟不同，但在教学实践中二者可以互补。另外，语言结构本位不是教学本位选择的唯一前提，教学有教学的规律。

2.2.1.5　对外汉语教学语法体系与语法教学问题

对外汉语教学领域的语法研究主要涉及两个理论问题，一是教学语法体系的研究，二是语法教学的研究。50年代的《汉语教科书》构建了对外汉语教学语法的基本框架，80和90年代，一些学者提出构建新型教学语法体系。刘月华等（1983）、李德津等（1988）、李英哲等（1990）、房玉清（1993）等出版的汉语教学语法专著是这一时期的标志性研究成果。在语法教学研究方面，主要涉及"教什么"和"怎么教"的问题。关于"教什么"，陆俭明（2000）主张要根据最急需的语法点、母语与目的语的差异以及最常犯的语法毛病来安排语法教学内容；关于"怎么教"，赵金铭（1994）提出了语法教学的"六个原则"。这些理论探讨不仅为构建教学语法体系奠定了理论基础，而且为语法教学提供了理论依据。

2.2.2　对外汉语教学研究的新领域

2.2.2.1　对外汉语教学理论研究

真正从学科建设的高度开展教学理论的研究始于80年代。这一时期的研究主要有两项成果：一是黎天睦（1987）的《现代外语教学法》，主要是介绍国外的教学法流派。这"对刚刚起步的对外汉语教学的学科建设无异于一次语言教学理论的'扫盲'运动"（崔永华，2005）；二是盛炎（1990）的《语言教学原理》，这是对外汉语教学领域第一本系统介绍第二语言教学，特别是对外汉语教学基本理论的专著。但是，这一时期最能体现对外汉语教学理论体系的研究是吕必松（1987）提出的对外汉语教学"总体设计"的理论。这一理论被看作是学科理论体系的基本框架。此外，教学大纲的研制成为这一时期教学理论研究的重要成果，如《汉语水平等级标准和等级大纲》《汉语水平词汇与汉字等级大纲》等。这些大纲的研制对明确教学目标、规范教学活动起到了重要的指导作用。

2.2.2.2　第二语言习得理论研究

鲁健骥1984年发表的《中介语理论与外国人学习汉语的语音偏误分析》成为对外汉语教学领域第二语言习得研究的起点。但汉语习得研究作为一个研究领域则始于1992年召开的"语言学习理论研究座谈会"。八九十年代的汉语习得研究，主要是关于汉语"学习者语言系统"的习得研究，如偏误分析、中介语研究、习得顺序研究等。1997年王建勤主编的《汉语作为第二语言的习得研究》

集中反映了这一时期汉语习得研究领域的成果。90年代末，第二语言学习者及其学习策略、情感因素等研究逐渐进入学者的研究视野。由此，汉语习得研究成为对外汉语教学研究的一个重要领域。

2.2.2.3　多媒体与网络教学研究

对外汉语教学领域的多媒体与网络教学是在早期中文信息处理技术和计算机辅助汉语教学的基础上发展起来的。80年代主要是中文信息处理技术与汉语语料库建设的研究。北京语言学院研制的“汉语中介语语料库系统”是这一时期的重要研究成果（储诚志、陈小荷，1993）。随着多媒体和网络技术的发展，汉语计算机辅助教学开始探讨数字化资源在对外汉语教学中的运用。郑艳群（2000）《关于建立对外汉语教学多媒体素材库的若干问题》、张建民（2001）的《网络空间中的语言教学》在这方面做了深入的探讨。网络多媒体教学的研究不仅改变了汉语教学的手段和方法，而且给汉语教学的理念带来了巨大变化。而现代教育技术的出现，将教育理论、学习理论与教学实践紧密地结合在一起，开辟了对外汉语教学研究又一个崭新的领域。

2.2.2.4　语言测试研究

对外汉语教学领域的语言测试研究始于80年代。这一时期的研究主要集中在考试介绍和题目分析上。90年代，随着项目反应理论、概化理论等测试理论的引进，国内学者对语言测试的理论和实践问题进行了探讨。这一时期的研究包括语言测试理论、考试设计、题目预测、题目分析、题库建设、主观试题和客观试题的评分原则和手段、语言测试语料库建设、题目公平性研究、分数和等值、测验信度和效度、新试题开发、语言测试的后效和决策等。并先后出版了《汉语水平考试研究论文选》（刘镰力主编，1995）、《语言测验理论与实践》（张凯，2002）和《语言测试理论及汉语测试研究》等一批新的研究成果（张凯主编，2006）。以汉语水平考试为特色的汉语测试研究成为对外汉语教学最有影响力的研究领域。

2.3　世纪之交的对外汉语教学研究

世纪之交，汉语国际传播带来了对外汉语教学研究的繁荣发展，研究的领域越来越宽。首先，汉语国际传播研究成为对外汉语教学研究的一个新领域，主要研究汉语传播模式、语言传播的动因，以及海外孔子学院研究等。汉语国际教育的迅速发展使“三教”问题成为教学研究的一个重要领域，如面向海外中小学师资培训的研究、志愿者培训的研究，以及海外汉语教师培训的研究。此外，汉语教材研究主要探讨国别化教材和普适性教材的编写，特别是面向海外中小学的汉语教材编写、网络教材的编写等。新形势下，对外汉语教学的传统教学方法面临挑战，因此面向海外学习者，特别是中小学学习者的教学方法研究引起了学界的关注。

近些年，学者们不再热衷于教学法流派的论争，而是关注宏观的不同类型的教学模式研究，包括面向海外的汉语教学模式研究。毛悦（2010）《特殊目的汉语速成教学模式研究》是目前对外汉语教学领域特色鲜明的教学模式研究专著。

新世纪以来，汉语习得研究成为对外汉语教学研究的热点。研究领域不断扩大，除了学习者的语言系统研究，还包括基于不同理论视角的习得研究。研究方法更注重以理论为导向的实验研究。这一时期还涌现了大量的汉语习得研究的成果，特别是汉字习得与认知研究、声调习得研究以及基于语言社会化和社会文化理论的习得研究（王建勤主编，2006a，2006b，2006c）。

3. 对外汉语教学研究未来发展展望

60年来，对外汉语教学无论是学科建设还是学科理论建设都取得了巨大的成就，对外汉语教学已从“小儿科”成为热门学科。尽管如此，对外汉语教学研究在新形势下还面临诸多挑战。就学科建设而言，应进一步探讨在汉语国际传播新形势下学科的发展方向。学科理论建设应在明确本学科属性的基础上理清学科理论之间的关系，构建坚实的学科理论基础。此外，对外汉语教学研究应进一步转变教学观念，不断引进新的理论，吸收新的理念，加强不同类型的教学模式研究，以满足海内外不同教学环境和教学类型的需求。最后，应进一步加强研究方法的建设，加强以理论为导向的实验研究和质性研究，真正实现对外汉语教学从经验型研究向科学型研究的转变。

:: 参考文献 ::

白乐桑（1997）汉语教材中的文、语领土之争：是合并，还是自主，抑或分离？载《第五届国际汉语教学讨论会论文集》，北京大学出版社。

陈光磊（1997）关于对外汉语课中的文化教学问题，《语言文字应用》第1期。

储诚志、陈小荷（1993）建立“汉语中介语语料库系统”的基本设想，《世界汉语教学》第3期。

崔永华（1997）对外汉语教学学科概说，《中国文化研究》春之卷（总第15期）。

崔永华（2005）二十年来对外汉语教学研究热点回顾，《语言文字应用》第1期。

房玉清（1993）《实用汉语语法》，北京语言学院出版社。

黎天睦（1987）《现代外语教学法》，北京语言学院出版社。

李德津等（1988）《外国人实用现代汉语语法》，北京语言学院出版社。

李培元（1989）中国对外汉语教学的40年，《世界汉语教学》第3期。

李英哲等（1990）《实用汉语参考语法》，北京语言学院出版社。

刘镰力主编（1995）《汉语水平考试研究论文选》，现代出版社。

刘珣（2000）近20年对外汉语教学学科的理论建设，《世界汉语教学》第1期。

刘月华等（1983）《实用现代汉语语法》，外语教学与研究出版社。

鲁健骥（1984）中介语理论与外国人学习汉语的语音偏误分析，《语言教学与研究》第3期。

陆俭明（2000）“对外汉语教学”中的语法教学，《语言教学与研究》第3期。

吕必松（1983）谈谈对外汉语教学的性质和特点，《语言教学与研究》第2期。

吕必松（1987）试论对外汉语教学的总体设计，《语文建设》第2期。

吕必松（1995）在对外汉语教学的定性、定位、定量问题座谈会上的发言，《世界汉语教学》第1期。

吕必松（1999）汉字教学与汉语教学，载《汉字与汉字教学研究论文集》，北京大学出版社。

吕必松（2008）对外汉语教学研究今昔谈，2008年12月19日在深圳大学的讲演稿。

毛悦（2010）《特殊目的汉语速成教学模式研究》，北京语言大学出版社。

盛炎（1990）《语言教学原理》，重庆出版社。
王建勤主编（2006a）《汉语作为第二语言的学习者与汉语认知研究》，商务印书馆。
王建勤主编（2006b）《汉语作为第二语言的学习者习得过程研究》，商务印书馆。
王建勤主编（2006c）《汉语作为第二语言的学习者语言系统研究》，商务印书馆。
张和生（2007）也谈对外汉语词汇教学的本位之争，《语言文字应用》第S1期。
张建民（2001）网络空间中的语言教学，载《语言教育问题研究论文集》，华语教学出版社。
张凯（2002）《语言测验理论与实践》，北京语言文化大学出版社。
张凯主编（2006）《语言测试理论及汉语测试研究》，商务印书馆。
张占一（1984）汉语个别教学及其教材，《语言教学与研究》第3期。
赵贤洲（1989）文化差异与文化导入论略，《语言教学与研究》第1期
赵金铭（1994）教外国人汉语语法的一些原则问题，《语言教学与研究》第2期。
赵金铭（2006）从对外汉语教学到汉语国际推广（代序），载《商务印书馆对外汉语教学专题研究书系》，商务印书馆。
郑艳群（2000）关于建立对外汉语教学多媒体素材库的若干问题，《语言文字应用》第3期。
钟梫（1979）十五年（1950—1965年）外国留学生汉语教学总结，《语言教学与研究》（试刊）第4期。
钟梫（2006）《钟梫对外汉语教学初探》，北京语言学院出版社。
周祖谟（1953）教非汉族学生学习汉语的一些问题，《中国语文》第7期。

原载《当代中国语言学研究》
李宇明主编，中国社会科学出版社，2016年

华语教材编写的理论导向及教学解决方案的比较

0. 序言

近年来，海外的华语教学领域格外引人注目。一方面，原有的海外华侨教育已经转向海外华人教育，教学对象发生了变化；另一方面，由于海外新一代华人和新移民语言状况的改变，海外华语教学的性质发生了根本变化。华语教学对象和教学性质的变化对海外华语教学的理论与实践提出了一系列亟待解决的问题。

华语教学面临的首要问题是定位问题，即华语教学是母语教学还是第二语言教学，亦或是双语教学。这个问题似乎已有明确的说法（吕必松，1992；黄端铭，2001），但从海内外已出版的华语教材的编写情况来看，这个问题似乎并不明了。华语教学的定位问题直接影响到华语教学的教学设计、教材编写以及教学方法的实施。这个问题不解决，我们的华语教材就不可能为海外华语教学提供切实可行的解决方案，那么，华语教学必然会事倍功半。

本文旨在通过对已出版的三套华语教材的对比来探讨华语教材编写所面临的理论问题，通过理论探讨试图提出华语教材编写中应该遵循的一些基本原则。

1. 三套华语教材的理论导向及教学解决方案的比较

本文选择的三套华语教材是：台湾侨务部门 1998 年出版的《菲律宾版新编华语课本》（简称“台湾版”），菲律宾华文教育研究中心和北京语言文化大学汉语教师共同编写、北京语言文化大学出版社 2000 年出版的《菲律宾华语课本》（简称“北语版”），以及由北京华文学院编写、暨南大学出版社 1998 年出版的《汉语》系列教材（简称“暨大版”）。台湾版《菲律宾版新编华语课本》是为菲律宾小学 1—6 年级的学习者编写的华语课本，共 13 册。每个年级的教材都包括课本、练习册、教师手册；北语版《菲律宾华语课本》共 12 册，每册包括课本、综合练习和写字本，供菲律宾小学 1—6 年级的学习者使用；暨大版《汉语》系列教材是供海外全日制华文小学 1—6 年级使用的，共 12 册，每册包括读写教材、说话教材、练习册、教师手册等。这三套教材都是为海外小学编写的华语课本，但教材的设计思想却有很大差异，体现的教学理论和教学原则以及为教学提供的解决方案也各不相同。

需要说明的是，本文对三套教材进行比较，目的不是对每套教材的优劣做简单的评价，而是通过比较发现华语教材编写中面临的一些值得探讨的理论问题，为华语教材编写提出一些值得遵循的原则和规律。

为明了起见，我们从三套教材所体现的教学目的、教学内容、教学原则和教学方法四个方面逐一进行考察，见表 1。

表 1

考察内容		台湾版《菲律宾版新编华语课本》	北语版《菲律宾华语课本》	暨大版《汉语》系列教材
教学目的	语言知识传授	√	?	×
	文化知识传授	√	?	×
	语言能力培养	×	√	√
	语言交际能力培养	×	√	√
教学内容	语言要素	√	√	√
	语言技能	√	√	√
	语言交际技能	×	√	√
	语言文化知识	√	√	×

（续表）

考察内容		台湾版《菲律宾版新编华语课本》	北语版《菲律宾华语课本》	暨大版《汉语》系列教材
教学原则	是否体现学生中心	×	√	√
	是否体现技能训练	×	√	√
	是否体现精讲多练	×	√	√
	是否体现文化教学	√	√	×
	是否体现教学目的	√	√	?
教学方法	听说领先	√	√	×
	读写领先	×	×	√
	句型教学	?	×	√
	功能教学	×	×	√
	交际法	×	√	×

（1）教学目的的比较

关于教学目的，我们考察了四项内容，即语言知识与文化知识的传授、语言能力与语言交际能力的培养，这实际上是考察华语教材注重的是知识传授还是能力培养。

从台湾版华语课本的编写体例来看，这套教材比较注重语言知识和文化知识的传授。课本主要包括两部分：说话和识字。从该教材的教师手册中我们看到，教学的重点实际上是语言知识的传授。比如，第三册第一课的内容是讲雷雨电，教师手册要求教师在说话课用布偶演示对话，但目的是让学生了解“打雷”“闪电”“害怕”等词语的意思，并没有对语言能力和交际能力的训练提出要求。在识字部分，也主要是了解生字的音、形、义、笔画、偏旁名称、部首归类等汉字方面的知识。

北语版的华语课本，从编写体例上看，基本上以语言能力和语言交际能力的训练为主要目的。教材的结构由课文、生词、扩展训练、替换练习和会话练习构成。课文提供交际情境，扩展练习体现词语组合规则，替换练习展示句法结构，会话练习体现交际原则。由此看来，北语版华语课本并非不注重语言知识的传授，只是巧妙地将语言知识融会到了语言能力和交际能力的训练之中。

暨大版华语教材的教学目的也很明确，即突出句型教学，注重语言能力和交际能力的训练。其特点是句型简单明了，通过替换和会话练习学过的句型，体现了对语言能力和语言交际能力的训练。

（2）教学内容的比较

台湾版华语教材在教学内容上注重语言要素的练习和掌握。说话课的说话训练都归结到了字、词、句的释义及遣词造句上面，知识传授在教学中占较大的比重。比如，在说话训练时，注意力放在老师和学生讨论下雨天的经验以及“下雨天是先看到闪电还是先听到雷声”这类知识的学习上。即使在让学生用布偶进行角色扮演时，也只是为了进行遣词造句而已。

在教学内容的编排上，北语版华语教材比较注重知识和技能的结合。教材没有专门讲解字词句的内容，而是通过扩展和替换练习让学习者在潜移默化中掌握字词和句法知识。比如，第三册第一课中，通过扩展练习学习“是”字句的肯定式和由肯定加否定构成的疑问句；会话部分则围绕这种结构进行交际练习。这种编排方式比较自然地将语言知识和语言技能融合在了一起。

暨大版华语教材在教学内容的编排上也照顾到了知识与技能的结合，以替换练习的方式突出句型教学。会话的内容完全围绕课文中出现的句型进行练习，并通过看图说话、改写句子、完成对话、分组会话等方式学习本课涉及的句法知识。

从教学内容的编排上看，台湾版华语教材注重语言知识的学习，缺少语言技能的训练；北语版和暨大版华语教材都比较注重语言技能和交际技能的训练。

（3）教学原则的比较

从三套教材体现的教学原则来看，台湾版华语教材比较注重语言知识的传授，因而在课堂教学中强调教师的指导作用。比如在该教材第三册第一课的教学安排中，学生的课堂活动除了第二节说话课外，其他四节课基本上是以教师为主，而且教师进行知识传授的比例远远高于课堂技能训练的比例。

北语版华语教材由于强调技能训练的教学原则，因而在练习设计上给学生提供了较多的练习机会，基本上能够满足学生课堂活动的需要。此外，这套教材通过寓言和故事比较巧妙地将文化内容融入到课堂教学中，使学生能在潜移默化中学会中华文化。

暨大版华语教材由于强调句型教学，因而给学生提供了较多的练习机会，基本体现了技能训练的教学原则，但在文化教学方面体现不多。

（4）教学方法的比较

台湾版华语教材在教学方法上主张小学阶段听说领先，识字次之，中学则以文章为主，并介绍中华文化。在小学课本里，教材内容的编排与其教学方法的主张是一致的。每课都包括由对话构成的课文和识字两部分。在练习册中安排了读写的内容。值得探讨的是，台湾华语教材在教师手册中也主张句型教学。但是在我们看来，这种教学还不是真正意义上的句型教学，因为该教材强调的是特定词语构成的组合关系，如用“又……又……”造句，而我们所说的句型反映的是句子聚合关系的结构框架。

北语版华语教材在教学方法上主张“小学听说领先，读写跟上；中学听说读写全面要求”。很显然，北语版华语教材走的是听说领先的路子，课文以会话为主，练习设计适合听说训练；在综合练习册中也安排了读写的内容。此外，北语版华语教材在教学方法上，不仅强调听、说，而且强调以语言交际技能训练为核心，这主要体现在教材的练习设计上。比如，教材设计了扩展和替换练习，这两种练习都以句子结构为核心，但目的是为了运用句子结构进行交际。会话练习则体现了交际技能训练的原则。

暨大版华语教材在教学方法上与前两种教材有所不同。教材分为两种课型：读写课和说话课。在教学方法上，读写课以句型为主，主张读写领先；说话课以功能项目为中心，体现交际技能的训练。

以上是对三套教材在教学目的、教学内容、教学原则和教学方法上的简单比较。通过比较，我们发现三套教材所依据的教学理论有所不同，体现了不同的理论导向。与此同时，我们还看到，由于三套教材依据的教学理论不同，因而为华语教学提供的教学解决方案也各不相同。那么，这些不同的理论导向究竟适合不适合华语教学的实际？这些解决方案是否为华语教学提供了最佳的教学途径？这是我们要探讨的核心问题。

2. 关于三套华语教材的理论导向与教学解决方案的理论探讨

本文所说的“理论导向”是指华语教材根据特定的教学理论在教材设计和编写中提出的理论主张；所谓“教学解决方案”，是指华语教材为实现特定的教学目的和理论主张提出的华语教学所应遵循的教学原则和教学方法。一般说来，每一套教材，不管是否提出明确的理论主张，都自觉不自觉地遵循某种教学理论，都依据某些教学原则或教学方法试图达到某种教学目的。但是教材出版后，它是否真正体现了某种教学理论，也就是说，是否很好地实现了某种教学目的，是判别教材编写水平高下的一个重要标准。但是，如果一套教材明确提出了自己所依据的教学理论基础，明确地提出了自己的理论主张，也就是说，体现了明确的理论导向，那么我们就要考察它的理论导向是否符合特定教学的实际，以及是否为实现特定的教学目的提供了切实可行的解决方案。本文所要探讨的是后者。那么，判定上述三套华语教材的理论导向是否符合教学实际，是否提供了最佳教学方案应该依据什么标准呢？这要从华语教学的性质谈起。

华语教学的性质最初由于特定的教学对象，被定位于母语教学，目的主要是语言文化知识的传授。但是，近些年来，华人子弟的语言状况已经发生了较大的变化。一种情况是，大多数海外华人子弟和新移民的华人子弟出生后学习的第一语言不是本民族的母语（即华语），他们既听不懂也不会说华语；另一种情况是，一些新移民的华人子弟出生后虽然接触的是本民族的语言，但移居海外后，华语能力已经退化，有相当一部分华人的孩子只能听懂华语，但不会说华语，或者说只懂得某种汉语方言，不会说普通话。在家庭里，常常是父母用汉语说，孩子用英语来回答。当然，还有一部分华人子弟移居海外前已经掌握了华语的基本能力，这部分学习者在海外的主要任务是学习所在目的语国家的语言。这部分人不在我们的讨论范围之内。前两种学习者是我们研究的主要对象，也是华语教学的主要对象。由于华语教学对象的变化，华语教学的性质自然也要发生变化。也就是说，华语教学如果依然定位于母语教学，那就不再适应变化了的华语教学对象。换句话说，这种母语教学的路子已经不再适合现有的华语教学对象，面向这些对象的华语教学已经属于华语作为第二语言教学的范畴。所谓母语教学的路子，通常是说以语言文化知识的传授为主的传统的语文教学。按照吕必松（1992）的观点，第二语言教学与传统的语文教学的重要区别之一就是“第二语言教学要从培养学生最基本的语言能力开始”。对于母语教学来说，学习者一般已经具备了一定的语言能力，不需要从最基本的语言能力培养开始。因此，我们有足够的理由证明，面向新一代华人子弟的华语教学是第二语言教学。

如果把现在的华语教学定位于第二语言教学，那么我们就可以以此为参照，看看上述三套教材的理论导向与华语作为第二语言的教学实际是否相符。

就教学目的而言，从上述三套教材的比较中我们看到，台湾版华语教材注重的是语言文化知识的传授，而不是对学习者语言能力和语言交际能力的培养。问题不在于是否需要传授语言文化知识，因为任何一种语言学习，语言文化知识的传授都是不言而喻的。问题在于，如果把华语教学作为第二语言教学，那么语言知识的传授和语言能力的培养二者之间孰轻孰重？又该如何传授语言文化知识？吕必松（1992）指出：“语言教学虽然也有不同的目的……但是从根本上说都是为了使学生学会语言，学会听、说、读、写和用语言进行交际。也就是说，是为了培养学生的语言能力和语言交际能力。无论第一语言教学还是第二语言教学，都不能背离这样的目的。”海外华人子弟作为第二语言学习者，首要的是解决语言能力问题。华语教材如果是作为第二语言学习的教材，首要的也是为学习者提供获得语言能力的解决方案。台湾版华语教材在理论导向上基本上是传统的语文教学的思路，与现代第二语言教学的教学思路相去甚远。这种教材不适合培养语言能力和语言交际能力的需要，其误区在于将语言知识等同于语言能力。从认知心理学的角度，我们可以把语言知识划分为两种类型：一种是明晰的语言知识（explicit knowledge），通俗地说，指学习者可以用元语言陈述的语言知识，比如关于某一语法现象的知识：“把”字句中，“把”作为介词，后边应加名词，这个名词一般是动作的施受对象。另一种是隐含的语言知识（implicit knowledge），学习者可能知其然而不知其所以然。人们通常用学习游泳和骑自行车的经验来说明这种隐含的知识，因为你无法用明晰的语言陈述学习游泳和骑自行车这些能力的形成过程。那么在华语作为第二语言教学的过程中，我们的目的是培养学习者的语言能力和语言交际能力。这种能力，或者说隐含的语言知识，不是靠理论解说就能形成的，而只能靠语言操练才能逐步形成。按照 Krashen（1981，1982）的理论，这种语言能力只能通过自然习得过程来获得（即 acquired knowledge），通过明晰的语言知识（即 learned knowledge）是无法获得的。虽然 Krashen 这种所谓“无接口”理论遭到了许多批评，但是语言知识与语言能力的转换不是自然发生的，这也是一个不争的事实。如果我们的华语教学仍然陷在传统语文教学的泥沼中，其结果必然是事倍功半，因为这种理论导向从根本上背离了第二语言教学的目的和宗旨。所以，台湾版华语教材提供的教学解决方案难以实现华语作为第二语言教学的根本目的。

在上述三套教材中，比较好地体现第二语言教学性质和特点的教材是北语版《菲律宾华语课本》。这套教材以语言交际理论为背景，明确提出了“以言语交际技能训练为核心”的教学原则，其理论导向符合世界范围内的语言教学潮流。大家知道，Hymes 提出的“交际能力”理论给语言教学界带来了新鲜空气，形成了一股势不可挡的交际教学法的潮流。交际法的出现也影响到华语作为第二语言的教学。那么这种教学思潮是否也符合华语教学的实际呢？

我们首先考察一下交际法的理论基础。交际法的理论基础包括两个方面：一是语言交际理论。其基本观点是，语言最基本的功能是交际，语言的基本单位并非仅仅是句法结构，而是话语交际的功能和意义范畴。二是学习理论基础。学习理论提出了交际法应遵循的三个原则，即交际原则、任务原则和意义原则。概括地说，真正涉及实际获得的语言学习，用语言来完成任务的学习，包含让学习者感兴趣的语言材料，才能真正提高学习效率，加快学习过程。交际教学法最为引人注目的观点是，第二语言教学的课堂应该是一个充满交流的场所，语言本身不是目的，仅仅是一种交际手段。学习者不是去学语言，而是用语言去学，去实现交际的目的。我们认为，北语版华语教材较好地体现了交际法的基本原则，其理论导向是符合华语教学实际的。北语版华语教材在教学内容的编排上照顾到了字、词、句等语言要素的知识教学，同时，在练习设计上较好地体现了语言技能与交际技能的训练。北语版《菲律宾华语课本》的练习包括三种：一种是扩展练习，目的是让学生用学过的字词组合学会言语交际的基本结构。如第三册第一课的扩展练习通过动词“是”的反复组合让学生了解否定式“不是”、肯定加否定的疑问结构“是不是”。这种句法知识是隐含在扩展练习中的。二是替换练习，编者的用意是通过聚合成分的替换，强化学习者的句型意识。如果这套教材的练习类型仅限于这两种，我们还不能说这是一套体现交际法原则的华语教材，因为交际法把语言本身看作交际的手段，真正的交际要在具体的话语中体现。因此，《菲律宾华语课本》设计了第三种练习方式，即“会话练习”。为明了起见，我们举例来说明会话练习是怎样体现交际原则的：

小明：莉莉，你看见我的笔了吗？

莉莉：你的笔是不是红的？

小明：是红的。

莉莉：这是不是你的笔？

小明：是我的。

这个练习一共5句话，两个话轮，完成了由两次肯定否定结构重现构成的询问功能，非常完美地体现了交际原则、任务原则和意义原则。应该说，北语版《菲律宾华语课本》所提供的教学解决方案体现了既定的教学目的，符合华人子弟的学习特点和学习规律，其理论导向是符合华语作为第二语言的教学实际的，是值得推荐的一套华语教材。

暨大版华语教材是本着华语作为第二语言教学的思路来编写的，教材强调语言技能的训练，强调语言要素的教学，并提出了读写领先、听说在后的教学原则。但是，暨大版华语教材为实现特定的教学目的所提出的教学解决方案在诸多方面值得进一步探讨。

探讨一，关于读写领先教学原则的适宜性问题。

台湾版和北语版华语教材考虑到儿童华语学习的特点，都主张听说在先，读写在后。原因是多数人觉得汉字难认、难写、难记，所以主张采取听说领先的办法，先学听说，到一定的学习阶段再学习读写。而暨大版华语教材为了加强语音、词汇、语法和汉字等语言要素的教学，主张读写领先，并试图为说话课教学奠定基础。但是在小学阶段采用读写领先的方法，势必增加教学的难度。受认知水平的限制，儿童的演绎、推理能力较差，即使是采取句型教学，学生也很难形成较好的语言读写技能。我们认为，句型教学对成年第二语言学习者来说更为适合，因为成人大都有第二语言学习的经验，具有较高的认知水平，善于举一反三，而这正是儿童所缺乏的。

探讨二，关于句型教学如何体现交际原则的问题。

暨大版华语教材说话课本的主旨是“训练学生的听、说能力和用汉语进行口头交际的能力”。但在句型教学中如何体现交际原则并非易事。我们认为，说话课本体现的仅仅是句型教学而已。比如说话课第三册第六课的句型是双宾语结构，句型训练中采用简单的直接宾语的替换来学习双宾语结构。会话练习仅仅是为了图解双宾语结构，并没有设计真实的交际情景，也没有体现教学规定的交际功能。更令人不解的是，在双宾语的句型训练中混杂了表面看起来结构相似的兼语结构。编者既没有对这种结构给予提示，也没有相应的对比练习，这势必造成结构上的混淆。我们认为，句型教学并不是教学的最终目的，句型只是完成特定交际任务的工具。因此，在练习设计上必须充分体现在具体情景中如何运用句型进行交际。句型教学应为交际服务，而不应止于句型。

总之，与北语版华语教材相比，台湾版华语教材主要是理论导向问题，而暨大版华语教材则是教学解决方案未能较好实现既定教学目标的问题。鉴于上述三种教材的经验与教训，我们认为，华语教材的编写应该遵循第二语言教学的基本规律，建立科学的理论框架，提出切实可行的教学解决方案。

3. 结论

对上述三套华语教材的比较反映了华语教材编写的两种理论导向：一种是传统的语文教学导向，一种是第二语言教学导向。这两种不同的理论导向依据的语言教学理论不同，因而提出的教学解决方案也不同。通过比较和理论探讨，我们认为，由于华语教学对象的变化和海外华人子弟言语状况的变化，华语教学必须从传统的语文教学向第二语言教学转变。海外华语教学作为第二语言教学的性质决定了华语教材的编写必须符合第二语言教学的特点。海外华语教学作为第二语言教学的性质决定了华语教材的编写必须符合第二语言教学的特点和规律，必须提出科学的理论主张，并提出切实可行的教学解决方案。华语作为第二语言的教学任重而道远，编写适合海外华语教学的新一代教材迫在眉睫。我们北京语言大学希望和各位海内外的专家学者精诚合作，共同努力，为海外华语教学的发展，为海外华语教材建设做出我们应有的贡献。

:: 参考文献 ::

黄端铭（2001）再接再厉，深化华教改革，载菲律宾华教中心主编《华文教育纪念特刊》(内部资料)。

吕必松（1992）《华语教学讲习》，北京语言学院出版社。

Krashen, S. (1981) *Second Language Acquisition and Second Language Learning*. Oxford: Pergamon Press.

Krashen, S. (1982) *Principles and Practice in Second Language Acquisition*. Oxford: Pergamon Press Inc.

原载《海外华文教育》2002 年第 2 期

对外汉语教材现代化刍议

1. 对外汉语教材面临的问题与挑战

我国对外汉语教学的发展已经有半个多世纪的历史了。对外汉语教材的建设作为对外汉语教学的重要组成部分也走过了50多年的历程。纵观对外汉语教材的发展，大致可以分为三个阶段，即50年代到70年代以结构为主的阶段；80年代结构与功能相结合的阶段；90年代追求结构、功能、文化三结合的阶段。第一阶段的代表作应首推《汉语教科书》。吕必松（1990）认为这个阶段最成熟的以结构为主的教材是《基础汉语课本》。在第二阶段，《实用汉语课本》是大家公认的结构、功能相结合的汉语教材。第三阶段，客观地说是对外汉语教材百花齐放，同时也是低水平教材重复、泛滥的时期。所谓百花齐放，是说教材品种的多样化。有按学习者水平编写的初级汉语教材、中级汉语教材和高级汉语教材；按汉语知识系统编写的教材有汉语语音教材、汉语词汇教材、汉语语法教材和汉字教材；按语言技能分类的有说话教材、听力教材、阅读教材、写作教材和翻译教材；按学习时间长短及训练方式的不同编写的教材有汉语速成及强化教材、汉语短期进修教材；根据不同传播媒体编写的教材有广播、电视汉语教材，音像类汉语教材，多媒体教材，等等。赵金铭（1997）列举的汉语教材类型达17种之多。

虽然有这么多种类型的教材，但是，大家公认的、经得起检验的教材却寥寥无几。对外汉语教材之所以出现大量的低水平重复，主要有两个原因：首先，我们过于苛求和强调结构、功能、文化完美结合的梦想，实际上做不到。仲哲明（1996）指出："结构、功能、文化相结合编写教材的路子还只是种假设，有待于理论上的论证和教学实践的检验。"赵金铭（1997）认为："结构、功能、文化三者都有其各自的科学体系，三个系统要在教材中做到完美的结合，需要绞尽脑汁，精雕细刻，面临着相当大的困难。"在这种情况下，大多数教材基本上是眼高手低，仍然离不开语法结构的老路。有些声称是"三结合"的教材实际上是语法结构加上所谓功能、文化的标签，这种教材少有创新，自然是千孔一面。给人的感觉是，对外汉语教材似乎走到了尽头。

其次，我们单纯强调教材内在因素的完美结合与规范，忽视了学习者的需求。如同生产产品却忽视了消费者的需求一样，教材编写缺少对学习者的"需求分析"。我们认为，所谓学习者的需求，至少应包括学习者对教材内容的需求、学习方式的需求、特殊学习目的的需求以及教学方法的需求。但是，现在编写的教材大都是"通用型教材"，很少考虑学习者的上述需求，这种教材难免千篇一律。至于产生这种情况的根本原因，我们还是要回到人们已经意识到的老问题，那就是，多年来我们在教学观念及教材编写方面热衷于讨论体现"怎么教"的编写原则，而对学习者本身以及学习者"怎么学"的规律少有问津，从"教"到"学"的转变仍然是纸上谈兵。那么，学习者的需求自然提不到教材编写的议事日程上。长此以往，我们将面临着这样一个严峻的现实，即我们的对外汉语教材将失去对学习者的吸引力，最终将失去对外汉语教学这块市场。

2. 教材编写观念的现代化

国家汉办（1998）在《全国对外汉语教材工作会议纪要》中指出："更新传统观念，打破教材编写陈规，突破已有的编写框架，推出合乎时代需求的精品教材，成为摆在对外汉语教学界面前的突出任务。"（转引自赵金铭，1998）这就是说，对外汉语教材要创新。创新的出路，我们认为，就是教材的现代化。教材的现代化首先是观念的现代化。所谓教材编写观念的现代化，是指教材编写在设计思想上要体现现代化的教学观念，主要体现在以下几个方面的变革：（1）传统课堂观念的变革；（2）传统教学方式的变革；（3）传统学习观念的变革。所谓传统课堂观念的变革，就是要改变传统的课堂观念，建立基于网络概念的语言教学观念；所谓传统的教学方式的变革，就是要改变以教师为中心的教学方式，建立以信息资源的组合与利用为中心的教学方式；所谓传统学习观念的变革，就是要打破传统课堂学习在时间和空间上的限制，建立基于网络的开放式与可持续的学习模式。新一代对外汉语教材必须建立在体现新世纪信息技术发展的思维模式的基础上。

2.1 基于网络概念的语言教学

首先，我们有必要区分"基于网络"（internet-based）的语言教学与"基于网络概念"（internet concept-based）的语言教学。基于网络的语言教学，强调的是网络教学的硬件环境。"课本搬家"就是一种基于网络的语言教学。我们之所以强调基于网络概念的语言教学，强调的是真正体现和发挥网络信息特点的语言教学观念，重新塑造网络教学的软件环境，而不仅仅是网络教学的硬件环境。我们认为，二者的立足点有高下之分。

传统的语言教学是以课堂教学为核心的教学方式，学习者要在特定的时间、地点完成学习任务。从孔夫子的私塾到现代课堂教学，课堂的概念在本质上没有什么改变。教师是课堂的中心，是知识传授的信息源。这种课堂教学的优点是教师可以面对面甚至手把手地传授知识与技能。但是，它的缺点也是不言而喻的。固定的授课时间、地点无法兼顾学习者个体在时间和空间上的限制；课堂上教师无法同时满足不同水平学习者的需要。而基于网络的课堂，在规模上是前所未有的。基于网络连接的这种大课堂打破了传统课堂在时间与空间上的限制，是一种开放式的课堂。这种课堂是以学习者为中心的课堂，教师的作用只是辅助性的。学习者享有充分的自由，可以根据自己的需要，随时随地从网络中获取信息，进行交互式的学习和交流。

基于网络概念的语言教学除了具有网络教学的硬件环境，更重要的是，它能够提供适应学习者个体语言习得特点的智能环境。这种课堂实际上是与语言学习相关的信息资源动态组合与提取的信息库，是一种信息密集、动态组合的智能化专家系统。学习者可以根据自己的需要，由专家系统生成适合自己需要的教材。比如，对于日本学生来说，汉字书写不是汉语学习的难点，那么专家系统就可以根据日本学生的需要安排以语音训练为主的汉语课程。对于只希望提高听说能力的学生，专家系统可以按照学生的母语背景及学习特点安排一种以听说为主的汉语课程。这种基于网络概念的课程的最大优点是个体化教学，即学习者可以各取所需。相应的，基于网络概念的教材已不是我们传统观念中的书本教材，而是通过智能化的课件组合构成的特定课程来体现的，是一种适合网络教学的新型电子产品。

2.2 基于网络信息资源的教学方式

基于网络概念的课堂教学，必然带来传统教学方式的变革。这种变革就是要改变以教师为中心的教学方式，建立以网络信息资源的组合与利用为中心的教学方式，这种教学方式是课堂教学信息源的重大改变。他们的角色在这种课堂教学中发生了重大变化，他们不再是学习者知识与技能获得的唯一信息源。学习者可以通过专家系统的建议和指导，充分地利用信息网络的丰富资源。这些资源可以通过不同的渠道获得。比如，一个打算学习商务汉语的学习者，只要在电子表格上填写自己的要求，专家系统便会自动检索并向学习者推荐适合他们的商务汉语教材，或者由专家系统根据学习者的需求编排一套商务汉语的课程。此外，专家系统还可以为学习者安排网上直播商务汉语课程、讲座等。为了满足学习者多方面的需要，专家系统还可以向学习者推荐在中国从事商务活动的有关政策法规、商业机构等内容的网站。

总之，这种利用网络资源进行教学的特点是信息密集，资源丰富，可以在专家系统的指导下自由组合。这种教学的信息量是任何一种纸质课本都无法容纳的。其次，这种教学是一种多方位的立体式教学，集中了网络大众的智慧与经验，远远超过了单个教师的智慧与经验。再次，在众多的网络资源中，学习者有较大的选择自由。他可以选择名教授的汉语课程，也可以跨系甚至跨专业选修某门课程，这为培养复合型人才提供了广阔的空间。

2.3 基于网络的可持续性语言学习模式

基于网络的语言学习实际上是传统课堂语言学习的延伸，它并不排斥课堂的语言教学。从这个意义上讲，所谓“可持续性语言学习模式”，是指这种基于网络的语言学习的连续性（continuity）。在传统的课堂学习环境中，学习者的学习任务必须在特定的时间和空间内完成。但是，大部分学习者的学习任务不可能在课堂里一次完成。那么，基于网络的学习模式就为学习者在传统的课堂教学之外继续学习提供了可能。

基于网络的语言学习模式的特点在于：（1）强调个体化教学（personalized instruction）。学习者每天都可以通过网络与网络教师就学习中存在的问题进行咨询和交流。网络教师可以根据每个学习者的不同情况提供在线咨询和指导。（2）选择学习内容以及学习时间和空间的自由。这种学习模式强调满足学习者的需求，为学习者提供选择的便利，学习者可以随时随地通过网络来选择适合自己的语言课程。基于网络的语言学习是一种可持续性学习，学习者因为其他原因不得不中断学习后，可以在任何时间重新开始学习。（3）费用低，手续简单。基于网络的学习在费用上要比传统课堂教学低得多，而且免去了繁杂的入学手续，学习者只要在网上登录便可以开始学习。由此看来，基于这种学习模式的教材或课程应该具有自由组合的连续性。除此之外，学习者还要通过一定的课程学习网络资源的检索与查询技术，以便充分利用网络提供的信息资源。

3. 教材设计思想的现代化

网络教学媒体的出现将给传统的课堂语言教学以及教材的设计与编写带来深刻的变革。这就要求对外汉语教材在设计思想上要有体现现代化媒体特点的新思路。赵金铭（1997）认为：“教材的更新之法，概括说来，不外两种：总体创新与局部创新。”“总体创新，要有不同于以往的新的编写思路，要有新的编写原则、全新的编写体例，无论在内容的编选上、技能的训练方式上，都应有自己的特色，应该在教材的编写理论和实践上探索出新的路子。”基于网络与网络概念的对外汉语教材应该是在上述几个方面的总体创新。我们认为，这种总体创新的教材应该具备以下几个特点:(1)由专家系统控制的网络智能环境;(2)基于网络信息资源数据库的筛选与编写方案;(3)适合教师引导课程(teacher-led course)的编写原则;(4)突出个体化教学的特点;(5)基于网络的训练方案。这些特点反映了基于网络和网络概念的对外汉语教材的基本框架。

3.1 关于专家系统

专家系统是基于网络这种新媒体对外汉语教材或课程的核心部分。所谓专家系统，是指基于网络的智能化环境。由于网络教学的个体化特点，基于网络概念的对外汉语教材必须满足学习者个体的不同需求。因此，这个专家系统必须具有智能化特点，能够根据学习者的不同需求，利用网络的信息资源组合成适合学习者个体需求的教材和课程。比如，一个母语是英语的零起点汉语学习者希望提高汉语的听说能力，专家系统可以根据学习者学习时间的长短，根据现有的词汇大纲和语法大纲编排听说教材。专家系统还可以对学习者的言语表达提供反馈信息，改正病句，提供正确答案等。专家系统在某种程度上代替了教材编写人员的工作，使基于网络的单个教学能够满足不同学习者的需要。

3.2 关于教材编写材料的来源

基于网络这种新媒体的对外汉语教材在材料来源上要比传统教材有更为广阔的选择余地。比如，网络新闻、各种专题讨论、往来的电子邮件等材料都可以作为教材编写的材料来源。这些材料的组合大部分是由专家系统根据学习者的需求以及课程的特点筛选出来的。根据主题选择合适的内容，根据大纲筛选每课生词并给出拼音和外文注释，根据相应的语法点进行注释……整个教材的编排是一个动态的筛选与组合过程。目前的网络与信息处理技术是完全可以实现上述过程的。

3.3 关于教材的编写原则

基于网络媒体的对外汉语教材的编写至少应该体现以下几个原则:(1)突出个体化教学的特点。基于网络媒体的对外汉语教材的优势就是给学习者提供了单个教学的便利。因此，教材的编排应该具有针对性。一方面要考虑学习者个体的特殊需求，如着重某方面技能的训练；另一方面，要考虑学习者语言习得的个体差异，在课程内容的难易、进度的快慢等方面针对学习者的适应程度进行适当的调整。(2) 教材的编排要突出教师的引导作用。由于专家系统智能化水平的限制，这种基于网络的语言教学还需要教师的引导，这种引导作用主要体现在对教材内容、进度、难易等因素的人工控制和干预上。在必要的情况下，教师应该根据学习者的水平和母语背景来提供教材与课程的编排方案。此外，教师还要向学习者提供信息资源的检索与利用以及学习方法的指导和建议。(3) 教材编排要突出基于网络的训练方案。在训练的方式上，教材要结合网络的特点设计训练项目，如电子邮件的撰写、网络新闻的阅读、专题讨论组的交互式讨论以及相关语言技能的训练。

4. 教材编写手段的现代化

对外汉语教材的现代化有赖于教材编写手段的现代化。教材编写的新观念、新思路和新方法固然重要，但是，这些离开现代化的编教手段也是难以实现的。传统的编教手段固然也可以编出好教材，但是由于编教手段的限制，教材的编写大都偏重于经验，对编教数据的处理费时费力。著名教育家陈鹤琴先生 1928 年为了统计汉字的字种，和他的助手用手工操作，花费了近三年的时间，完成了对六类语料中 55 万个字符的统计。陈先生这种科学精神令人敬佩。但是，如果用这种方法统计上千万字的语料，耗费的时力是可想而知的。随着对外汉语教学的发展，要求对外汉语教材的编写更加科学化、规范化。因此，教材的编写需要建立在大量真实语料的科学统计的基础上。那么，对外汉语教材编写手段的现代化也显得越来越重要。所幸的是，计算机汉语信息处理技术的发展为对外汉语教材编写手段的现代化提供了坚实的基础。

毫无疑问，基于网络媒体的教材编写应该充分利用计算机汉语信息处理技术所提供的现代化编教手段。在此，我们主要讨论如何在网络平台上利用现代化编教手段编写网络汉语教材的问题。

4.1 关于编写对外汉语教材的网络平台

编写对外汉语教材可以基于不同的平台，但是，我们的目的是要建立基于网络媒体的对外汉语教材，这种教材的个体化教学特点以及网络信息资源动态组合的特定条件要求我们建立一个基于网络的教材编写平台。这个教材编写平台实际上也是基于网络媒体的课件开发平台。一方面，编教人员要利用网络的信息资源来编写教材的内容，设计适合网络教学的训练方式；另一方面，这种网络教材最终要通过网络媒体的形式来实现。这种网络平台便于编教人员就地取材组合各种课件，同时为编教人员提供了多媒体制作的便利工具。

4.2 关于教材编写的语料库

基于网络媒体的对外汉语教材与其说是一种教材，不如说是一种可以自由选择的教材编写的语料库和素材库。编教人员可以根据特定的教学目的，通过专家系统或直接从汉语语料库中选取特定主题下一组内容相关的文本素材作为课文的选材；利用汉语词语切分与检索技术可以自动生成相关课文的生词、拼音、外文注释等；语法点的注释与解释，除了有理论描述，还可以通过检索系统自动生成相关的例句。通过语料库和检索系统还可以生成各种形式的语音、词汇、语法项目练习。此外，为了使学习者更为直观地学习汉语课程，可以在图形与动画素材库中检索出相应的图片和动画插入课文中，图文并茂是这种教材的突出特点。

4.3 关于多媒体技术的利用

多媒体技术的发展促进了多媒体汉语教学，基于网络媒体的对外汉语教材可以充分利用现有的多媒体技术。多媒体技术一方面可以使枯燥的汉语学习变得更加直观、形象，有助于情境教学，另一方面有利于网上面对面的言语交流以及特定情境的言语交际。实际上，网络教学与多媒体技术是密不可分的，多媒体技术会使基于网络这种新媒体的教材成为真正的全方位、立体化教材。

4.4 关于网络教材的媒介

网络教材的媒介自然是网络媒体，这似乎是不言而喻的。但是，我们还应该强调这种新媒体的出现对对外汉语教材现代化所产生的重大影响。对外汉语教材的媒介由纸张到多媒体，应该说是一个传媒时代的跨越。多媒体教材无论从容量上还是编写和表现方式的多样性上都远远超过了以纸张为媒介的教材。它可以实现基于计算机的交互式教学和学习，可以模拟真实的交际情境。但是与网络媒体相比，以光盘为媒介的多媒体教材又略逊一筹。网络媒体与对外汉语教材的结合，是一种基于新媒体的、传播更为广泛的、给学习者带来更大自由的，同时也是给对外汉语教学带来更为深刻变革的新一代电子教材。这种新一代的电子产品给我们带来或将要带来的影响和冲击是难以想象的。

5. 关于开放性与可持续性教学的教材编写模式

基于上述讨论，我们提出一种开放性与可持续性教学的教材编写模式。显然，这种模式仅仅是一种理论模式，至于技术上如何实现不在本文讨论范围之内，亦不是本文力所能及的。

所谓开放性与可持续性教学，是相对于传统的课堂教学而言的。传统的课堂教学有固定的教学时间与地点，在形式上是一种封闭式教学。另外，课堂教学一般都有相对固定的学习时限。网络教学的最大特点是它的开放性，学习者可以随时随地通过网络来学习。所谓可持续性，是指在课堂学习中断后的继续学习。网络教学为这种后续性学习提供了可能。基于这两点，我们的汉语速成教学完全可以建立一种可持续性教学的新模式。我们的设想是，对于希望在短期内学习汉语基本知识、掌握汉语交际基本技能的学习者，可以通过短期培训，使他们掌握最基本的词汇、语法和交际技能，同时教给他们基本的学习方法，使他们具备基本的学习技能。短期培训结束后，他们主要通过网络继续学习汉语，教师通过网络给学习者以必要的指导。通过网络学习汉语主要是通过网络媒体的教材或课程来完成的。

采用这种教学模式必须有基于网络媒体汉语教学的配套教材，这种新型教材必须体现开放性与可持续性学习特点的编写原则。所谓开放性，主要是指教材的内容是不固定的，可以根据学习者的要求选择适当的材料，教材的体例以及练习方式都是可变的，学习者的需求是教材编写的主要依据。所谓可持续性，是指教材编写除了考虑语言知识与技能训练的连续性，还要考虑学习者个体在某些专业方向或实用技能训练方面的衔接。以欧盟与中国共同主办的年轻经理人培训项目为例，这个项目的培训计划是选拔年轻的经理人来中国进行短期的汉语培训，但是短期汉语培训对他们完成今后的工作是远远不够的，他们不仅要有较高的汉语水平，还要了解中国的企业及商业运作与管理。那么，我们在设计这种可持续性学习课程时，不仅要提供不同水平的汉语训练项目，以满足不同汉语水平学习者的需求，同时还要提供与学习者所学专业相关的信息或课程。当然，通过网络学习汉语和其他相关专业的知识，在很大程度上依赖学习者运用网络获取知识的能力。因此，这种可持续性教学模式要求基于网络媒体的教材要提供通过网络学习的相关技能。这样，就会有更多的学习者通过网络得到汉语和相关学科的知识与技能的培训。为了建立完整的教学系统，网络课程还应提供相关的汉语水平测试，使学习者和指导教师随时了解其汉语水平的进展以及存在的问题。

基于这种学习与教学模式，我们提出一种基于网络平台、以网络为媒体的对外汉语教材编写模式，见图 1：

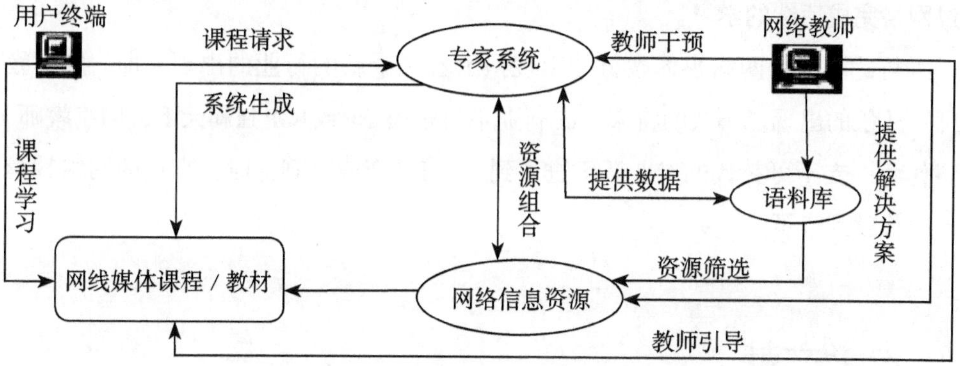

图 1

关于这个网络媒体教材的编写模式，我们做如下几点说明：（1）学习者作为“用户终端”，根据自己的学习需要，通过网络向“专家系统”提出学习课程的请求；（2）“专家系统”根据学习者的需求，通过“网络信息资源”和“语料库”系统，生成以网络为媒体的课程或教材；（3）限于“专家系统”的智能化水平，“网络教师”对教材的生成过程进行人工干预，提出个人化课程学习的解决方案，即所谓“教师引导”功能；（4）通过“专家系统”和“网络教师”的干预，最后生成网络媒体教材，学习者通过网络进行学习。

我们认为，真正意义上的网络媒体教材不仅需要良好的网络硬件的支持，而且需要体现网络媒体教材的智能化环境和系统的支持。我们提出的开放性与可持续性学习模式的实现，更有赖于基于网络媒体的课程或教材的生成系统的支持。

6. 余论

对外汉语教材的现代化，核心是观念的现代化。观念的现代化必然引起教学思想、教学方式以及教学手段的变革，这一系列变革必然要产生一个新的产业，即基于网络媒体教学的网络出版产业。由于带宽和传输速率的限制，近期的网络媒体教材将在网上集成后通过光盘的形式作为最终产品呈现在学习者面前。然而，这种产品是面向个人的新媒体教材。当学习者完成短期的课堂语言教学后，网络教师便可以送给学习者一张网上集成的个人化课程的光盘，学习者便可以通过网络完成后续的学习。

与此同时，网络媒体教材的出现预示着一个新的行业的出现，即“网络教师”队伍的出现。不久的将来，IT行业不再是由ISP或ICP独霸天下，“网络教师”将作为一支不可替代的专业队伍进入到IT信息产业。到那时，真正的网络教学的时代就到来了。

:: 参考文献 ::

吕必松（1990）《对外汉语教学发展概要》，北京语言学院出版社

赵金铭（1997）对外汉语教材创新略论，《世界汉语教学》第2期。

赵金铭（1998）论对外汉语教材评估，《语言教学与研究》第3期。

仲哲明（1996）应用语言学研究和展望——对外汉语教学，载许嘉璐等主编《中国语言学现状与展望》，外语教学与研究出版社。

原载《语言文字应用》2000年第2期

“一带一路”视域下的汉语国际传播

1. 序言

在人类社会发展的进程中，学者们始终关注社会文化因素对语言传播的影响，并试图找到一个统一的理论框架以解释这些社会文化因素是如何对语言传播产生影响的。在这些探讨中，政治、经济、军事和文化因素与语言传播的关系成为语言传播研究的重要议题。有学者认为，国家的硬实力，包括政治、经济和军事实力是语言传播的决定因素（吴应辉，2011）。也有学者认为，语言的强弱与国家的强弱盛衰密切相关（李宇明，2004）。而在这些硬实力当中，有学者认为，经济因素是影响语言传播的重要因素，进而也是提升语言通用性的重要因素（Edwards，1985；Crystal，2003）。但也有学者认为，经济实力和政治、军事实力一样，只是为语言接触提供了前提条件，这些硬实力并不一定拉动语言的传播（陈保亚，2016）。

这些理论探讨对全球化背景下的汉语国际传播，特别是对“一带一路”视域下的汉语国际传播具有重要的现实意义。因为经济全球化的确给汉语国际传播带来了机遇，以经济合作和发展为主导的“一带一路”倡议同样为汉语国际传播带来了新的机遇。但是，这是否意味着经济全球化和“一带一路”经济合作与发展战略必然会带来汉语在全球的广为传播？具体而言，国家经济的崛起、国家综合实力的提升是否能够拉动汉语在“一带一路”以及世界范围内的广泛传播？这是值得进一步探讨的重要理论问题。

目前有关这一问题的探讨，往往强调某个单一因素对汉语国际传播的影响，而忽视了其他因素的影响；由于相关研究缺少一致的理论框架，囿于一时一地的语言传播研究，忽视了不同历史时期社会文化进程对语言传播的决定性影响，其结论难免失之偏颇。有鉴于此，本文拟从语言社会学的角度探讨三个问题：（1）不同社会文化进程对语言传播的影响；（2）“一带一路”视域下汉语国际传播的机遇与挑战；（3）“一带一路”视域下的汉语国际传播方略。

2. 不同社会文化进程中的语言传播

2.1 语言传播的社会文化进程框架

Garcia（2010）指出，语言传播研究不仅要关注人类语言行为变化的普遍性和变异性，以及这些行为发生的语境特殊性和机构场域，而且要区分构成语言行为变化的“社会文化过程”（sociocultural process）。Garcia的观点可以从两方面理解，一是语言传播的结果导致人类语言行为的变化，因此，语言传播研究要关注人的语言行为的变化以及这种行为变化发生的特定语境和社会场域。二是语言传播不能仅仅局限于人类语言行为变化的微观研究，而且要关注构成人类言语行为变化的社会文化过程的宏观研究。其原因是，不同历史时期语言传播的动因不同，而不同历史时期语言传播的动因以及传播方式只有从当时的社会文化进程中才能得到解释。因此，语言传播研究不能脱离特定历史时期的社会文化进程。我们试图依据不同历史时期社会文化进程的框架来寻求和阐释特定历史时期语言传播的规律及其局限。

2.2 殖民时期的社会文化进程与语言传播

语言传播似乎是一种自然现象，但事实上，语言传播往往受到外部因素的影响——自然的或强制的。无论以哪种方式，语言传播的结果必然导致个体或群体的语言行为变化。也就是说，由于某种原因，说A语言的人改说B语言了。这种发生在个体或群体中的语言行为的变化，即接受和采纳某种新语言或附加语，与特定的社会文化进程密切相关。

在殖民时期，西方国家的海外扩张和殖民过程决定了其语言传播史必然是一部血腥的语言殖民史。英语、法语、西班牙语、俄语和阿拉伯语的传播，无一不是依靠当时的政治、经济和军事实力进行的。17世纪的英国原本是一个拥有24万平方公里的岛国，但在殖民时期，通过坚船利炮向海外扩张，并使英语成为传遍世界的国际通用语。二战后，美国的崛起使英语拥有了世界霸主的地位。17—19世纪，法国通过海外殖民使法语传播到世界40多个国家和地区，法语成为在当时最有影响力的语言。西班牙同样是通过海上扩张和殖民使西班牙语成为世界上20多个国家的官方语言或通用语的。阿拉伯语也是通过军事征服使其从一个国家的语言转变为阿拉伯世界的通用语的。

由此可见，这些国家通过殖民化这种社会文化进程，从根本上改变了殖民地国家个体和群体的语言行为，对殖民地国家的社会发展进程产生了深远的影响。然而，这一特定历史时期的语言传播模式是不可重复的。尽管西方国家这些语言的传播靠的是所谓“硬实力”，但是这种“实力决定论”并不能成为可以超越特定历史进程的颠扑不破的真理。

正如有学者指出的那样，语言的传播并不总是能够通过政治军事实力实现的，殖民行为容易让人把政治军事力量看成是提升通用语的直接原因（陈保亚，2016）。事实也并非完全如此。蒙古人统一中国建立元朝后，蒙古语并没有成为中国的通用语，汉语仍然是中国的通用语。蒙古人的铁蹄踏遍中亚、南亚、西亚和中欧，但据史料记载，虽然这些地区曾经一度说蒙古语，但是当时阿拉伯语的通用性却非常高。同样，二战后，殖民主义大势已去，许多殖民地国家纷纷独立，建立了自己的国家。但是有些国家仍然选择殖民地时期的语言作为本国的官方语言或通用语言，如拉美说西班牙语的国家。然而，17世纪后，这些殖民地国家的宗主国西班牙硬实力已经衰退，显然不能看作是殖民时期西方国家所谓“硬实力”的延续。

2.3 古丝绸之路的社会文化进程与语言传播

与西方国家殖民时期的社会文化进程不同，我国古丝绸之路的语言传播经历了不同的社会文化进程，这些社会文化进程使中国不可能选择殖民的方式传播自己的语言。西汉张骞出塞打通了通往西域的贸易通道，至今已有两千多年的历史。这条漫长的丝绸之路经历了不同的社会文化进程，这些不同的社会文化进程决定了不同历史时期汉语传播方式的不同。

（1）“驿站式”汉语传播

由于古丝绸之路的商人来自西域以及欧洲不同民族和国家，丝绸之路曾先后出现过一些商贸通用语，比如粟特人的粟特语、库曼人使用的突厥语（丹尼斯·西诺尔，1997）。但由于政治或宗教上的需要，民族间的交往仍然需要自己的语言。当时中国的许多王朝都拥有常备的专门翻译人员。后汉时期，“军队农业移民队屯垦在有肥沃土地的地区，随之，沿主要道路设立了驿站。信使和翻译穿梭般不停地旅行，异族商人和货郎每天都要到边界地区来”（丹尼斯·西诺尔，1997）。因此，这一时期古丝绸之路的语言主要依靠庞大的翻译队伍往来于驿站之间进行传播。

这种间接的传播方式可称作“驿站式”汉语传播。形成这种传播方式的原因有二。首先，对奔波于丝绸之路上的商人而言，“学习一种语言并非易事，而许多商人既无天才又无时间去掌握所需的语言技能，因此他们不得不依赖于译员的翻译”（丹尼斯·西诺尔，1997）。其次，虽然当时有粟特语和突厥语作为商贸语言，但商人们仍然选择客户使用的语言，如汉语、阿拉伯语等，因为商人到中国来的目的是贸易交流，而不是学习汉语。也就是说，驿站上的汉语传播是以商贸为目的的间接性传播，贸易交流客观上带动了区域性的汉语传播，但这种传播的规模和范围是有限的。这是汉语未能在丝绸之路沿线国家传播开去以致落地生根的一个主要原因。

（2）“宗教伴随式”汉语传播

东汉至魏晋南北朝时期，西域和印度的许多僧人从丝绸之路来到中国。这个时期汉语是通过佛教进行传播的，传播的方式有两种。一是佛经的翻译。一些来自印度的僧侣把佛经翻译成汉语，而西域一些民族又把汉译本的佛经翻译成其他语言。据文献记载，“几乎所有尚存的粟特文佛教典籍均译自汉语，甚至到了这样的程度：连那些典籍中出现的来自印度的词，居然在外形上也能看出汉语的影响”（丹尼斯·西诺尔，1997）。二是来自西域和印度的僧人为了传播佛教，开始系统地学习汉语。据文献记载，早期来华僧侣最初只能跟来往于丝绸之路的商人随便学点汉语。随着来华僧人的不断增加，在敦煌、凉州等地出现了针对西域僧人的汉语培训班。这些设在寺庙中的培训班除了教授汉语之外，重点传授中国文化和宗教。这一时期的汉语传播对象主要是来自西域的僧侣，类似于今天面向来华留学生的对外汉语传播（张西平，2009：23）。

这一时期，来华僧人是汉语传播的主要对象，僧人学习汉语的目的是传播宗教而非汉语本身。由于汉语传播依附于宗教传播，宗教传播客观上促进了汉语的传播，因此可以称作“宗教伴随式”汉语传播。

（3）“文化吸引式”汉语传播

汉代以来，丝绸之路上的中西物质与文化交流日益繁盛，隋唐时期达到高潮。这一时期的汉语传播与来自西域的移民密切相关。当时有许多西域和印度人到中国定居生子。由于这些西域移民的后代接受的是汉语教育，同时具有母语交际的优势，这些在汉语环境下长大的双语人才便成为西域来华僧侣学习汉语的理想教师。这些双语人才为当时的汉语传播做出了重要贡献。

此外，隋唐时期国力强盛，文化昌明，吸引了大批留学生来华学习中国的语言文化。汉字传入朝鲜、日本和越南，在东亚地区形成了“汉字文化圈”（董海樱，2011：21）。

到了隋唐时期，特别是唐朝国力的强盛以及文化的繁荣，吸引了东亚的邻近国家，这一时期的汉语传播可以称作“文化吸引式”。正如西方学者所描述的那样，对于“中国的信徒们”，如朝鲜、日本和越南，“中国就是先进文明的源泉”。因此，有学者称：“中国近邻对于中国文化的热情崇拜和追随，可谓是汉语的一次间接性的传播。”（尼古拉斯·奥斯特勒，2011：148-149）而在这一时期，拉动汉语传播的动因除了文化的“软实力”，还应包括隋唐王朝经济繁荣的“硬实力”。

（4）“贸易拉动式”汉语传播

大航海时代，欧洲各海权国家不断向海外扩张，一批批东来的传教士进入中国学习汉语，传播教义。然而，随着海上贸易的兴起，丝绸之路的重要性渐渐褪去，汉语则通过海上丝绸之路漂洋过海，在一些异域国家永久地扎下了根。

有学者认为，汉语最早在南海显露锋芒是公元前 3 世纪。首先是一批商人来到东京（越南北部）。随后，即公元前 111 年，汉朝在越南北部和中部设置郡县，历代统治达千年之久。虽然汉语在当地得到了传播，但是并没有永久地传播下去（尼古拉斯·奥斯特勒，2011：134）。公元 5 至 8 世纪汉语继续向南进发，经苏门答腊通往印度，到 15 世纪，通过海路移居东南亚的华人达 1200 余万，在当地说着各自的方言或普通话。

由于宋朝和元朝对中国商人在海外拓展贸易给予积极的扶持和支持，所以汉语通过海上贸易通道漂洋过海，在异域落地生根。我们把这一时期称作“贸易拉动式”汉语传播。

古丝绸之路汉语传播的不同方式表明，汉语传播的拉动因素是多方面的，不同历史时期汉语传播的动因只能从特定的社会文化进程中得到解释，所谓“硬实力”并不是超越特定社会文化进程拉动语言传播的决定因素或唯一因素。西汉时期，丝绸之路上万国来朝，其经济实力不可谓不强。但是，“驿站式”语言传播并没有使汉语得到广泛的传播。除了汉语，也没有其他语言能够成为长久的商贸通用语。

按照 Cooper（1982，1984）的观点，所谓语言传播，是指“为实现特定交际功能而采纳特定语言的交际网络随着时间的增长而不断扩展”。这就是说，语言传播的标志是使用特定语言的交际网络不断地扩展，而某种语言之所以能够得到传播是因为这种语言具有特定的交际功能。

“驿站式”汉语传播之所以滞留在驿站而未能广为传播，是因为尽管汉语曾经是丝绸之路上贸易交流的重要交际工具，但是并没有使商人广泛使用这种语言，也没有形成使用汉语的交际网络；而且即使驿站的商人在一定范围使用汉语进行交际，但这种交际网络并没有随着时间的增长而不断扩展。

此外，东汉以至魏晋以来，汉语传播的范围也很有限，汉语只是为了维持某种特定交际功能而存在，比如“宗教伴随式”汉语传播维系了传播宗教的交际功能。隋唐以及宋元时期，汉语也仅仅是为实现文化传播和贸易交流的特定交际功能而延续下来的。

2.4 新世纪的社会文化进程与语言传播

2.4.1 在现代主义框架下，全球化是影响语言传播最重要的社会文化进程

上世纪 70—80 年代，Fishman *et al.*（1977）在现代主义的框架下区分了对语言传播来说三个重要的社会文化进程，即与现代化进程相关的因素、与族群间互动相关的因素以及与宗教文化相关的因素。其中，与现代化进程相关的因素有五个：第一是经济的发展，特别是本土资源的外部利用；第二是教育的发展；第三是政治联盟以及在全球中的地位；第四是城市化；第五是人口流动。这些因素都可能成为拉动语言传播的重要因素。但是，Garcia（2009）指出，21 世纪语言传播研究中，全球化是最为重要的社会文化进程。全球化的发展和冷战的结束，伴随着技术的进步，加速了人口的流动。语言传播现在比以往更为动态，涉及的不仅仅是语言的替代，即语言转用的结果，而且涉及附加语言的习得以及动态双语主义。

2.4.2 全球化背景下拉动语言传播的重要因素

那么在全球化的社会文化进程中，哪些因素是拉动语言传播的重要因素呢？

首先，全球化带来科技的进步，科学技术作为人类智慧和智力资源的结晶，成为支撑世界经济发展的重要基础。这些智力资源用何种语言编码，哪种语言就可能成为使用最广泛的世界通用语。以英语为例，据统计，全世界 80% 的计算机信息是以英语作为存储媒介的，70% 的电子邮件是用英文书写的，80% 的科技出版物是用英文发表的，60% 的广播节目是用英语播放的，欧洲 50% 的商业贸易是用英语进行交易的，而且世界上绝大部分国际会议都是以英语作为第一通用语召开的。

这些数据说明什么呢？ Fishman & Rubal-Lopez（1992）指出，技术财富和科学信息用英语编码，使用英语与科技中心交流，使英语成为达成经济发展目标的重要手段。这就是说，在信息化时代，一种语言能够得到广泛的传播，取决于用这种语言编码的技术财富和科学信息的经济价值。英语之所以成为当今事实上的国际通用语，除了殖民时代的贡献，就是因为现代的科学技术信息大都是用英

文编码的。尽管法语、德语也是区域性的通用语，但是，德国和法国的科技人员大都用英语发表科研论文，因为英语在当今世界象征着技术财富和科学进步。最近，有一条广告语足以说明语言背后的资源拉动语言传播的巨大力量：“来巴黎吧，我们说英语还不行吗？”这条广告说的是，法国为招商引资不得不放下架子说英语，尽管他们不喜欢英语。

其次，全球化加速了世界范围内的人口流动，人口流动增加了世界范围内各种语言的接触，语言接触便会产生不同群体间语言交际的需求。Cooper（1982）描述了不同群体在语言接触过程中语言传播发生的过程。最初是个体意识到某种语言具有某种特定的交际功能，比如英语作为科技领域通用语，通过英语阅读可以了解到世界最新的科研成果。由于这种对英语交际功能的认知，学习者个体便会形成对这种语言的“有用性”评价。即某种新语言对实现某种价值目标有帮助，学习者就会去学习这种语言；如果没有，就不会去学习这种语言。任何语言的传播都始于语言习得，语言习得又是语言传播的最终结果。

此外，全球化使语言传播比以往任何时候都更加广泛。与殖民时期的社会进程不同，全球化给语言传播带来的结果，并非是简单的语言替代，即语言转用或某种语言的消亡。有学者认为，全球传播的语言可以与其他官方语言、民族语言、区域性通用语以及本地方言共存，而不会威胁到这些语言，因为全球化时代的社会进程毕竟与殖民时期不同。

总之，语言传播研究不能脱离特定的社会文化进程泛泛而论，时代不同了，语言传播的方式、动机也发生了变化。因此，不同历史时期语言传播的动因，必须从特定历史时期的社会文化进程中去寻求答案。

3.“一带一路”视域下的汉语国际传播的机遇与挑战

“一带一路”倡议的提出与实施，对汉语国际传播而言，形成了全球化背景下新的社会文化进程。这一社会文化进程将对汉语国际传播产生深远的影响。据统计，到目前为止，“一带一路”沿线涉及60多个国家、50多种国语和通用语、44亿人口、21万亿美元的经济总量和规模。这些数据对汉语国际传播意味着什么？答案是：机遇和挑战。

3.1 机遇

"一带一路"给汉语国际传播带来哪些机遇？

（1）"一带一路"沿线有60多个国家，汉语国际传播与这60多个国家的语言接触是前所未有的。"一带一路"的"五通"，即政策沟通、设施联通、贸易畅通、资金融通、民心相通，每一"通"都会带来语言接触和语言交际的需求。与"一带一路"沿线国家构建利益共同体、命运共同体和责任共同体为拓展汉语交际网络、增强汉语交际网络的外部性带来了不可多得的机遇。

（2）"一带一路"覆盖沿线国家44亿人口，占全球人口的63%。如此庞大的交际网络使用的国语或通用语有50多种，加上民族和部族使用的交际语言，不下200种（李宇明，2015），这说明"一带一路"这一利益共同体构成的语言交际网络具有非常大的异质性。这种语言交际网络的异质性为提升汉语的经济价值和交际价值提供了上升的空间，从而为汉语国际传播提供了新的社会场域。

（3）"一带一路"涵盖沿线国家21万亿美元的经济总量，占全球经济总量的29%。这一经济因素为汉语传播和语言铺路带来了巨大的市场。据《"一带一路"沿线国家产业合作报告》提供的数据，2014年我国对"一带一路"沿线64个国家的出口总额为6370亿美元，贸易进口总额为4834亿美元。这些数据在某种程度上反映了汉语国际传播潜在的需求，主要表现在对双语人才资源的需求上。根据我们的统计，截止到2014年，设立孔子学院数量排名前20的国家中，"一带一路"沿线国家只有7个。也就是说，孔子学院的设立大都集中在经济发达或较发达的国家，而在"一带一路"沿线国家建立的孔子学院数量则较少。这既是缺口，同时也是对汉语国际教育资源的需求。

3.2 挑战

汉语国际传播有机遇，同时也面临一系列的挑战。

（1）中国经济崛起，国家综合实力不断提升，但是国家富强并没有使汉语成为强势语言。语言的强弱主要体现在语言的影响力上。

关于汉语的影响力，Weber（1997）提出了六个测量语言影响力的因素及其权重。第一是母语人口，最大权重为 4；第二是二语人口，最大权重是 6；第三是语言使用的国家数量和人口，最大权重是 7；第四是语言使用的主要领域，第五是经济实力，这两项的权重最高，都是 8；第六是语言的社会文化地位，最大权重是 4。

在这六个因素中，汉语占优势的因素有两项，一是权重最高的经济实力，二是权重最低的母语人口数量。但是，经济实力的提高并不能说明汉语的影响力。有学者认为，如果没有强大的“语势”做基础，即使经济实力再强大，汉语的通用地位也不一定能够得到提升（陈保亚，2016）。母语人口的绝对数量也不能说明汉语的影响力，重要的是汉语作为第二语言的人口数量。而这一项，汉语远不如英语作为第二语言的人口数量。

（2）汉语语言资源的积淀不足。按照陈保亚（2016）的观点，国际化成功的语言都是积淀深厚的语言。英语之所以成为国际化语言，除了人口因素，就在于用英语编码的现代科学技术文本深厚的积淀，而汉语在现代科学技术领域的文本积淀远不如英语。

（3）汉语的交际价值有待提高。语言的交际价值，按照 de Swaan（1998）的观点，包括两个维度，一是语言的通用（prevalence），即说某种语言的人数与在该系统中说其他所有语言的人数（Ns）的比例的高低；二是语言的集中度（centrality），即说一种以上语言的人中，说某种语言的人数与在这种语言系统中会说一种语言的所有人数之比例的高低。相对于英语而言，虽然使用汉语的绝对人数很多，但是在其他国家和地区使用汉语的人数则比较少。因此，汉语的通用度比较低。此外，在语言的集中度上，汉语也处于弱势地位。比如在很多国际化的中国公司中，通用语往往是英语，而不是汉语；甚至研究中国文化方面的国际会议，只要有外国人参加，通用语往往是英语。这是造成汉语交际价值低的一个重要原因。

（4）汉语国际教育资源匮乏。汉语国际教育是汉语国际传播的重要途径和手段，但是由于汉语国际教育资源的匮乏，目前不能满足“一带一路”沿线国家对汉语教学的需求。孔子学院的设立与“一带一路”的产业布局不相匹配，这是目前“一带一路”汉语国际传播面临的主要挑战之一。

4.“一带一路”视域下的汉语国际传播方略

（1）汉语国际教育是“一带一路”汉语传播的重要手段。因此，国家需要整合语言教育资源，调整战略布局，服务“一带一路”的汉语传播。

（2）汉语国际传播应借力“一带一路”，通过“一带一路”经贸合作拉动汉语传播，与此同时，汉语国际教育应助力“一带一路”，通过汉语国际教育为“一带一路”的经贸合作和产业发展提供更多的双语人才。

（3）汉语国际教育要与“一带一路”产业布局与发展相结合，抓住“一带一路”经贸合作和产业发展的机遇，搭上经济合作与发展的顺风车，为产业发展和经贸合作铺路，加快汉语走向世界的步伐。

:: 参考文献 ::

陈保亚（2016）语势：汉语国际化的语言条件——语言接触中的通用语形成过程分析，《语言战略研究》第2期。

[美]丹尼斯·西诺尔（1997）丝绸之路沿线的语言与文化交流，黄长著译，《第欧根尼》（中文版）第1期。

董海樱（2011）《16世纪至19世纪初西人汉语研究》，北京：商务印书馆。

李宇明（2004）强国的语言与语言强国，《光明日报》7月28日。

李宇明（2015）“一带一路”需要语言铺路，《中国科技术语》第6期。

[英]尼古拉斯·奥斯特勒（2011）《语言帝国：世界语言史》，上海：上海人民出版社。

吴应辉（2011）国家硬实力是语言国际传播的决定性因素——联合国五种工作语言的国际化历程对汉语国际传播的启示，《汉语国际传播研究》第1期。

张西平（2009）《世界汉语教育史》，北京：商务印书馆。

Cooper, R. L. (1982) A framework for the study of language spread. In R. L. Cooper (ed.), *Language Spread: Studies in Diffusion and Social Change*. Bloomington, Indiana: Indiana University Press.

Cooper, R. L. (1984) A framework for the description of language spread: The case of modern Hebrew. *International Social Science Journal,* 36 (1), 87-112.

Crystal, D. (2003) *The Cambridge Encyclopedia of the English Language* (2nd Edition). Cambridge: Cambridge University Press.

de Swaan, A. (1998) A political sociology of the world language system (1): The dynamics of language spread. *Language Problems & Language Planning*, 22 (1), 63-75.

Edwards, J. (1985) *Language, Society and Identity.* Oxford: Basil Blackwell.

Fishman, J., Cooper, R. L. & Rosenbaum, Y. (1977) English around the world. In J. A. Fishman, R. L. Cooper & A. W. Conrad (eds.), *The Spread of English.* Rowley, MA: Newbury House.

Fishman, J. & Rubal-Lopez, A. (1992) Cross-polity analysis of factors affecting English language spread: Predicting three criteria of spread from a large pool of independent variables. *World Englishes*, 11 (2/3), 309-329.

Garcia, O. (2009) *Bilingual Education in the 21st Century: A Global Perspective.* Wiley: Wiley-Blackwell.

Garcia, O. (2010) Language spread and its study in the 21st century. In R. B. Kaplan (ed.), *The Oxford Handbook of Applied Linguistics* (2nd Edition). Oxford: Oxford University Press.

Weber, G. (1997) Top languages: The world's 10 most influential languages. *Language Today*, Vol. 2.

美国"关键语言"战略及其"国家安全语言计划"

2006年1月5日，美国国务院、教育部和国防部联合召开了美国大学校长国际教育峰会。当时的美国总统布什在大会上宣布了美国"国家安全语言计划"(National Security Language Initiative，简称NSLI)。这项计划旨在通过外语教育进一步加强美国的国家安全和繁荣。美国政府希望通过这个计划快速增加学习国家需要的"关键语言"(如阿拉伯语、汉语、俄语、印地语、波斯语等)的美国人的数量。该项计划强调学习国家需要的"关键语言"要从幼儿园做起，并通过中小学乃至大学的正规外语教育提高美国人的外语能力。为此，布什政府拟在2007财年斥资1.14亿美元实施这一计划。美国"国家安全语言计划"集中地反映了"9·11"事件后美国以所谓国家安全为核心的"关键语言"战略。与此同时，我们也看到了全球化背景下美国国家语言战略的重大变化。

1. 美国"关键语言"战略出台的背景

2003年，即"9·11"事件两年之后，美国众议院Rush Holt等议员向美国国会提交了一项法案，即“国家安全语言法案”（National Security Language Act）。在这个法案中，国家需要的“关键语言”（critical need languages）成为美国国家语言战略的核心概念。Rush Holt 在提交法案的报告中列举了一个极具说服力的事实：参与本·拉登领导的伊斯兰恐怖主义组织活动的 70 多个国家，所说的语言和方言有数百种。但是在美国，从高中到大学，99% 的学生学的是欧洲语言，而学习美国国家安全所需语言的人却寥寥无几。更重要的是，“9·11”事件两年后，这种现状丝毫没有改变。因此，Rush Holt 大声疾呼：“如果我们再不致力于学习世界各重要地区的语言与文化，我们将无法保持国家的安全。我们在海外的军队和国内人民的安全要求我们迅速行动起来，以解决缺乏国家需要的关键语言人才问题。在这个问题上不作为不仅是不负责任的，而且是危险的。”（Holt, 2003）为此，Rush Holt 等议员提交的美国“国家安全语言法案”详细地阐释了实施“关键语言”战略的计划。

2004 年 6 月美国国防部召开了由美国政府、企业、学术界和语言协会领导人参加的“全国语言大会”（The National Language Conference）。这次会议是呼吁美国政府部门、公共和私营企业以及教育机构落实国家“关键语言”战略的总动员。会后，即 2005 年 1 月，大会发表了白皮书——《改善国家外语能力行动倡议书》（*A Call to Action for National Foreign Language Capabilities*）。白皮书首先回顾了 1957 年前苏联发射人造地球卫星对美国国家安全带来的军事威胁，即所谓“Sputnik 时刻”[①]。“9·11”事件后，美国人立刻发现他们再次面临着“Sputnik 时刻”。但与 1957 年不同的是，“9·11”事件给美国带来的是非传统安全领域的威胁和挑战。因此，与会者在白皮书中呼吁美国民众行动起来，制定一个能够让美国民众参与的改善国家外语能力的国策和计划，并建议由国家总统任命语言专家来制定国家外语战略，成立国家外语合作委员会协调国家外语战略的实施。由此可见，美国全国语言大会的召开，为美国国家“关键语言”战略的出台奠定了理论基础。

事隔一年之后，即 2006 年 1 月 5 日，时任美国总统布什在美国大学校长国际教育峰会上正式推出美国“国家安全语言计划”，标志着美国国家“关键语言”

---

① 指 1957 年 10 月 4 日前苏联成功发射人造地球卫星 1 号。

战略的形成。会上，美国国务院主管教育与文化事务的助理国务卿 Dina Powell 简要介绍了该项计划的三个主要目标：第一个目标是通过一系列资助项目扩大美国掌握“关键语言”的人数，主要从幼儿的外语教育做起，包括小学、中学直到大学的外语教育计划；第二个目标是通过“国家旗舰语言计划”(National Flagship Language Initiative)[①] 和富布莱特基金等资助，增加掌握“关键语言”的高水平人才数量；第三个目标是通过建立“国家语言服务团”(National Language Service Corps) 增加“关键语言”教师以及教育资源的数量。这三个目标是美国实现“国家安全语言计划”的具体指标，但仅从这三个目标我们似乎看不出美国实施“关键语言”战略的战略企图，因此，我们有必要对其“国家安全语言计划”进行简要的分析。

2. 美国“国家安全语言计划”的基本内容

美国“国家安全语言计划”是由美国教育部、国务院、国防部和国家情报主任办公室共同拟定的外语教育计划。这项计划包括 4 部分：

第一部分是由美国教育部负责实施的“关键语言”计划。这部分计划有 5 个项目：(1) 外语资助项目。这一项目是以国家需要的“关键语言”为目标，实施“K-12”计划，即从幼儿园到中小学实施以“关键语言”为目的语的外语教育。(2) 与学区、大学建立合作关系，实施“K-16”计划，即从幼儿园到大学持续的外语学习与教学计划。(3) 建立语言教师团。主要是培养从事“关键语言”教学的新教师，为中小学的外语教学提供教师资源。(4) 建立 E-learning 语言资源库。为外语教师和学生提供教学和学习的资料和网络课程。(5) 教师学术计划。通过研讨会为教师提供外语教学经验交流的机会，以提高外语教学的质量。

显然，教育部负责的计划主要是在美国国内实施“关键语言”教学与学习的计划。

---

① 美国“国家旗舰语言计划”主要是培养掌握关键语言的高水平人才。经过训练后要求达到美国 ILR 三级水平。在“国家旗舰语言计划”中，最初确定的“关键语言”包括阿拉伯语、汉语、韩语和俄语。在“国家安全语言计划”中，“关键语言”增加为 8 种，即增加了印地语、日语、波斯语和土耳其语。

第二部分是由美国国务院负责实施的“关键语言”计划。国务院负责的项目主要是为美国高中生、大学生和研究生以及外语教师提供到国外学习“关键语言”的机会。国务院负责的计划包括 6 个项目：即富布莱特学生基金项目、暑期语言强化培训计划、Gilman 国际奖学金项目、富布莱特外语教学助教基金、教师交流项目和青年学生交流项目。

第三部分是由美国国防部负责实施的“关键语言”高级教学计划。这项计划主要是根据美国“国家安全教育计划”实施的以培养高级“关键语言”专业人才为目标的“国家旗舰语言计划”。该计划已经启动了 9 个旗舰项目，此外，还要建立“民间语言学家储备团”，目的是为美国政府提供对美国国家安全至关重要的专家意见。

第四部分是由国家情报主任办公室负责实施的“关键语言”计划。这部分计划主要是通过被称作“STARTALK”（星谈）的暑期语言培训计划，为美国情报机构培养掌握冷僻“关键语言”的外语人才。

从美国“国家安全语言计划”可以看出，美国教育部主要负责实施国家需要的“关键语言”的长期战略计划；国务院负责实施的是“走出去”的“关键语言”培训和交流项目；国防部和情报主任办公室负责实施的都是为军事、情报目标服务的“关键语言”项目。

3. 美国实施“国家安全语言计划”的战略目标

美国国家语言战略的第一个目标是维护美国的国家安全，即非传统安全领域的国家安全。“9·11”事件使美国深刻认识到，美国外语能力的落后，特别是“关键语言”人才的缺乏给美国的国家安全带来了潜在的威胁。正如 Rush Holt 指出的那样：“如果我们不致力于学习世界各重要地区的语言与文化，我们将无法再保持国家的安全。”美国 Adelphi 大学校长 Robert A. Scotty 也曾一针见血地指出：“国家对其他国家文化了解的需要、与其他国家人民交流的需要已经不是什么新需要；我们也听到很多解决这些问题的倡议，但是几乎没有什么进展，以致培养了这么多对世界一无所知的公民。”（Scott, 2005）这种现状使美国政府认识到，外语能力的匮乏给美国的国家安全、外交、法律实施、情报收集以及文化理解带来了许多负面影响。因此，2006年布什提出的“国家安全语言计划”把外语能力提升到了前所未有的高度，并试图通过实施“关键语言”战略来确保美国在21世纪的安全和繁荣。

美国国家语言战略的第二个目标是维护美国在全球的经济利益，使美国在全球化竞争中提高经济竞争力。美国国务院主管民主、人权与劳工事务的助理国务卿Barry Lowenkron指出，美国制定“国家安全语言计划”不仅是出于国家安全的考虑。按照Dina Powell的说法，制定这项计划将使美国学生保持在全球的竞争力。美国政府认识到，贸易是全球的，而市场在世界各地，因此美国希望通过自由贸易进入世界各地的市场。为了实现这一战略目标，需要拥有高水平的外语技能并深刻了解世界各地文化的人才。然而，由于缺乏这样的人才，美国不能有效地接触和开发海外市场，美国的商业竞争力也相应受到了损害。美国前国会议员Rich Lazio在全美语言大会上指出，全球化并没有带来英语的全球化，说英语的人仍然是少数。美国要想获得经济上的持续发展，要想生产吸引世界的产品，并通过有效手段将产品推向世界，必须具备强有力的外语能力和理解他国文化的能力。但是，他看到“美国的一些企业目前仍然没有完全意识到这种需要”（Lazio，2004）。因此，这位前议员呼吁外语教育要从幼儿做起，要充分利用所有资源使他们受到良好的外语教育，以保持未来美国在海外市场的竞争力。

美国国家语言战略的第三个目标是制造并利用“语言战略武器”传播美国的声音。所谓“语言战略武器”，是指美国利用语言的交际功能作为传达美国意志的手段，以实现美国的战略目标。美国总统布什在全美大学校长国际教育峰会上的讲话对“语言战略武器”的功能做了详尽的阐释。布什认为，“国家安全语言计划”通过“国家语言旗舰项目”[①]培养军事情报以及外交人员只能在短期内维护美国的国家安全，而要维护美国长期的国家安全，必须通过传播民主和自由的意识形态。美国要在这场意识形态斗争中获胜，必须依靠那些具备外语能力的美国人来传播民主与自由。如果你不具备外语能力，就无法使需要帮助的人相信你的民主和自由。从布什的讲话可以看出，美国把语言作为实现其全球化战略目标、传播美国意识形态的重要战略武器，语言被赋予了重要的战略意义。由此看

① 美国在“国家安全语言倡议”中提出的旨在培养高水平军事情报人员外语能力的项目。

来，语言既然作为“武器”就会有“杀伤力”，借用“语言武器”就可以达到其他武器所达不到的目的。因此，布什提出“要充分利用所有的语言资源，让那些来自世界重要地区的外国人教我们如何说他们的语言”（Bush, 2006），其良苦用心不难理解。

美国国家语言战略的第四个目标是，为海外战场的军事情报人员、外交人员装备“语言武器”，满足海外战场军事、外交和情报的需求，布什在全美大学校长国际教育峰会上对此做了明确的阐释。布什希望在前线的战士能够和抓获的敌人对话，能够听得懂驻扎区当地人说的话，能够在任何区域用当地人的语言和他们交流。他认为，建立一支具有流利外语能力的军队是非常有意义的。在情报收集方面，布什希望，当有人用阿拉伯语、波斯语或乌尔都语说话的时候，情报人员能够听懂他们在说什么；在外交方面，布什希望外交人员能够用当地的语言和当地政府沟通，使美国政府确信当地政府能够和美国共同合作，与那些残害生命、传播难以置信的落后意识形态的恐怖主义进行斗争。布什的讲话直接地反映了美国海外战场对外语能力的军事诉求。现代战争虽然可以通过高科技打破时空障碍获得军事情报，但是语言是获取信息情报的最后一道屏障，打破语言的屏障只能通过语言技能来实现。这是美国为什么如此看重“语言武器”在未来战争中的作用的原因之一。

综上所述，美国出台的“国家安全语言计划”表明了美国新世纪国家语言战略的重大变化。从二战时期开始，美国就不遗余力地向世界各国推广英语，他们通过推广英语开拓国际市场，传播美国的意识形态，他们期望英语的全球化带来美国化。然而正如美国前国会议员 Rich Lazio 指出的那样，全球化并没有导致英语的全球化，尽管国际贸易的扩大使说英语的人急剧增长，但是说英语的仍然是少数。美国提出“关键语言”战略是采取师夷以治夷的策略，以保持美国在全球化竞争中的领导者地位。这无疑对“关键语言”地区的政治、经济、文化安全带来了新的威胁和挑战。

附录：

国家安全语言计划（NSLI）

美国教育部、国务院、国防部、国家情报主任办公室

国家安全语言计划旨在通过一些新项目以及扩充的项目，使美国学习国家需要的关键外语的人数得到快速增长。这些“关键语言”包括阿拉伯语、汉语、俄语、印第语、波斯语以及其他外语。这一计划的培养对象是幼儿园的儿童、大学生和社会在职人员。“9·11”事件后，美国与外国政府和人民的交往，特别是在关键区域鼓励改革、促进了解、传达对他国文化的尊重，以及提供更多的了解美国和美国公民的机会，成为国家安全的重要组成部分。为此，美国人必须能够用其他语言进行交际，这对大多数完全没有准备的美国人来说是一个挑战。

为满足这些需要，在美国总统的指导下，教育部长、国务卿、国防部长以及国家情报主任共同拟定了一个全面的扩大美国外语教育的国家计划，即外语教育从幼儿做起，贯穿整个学校正规教育，并通过提供新项目和教育资源扩展到社会在职人员。

1. 美国教育部计划

教育部与合作伙伴将把资源集中用于对学生、教师和政府职员进行诸如阿拉伯语、汉语、日语和韩语等“关键语言”的教育上，以增加“关键语言”和其他语言较高水平人才的数量。教育部2007财政年度预算中有5700万美元用于该项计划，比2006财政年度增加了3500万美元。

1.1 外语资助项目

教育部建议拨款2400万美元，重新调整“外语资助项目”(FLAP)，以在“K-

12”阶段激励教师教授国家需要的“关键语言”，鼓励学生学习国家需要的“关键语言”。重新调整这个项目的目的是把国家需要的“关键语言”作为目标，进一步扩展以“关键语言”为目标的、创新性的外语项目，特别是运用科技创新的外语项目。

· 联系人：Cynthia Ryan，OELA，(202)245-7140，cynthia.ryan@ed.gov

· 访问网址：http://www.ed.gov/about/offices/list/oela/index.html

1.2 通过建立外语合作伙伴关系提升美国的地位

教育部建议拨款 2400 万美元，与学区、学院和大学建立合作伙伴关系，以设立从幼儿园到大学持续学习外语的项目。这些项目将为从幼儿园到大学（K-16）全面衔接的“关键语言”学习项目建立各种模式。

· 联系人：Anne Campbell，OPE，(202)219-7000，anne.campbell@ed.gov

· 访问网址：http://www.ed.gov/about/offices/list/ope/index.html? src=oc

1.3 语言教师团

教育部建议拨款 500 万美元，建立“语言教师团”，十年之内，实现在校从事外语教学的新教师达到 1000 人的目标。这个项目旨在通过美国中小学外语教学为美国人提供熟练掌握“关键语言”的机会，以服务于国家。

· 联系人：Holly Kuzmich，OPEPD，(202)401-4903，holly.kuzmich@ed.gov

· 访问网址：http://www.ed.gov/about/offices/list/opepd/index.html? src=oc

1.4 建立 E-learning 语言资源库

拟拨款 100 万美元，建立全国范围的教育部 E-learning 语言资源库，为全国各地的教师和学生提供外语教育资源。这个语言资源库将成为一个重要的知识库，为学校、教师和公众提供教学资料，并提供由国家资源中心、K-12 教学项目、高等教育机构和联邦政府机构开发的基于网络的“关键语言”课程。

· 联系人：Anne Campbell，OPE，(202)219-7000，anne.campbell@ed.gov

· 访问网址：http://www.ed.gov/about/offices/list/ope/index.html? src=oc

1.5 教师间学术计划

教育部提议拨款 300 万美元，用于扩大教师间的学术研讨会，以使数以千计的外语教师参加这项活动。这项计划将通过熟练教师的课堂示范、语言专家提供的基于研究的策略和丰富的实践经验提高初中和高中的外语教学质量。

·联系人：Carolyn Snowbarger，OESE，（202）260-2598

carolyn.snowbarger@ed.gov

·访问网址：http://www.ed.gov/about/offices/list/ope/index.html? src=oc

2. 美国国务院计划

国务院的项目将为美国高中生、大学生、研究生提供到国外学习“关键语言”的新机会，并通过交流和专业培养加强美国的外语教学。布什总统请求在2007财政年度为“国家安全语言计划”提供1.14亿美元的经费，其中2670万美元用来资助由国务院管理的项目。国务院利用2006财政年度转接的基金已经进行了几项“国家安全语言计划”的试点工作。

2.1 美国富布莱特学生基金项目

在正式批准富布莱特基金之前，富布莱特学生基金项目将提供长达六个月的“关键语言”强化训练。2006年，批准的40项基金用于学习阿拉伯语、印地语、土耳其语。2007年，该项基金将进一步扩大，以资助学习汉语、韩语、俄语和波斯语的学生。富布莱特学生基金项目向美国人开放申请，这些项目面向的是经选择的讲“关键语言”的国家。

·联系人：Heidi Manley，（202）453-8534，fulbright@state.gov

·访问网址：http://us.fulbrightonline.org

http://www.iie.org

2.2 暑期强化语言计划

授予海外暑期语言强化训练班奖学金。在这个暑期的试点项目中，已有4200人申请了167项“关键语言”奖学金，这些奖学金将资助初中高三个水平的阿拉伯语、印度语和土耳其语的学习者。2007年将增加汉语、韩语、俄语和波斯语短训班，主要面向美国的大学生和研究生。

·联系人：Heidi Manley，（202）453-8534，nsli@state.gov

·访问网址：http://www.caorc.org/language

2.3 Gilman 国际奖学金项目

Gilman 国际奖学金将为到海外“关键语言”所在国学习“关键语言”并获得一个学期或一个学年学分的学生提供财政资助。2006 到 2007 年将有 200 余名学生得到资助。该奖学金主要面向获得联邦 Pell 奖学金（经济困难）的美国大学生。

·联系人：Coleen Gatehouse，（202）453-8887，GatehouseCN@state.gov

·访问网址：http://www.iie.org/programs/gilman

2.4 富布莱特外语教学助教基金

为美国的大学、学院和高中选拔来自“关键语言”国家的助教，让这些说母语的教师到美国从事一学年的教学工作。2006 年将有 200 余名教“关键语言”的助教被委派到美国的课堂从事教学。

·联系人：Fayette Hermann，（202）453-8531，HermannFL@state.gov

·访问网址：http://www.exchanges.state.gov

http://www.iie.org

2.5 教师交流

2006 年，将提供汉语和阿拉伯语教师的交流机会，2007 年将增加土耳其语和印度语教师的交流。2007 年暑期将为美国教师提供在国外强化训练“关键语言”的机会。

·联系人：Paul Schelp，（202）453-8864，pschelp@state.gov

·访问网址：http://www.exchanges.state.gov

2.6 青年学生交流

（1）暑期语言短训班。为美国高中生提供在国外暑期强化班进行 6—8 周外语学习的机会。2006 年已有 46 名美国高中生分别在北京、阿曼和开罗学习汉语和阿拉伯语。2007 年计划进一步扩大这个项目。

（2）学期或学年海外学习。为美国高中生提供在国外学习一个学期或一个学年的机会，分别在俄罗斯、中国、土耳其、印度和阿拉伯国家学习“关键语言”。

· 联系人：Dan Neher，（202）453-8173，NeherDE@state.gov

· 访问网址：http://exchanges.state.gov/education/citizens/students

3. 美国国防部计划

3.1 扩大国家旗舰语言计划

根据“国家安全语言计划”实施的国家旗舰项目是联邦政府与美国高等教育机构之间的战略合作项目，旨在实施“关键语言”的高级教学计划。旗舰项目代表了国家培养具有高级“关键语言”水平的专业人员的一种模式。“国家安全语言计划”要求 2009 到 2010 年具有高级“关键语言”水平的学生增加到 2000 名。

9 个旗舰项目已经启动：

阿拉伯语：乔治顿大学（Georgetown University）
马里兰大学帕克学院（University of Maryland，College Park）

汉　　语：杨伯翰大学（Brigham Young University）
俄亥俄州立大学（Ohio State University）
俄勒冈大学（University of Oregon）

韩　　语：加利福尼亚大学洛杉矶分校（University of California，Los Angeles）
夏威夷大学马诺阿分校（University of Hawaii，Manoa）

波 斯 语：马里兰大学帕克学院（University of Maryland，College Park）

俄　　语：布林茅尔学院（Byrn Mawr College）
美国俄语教师协会（American Council of Teachers of Russian）

旗舰项目提供的课程相当于已毕业学生在 ILR5 点量表上的 3 级水平（ILR Level 3）（高级）[①]。

---

① ILR Level 3 是指一种叫作 ILR（lnteragency Language Roundtable）语言水平 5 点量表中的 3 级。高于 3 级属于高水平学习者。

3.2 2007财年国家安全语言项目扩展计划

主要内容包括：增加阿拉伯语和汉语旗舰项目；设立印地语／乌尔都语以及中亚语言的新旗舰项目；扩展旗舰模式，以包括新增加的遍及全美的旗舰大学；扩展“K-16”管道模式[①]并增加两个新增的国家模式项目；首先启动针对阿拉伯语国家的“K-16”管道模式；扩展战略计划和商业计划，以资助旗舰项目的民间资金调动联邦基金。

· 联系人：Ms. Stacia Falat，NSEP，（703）696-1991，falats@ndu.edu

· 访问网址：http://www.casl.umd.edu/nfli

3.3 民间语言学家储备团（CLRC）

“国家安全语言计划”设立了一个为期三年的试点项目，以建立和发展民间语言学家储备团。民间语言学家储备团将成为范围更广的国家语言服务团的有机组成部分。民间语言学家储备团的使命是提供和维持备用的、有资质的专家队伍，为国家提供对国家安全至关重要的语言方面的专家意见。

国防部、国家安全教育项目已经完成：（1）可行性研究；（2）操作计划；（3）实施计划。

这项为期三年的民间语言学家储备团的试点研究将对一些原则进行检验，并在2010年以前在国家和专门机构中确定和招收不少于1000名懂得9种关键语言的人员。

民间语言学家储备团主要工作包括：满足联邦对民间语言学家储备团成员语言技能的要求；保证民间语言学家储备团对主办方的运作要求做出响应；证明所有民间语言学家储备团成员的语言水平；建立和保持语言技能认证；为民间语言学家储备团成员提供适当的奖金；为项目提供长期资助；为民间语言学家储备团建立经济有效的管理与运作方式。

· 联系人：Robert Slater，NSEP，（703）696-1991，slaterr@ndu.edu

---

① “K-16”管道模式是指从幼儿园到大学16个年级相互衔接的持续的外语学习模式。

4. 国家情报主任办公室计划

STARTALK（星谈）是一项新的暑期语言教育的国家计划。

隶属于“国家安全语言计划”的国家情报主任重点计划由“暑期语言学习提供者”项目组成，该计划由“K-16”教育机构批准、发起，计划名称为STARTALK。

该计划的重点是冷僻语言，如阿拉伯语、汉语、俄语、印地语、波斯语。

STARTALK 计划将为暑期学生和教师提供沉浸式教学所需的普通课程、学习科目以及其他关于冷僻语言的外语教育资源。

STARTALK 计划将于 2007 年由 5 个州的 400 名高中生和 400 名高中和专科学校的教师参加的夏令营项目开始实施。

STARTALK 计划将逐步发展为包括所有年级学生和教师参加的项目，到 2011 年，在 50 个州实现有 3000 名学生和 3000 名教师参加该项目的目标。

随着项目的增加，该计划将增加教学资料和学生奖学金的提供。

在实施 STARTALK 计划的各个阶段，暑期夏令营项目将充分发挥包括退休人员在内的传统社区和情报界职员专家意见的作用。

国家安全机构将作为情报界的执行机构。国家情报主任将提供大量的基金和指导。

该项目一经实施，用于该项目的基金计划由 2007 财政年度的 500 万美元逐年增长，到 2010 年每年增长 2000 万美元。

（本附录由王建勤翻译）

:: 参考文献 ::

李晓琪（2007）汉语国际推广事业中的教材建设，《世界汉语教学》第 3 期。

梁杰（2009）60 年教育记事：2004 年中国文化大规模走出国门，新华网教育频道，http://news.xinhuanet.com/edu/2009−09/30/content_12。

宁继鸣（2006）汉语国际推广：关于孔子学院的经济学分析与建议，山东大学博士学位论文。
王建勤（2007）美国国家语言战略与我国语言文化安全对策，《国际汉语教学》（动态与研究）第 2 期。
王建勤（2008）汉语国际推广的语言标准建设与竞争策略，《语言教学与研究》第 1 期。
王建勤（2015）《全球文化竞争背景下的汉语国际传播研究》，北京：商务印书馆。
张和生（2006）对外汉语教师素质与培训研究的回顾与展望，《北京师范大学学报》（社会科学版）第 3 期。
Bush, G. W. (2006) Remarks to the U.S. University Presidents Summit on International Education. *Weekly Compilation of Presidential Documents*, 42(1), 9-12.
Holt, H. R. D. (2003) Introduction of National Security Language Act. Congressional Record: December 9, Page E2493.
Lazio, R. (2004) National Language Conference: A Call for Action.
Scott, R. A. (2005) The White Paper of National Language Conference, released in February.

原载《汉语研究与应用》
中国人民大学对外语言文化学院主编，中国社会科学出版社，2007 年

美国国防语言战略与中国国防语言的现状及对策

2001年美国"9·11"事件使非传统安全得到凸显，国家语言能力问题进入了美国国家安全的视野。2006年美国提出"关键语言"战略，拉开了语言"安全化"的序幕。[①]语言安全化反映了美国政府对其远离国门之外的国家安全利益的强烈诉求。在这一背景下，美国提出了一系列"国家安全语言计划"和举措。其中，美国国防语言战略计划成为实现其国家安全利益最大化的重要手段和保障。语言被安全化，一些国家必然成为美国国家安全利益的相关方。中国作为其利益相关方之一，也必须采取必要的应对措施。但是，由于我国的语言安全化意识滞后，国防语言能力的现状与国家安全利益需求的矛盾愈发突出。因此，如何弥补我国国防语言战略规划的缺失成为亟待解决的重大问题。

---

① 2006年1月5日美国前总统小布什在全美大学校长峰会上宣布"国家安全语言计划"（National Security Language Initiative），美国政府投入1.14亿美元，号召公民学习国家需要的"关键语言"，即阿拉伯语、汉语、俄语、印地语、波斯语等8种外语。参见王建勤（2006）。

1. 语言安全化与美国国防语言战略规划

美国语言问题安全化与美国国家安全问题是密切相关的。换言之，语言安全化从某种意义上反映了美国政府的国家安全观，同时为美国实施“关键语言”战略以及国防语言战略铺平了道路。

1.1 美国的安全逻辑与语言安全化

通常安全化主要涉及四个方面的因素：一是安全的“行为主体”，这一行为主体具有宣布某一事物被安全化的权威地位；二是“指涉对象”，即受到威胁的国家、集团或问题领域；三是“存在性威胁”（Existential Threat），即生存威胁的来源；四是行为主体的“主体间性”（Intersubjectivity），即行为主体对安全的主观认知。根据这一理论，“语言安全化”的行为主体是美国政府。美国政府通过宣布“国家安全语言计划”这一“言语-行为”，将语言问题上升为国家安全事务，语言问题被安全化。“指涉对象”是美国，因为美国认为其国家安全受到了威胁。而这种“存在性威胁”客观上来自恐怖主义分子的袭击，但是美国之所以不能有效防范恐怖主义分子，是因为美国面临国家外语能力危机。然而，语言问题安全化并不完全取决于客观上存在的安全威胁，更重要的是美国政府对这种客观威胁的主观认知。“9·11”事件后，美国政府认为，国家外语能力的缺乏给美国带来极大的不安全感。他们甚至把国家外语能力危机带来的威胁同20世纪50年代苏联发射第一颗人造地球卫星带来的“空间危机”相提并论。由此可见，美国对国家外语能力危机的主观认知反映了美国对语言安全化强烈的主观诉求。

然而，美国政府对语言安全化的这种主观诉求与其安全逻辑是密切相关的。第二次世界大战后，美国给自己的“安全”赋予了新的含义，即把本国的“安全”边界确定在远离本土之外。这就意味着世界上任何地区都与美国的安全利益有关。世界任何地方发生对美国不利的革命、政变乃至政策变化，美国都可以以“国家安全”的名义进行干涉。“9·11”事件后，美国力求把反恐战争搬到恐怖主义分子家门口去打。但是到了人家家门口时发现，语言技能成了大问题，区域知识成了大问题，文化能力也成了大问题，于是便产生了语言安全化的军事诉求。由此可知，语言安全化是美国安全逻辑的必然结果。

1.2 美国国防语言战略构想、变革与战略升级

语言安全化为美国国防语言战略规划铺平了道路，但美国政府从提出国防语言战略构想到全面实施花费了近十年的时间。这十年大致经历了战略构想、战略变革、战略升级三个阶段，这三个阶段主要以三次语言大会和会后发表的三个白皮书为标志。

第一个阶段是美国国防语言战略构想阶段。2004 年 6 月，美国国防部资助召开了由美国政府、企业、学术界和语言协会领导人参加的第一次"全国语言大会"，大会提出了反恐战争面临的国家外语能力危机问题。会后，即 2005 年 1 月发布了第一个白皮书——《国家外语能力行动倡议书》(*A Call to Action for National Foreign Language Capabilities*, 2005)，号召美国公民学习国家需要的"关键语言"。同年 2 月，美国国防部发布了《国防语言变革路线图》(*Defense Language Transformation Roadmap*, 2005)，提出了国防语言能力变革的四个目标、10 项期望结果以及落实目标的措施。这个路线图虽然体现了美国国防部关于国防语言战略的构想，但还只是一个"关于语言技能、区域知识和外语人才以及基础建设投入的管理计划"。美国国防部对这个路线图的实施效果并不满意，认为路线图缺少全面综合的战略规划，缺少明确的确定需求的标准和程序，缺乏界定需求优先顺序的方法。来自海外战区指挥官的观察报告甚至认为，《国防语言变革路线图》是失败的变革，因为在路线图提出 6 年之后，军队没有出现教育、组织或实践上被认为是变革的迹象。

第二个阶段是战略变革阶段。美国国防部认识到了国防语言能力变革与国防语言能力需求的巨大差距，并不断进行反思，呼吁出台新的战略计划。2007 年 6 月，美国国防部召开了第二次语言大会，即"区域与文化知识峰会：构建迎接国防挑战的国防部框架"。峰会的主题是构建各个领域和社会各界以及国际合作伙伴参与的，整合语言、区域和文化能力的战略框架。会后发表的白皮书《国防部区域与文化能力：未来之路》(*DOD Regional and Cultural Capabilities: The Way Ahead*, 2007)集中地体现了这个框架，并提出了五条行动建议，核心是呼吁建立区域和文化能力的战略规划。虽然 2005 年的《国防语言变革路线图》就已经出现了区域和文化能力的概念，但是路线图基本上是一个国防语言能力的变革方

案，而这次峰会明确提出了区域能力和文化能力的观点。与会者认为，国防部在语言变革方面已经取得了重大进展，现在是讨论军事使命对区域和文化能力需求的时候了。这次峰会推动了国防语言战略观念的变革。

第三个阶段是战略升级阶段。2011 年 1 月，美国国防部召开了第三次语言大会，即“语言与文化：战略必备”高峰论坛。这次峰会发表了第三个白皮书——《语言与文化：变化的视角》（*Language and Culture: Changing Perspective*，2011）。与此同时，美国国防部出台了《国防部有关语言技能、区域知识和文化能力的战略计划》（*DOD Strategic Plan for Language Skills, Regional Expertise and Cultural Capabilities*，2011）。这次峰会和这两个文件标志着美国国防语言战略观念的重大变化。这些重大变化主要表现在：明确完整地提出语言、区域和文化能力是支持各类军事使命的核心战斗力，并强调三者的融合；强调构建“基于能力”的系统以确定未来对语言、区域和文化能力的需求；加强机构之间的合作，建立国际伙伴关系，充分利用一切可以利用的语言资源。这次战略升级为美军 2011—2016 年语言、区域和文化能力建设提供了新的战略规划。

1.3 美国国防语言战略规划变革对我们的启示

首先，在最初的《国防语言变革路线图》中，军队的外语能力还只是被看作实现军事使命的工具而已。直到第三次峰会，美国国防部才从国家安全的高度，把语言技能看作国防语言能力的重要组成部分，实现了真正的战略转型。他们认识到，实施国防语言战略不单单是培养几个会说外语的士兵或具有外语技能的翻译，军队语言、区域和文化能力的变革是美国国防语言与文化能力的重要战略转型。其次，美国把语言、区域和文化能力作为核心战斗力，也就是说，这些能力不只是软实力，而且能够形成和强化军队的实际战斗力。在未来的信息化战争中，语言武器和其他武器同等重要。这种看法是非常具有战略眼光的。第三，美国国防部从提出军队“语言技能”到提出“国防语言能力”的概念，表明了美国国防语言战略从单兵语言技能到整体国防语言能力的转型和升级。美国国防部认识到，国防语言能力不仅仅包括军队官兵的语言技能，更重要的是国家规划和管理一切可以利用的语言资源，并形成军队战斗力及保障国家安全的能力，这才是美国国防语言战略转型的重要目标。

2. 中国国防语言能力需求及现状

随着中国经济的崛起，中国与世界其他各国的军事交流与合作，包括摩擦和冲突日益频繁，这些国际间的军事交往对我国国防语言能力的需求也不断增长。然而，我国国防语言能力严重不足，不能满足国际军事交往以及维护国家安全利益的需求。

2.1 国家安全利益对国防语言能力的需求

国家海内外安全利益需要国防语言能力的支持和保障，要求军队具备良好的外语能力，特别是在未来的信息化战争中，国家安全利益对军队外语能力的需求显得格外重要。

（1）国际军事行动对国防语言能力的需求。在国际军事行动中，国际维和行动对国防语言能力的需求越来越多。据较早的数据统计，自 1990 年以来，中国向联合国维和行动派遣军事观察员累计 30 多批次、数百人次。1992 年，中国政府成建制地派遣工程兵部队参加联合国驻柬埔寨维和行动，至 2005 年已经派遣近 4000 人次。另据有关人员统计，目前我国派遣维和部队的数量已达 2.3 万人次。但是，我们派出的维和部队的语言能力如何呢？我国派驻黎巴嫩维和部队外语能力的调查表明，部队派出的军事观察员和参谋人员因外语能力不足，大都不能参加军事会议（67%）；95.8% 的军官因外语水平较低不能参加军事会议，不能阅读文件、撰写公文；甚至 80% 的翻译官参加军事会议仍有较大困难。这一严峻现实不仅反映了维和部队对国防语言能力的急迫需求，也反映了我国国防语言能力严重不足带来的现实挑战。目前，越来越多的外国军队邀请中国军队参加联合军演，欢迎中国军队派出军事观察员观摩军演，与此同时，中国军队也邀请外国军队派遣军事观察员观摩我军的军事演习。频繁的军事合作与交流暴露了我军外语能力不足的问题。据凤凰卫视报道，2005 年中俄联合军演，由于翻译官和指挥官之间听不懂指令，不得不借助手势进行交流，舰队在系统作战演习中多次贻误战机。显然，在现代战争中，军队外语能力不足很难打胜仗。

（2）国家周边外交对国防语言能力的需求。中国是当今世界邻国最多的国家，四周分别与东北亚、东南亚、南亚和中亚相邻。因此，亚洲所有地区的形势变动都与中国息息相关。中亚和南亚有阿富汗冲突、印巴冲突、中印边界问题，东北亚有俄日北方四岛之争、韩日独岛（竹岛）之争、朝鲜半岛之争、中日东海大陆架和钓鱼岛之争，南边有南海争端。这些领土之争使中国周边越来越不安宁。军队在这些区域维护中国领海、领空主权时，对语言能力存在迫切的需求。据报道，我国海监船在南海喊话时，海监船的老船员大都不具备外语能力，喊话时用事先录好的声音播放，但是海上执法情况多变，这种方法往往行不通。新船员虽具备一定的外语能力，但大都是英语，遇到日本、越南等周边国家的船只便无法喊话或进行有效沟通，在海上执法过程中的摩擦和冲突在所难免。因此，军队官兵的外语能力，特别是外语的语种能力对保卫我国国防安全是至关重要的。

（3）国家海外利益对国防语言能力的需求。中国的海外利益（如国际贸易、能源和经济利益）对中国经济的崛起和发展越来越重要，而这些国家利益与霍尔木兹海峡、亚丁湾、马六甲海峡这些战略要道密切相关。据报道，我国海军自2008年以来，已经累计派出16批护航舰队，至2013年，已先后为5000余艘中外船舶实施了安全护航。显然，海上通道是维护我国海外利益、反恐和打击海盗等军事行动的重要战略通道，而与这一海上通道相关国家的语言应该成为军队未来需要掌握的关键战略语言。只有了解和掌握这些国家和地区的语言，甚至是方言，海上部队才能有效地为国家海外能源和其他经济利益保驾护航。

（4）反恐、反暴与突发事件对国防语言能力的需求。据统计，中国周边分布着30多种跨境语言。这些语言或方言对军队反恐、反暴、应对突发事件以及睦邻戍边具有重要的战略意义。近些年来，中国部分周边地区暴力事件不断发生，“东突”分子也利用跨境语言对少数民族地区进行渗透。因此，这些跨境语言对有效打击恐怖主义分子以及应对突发事件具有重要的作用。据报道，2010年我国玉树地震，外电评论解放军救援训练有素，但由于缺少懂双语的救援者，语言成为紧急救援的巨大障碍。因为玉树地区藏民占90%以上，所以少数民族语言在军队应对突发事件中具有重要作用。另据中央电视台报道，2013年12月中美舰队在南海对峙，最终化险为夷，原因是我军舰艇指挥官通过电话直接用英语与美军舰艇指挥官进行沟通，避免了冲突的进一步升级。这些例子都说明，语言能力不足会削减部队的战斗力，而良好的语言技能则会加强部队的战斗力。

（5）未来信息化战争对国防语言能力的需求。未来的现代化战争比的不仅仅是坚船利炮，更是控制和获取信息的能力。战争信息可以通过高科技手段打破时空直接获取，但是语言是信息情报获取的最后屏障，打破语言屏障只能靠外语能力来实现。因此从某种意义上说，国防语言能力是决定现代信息化战争的重要因素。这也是为什么美国国防部把语言能力作为核心战斗力的重要原因。

2.2 我国国防语言能力现状及存在的问题

尽管我国国家安全利益对国防语言能力需求巨大，但现实是我国国防语言能力的构建还存在一些不足。

（1）语言安全化意识严重滞后。自美国 2004 年提出“关键语言”战略至今已有十个年头，语言安全化为美国国防语言战略的规划和实施铺平了道路。然而，国防语言能力问题至今尚未进入中国国防安全的视域。我国尚未制定保障国防安全需要的“关键语言”规划，语言能力尚未成为部队核心战斗力的重要组成部分。这种安全意识滞后的现状将严重影响军队现代化建设中战斗力的提升，使得国家和国防安全面临潜在的威胁。

（2）国防语言战略缺失。造成中国国防语言能力不足，不能满足国家安全利益需求的一个重要原因是，我国到目前为止还没有着手对国防语言战略进行规划。由于国防语言战略规划的缺失，军队不能充分利用各种语言资源，为保障国际军事行动、保障国家安全利益提供及时和适当的语言服务。缺少国防语言战略规划，就不能形成强大的国防语言能力，在未来的国防语言能力竞争中，我国将处于极为不利的地位。

（3）国防外语语种能力不足。外语语种能力是构成国防语言能力的一个重要指标。据报道，目前我军军事院校开设外语语种 45 个，其中 22 个语种进行外语考试。而在这些语种当中，英语是报考最多的语种。这种语种单一化现状将严重影响我国国防语言能力的提升。据美国国防部对美军外语语种能力的调查，美军现役、预备役和文职人员具备一定外语能力的语种有 360 多种。相比之下，我军的外语语种能力与美军外语语种能力相差甚远。

（4）国防外语复合人才不足。据解放军外国语学院有关国家社科基金军事学项目关于国防语言人才的调查发现，军事翻译中的“非军语化”现象严重。所谓

“非军语化”，是指只会外语而不会军事术语，更不懂军事专业，由此产生了一定的语言障碍。这一现象反映了我军复合型外语人才的严重匮乏。我军外语教育一直沿袭地方通用英语的教学模式，军事外语教学缺少指向性，导致军队的外语能力和外语人才不适应军队需求。随着我国国防现代化建设步伐的加快，对军队复合型外语人才的需求会越来越大。

3. 中国国防语言战略规划与对策

美国提出“关键语言”战略之后，制定了一系列的国防语言战略规划，这些规划具有明确的指向性。奥巴马上台后，美国重返亚洲，遏制中国成为美国的重要战略目标，中国国防安全形势日益严峻。因此，现在是讨论和构建中国国防语言战略规划的时候了。

3.1 中国国防语言战略规划的构想

国防语言战略规划是国家的一项长远规划，但国防语言战略的构建与实施有赖于语言安全化，即国家必须把国防语言能力问题纳入国家安全的视域。就目前我国国防语言能力的需求和现状，国防语言战略规划可考虑以下几个方面：

（1）国防语言能力规划。国防语言能力有狭义和广义之分。狭义的国防语言能力是指军队官兵掌握的语言技能。广义的国防语言能力应包括：① 军队利用各种语言资源处理涉及国家安全的事务，为军事科技、外交及情报收集等国防需求提供语言支持和服务的能力；② 军队掌握和调动各种语言资源的能力，如外语人力资源、外语语种资源，以及提供高水平外语服务资源的能力；③ 军队对国防语言资源的战略规划和管理能力。就狭义的国防语言能力而言，军队应根据不同军种、兵种，根据不同战区、岗位提出不同的外语、跨境语言及军事需要的方言的能力标准和要达到的水平。而广义的国防语言能力则应侧重军队整体语言能力的规划和为军事事务提供语言支持和服务的能力的规划。

（2）国防语言资源规划。国防语言资源规划包括国防外语语种资源的规划、周边地区跨境语言资源的规划、军事需要的方言资源的规划，以及对这些语言人才进行培养和管理的规划。外语语种的规划重点应该放在与我国具有重要外交关系的语言上，跨境语言的规划应该根据我国周边跨境语言的分布以及国家安全战略布局进行。此外，还应根据军事需要对重要的方言资源进行规划。在规划的基础上逐渐建立我国国防语言资源库和人才库，提高国防语言资源管理与规划的整体能力。

（3）国防“关键语言”区域语言规划。国防“关键语言”区域指与国家安全利益相关的区域，如从霍尔木兹海峡、亚丁湾到马六甲海峡相邻各国的语言区域。我国周边相邻国家的跨境语言区域都与国家安全、睦邻戍边以及反恐密切相关，这些区域的语言（包括方言）都应列入国防“关键语言”的规划中。“关键语言”区域应在语言分布调查的基础上，根据国家安全战略布局和国防安全需要确定，并着手培养具有熟练的国防“关键语言”区域语言能力的复合型人才。

（4）应对突发事件的应急语言规划。国防语言能力规划，不仅要考虑国际间军事合作与交流所需要的外语能力，还应该考虑应对国际救援、反暴反恐、自然灾害等突发事件应急语言的规划。目前军队在国际救援、反暴反恐以及自然灾害等突发事件的救援中已经成为不可替代的重要力量，因此，应该加强军队应对突发事件的应急语言的规划，未雨绸缪，鼓励部队官兵通过短期培训掌握应对突发事件的应急语言，在突发事件中能够提供适时的语言服务。

3.2 构建国防语言战略规划的对策

一是须有顶层设计。国防语言战略是涉及国家安全的重大问题，因此，国防语言战略的构建必须要有国防有关部门的顶层设计。顶层设计必须将国防语言战略纳入国家安全事务之中，从国家安全的角度构建国防语言战略规划。

二是须实行战略转型。国防语言战略的构建与实施必须实现国防语言观念的战略转型。国防语言能力的提升不仅仅是部队官兵学习外语、掌握一种外语技能的问题，而应把外语能力作为部队战斗力的重要组成部分。应该树立“大国防语言观”，即把国防语言能力作为重要的战略资源，为未来部队信息化建设提供强有力的支撑。

三是须制订计划。国防语言战略规划应着眼未来，制订“国防语言教育计划”，即高级外语人才培养应从基础抓起。已有研究表明，语言习得的“关键期”

是培养高水平成人外语学习者的主要障碍。因此，需要制订从幼儿园、小学、中学到大学的连续的外语教育计划，以培养国防需要的军事情报人员和高水平的专业外语人才。

四是须进行联合培养。充分利用地方院校语言教育资源，军地联合培养国防需要的"关键语言"人才。无论是地方院校还是军事院校的"关键语言"人才培养，均应列入"国防语言教育计划"，国家应加大对"关键语言"人才培养的投入。

五是须有针对性。军事院校外语人才培养应加强外语教学的针对性，优先培养急需的国防外语人才。此外，加强国际间高级军事外语人才的交流，通过人才交流培养既懂军事和专业，又具有较高外语水平的复合型人才。

六是须形成共识。推动国防语言观念的战略转型，全军上下应形成共识，将外语能力作为部队核心战斗力来看待。根据不同军兵种、不同战区、不同岗位，对部队官兵提出不同的外语能力标准；并充分利用部队和地方外语人才，对官兵进行短期外语培训，使外语培训常态化，培养部队急需的各语种外语人才。

:: 参考文献 ::

[英]巴瑞·布赞、[丹]奥利·维夫、[丹]迪·怀尔德（2003）《新安全论》，朱宁泽，浙江人民出版社。

李洪乾（2009）中国军事维和人员外语技能培养现状及其途径研究——以UNIFIL为例，《高等教育研究学报》第2期。

李小华（2008）《中国安全观分析》，上海人民出版社。

王建勤（2006）（美国）国家安全计划，载《中国语言生活状况报告》，商务印书馆。

肖国亮、孟强、纪长青（2006）用战略眼光审视外语对于国防和军队建设的重大意义——兼议专业技术人员职称外语考试，《中国考试》（研究版）第11期。

Chu, D. S. C. (2005) A Call to Action for National Foreign Language Capabilities. *The White Paper: A Call to Action for National Foreign Language Capabilities.* http://www.deomi.org/culturalreadiness/documents/White_Paper_

National,Foreign_Language_Capabilities.pdf.

Outzen, R. (2012) Language, Culture, and Army Culture: Failing Transformation. http://smallwarsjournal.com/jml/art/language-culture-and-army-culture-failing-transformation.

The U.S. Department of Defense. (2005) Defense Language Transformation Roadmap. http://www.defense.gov/news/mar2005/d20050330roadmap.pdf.

The U.S. Department of Defense. (2007) DOD Regional and Cultural Capabilities: The Way Ahead. http://www.google.com.hk/webhp?hl=zh-CN&sourceid=cnhp#hl=zh-CN&newwindow=1&q=DOD+Regional+and+Cultural+Capabilities+ the+Way+Ahead &safe=strict.

The U.S. Department of Defense. (2011a) DOD Strategic Plan for Language Skills, Regional Expertise and Cultural Capabilities. http://prhome.defense.gov/Portals/52/Documents/RFM/Readiness/DLNSEO/files/STRAT%20PLAN.pdf.

The U.S. Department of Defense. (2011b) Language and Culture: Changing Perspective. http://prhome.defense.gov/Portals/52/Documents/RFM/Readiness/DLNSEO/files/lcwhitepaper.pdf.

The U.S. Department of Defense, the Department of State, the Department of Education, and the Intelligence Community (2005) *A Call to Action for National Foreign Language Capabilities*. http://www.deomi.org/culturalreadiness/documents/White_Paper_National_Foreign_Language_Capabilities.pdf.

The U.S. Government Accountability Office. (2009) Military Development of Language Skills and Regional Proficiency. http://prhome.defense.gov/Portals/52/Documents/RFM/Readiness/DLNSEO/files/GAO-09568%20(DoD%20Needs%20Strategic%20Plan%20and%20Better%20 Inventory).pdf.

The U.S. Government Accountability Office. (2011) Military Training: Actions Needed to Assess Workforce Requirements. http://www.gao.gov/assets/330/323522.pdf.

原载《战略研究》2014 年第 3 期

世界需求与中国义务
——汉语国际传播的使命

语言的传播需要一种机遇，而这种机遇与国家的兴衰强弱息息相关。我国经济实力的提升带来了世界对汉语的需求，这为汉语的国际传播带来了新的机遇。作为一个新兴国家，如何抓住机遇、满足世界需求、尽好中国义务、积极做好汉语国际传播工作、提高汉语的国际影响力，是摆在我们面前的新使命。

1. 难得的历史机遇

汉语国际传播在历史上曾有过令国人自豪的辉煌。大约公元 1 世纪前后，汉语汉字先后传入一衣带水的邻邦朝鲜、日本等，对周边不少国家产生过广泛而深刻的影响。到了 19 世纪，由于中国封建帝制的没落，加上西方现代文明的冲击，汉语汉字的影响随之衰落。

进入 21 世纪，中国的国际地位和影响力大幅提升，为汉语国际传播带来了新的机遇。

1.1 中国经济的发展为汉语国际传播创造了条件

中国经济的发展、国力的增强，促使汉语的经济价值不断提升。据国外学者研究，1975 年至 2002 年，全世界说英语的人口所创造的 GDP 占世界 GDP 的 29.3%，而说汉语的人口所创造的 GDP 仅占 12.5%。2003 年至 2010 年则不同，据估测，全世界说英语的人口创造的 GDP 占世界 GDP 的比例下降为 28.2%，而说汉语的人口创造的 GDP 比例上升到 22.8%，增加了 10.3%（Davis，2003）。汉语经济价值的增长和国力的增强，无疑为汉语国际传播创造了良好的条件，带来了广阔的前景。

1.2 经济全球化为汉语国际传播带来了巨大的驱动力

在全球化背景下，中国与世界的贸易急剧增加。据投行高盛统计，过去 10 年，我国对世界经济增长的贡献率高达 22%，居世界第一。中国在世界贸易中的排名从原来的第六位跃居世界第二。2009 年、2010 年中国对全球经济增长的拉动作用都超过了 50%（杨凤鸣，2011）。中国经济和贸易对世界的贡献极大地激发了世界各国学习汉语的热情。

1.3 世界对语言文化生态多样性的重视为汉语国际传播提供了契机

人类的发展离不开生物的多样性和语言文化的多样性，世界不可能只有一种语言。因此，面对全球化发展，世界各国为了抵制英语霸权，维护语言、文化生态平衡，正在进行不懈的努力。联合国教科文组织（2006）发布了《世界文化多样性宣言》等重要文件，大力推动“保护人类的语言遗产，鼓励用尽可能多的语言来表达思想、进行创作和传播”。在这种形势下，积极开展汉语国际传播，为汉语在未来世界新的“语言秩序”中争取应有的地位，也是对维护世界语言文化生态多样性的贡献。

在新的形势下，抓住汉语国际传播难得的机遇，让汉语成为沟通世界、促进交流、传播中华文化、营造良好国际环境的重要桥梁，这是一个负责任的大国义不容辞的历史担当。

2. 旺盛的世界需求

2.1 世界希望了解中国激发了汉语学习需求

改革开放使中国与世界的接触和交流日益频繁，中国经济的发展也令世界刮目相看，世界各国都十分希望了解中国。然而，中国变化之大与西方对中国了解之少形成了强烈的反差。2006 年，美国国家地理学会委托调查公司对 510 名 18 至 24 岁的美国人了解中国的情况进行调查，结果发现，有 69% 的人知道中国在地图上的位置，而令人惊讶的是，有近 75% 的人以为中国的母语是英语。因此，美国一位大学校长十分尖锐地指出，美国由于外语能力的落后，对世界其他国家的文化缺乏起码的了解，以致培养出了这么多对世界一无所知的公民，因此，他呼吁加强外语教育（Scott，2005）。近些年来，美英等世界大国出于各种战略考虑，先后出台了国家语言战略，斥巨资鼓励公民学习外语，有些国家还把汉语列为“关键语言”，这些都促使全球汉语学习者与日俱增，数以千万计。在这种背景下，积极推进汉语国际传播，正是适应了世界各国学习汉语、了解中国的需求。

2.2 中国巨大的市场机遇刺激了汉语学习需求

中国经济的快速发展给世界带来了巨大的市场机遇。早在 2005 年，美国一项促进美中文化交流的法案指出，有 400 多个世界 500 强企业在中国投资。中国很快就会成为世界最大的消费市场，因此该法案主张加强美中文化交流。今天，中国已经成为世界最大的消费市场。要想争取中国市场，就要有熟悉中国语言和文化的人才。有研究表明，在中国排名前十位的贸易伙伴中，有七个对中国的贸易是顺差。这七个国家中有五个都拥有大量熟悉中国语言和文化、精通中国事务的人才。显然，熟悉中国语言文化是获得中国市场的重要条件之一，这也大大刺激了对汉语的需求。

2.3 一些国家的战略意图扩大了汉语学习需求

全球化的推进使得国家博弈越来越激烈，很多国家为了提高本国在经济、政治、科技、文化、军事等领域的竞争力和其他战略需求，大力推动外语学习，这也为汉语带来了学习需求。例如，美国推出的《国家安全语言计划》把汉语列为“关键语言”，并相应推出一系列学习汉语的支持计划，大大增加了对汉语的需求。他们为此投入了大量资金，专门用于培养兼通汉语和中国文化的专业人才，并希望通过这项对未来的投资在将来收获各种巨量效益和回报。

2.4 “世界公民”意识的强化激发了汉语学习需求

全球化使世界人口流动日益频繁。从未来全球人力资源竞争的角度看，外语能力是劳动力素质不可或缺的一个要素，缺乏外语交际技能必然难以参与各种国际竞争。为此，很多国家对本国公民的外语能力进行了深刻的反省，并采取措施进行国际化培养。例如，英国政府提出了“为了下一代”的语言战略，把良好的外语能力和文化包容性作为培养未来合格的“世界公民”的基本要求。其目标是，不管在世界哪个角落有一个职位，其下一代都有资格、有能力去竞争。在这种背景下，英国政府认为汉语将是具有广泛影响力和重要价值的语言，因此建议各级学校增加汉语课程的数量，并从 2014 年开始将汉语列为小学生的必修课之一。美国则在其“关键语言”战略中提出了“K-12”计划，即外语教育从幼儿抓起，其中也包括汉语，以确保其公民在未来竞争中立于不败之地。这也推动了汉语学习。

3. 应尽的国际义务

中国作为一个发展中的大国，面对世界的需求，有责任、有义务承担起汉语国际传播的伟大使命，服务世界需求，为人类发展做出贡献。

3.1 传播汉语促进世界了解中国

有学者认为，在西方与中国之间存在着一道巨大的“认知鸿沟”，就像一堵看不见的墙，致使西方常常误读中国。因此，通过汉语国际传播架设连接中国与世界的桥梁，让世界了解中国，让中国走向世界，以促进不同民族之间的相互理解、和睦相处，就显得十分重要。这也是汉语国际传播的一大使命。诚如有识之士所说，汉语国际传播“有助于加深外部世界对国家的了解，是扩大一国影响力的最有效途径；战舰能让别国人民暂时臣服，而让他们理解你的语言却能使大家成为朋友"（胡沛，2006）。

3.2 传播汉语为有关国家的经济活动服务

中国经济的发展带来了世界经济活动中旺盛的汉语需求，积极为这些需求提供汉语服务也是我国的国际义务。这有利于推动有需求的国家与中国的经济交流与合作，促进有关国家的经济发展，为世界经济发展做出贡献。

3.3 传播汉语为维护世界语言与文化生态的多样性做贡献

汉语及其所承载的文化是世界文化的重要组成部分，汉语国际传播有利于促进中华文化与其他民族文化的交流、互补和融合，进一步丰富和发展世界文化，使世界文化更加绚丽多彩。这也是中国作为一个新兴大国应尽的国际责任和义务。

3.4 传播汉语满足海外华侨、华人的母语学习需求

有资料显示，目前华侨、华人遍布世界 170 多个国家和地区，人数达 6000 多万，这也是不容忽视的一个群体。中华民族素有重视母语教育的传统，当今华侨、华人对母语教育更加重视，海外汉语学习者中，华侨、华人子女占有不小的比例。华侨是中国公民，他们面临的困难是无法享受系统的母语教育，中国作为他们的祖国，有责任关心海外国民的母语教育；华人是外国公民，他们热爱汉语，渴望学习汉语，但往往缺乏学习条件，中国作为其祖籍国，也有义务为他们提供民族语言文化教育服务。此外，对华侨成功的国民语言教育可以增强其向心力，并可培养一批精通所在国语言文化和中国语言文化的双语人才，这对国家未来的发展必将起到重要作用；而为海外华人提供良好的母语教育，还有利于他们传承中华文化，增强民族认同，这也是祖籍国的历史责任。

21 世纪以来，为了适应世界各国对汉语的需求，我国也积极推进汉语国际推广事业，以孔子学院的建设为例，据 2013 年第八届孔子学院大会披露，目前已在五大洲的 120 个国家和地区建立了 440 所孔子学院和 646 个孔子课堂，注册学员 85 万人。这对于服务世界需求、扩大汉语和中国文化的影响、增进世界对

中国的了解，无疑都发挥了巨大的作用。但从总体上看，孔院的发展离世界的实际需求还有相当大的距离，传播面、深入度、认同感也很有限。因此，积极探索多样化的汉语国际传播模式、加快发展步伐、提高传播水平、增强传播效果、更好地满足世界需求，仍是我国面临的艰巨任务和光荣使命。

:: 参考文献 ::

范俊军（2006）实施《教科文组织世界文化多样性宣言》的行动计划要点，《联合国教科文组织关于保护语言与文化多样性文件汇编》，民族出版社。

胡　沛（2006）汉语推广热全球，《华尔街日报》9月1日。

杨凤鸣（2011）全球贸易治理中的中国角色，《瞭望》第38期。

Davis，M. (2003) GDP by Language. http://www.unicode.org/notes/tn13.

Scott，R. A. (2005) The White Paper of National Language Conference, released in February, 2005.

原载《语言与国家》

赵世举主编，商务印书馆，2015年

汉语国际传播的语言标准建设与竞争策略

经济全球化带来了汉语学习市场的空前高涨，海外学习汉语的人数逐年增长。在这种新形势下，汉语国际传播也面临着新的挑战：一是缺少适合海外的所谓“精品”教材，二是缺少所谓“合格”的汉语师资。对外汉语教材，特别是面向海外的汉语教材，近些年来受到国内外专家、学者、汉语教师乃至汉语学习者的诸多批评。面对这些批评，多年从事汉语教材编写、研究的专家学者和汉语教师感到非常困惑，不知道该怎么编写适合海外汉语学习者使用的汉语教材。关于汉语师资，特别是汉语师资的培训与选拔，海内外的专家学者在“什么是合格的汉语教师”的问题上争论不休，甚至在教学观念上和教学实践中产生了激烈的冲突。

产生这些争论和冲突的一个重要原因是，我们缺少一个共同的汉语教学与评估标准。由于汉语教学评估标准体系的研究和建设严重滞后，汉语国际传播常常处于非常被动的局面。相比之下，国外在外语教学与评估标准的建设方面发展迅速。近些年来，欧盟和美国的外语教学与评估标准相继出台，这对我国汉语教学与评估标准体系的建设带来了严峻的挑战。

在这种形势下，我们需要放眼世界，看看国外的同行在外语教学标准建设上做了些什么、是怎么做的，认真分析我们面临的挑战，在此基础上来研究汉语教学与评估标准，制定具有竞争力的标准竞争策略。

1. 欧盟与美国外语教学标准的新理念

上个世纪末，世界各国，主要是欧美国家在外语教学标准体系的建设上做了许多可资借鉴的工作。1996 年，美国正式公布了《21 世纪外语学习标准》(*Standards for Foreign Language Learning in the 21st Century*)；2000 年，加拿大也发布了《加拿大语言测试等级标准》(*Canadian Language Benchmarks*)。2001 年，欧盟正式公布了《欧洲语言学习、教学、评估共同参考框架》(*A Common European Framework of Reference for Languages: Learning, Teaching, Assessment*)[①]，简称 CEF。这些标准的发布反映了在全球化背景下外语教学的新潮流，体现出了外语教育的一些新理念。

1.1 欧盟 CEF 标准

欧洲委员会（The Council of Europe）根据欧洲部长会议确定的“三项基本原则”[②]，于 1992 年开始着手制定《欧洲语言学习、教学、评估共同参考框架》。该标准的研制历时 9 年，于 2001 年正式公布，2003 年修订后正式出版。欧盟推出的“共同参考框架”就是欧盟各国外语教学和评估的标准。其目的是为欧洲语言教学的大纲设计、课程指南、测试和教材编写提供一个共同的基础。该标准全面地描述了语言学习者进行有效交际所必须掌握的知识与技能、语言活动、语言运用的环境与水平标准。概括地说，CEF 可以描述为以下 6 个方面：

（1）整体语言能力分级

CEF 作为语言能力标准，首先将学习者的整体语言能力（common reference levels）分为三等六级：一等为初级使用者（A），包括入门级（A1）、基础级

① 有人将 CEF 译为“欧洲语言教学共同纲领”，本文不采纳这种译法。

② 欧洲部长会议提出的“三项基本原则”，简要地说，包括三点：一是将欧洲语言文化多样性由障碍变为交际的资源；二是促进欧洲的流动性；三是通过合作实现欧洲的凝聚力。详见 CEF 第 2 页。

（A2）；二等为独立使用者（B），包括进阶级（B1）、高阶级（B2）；三等为熟练使用者（C），包括流利运用级（C1）、精通级（C2）。这些等级的设置并非是封闭的，使用者可以根据学习者的具体情况，在每一等两个级别的基础上再分级，以便对某一等级的语言能力进行细致的划分。语言能力等级划分确定了 CEF 作为内容标准的主要框架。

（2）语言能力描述

CEF 从理论上对语言能力的构成进行了描述。CEF 将语言能力分为两方面：即"一般语言能力"（the general competences）和"语言交际能力"（communicative language competence）。一般语言能力包括语言知识、语言技能、语言个性（existential competence）[①]、学习能力；语言交际能力包括语言学能力、社会语言学能力和语用能力三个方面。对语言能力的理论描述奠定了 CEF 的语言理论基础。

（3）语言交际活动

CEF 研制者认为，学习者的语言交际能力只有在语言交际活动中才能被激活，学习者只有通过语言交际活动才能完成交际任务。为此，CEF 将语言交际活动分为三种："语言理解"（reception）、"语言产出"（production）和"互动"（interaction）。CEF 强调通过语言活动来实现交际任务，这充分体现了该标准以"行动为导向"（action oriented）的特点。

（4）语言运用的环境

语言学习者参与的语言交际活动总是在一定的语言环境中进行的，因此，CEF 将学习者语言运用的环境大致分为四个方面，即个人交际环境、公共场合的交际环境、工作环境和教育环境。CEF 强调语言运用环境，强调"学习者作为社会成员在特定社会环境完成特定交际任务"，这充分体现了 CEF 将语言作为交际工具强调其社会效用的理念。

（5）语言交际策略

为了进行有效的交际，学习者必须调动一切策略手段来满足交际需要。因此，语言交际策略也是学习者语言交际能力的一个重要方面。CEF 结合语言交际

---

① 指学习者的个性特点以及与目的语文化相关的态度。CEF 认为"语言个性"是一般语言能力的一部分。

活动，将交际策略分为三大类：在语言理解过程中识别线索和进行推断的策略；在互动环境中采取的讨论、合作和确认等策略；在语言表达活动中采取的计划、补偿、监控等策略。

（6）测试与评估

CEF不仅是外语学习的“内容标准”（content standard），而且可以作为测试和评估的“水平标准”（proficiency standard）。CEF根据“整体能力分级”标准的六个等级制定了学习者可以自测的“自我评估量表”和“口语质量量表”。这两个量表详细地描述了不同等级的学习者在听、说（包括“互动”和“产出”）、读、写四个方面应该达到的目标。此外，CEF出台后，各种考试都参照该标准，使各种语言测试证书之间建立了联系，有了统一的评估标准。

从上述6个方面可以看出，CEF不仅可以作为内容标准，而且可以作为能力标准（performance standard）和水平标准。作为内容标准，CEF全面地描述了学习者必须掌握的语言知识和技能；作为能力标准，CEF通过语言交际活动的三种方式描述了各个等级的学习者应该达到的目标；作为水平标准，CEF兼有测量和评估尺度的功能。学习者不仅可以参照内容标准对自己的语言能力做出评价，而且可以为各种考试编制建立参照标准。从上述6个方面还可以看出，CEF是一个新型的外语教学标准。该标准反映了时代和社会对外语教育的需求，体现了欧盟在政治与教育环境下的新理念。

1.2 美国《21世纪外语学习标准》

美国《21世纪外语学习标准》是“美国外语教学委员会”（ACTFL）联合法语、德语、西班牙语教师协会，经过3年的研制，于1996年正式发表的。1999年美国外语教学委员会与9个语种的外语教师协会携手制定了反映各语种特点的外语学习标准。此外，全美中小学外语教师协会根据美国《21世纪外语学习标准》制定了中小学中文学习课程标准，即《中文学习目标》。美国《21世纪外语学习标准》的主要内容可以概括为“5个目标”“11项标准”。“5个目标”构成了该标准的核心内容，“11项标准”构成了该标准的基本框架。

（1）交际（Communication）

该标准认为，交际是语言学习的核心，无论这种交际是面对面的还是以书写和阅读的方式进行的。“交际”目标下包括 3 项标准，即 3 种交际模式：

A. 人际交流（interpersonal communication）

该标准要求学习者在谈话中能够提供信息和获得信息、表达情感、交流观点。这项标准强调双向交际技能。

B. 理解诠释（interpretive communication）

要求学习者能够理解、诠释书面语或口语的各种话题。这项标准强调正确地理解和解读各种话题内容。

C. 表达演示（presentational communication）

要求学习者能够向听众或读者展示和表达有关话题的概念和观点。这项标准强调相关话题概念和观点的表达。

（2）文化（Cultures）

这个目标要求学习者通过语言学习了解和理解目的语文化。该标准认为，只有深刻地了解特定的目的语文化才能真正掌握目的语。因此，该目标要求学习者从两个方面来了解目的语的文化观念、文化习俗、文化产物之间的关系：

A. 要求学习者能够理解目的语文化观念与文化习俗的关系；

B. 要求学习者能够理解目的语文化观念与文化产物的关系。

（3）贯连（Connections）

外语学习为学习者提供了增加其他学科知识的机会，因此这一目标强调语言学习与其他学科的联系。这一目标确定了两条标准：

A. 要求学习者能够通过外语加强和扩展其他学科的知识；

B. 要求学习者具备通过外语和目的语文化获取信息、认识不同观点的能力。

（4）比较（Comparisons）

这个目标要求学习者通过语言与文化的比较，了解语言和文化的本质，了解对世界的不同认知方式。该目标包括两条标准：

A. 要求学生具备通过语言对比了解语言本质的能力；

B. 要求学生具备通过文化对比理解文化概念的能力。

（5）社区（Communities）

要求学习者恰当地运用目的语和目的语文化知识参与国内外多语社区的语言

交际，强调在特定语言环境中运用语言的能力。该目标包括两项标准：

A. 要求学习者不仅能够在校内而且能够在校外环境运用外语；

B. 学习者能够以语言学习为乐趣，以丰富自我为目的，并成为终身学习者。

从上述目标和标准可以看出，美国《21世纪外语学习标准》改变了以往以语言知识为核心的教学理念，强调交际，强调综合运用语言的能力，重视文化认知能力的培养。

此外，美国《21世纪外语学习标准》主要是"内容标准"。美国外语教学委员会为此还公布了基于"内容标准"的"能力标准"(performance standard)，即《K-12学习者语言能力指南》(*ACTFL Performance Guidelines for K-12 Learners*)。"能力标准"是在该委员会1986年公布的《美国外语教学委员会语言能力标准》(*ACTFL Proficiency Guidelines*)的基础上研制的。"内容标准"规定了学习者应知应会的语言知识与技能；而"能力标准"则规定了学习者语言运用的具体标准，其目的主要是为教师制定教学目标提供参照。

1.3　欧盟与美国外语教学标准新理念

比较欧盟与美国制定的外语教学标准，我们可以看到，两个标准虽然内容各异，但二者所体现的新理念有许多值得研讨和借鉴之处。

(1) 标准建设的全球化视野

欧盟和美国外语教学标准体系建设的一个共同之处就是具有高屋建瓴的全球化视野。CEF在陈述该标准的政治目标时指出，要通过提高欧洲人多语多文化能力"迎接急剧的国际流动性的挑战"。欧盟认识到，经济全球化带来了频繁的国际交流，这种流动性要求欧洲公民具备多语多文化能力。另外，欧盟希望通过制定外语教学标准促进国际间的交流，以避免由于缺少必要的语言交际技能而被边缘化的危险。英国在其国家语言战略中更为明确地提出，掌握外语技能是当今全球化背景下合格世界公民的基本素质。

美国制定的《21世纪外语学习标准》则把全球化意识融入了具体的标准之中。该标准对文化目标的设定充分体现了美国的全球化意识。该标准的文化目标要求学习者不仅要了解自己的语言和文化，通过外语学习还要了解世界其他国家的语言和文化。该标准之所以如此重视文化目标，与美国的国家语言战略密切相关。2004 年 6 月美国在马里兰大学召开了全国语言大会，大会在发表的《国家外语能力行动倡议书》（*A Call to Action for National Foreign Language Capabilities*）白皮书中呼吁，应提高国家外语能力以及理解目的语文化的能力，以确保美国在全球化竞争中保持领导地位。

（2）标准建设服务于国家语言战略

欧盟的外语教学标准充分地体现了欧洲的多语多文化战略。欧盟建立语言教学与评估的共同标准，并非要通过这一标准统一欧洲的语言，而是希望在这个共同框架下保护和开发欧洲的多语多文化资源。面对欧洲多语多文化的现实，欧盟的语言战略是极具建设性的。CEF 的制定始终坚持欧洲部长会议提出的“三项基本原则”——通过标准的制定，使欧洲语言文化的多样性由交际障碍变为双方彼此拥有、相互理解的交际资源，这是解决全球化与多元化矛盾非常有预见性的语言策略。

（3）注重交际，注重能力，注重文化

注重交际、注重能力、注重文化是这两个标准最突出的特点。美国《21 世纪外语学习标准》虽然也是“内容标准”，但是其内容并不是传统意义上的语言结构、功能等项目。正如该标准阐述的那样：“过去大多数外语课堂教学集中在‘怎样说’（语法）和‘说什么’（词汇）。当然，这些语言要素的确是重要的。但是当今外语教学研究的组织原则是‘交际’。交际强调的是‘为什么说’‘对谁说’和‘什么时候说’。所以，语法和词汇是交际的基本工具，交际则是指交际能力的获得，即以有意义和恰当的方式与说其他语言的人进行交际的能力的获得。这是当今外语教学课堂的最终目的。”很显然，该标准“打破传统的结构大纲或功能大纲的目标定位与分级模式，以培养交际能力为核心”（罗青松，2006）。此外，该标准强调语言能力与文化认知能力同等重要，并较好地解决了文化学习和教学内容在课堂教学中的定位问题。

（4）突出交际活动和交际任务

CEF 是以“行动为导向”的语言标准，因而强调在“交际活动”中实现交际任务。CEF 通过交际活动将听说读写四种技能很好地结合在一起，突出了语言综合交际能力的培养。在这一点上，美国《21 世纪外语学习标准》同样采取了基于交际任务构建标准的方法。《K-12 学习者语言能力指南》中指出，与传统的听说读写四种技能相比，交际目标中的三种交际模式（语言沟通、理解诠释、表达演示）是更为丰富、更为自然的交际方式。Brecht & Walton（1994）认为，三种交际模式强调的是交际的环境和目的，而不是孤立的某个语言技能。由此可见，两个标准通过交际活动和交际任务很好地解决了综合交际能力培养的问题[①]。

综上所述，CEF 和美国的《21 世纪外语学习标准》的确是以全新的视角来看待外语教学的，体现了外语教学的新理念。这些标准的建设将对世界汉语教学产生重要的影响，对世界汉语教学标准与评估体系的建设具有重要的借鉴意义。

2. 欧美外语教学标准对汉语国际传播的影响和挑战

《欧洲语言学习、教学、评估共同参考框架》和美国《21 世纪外语学习标准》打破以往传统的语言教学标准框架，为语言教学研究领域带来了新鲜空气。这些新理念对汉语教学标准与评估体系的建设将产生积极的影响。与此同时，这些新理念也将对汉语国际传播的语言教学与评估标准建设带来巨大的挑战，主要有以下几个方面。

2.1　对我国汉语教学观念的影响和挑战

美国《21 世纪外语学习标准》在阐释其教学理念时指出，“当今外语教学研究的组织原则是交际”，强调交际能力的培养。这与第二语言学习者学习需求的变化密切相关。因为大多数学习者不是把语言学习本身作为最终目标，而是把语言作为工具，用它去完成政治、经济、文化各个领域的某种交际任务。CEF 在标准陈述中，把学习者看作在特定环境和领域完成任务的“社会成员”(social agents)，而不是单纯的语言学习者，这充分反映了欧盟外语教学观念的变化。无论是 CEF 还是美国《21 世纪外语学习标准》在这一点上都是一致的，即都把语

---

① 参见 ACTFL Performance Guidelines for K-12 Learners, *New Jersey World Languages Curriculum Framework*，第 231 页。

言交际能力的培养放在首位。

然而，对外汉语教学发展了 50 年，对于“教什么”的问题基本上还是在字、词、句上做文章。教学研究关注的仍然是词汇的多少和词频问题，以及语法点的多少及如何排序的问题；教材编写关注的是甲级词、乙级词的编排问题，以及哪个语法点应该在哪里出现的问题；教师上课关注的是先教哪些词后教哪些词，以及语法点“冒没冒”的问题。不错，语言要素当然是应该关注的问题，但是只注重语言知识传授，忽视交际能力和文化认知能力的教学观念已经不能适应时代发展的需要，现实社会的发展对语言教学“教什么”的问题提出了新要求。我们的汉语教学已经不能满足海内外汉语学习者的多种需求。因此，汉语要走向世界，汉语国际传播面临的第一个挑战就是更新汉语教学观念。

2.2 对我国汉语教学标准与评估体系建设的挑战

欧美国家在语言教学标准建设上积累了丰富的经验。在语言教学标准体系的建设上，他们不仅建立了“内容标准”，而且还有配套的“能力标准”“水平标准”和“实施标准”。美国《21 世纪外语教学标准》发布后，许多州根据国家标准制定了各自的标准、大纲和课程指南。相比较而言，我国汉语教学标准的研制却有些滞后。1988 年中国对外汉语教学学会公布了我国第一部《汉语水平等级标准和等级大纲（试行）》，1995 年国家汉办组织修订出版了《汉语水平等级标准与语法大纲》。这个标准的发布在规范对外汉语课堂教学、教材编写以及测试等方面起到了一定的作用。但是，该标准仅仅是一个以语言要素为主要内容的标准，而且主要是语法大纲。虽然这个标准也划分了“言语能力”等级，但语言能力等级的划分最终还是依托语言要素的等级划分。其根本问题在于，这个标准并不是以交际能力为目标来确定语言知识（词汇、语法、汉字），而是以语言知识来限定交际能力（伯冰，2006）的。在这种标准指导下的课堂教学、教材编写以及语言测试只能局限于语言知识的系统性，而无法实现交际能力培养的目标。娄毅、朱瑞平（2006）对美国 AP 中文考试及 HSK 考试中语言技能和语言知识的分布做了初步统计。结果表明，AP 中文三种交际能力分别占考试总成绩的 40%、30% 和 30%，而 HSK 语言知识的内容将近 30%；AP 中文听说读写各占总分的 25%，而 HSK 只涉及听读两种技能。这一统计结果表明，AP 中文注重考查语言运用的综合能力，而HSK考查的是单项的语言知识和技能。这从一个侧面说明，《汉语水平等级标准与语法大纲》已经不能适应汉语教学的新形势。标准研制的落后势必对汉语国际传播带来极大的影响。

2.3 对我国汉语教材建设的挑战

上世纪80年代前，我国对外汉语教材数量并不多，但是国外汉语教学使用的大都是那个时代出版的教材。90年代后，我国每年出版的汉语教材上百种，然而国外普遍反映仍然找不到合适的汉语教材。直到目前为止，国内出版的对外汉语教材绝大部分依然是在国内市场打转转。除去低水平重复的汉语教材，对外汉语教学50年，总应该有几本大家公认的好教材。但为什么国外仍然不买账呢？原因之一是标准问题。按照我们以往的标准，就语言知识的科学性和系统性而言，我们应该有几本值得称道的对外汉语教材。但是，我们的标准只注重语言知识的系统性，对交际能力重视不够，忽视文化认知能力。基于这种观念和标准编写的教材以至课堂教学自然不能满足海外学习者的需求。标准研制落后，教材就难以走出国门，特别是欧美外语教学标准的出台将使这种情况更加严峻。这意味着汉语教材进入市场的门槛提高了，不符合标准的教材将难以走向市场。从市场竞争的角度讲，未来汉语教学市场的竞争就是标准的竞争，我们不得不面对这种挑战。

3. 汉语国际传播的标准建设与竞争策略

为了加快汉语走向世界的步伐，迅速改变汉语国际传播的被动局面，我们必须着眼于未来，面向海外市场，面向海外学习者需求，在标准建设上采取以下策略。

3.1 树立全球化意识，更新教学观念，满足海外汉语教学需求

在汉语国际传播的新形势下，对外汉语教师必须具有全球化视野，汲取欧美国家外语教学的新理念，突破以语言结构和功能为框架的传统教学观念，把交际能力和文化认知能力纳入汉语课堂教学目标，改革和创新教学模式，不断满足海

外学习者汉语学习的新需求，使汉语和中华文化真正走向世界。

3.2 尽快研制面向全球的世界汉语学习、教学与评估标准

建立自己的标准是汉语国际传播的长久之计。汉语要走向世界，必须要有世界汉语教学公认的标准。这就要求标准建设要面向世界各国的汉语教学，面向世界各地的汉语学习者，为世界汉语教学提供一个具有先进教学理念的、科学的标准体系，为教学评估、教材评价以及汉语师资的评估提供一个公认的客观标准。

3.3 建立面向全球的标准兼容机制和竞争机制

在全球化背景下，标准的建立就意味着标准的竞争。面对欧美标准的挑战，我们要么建立具有世界竞争力的标准，要么跟着别人的标准跑。除此之外的第三条路就是建立标准兼容机制，这是参与世界公平竞争的重要方法。我们应该充分利用已有的汉语教学资源，建立以汉语学习者语言能力常模为参照的标准体系，实现与其他国家外语教学标准的兼容，为汉语国际传播，为汉语教材和汉语师资走出国门铺平道路。

3.4 开发基于标准的、面向海外的新型汉语教材

对外汉语教学 50 年，我们一直希望能够通过开发所谓“通用型教材”包打天下。但由于对外汉语教学市场的细分和海内外学习者需求的多样化，通用型教材的市场将会越来越小。因此，汉语国际传播要解决面向海外学习者汉语教材的瓶颈问题，今后的教材编写与出版必须针对海外学习者的多种需求，编写面向不同类型学习者的汉语教材。此外，虽然教材的类型可以多样化，但必须与面向世界汉语教学的教学标准挂钩，即编写和出版基于世界汉语教学界公认的标准的汉语教材。

在全球化背景下的汉语国际传播过程中，标准显得越来越重要，因为标准不仅仅是规范，而且是目标和导向。因此，我们不能只在自足的语言系统中打转转。我们必须转变观念，加速汉语教学与评估标准的建设。在全球化竞争中，忽视标准的建设将使我们的汉语教学与汉语教材编写面临边缘化的危险。未来汉语国际传播的实践将会证明，离开标准，汉语教材难以走出国门；离开标准，汉语国际传播也将寸步难行。

:: 参考文献 ::

伯　冰（2006）第二语言教学与评估标准综述及建立汉语相关标准的设想，北京语言大学硕士学位论文。

国家对外汉语教学领导小组办公室汉语水平考试部（1996）《汉语水平等级标准与语法大纲》，高等教育出版社。

娄毅、朱瑞平（2006）关于AP汉语与文化考试——兼与中国HSK考试、日本“中国语检定”考试比较，《语言文字应用》第S1期。

罗青松（2006）美国《21世纪外语学习标准》评析——兼谈《全美中小学中文学习目标》的作用与影响，《世界汉语教学》第1期。

竹露茜（2000）全美中小学中文学习目标大纲，《文教新潮》第5期。

Center for Canadian Language Benchmark (2000) *Canadian Language Benchmarks*. http://www.language.ca.

Council of Europe (2001) *A Common European Framework of Reference for Languages: Learning, Teaching, Assessment*. Cambridge: Cambridge University Press.

National Standards in Foreign Language Project (1999) *Standards for Foreign Language Learning in the 21st Century*. KS: Allen Press Inc.

White Paper of the National Language Conference (2004) *A Call to Action for National Foreign Language Capabilities*.

原载《全球文化竞争背景下的汉语国际传播研究》
王建勤等著，商务印书馆，2015年

汉语国际传播标准的学术竞争力与战略规划

1. 序言

自从国家提出“走出去”战略之后，汉语如何走出国门成为汉语国际传播研究的一个中心议题。汉语走向世界要靠什么？靠枪，这种历史显然是不可复制的；靠钱，我们的国力有限；当今明智的选择当然是靠标准。制定语言标准对我们来说并不陌生，但汉语国际传播的语言标准是需要世界各国认可的国际标准，是“买方市场”。因此，如何制定权威的、有影响力的汉语国际标准成为我们目前亟待研讨的一个新课题。有鉴于此，本文主要探讨三个问题：(1) 语言标准的产品属性与核心竞争力；(2) 汉语国际传播语言标准制定与规划面临的问题；(3) 汉语国际传播语言标准竞争的战略规划与竞争对策。

2. 语言标准的产品属性与核心竞争力

在知识经济时代，标准竞争是一个企业乃至国家建立核心竞争力的重要手段和途径，标准竞争战略已经成为世界各国在各个领域参与竞争的基本战略。世界各国之所以如此重视标准竞争战略，是因为通过标准竞争可以获得其他方式难以获得的收益。企业的标准可以通过技术创新建立技术壁垒来获得巨大的经济效益，因而具有一定的排他性和竞争性。然而，语言标准作为一种特殊的产品，与企业标准有很大的不同。

2.1 语言标准的公共产品属性

按照语言经济学理论，语言本身是一种公共产品。所谓“公共产品”，按照萨缪尔森（Samuelson，1954）的观点，某一消费者对某物品的消费不会降低其他消费者对该物品的消费水平，这件物品就是公共产品，即公共产品具有消费的非排他性和非竞争性。“非排他性”是说公共产品对所有社会成员开放，所有成员都可以免费消费；“非竞争性”是指任何人对公共产品的消费都不会影响和降低其他人对该产品的消费质量和消费水平。通常大家用航标灯来阐释公共产品的非排他性和非竞争性。也就是说，任何通过航标灯的船只都可以消费航标灯的效用，无论多少船只分享航标灯的效用都不会增加边际成本，而且不影响任何其他船只享有航标灯指示功能的效用。本文讨论的语言标准同样具有公共产品的非排他性和非竞争性特点，即语言标准本身也是一种公共产品。

语言标准的非排他性主要表现在：（1）语言标准作为公共产品通常是由政府或标准制定机构免费提供的。理论上，所有的社会成员都可以使用语言标准。（2）语言标准作为公共产品具有不可分割性。每一个社会成员对语言标准的消费都是对整个产品的消费，个人消费等于全体消费。（3）语言本身作为公共产品会吸引不同族群成员的消费，即具有所谓的“网络外部性”。语言标准作为公共产品的重要功能之一就是加强语言网络的外部性，提高语言产品的功效。语言标准作为公共产品的非竞争性主要表现在：任何语言教学机构、教学管理部门以及任何学习者对标准的使用都不会对其他语言教学机构、部门以及学习者个体对标准的使用产生限制和影响，即前者与后者对语言标准的消费不会构成竞争关系。语言标准消费的非竞争性为满足学习者需求、为语言推广机构实现社会效益和经济效益最大化提供了最为有效的手段和途径。

2.2 语言标准之间的竞争性

如上所述，语言标准本身作为公共产品不具有竞争性，但是这并不意味着语言标准之间不具有竞争性。语言标准之间的竞争性主要表现在语言标准供给和实施的"局部性"及"外部性"的矛盾。一方面，任何一种语言标准的制定和实施都有明确的使用范围，适用于特定的人群。标准实施的功能之一就是"画地为牢"，标准一经实施，在客观上对同类标准的实施和推广具有一定的排他性。另一方面，有些标准的适用范围往往超出了国家和地区的边界，比如汉语国际传播标准，这种国际标准的制定和实施为语言的传播和推广铺平了道路，因而具有很强的外部性。语言标准的外部性与国家和地区语言标准的局部性之间的矛盾必然导致语言标准的竞争性。

此外，语言标准之间的竞争方式与商业标准的竞争方式具有不同的特点。商业标准通过技术创新形成核心竞争力，通过建立技术壁垒锁定消费者，最终保护和扩大市场。而语言标准本身作为公共产品对所有公众开放，建立技术壁垒不符合其开放性特点。商业标准的竞争主要是以技术创新为支撑，语言标准的竞争主要是标准本身的竞争。

2.3 语言标准的核心竞争力

由于语言标准本身的特点，它不可能通过技术壁垒建立核心竞争力。语言标准的功效主要是通过标准本身对标准的适用者，如语言教学机构以及语言学习者施加影响，而这种影响主要是通过语言标准的学术竞争力来实现的。这种学术竞争力主要体现在以下几个方面：

2.3.1 语言标准的学术权威性

语言标准，按照制度经济学的理解，是一种学术含量比较高的语言制度或语言制度安排。语言制度，通俗地说，就如同其他社会制度一样，是一种社会规约。这种规约是基于语言、语言学习、语言教学、语言评估的规律制定的一种语言制度。这种制度规定了语言学习与语言教学的目标、测量尺度和评价标准，因而具有一定的约束力。语言标准在本质上应该属于一种语言的社会规约。由于这种语言制度确定了国家语言教育与语言传播总的方向，不仅承担了巨大的社会责任，而且也具有巨大的危险（Sandrock，1997），因此，语言标准研制的学术含量和语言标准发布机构的学术资质是构成语言标准学术竞争力的重要因素。

2.3.2 语言标准的理论创新

语言标准是一种以理论创新为基础的语言资源。这种资源开发的理论创新是构成语言标准学术竞争力的核心。企业标准以技术创新这种方式来形成核心竞争力，语言标准则需要通过理论创新这种方式使标准发挥效力，从而形成学术竞争力。另外，基于理论创新的语言标准应该具有全球化的学术视野和前瞻性，从而引领世界语言教学发展的新潮流。

早在上世纪八九十年代，欧美一些国家就已经开始为新世纪的到来、为下一代着手制定语言教学发展的蓝图，如美国《21 世纪外语学习标准》（*Standards for Foreign Language Learning in the 21st Century*，1996）、《欧盟外语学习、教学与评估共同参考框架》（*A Common European Framework of Reference for Languages*：*Learning*，*Teaching*，*Assessment*，2001）。这些耗费十几年时间打造的语言标准充分体现了其教学观念的前瞻性和国际化视野，这些语言标准资源的开发显示了欧美国家在语言标准制定方面雄厚的学术实力和学术竞争力。

2.3.3 语言标准的社会效用和经济效用

语言标准的学术竞争力取决于标准的社会效用和经济效用，是国家软实力的具体体现。一方面，语言标准是实现国家语言战略的重要手段和途径；另一方面，语言标准也可以给国家带来直接或间接的经济利益。美国的《21 世纪外语学习标准》直接服务于美国的"关键语言"战略，其目标是培养语言人才，以保持美国未来的国家安全和经济繁荣，使美国继续成为世界的领导者；英国的外语学习标准则以培养 21 世纪在全球化竞争中具有竞争力的世界公民为目标；欧盟"共同参考框架"的政治目标则是为了保护欧洲多语多文化资源，增进欧盟的团结。显然，这些标准在促进国家、地区繁荣和发展过程中起着不可估量的作用。

总之，由于语言标准本身的特点，其核心竞争力是由标准的学术权威性、标准的理论创新与巨大的社会效用和经济效用构成的。汉语国际传播的语言标准只有具备上述竞争力，才能使汉语真正走出国门，走向世界。

3. 汉语国际传播标准制定的现状与面临的问题

3.1　汉语国际传播语言标准研制的历史与现状

对外汉语教学领域的语言标准研制以国家提出汉语国际传播战略为界，可以分为前后两个阶段。在汉语国际传播之前，对外汉语教学领域的语言标准研制与对外汉语教学实践、汉语水平考试的推广密切相关。这个阶段，由于受结构主义语言学理论的影响，对外汉语教学标准的研制基本上是以语言要素和语言技能为纲。1988 年，中国对外汉语教学学会制定了我国第一部语言教学与测试标准，即《汉语水平等级标准和等级大纲》（试行本）。1992 年、1995 年，国家汉办组织研究人员先后对 1988 年的“试行标准”进行了修订和完善。这一标准将语言能力分为 5 个等级，并根据言语交际情景（“话题内容”）规定了每个等级应该具备的语言知识（“语言范围”）和语言技能（“言语能力”）。这一标准的内容反映了当时对外汉语教学的基本理念：无论是教材、教法还是测试，都强调语言知识和技能的重要性，以语言知识和技能来定义语言能力。由于大家普遍接受知识与技能是可以转换的，因此在实际的教学中，汉语教师更注重语言知识的系统传授，即语言要素的系统教学。上世纪 90 年代，受 Hymes（1967）“语言交际能力”（communicative competence）和 Bachman（1990）“交际语言能力”（communicative language ability）理论的影响，对外汉语教学界开始关注汉语学习者语言交际能力的培养。国家提出汉语国际传播的语言战略之后，在语言交际能力理念的影响下，国家汉办目前已组织编写了“两个标准”“一个大纲”，即《国际汉语能力标准》《国际汉语教师标准》和《国际汉语教学通用课程大纲》。《国际汉语能力标准》是“指导国际汉语教学的纲领性文件”，“可作为制定国际汉语教学大纲、编写教材和测评汉语学习者语言能力的参照标准”。这就是说，该标准是制定其他标准和大纲的基础。那么，这个标准的框架和内容在设计上有哪些特点呢？

该标准在“说明”中指出，《国际汉语能力标准》“以交际语言能力理论为指导，注重语言的实际运用”，“以能做某事作为语言能力描述的出发点，真实反映语言的实际运用”。显然，该标准在某种程度上体现了对语言交际能力的关注，这是新标准在教学理念上的一个进步。但是，仔细审视该标准的框架和内容设计，我们发现，该标准的国际汉语能力描述仅包括语言能力，没有涉及交际语言能力的其他因素，如社会语言能力和语用能力。

该标准的另一个特点是，从汉语能力、交际方式、理解与表达三个层面来描述和定义学习者的汉语能力。尽管该标准对语言能力的描述涉及三个层面，但是，在第三个层面，即评估的具体标准上，学习者的语言能力依然被分解为听说读写四种孤立的技能。至于标准框架三个层面各自的功能和三者之间的关系，该标准未做详细阐述。

从汉语国际传播战略提出前后汉语能力标准研制的历史与现状可以看出，新标准与旧标准最大的不同就是教学理念的不同。新标准强调语言交际能力，强调语言的实际运用。但是，我们不得不承认，就整体而言，我国汉语国际传播的语言标准建设还有一些理论问题需要进一步探讨，还有许多挑战需要面对。

3.2 汉语国际传播语言标准研制面临的问题与挑战

上述分析表明，与国外外语学习标准相比，我国汉语国际传播语言标准建设无论在标准研制的理论基础上，还是标准设计的体系以及标准的战略规划上都还存在一些值得探讨的问题，其学术竞争力还有待进一步提高。我们认为，要进一步提高汉语国际传播标准的学术竞争力，需要对以下几个问题进行深入思考。

3.2.1 汉语国际传播语言标准研制的理论基础

语言标准研制的理论基础涉及两个基本的理论问题，一是语言技能与语言能力的关系，二是语言技能与交际能力的关系。

按照结构主义语言学的观点，语言能力是由语言知识和技能构成的。也就是说，语言能力可以分解为语言知识和语言技能。这一观点代表了上世纪五六十年代的语言能力观，但是这种语言能力观在70年代遭到了许多批评和挑战。学者们认为，由于受结构主义的影响，这种语言能力观只注重语言行为的描写，不注重语言能力的解释；只研究语言本身，不注重与语言有关的心理因素和社会因素（王佶旻，2005）。Bachman（1990）认为这种语言能力观“更为严重的局限在于它忽视了语言使用的环境，即话语和语境”。基于这种认识，我们来看看《国际汉语能力标准》是怎样描述语言能力的。通过“标准”的说明，我们可以看出，该标准虽然强调语言的实际运用，以“能做某事”作为语言能力描述的出发点，但其框架和内容从描述的起点到落脚点仍然是听说读写四种技能。[①] 其理论基础依然是以知识与技能为核心的语言能力观。就这点而言，与旧标准相比，新标准的理论基础并没有实质性的改变。

关于语言技能与交际能力的关系问题，按照 Bachman（1990）和 Bachman & Cohen（1998）对“语言交际能力模型”（communicative language ability）的阐述，其语言能力并不包括语言技能，语言能力仅仅是组成其交际能力模型的三个组成部分之一。显然，不能将听说读写四种技能等同于语言交际能力。按照《国际汉语能力标准》的说明，其主旨是要通过学习者的汉语知识和技能对其交际能力进行分级描述，这说明该标准在语言交际能力结构的描述与阐释上缺乏坚实的理论基础。

从技术层面讲，语言标准是对学习者或语言使用者的语言能力进行测量或评价的标杆和尺度，这种用于测评的标杆或尺度需要依据某种理论来建构。因此，任何一种语言标准的建立，都需要对这种测评尺度的构想效度做出详细的理论阐述。如果这种构想效度缺少坚实的理论基础，就难以保证语言标准的有效性和可靠性。

在这方面，欧美国家的外语学习与教学标准的研制经验值得借鉴。美国《21世纪外语学习标准》通过三种交际模式，即“人际交流”“理解诠释”“表达演示”来阐释语言交际能力。这三种交际模式是比传统的听说读写四种技能更为丰富、更为自然的交际方式。Brecht & Walton（1994）认为，三种交际模式强调的是交际的环境和目的，而不是孤立的某个语言技能。这种交际模式的设计能够充分体现语言的交际原则。此外，欧盟的 CEF 标准在听说读写四种技能的基础上，在口语表达中增加了“互动”和“产出”任务，也较好地体现了语言表达的交际性原则，使语言标准的设计建立在科学的理论基础之上。

总之，无论是美国《21 世纪外语学习标准》还是欧盟的 CEF，两者都是建

---

① 该标准的具体表述是：“第一层面是国际汉语能力总体描述。该层面对把汉语作为外语的学习者在听、说、读、写活动中所表现的语言能力进行综合描述。”第三层面所说的口语和书面语的理解和表达能力，实际上就是听说读写四种技能。

立在大量理论研究的基础之上的。特别是欧盟的 CEF 标准，不仅提供了详细的语言能力的测评尺度和标准，而且对标准建立的理论基础进行了深入的阐释。与欧美国家语言标准建设的学术实力相比，我国汉语国际传播标准的设计以及对标准理论依据的阐释尚显薄弱，这在一定程度上影响了汉语国际传播标准的学术权威性和学术竞争力。

3.2.2 汉语国际传播语言标准设计的体系

就语言标准的设计而言，标准设计的目的不同，标准的类型也不同。不同类型的标准具有不同的功能。制定语言标准的目的主要是指导语言教学、教材编写以及对学习者语言能力进行测评。因此，语言标准的设计应该建立科学的标准体系。从语言标准的功能和可操作性角度来看，汉语国际传播标准体系的设计至少应该包括三种不同类型的标准，即“内容标准”(content standards)、“能力标准”(performance standards)和“水平标准”(proficiency standards)。内容标准规定了学习者应该达到的总体目标，这些目标应该包括学习者“应知应会”的具体内容。内容标准是制定教学大纲、确定教材编写原则以及语言测评所遵循的基本标准。美国的《21 世纪外语学习标准》就是典型的内容标准。能力标准在内容标准的基础上规定学习者应该达到的具体目标，其功能主要是评价学习者语言运用的能力，即评价学习者对内容标准所规定的知识和技能运用得怎么样。这个标准为教师评价学习者的语言运用能力提供了具有可操作性的工具。美国外语教学委员会制定的《K-12 学习者语言能力指南》(*ACTFL Performance Guidelines for K-12 Learners*，1998)正是与《21 世纪外语学习标准》配套的能力标准。水平标准用更为具体的量化指标来测量学习者语言运用所达到的水平和程度，如《美国外语教学委员会语言能力标准》(*ACTFL Proficiency Guidelines*，1986)。这三种标准具有不同的功能，构成了基于内容标准的测评体系。相比较而言，我国汉语国际传播语言标准在标准体系的设计上尚显不足。一方面，汉语能力标准设计不仅没有区分内容标准、能力标准和水平标准，而且在某种程度上忽视了三种标准的区别；另一方面，由于汉语能力标准设计在功能上没有区分这 3 种标准，因而无法建立基于内容标准的测评机制，标准的可操作性比较差。

此外，汉语国际传播标准设计缺少统一的理论框架和衔接机制，标准之间缺少内在的一致性，形成“各吹各的号，各唱各的调”的局面。这势必影响国际汉语标准的有效性和可靠性，从而削弱标准的学术竞争力。

3.2.3 汉语国际传播语言标准设计战略规划

汉语国际传播标准的设计应该体现国家语言传播的战略，为国家语言战略目标服务。因此，汉语国际传播标准的设计需要长远的战略规划。但是，目前我国汉语国际传播标准的研制缺少统一规划，这一问题主要表现在以下几个方面。

一是文化标准设计战略缺位。纵观欧美国家语言标准的设计，他们非常重视学习者跨文化交际能力的培养，非常重视文化标准的设计。这与欧美国家的语言战略密切相关。2005 年美国全国语言大会白皮书（*A Call to Action for National Foreign Language Capabilities*）指出：“我们的构想是，通过外语能力和对世界文化的了解，使美国成为更强大的全球领导者。”美国国会前议员 Rich Lazio 更直言不讳，他认为：“全球化并没有带来英语的全球化，说英语的人仍然是少数。美国要想获得经济上的持续发展，要想生产吸引世界的产品，并通过有效手段将产品推向世界，必须具备强有力的外语能力和理解他国文化的能力。”（Lazio, 2004）为此，美国《21 世纪外语学习标准》中增加了“文化标准”，而且明确说明，语言标准要服务于国家语言战略。既然欧美国家如此重视文化标准，那么国际汉语能力标准在设计上增加文化能力标准就是题中应有之义了。语言传播的目的无非是增进世界对中国文化的了解，赢得世界各国对中国文化的认同。因此，文化标准设计的战略缺位不能不说是一大缺憾。

二是标准适用范围过于狭窄。《国际汉语能力标准》在“说明”中指出，“《标准》面向汉语作为外语的学习者”，从而明确了该标准的适用范围。然而，“汉语作为外语的学习者”这一概念大大限制了标准的适用范围，因为该标准沿袭了 Ellis（1994）的观点，即把那些在汉语为非母语国家学习汉语的学习者定义为汉语作为外语的学习者。如法国人在法国学习英语，英语就是外语。如果沿袭这种观点，汉语作为第二语言的学习者就会被排除在标准的适用范围之外，同时也排除了海外华裔汉语学习者。在此，我们有必要再次澄清“汉语作为母语”“汉语作为外语”和“汉语作为第二语言”这三个概念之间的区别。首先，“母语”是指学习者的本族语。对于海外华裔学习者而言，无论他出生后说的第一语言是什么，汉语都是他的母语。汉语并不因为他出生后说的第一语言是其他语言而变成外语。其次，按照 VanPatten（2003）的观点，根据语言学习环境来区分“外语”和“第二语言”是一种误解。“第二语言”是指学习者学习的除其第一语言之外的任何一种语言。也就是说，第二语言是根据习得先后顺序来定义的。因此，对那些汉语为非母语者，无论是在美国还是在中国学习汉语，按照时间顺序，汉语都是他的第二语言，只是学习的环境不同。在中国，汉语是在“第二语言环境”(second language context）习得的；在美国，汉语是在“外语环境”(foreign language context）习得的。换句话说，第二语言与习得环境无关。由此看来，《汉语国际能力标准》在标准适用的范围上，忽略了汉语作为第二语言的学习者，忽略了海外华裔汉语学习者。汉语国际传播如果忽略占全球汉语学习者 70% 左右的华裔汉语学习者，不能不说是国家在汉语国际传播语言标准体系规划上一个重要的战略疏忽。

三是汉语国际传播语言标准规划缺少竞争意识。如前所述，语言标准作为公共产品，无法通过技术壁垒形成竞争力。但在标准林立的今天，语言标准的实施和推广必须具有竞争意识及参与竞争的手段和途径。因此，汉语国际传播语言标准除了提高自身的学术竞争力之外，还应该利用标准的开放性特点，尽可能扩大标准的适用范围，因为语言标准的消费者规模直接影响语言标准的竞争力。此外，语言标准竞争需要国家从战略上进行规划，必须建立与标准相配套的推广措施。而目前的汉语国际传播语言标准与国内外语言教学的课程设置、教材编写、师资认证以及语言测试的衔接均无明确的规划和实施措施。长此以往，汉语国际传播的语言标准将难以逃脱被束之高阁的命运。

综上所述，我们必须认真对待制定汉语国际传播标准所面临的问题和挑战。这些问题不解决，国际汉语标准就难以形成竞争力，汉语走向世界就会放慢步伐。

4. 汉语国际传播语言标准的战略规划与竞争对策

鉴于语言标准的公共产品特性，以及汉语国际传播标准制定与实施所面临的问题和挑战，汉语国际传播标准必须加强战略规划，我们提出标准推广与竞争的如下对策。

4.1 加强标准体系的战略规划，提高汉语国际传播标准的学术竞争力

语言标准竞争力的形成是一个长期的、复杂的过程，而且受到多种因素的影响。比如标准研发机构的学术权威性、标准研制的理论创新能力、标准的推广机制等。针对目前汉语国际传播标准研制面临的问题，首要的任务是加强汉语国际传播语言标准体系的统筹规划。首先，要凝聚对外汉语教学及其相关研究领域的学术力量，在深入研究的基础上，建立以汉语作为第二语言的学习者的语言能力为核心的内容标准。与此同时，建立以内容标准为核心的语言运用能力的评估标准，以及与之配套的以汉语水平测量为目的的水平标准。这个标准体系的建立将为海内外汉语教学课程设计、汉语教材编写以及汉语水平测试提供具有可操作性的评估机制和测量标准。其次，汉语国际传播标准的设计应与其他相关标准配套，如面向华裔汉语学习者的语言能力标准、面向中小学汉语学习者的语言能力标准和面向汉语师资培训的项目标准以及汉语教学与课程标准等。这些标准体系的建立将大大推动汉语国际传播标准的实施，将实实在在地推动汉语走向世界。

4.2 建立汉语标准联盟，扩大汉语国际传播语言标准的使用范围

汉语国际传播的语言标准作为公共产品，无法像商业标准那样通过技术壁垒或技术转让以及产品专利的方式获得收益，但是汉语国际传播的语言标准可以充分利用公共产品的开放性和非排他性，在世界范围内推广国际汉语标准，以获得最大的社会效益。欲达此目的，一个行之有效的方法就是建立国际汉语标准联盟。国家可以通过政府之间、教学管理部门之间，以及非政府组织之间的合作协议建立联盟关系，在联盟范围内实施和推广国际汉语标准。与此同时，应为联盟机构提供使用国际汉语标准的配套产品和服务，如基于国际汉语标准研发的汉语教材、课程设计、师资培训以及语言测试等服务。随着联盟的不断扩大，可逐步

提高国际汉语标准的竞争力。

4.3 建立标准兼容机制，促进国际汉语标准推广的外部性

商业标准可以通过技术壁垒垄断市场，相反，语言标准作为公共产品可充分利用其开放性达到市场覆盖的最大化。但是同类语言标准的地区性和局部性限制了语言标准消费市场的最大化。那么，汉语国际传播标准要怎样实现消费市场的最大化呢？商业标准竞争的经验为我们指明了实现这一目标的途径，即语言标准的兼容机制。欧美国家语言标准的兼容做法值得我们借鉴，如美国外语教师协会的语言水平标准以及欧洲语言测试委员会的 ALTE（Association of Language Testers in Europe）参考框架都以美国外交学院的 ILR（Interagency Language Roundtable）能力量表为参照，建立了相互兼容的机制，从而使基于不同水平标准的测评结果可以进行转换和分数解释。国际汉语能力标准虽然是一个国际性的标准，但是，期望利用这个标准一统天下是不可能的。因此，汉语国际能力标准也应通过兼容机制与国外的外语学习标准，特别是汉语学习标准建立衔接机制，通过这种技术联盟实现国际汉语标准外部性的最大化。

4.4 建立国家语言标准研究与规划机构，提高国际汉语标准的权威性

汉语国际传播标准的研制水平是国家软实力的体现，语言标准的制定和实施是实现国家语言战略的重要手段。国家语言标准的制定与颁布是一种国家行为，这不是一般的研究机构所能胜任和承担的。因此，建立国家语言标准研究与规划机构，有助于汉语国际传播语言标准研制水平和质量的提高，有助于国内对外汉语教学、海外汉语教学以及海外华语教学领域语言标准制定的统筹规划，有助于汉语国际传播语言标准学术竞争力和权威性的提升，有助于国家语言战略正确、有效的实施。

∷ 参考文献 ∷

王佶旻（2005）国外语言测验领域对语言能力的研究评述，载张凯主编《HSK 语

言测试及测量理论研究》，北京语言大学出版社。

Bachman, L. F. (1990) *Fundamental Considerations in Language Testing*. Oxford: Oxford University Press.

Bachman, L. F. & Cohen, A. D. (1998) *Interfaces Between Second Language Acquisition and Language Testing Research*. Cambridge: Cambridge University Press.

Brecht, R. D. & Walton, A. R. (1994) National strategic planning in the less commonly taught languages. *The Annals of the American Academy of Political and Social Science*, 532(1), 190-212.

Council of Europe (2001) *A Common European Framework of Reference for Languages: Learning, Teaching, Assessment*. Cambridge: Cambridge University Press.

Ellis, R. (1994) *The Study of Second Language Acquisition*. Oxford: Oxford University Press.

Hymes, D. (1967) Models of the interaction of language and social setting. *Journal of Social Issues*, 23(2), 8-28.

Lazio, R. (2004) National Language Conference: A Call for Action.

National Standards in Foreign Language Education Project (2006) *Standards for Foreign Language Learning in the 21st Century*. Lawrence, KS: Allen Press, Inc.

Samuelson, P. A. (1954) The pure theory of public expenditure. *The Review of Economics and Statistics*, 36(4), 387-389.

Sandrock, P. (1997) State standards: Connecting a national vision to local implementation. *ACTFL Newsletter*, Winter, 7-13.

The U.S. Department of Defense, the Department of State, the Department of Education, and the Intelligence Community (2005) *A Call to Action for National Foreign Language Capabilities*.

VanPatten, B. (2002) *From Input to Output: A Teacher's Guide to Second Language Acquisiton*. Boston: McGraw-Hill.

原载《云南师范大学学报》（对外汉语教学与研究版）2010 年第 1 期

语言问题安全化与国家安全对策研究

1. 序言

随着经济的全球化，国家语言能力问题，特别是国家外语能力问题在国家安全事务中的战略地位日益凸显。“9·11”事件后，美国政府对国家外语能力危机进行了深刻的反省，在此基础上提出了“国家安全语言计划”。该计划提出要实施“关键语言”战略，以保证美国的国家安全和未来的经济繁荣。美国这一语言战略的提出标志着语言问题被“安全化”。

语言问题安全化表明，美国把语言问题上升到了国家安全战略的高度，语言问题被纳入国家安全事务的视域。虽然语言问题安全化这一战略举措将为维护美国在关键语言区域所谓的国家安全利益提供语言支持和安全保障，但是这种带有浓厚冷战色彩的“关键语言”战略也将对世界各国，特别是“关键语言”区域带来现实和潜在的威胁，也势必引发“安全困境”。

在美国的“关键语言”战略中，汉语被列为“关键语言”的第二位，这意味着美国始终把中国看作敌对势力。因此，语言问题安全化必然会对我国的国家安全带来巨大的威胁和挑战。为此，本文拟围绕语言问题安全化探讨以下三个问题:（1）“关键语言”战略与语言问题安全化;（2）语言问题安全化对我国国家安全的威胁与挑战;（3）语言问题安全化背景下的国家安全对策。

2. 美国“关键语言”战略与语言问题安全化

美国“关键语言”战略的提出具有深刻的政治背景。这一战略是在美国政府对“9·11”事件反映出的国家外语能力危机做出深刻反省后提出的。因此，语言问题被安全化是美国提出“关键语言”战略的必然结果。

2.1 美国“关键语言”战略提出的政治背景

美国“关键语言”战略是关于美国国家安全的语言战略。这一战略经过多年的酝酿和理论准备，于2006年正式提出。

2003年，即美国“9·11”事件发生两年之后，美国众议院Rush Holt等议员向美国国会提交了《国家安全语言法案》。在该法案中，Rush Holt提出了一个惊人的事实：分布在世界70多个国家和地区的恐怖主义分子使用的语言，包括方言，有数百种。然而在美国，从高中到大学，学习国家需要的“关键语言”的学生不到1%，99%的学生所学的大都是欧洲语言。因此，美国在反恐战争中面临着严峻的外语能力危机。更为严重的是，“9·11”事件发生两年后，这种危机仍然没有消除。在这种严峻的现实面前，Holt（2003）大声疾呼:“如果我们再不致力于学习世界各重要地区的语言与文化，我们将无法保持国家的安全。”Rush Holt认为:“在这个问题上不作为，不仅是不负责任的，而且是危险的。”

为了保证“关键语言”战略的顺利出台，2004年6月，美国国防部资助召开了“全国语言大会”，美国政府、企业、学术界和语言协会的领导人都参加了大会。随后，大会于2005年1月发表了白皮书，即《改善国家外语能力行动倡议书》（*A Call to Action for National Foreign Language Capabilities*）。白皮书声称，美国在“9·11”事件中所面临的“外语战略危机”丝毫不亚于1957年苏联发射第一颗人造地球卫星而使美国面临的“空间战略危机”。因此，大会号召全美民众行动起来，制定一个能够让美国民众参与的、旨在改善国家外语能力的国策和计划。

2006 年，美国政府响应大会的号召，在全美大学校长国际教育峰会上正式推出美国“国家安全语言计划”(National Security Language Initiative)。在该计划中，美国政府明确提出了鼓励美国公民学习国家需要的 8 种“关键语言”的政策。在 8 种“关键语言”中，汉语被列在第二位。美国政府为此斥资 1.14 亿美元实施国家安全语言计划。这次峰会标志着美国“关键语言”战略的形成，也标志着语言问题被安全化。

2.2 美国“关键语言”战略的战略目标

美国“国家安全语言计划”主要由四个部分组成。

第一部分是由美国教育部负责实施的“关键语言”计划。这一计划主要包括资助中小学教育机构实施“K-12”计划，即从幼儿园到小学、中学实施关键外语教育；此外还包括资助校区和大学参与的“K-16”计划，即实施从幼儿园到大学持续的外语教育计划。这一计划着眼于美国国家的长远利益，认为国家需要的外语人才的培养要从幼儿抓起。

第二部分是由美国国务院负责实施的“关键语言”计划。主要是为美国高中生、大学生、研究生和外语教师提供到“关键语言”区域的国家学习“关键语言”的机会。

第三部分是由美国国防部负责的“关键语言”高级教学项目。目的是按照美国“国家安全教育计划”培养“关键语言”的高级专业人才，这个项目称为“国家旗舰语言项目”。目前已经实施了 9 个旗舰语言项目，其中包括汉语旗舰项目。

第四部分是由美国国家情报主任办公室负责的“STARTALK”(星谈)暑期语言培训计划，目的是为美国情报机构培养掌握冷僻“关键语言”的人才。

美国“国家安全语言计划”从表面上看仅仅是一个外语教育计划，但其“关键语言”战略表明，这一外语教育计划是有明确的战略企图和目标的。

美国“关键语言”战略的第一个目标，显而易见，是为了维护美国所谓的国家安全。二战后，美国给自己的“安全”赋予了新的含义，即把本国的“安全”边界确定在远离本土之外。这就意味着，世界上任何地区都与美国的安全利益有关。世界任何地方发生对美国不利的革命、政变乃至某国的政策变化，美国都可以以“国家安全”的名义进行干涉（李小华，2008：48）。事件一旦发生，美国培养的“关键语言”人才便能立刻派上用场。

美国“关键语言”战略的第二个目标是维护美国在全球的经济利益。经济全球化给美国自由进入世界各地的市场带来了机遇。但是美国政府认识到，经济的全球化并没有带来美国化，相对于世界人口，说英语的人仍未占多数。美国要想在经济上获得持续的发展，需要具有外语技能的人才将产品推向世界，以保持美国在海外市场的竞争力。

美国“关键语言”战略的第三个目标是制造“语言战略武器”，向世界传播美国的意识形态。美国前总统小布什（George W. Bush）2006 年在全美大学校长国际教育峰会上明确指出，美国通过“国家安全语言计划”培养军事情报人员和外交人员只是维护美国国家安全的短期计划，要维护美国的长治久安，必须依靠那些具备外语能力的美国人来传播美国民主和自由的意识形态（Bush, 2006）。由此可见，语言成为实现美国全球战略目标的战略武器。

2.3 语言问题安全化及其后果

按照哥本哈根学派的“安全化”理论，美国“关键语言”战略的提出和实施过程，实际上就是将语言问题安全化的过程（巴瑞·布赞等，2003：32）。所谓“安全化”，要而言之，就是将非安全事务上升为安全事务的过程。通常某一事物被“安全化”主要涉及四个方面的因素：一是安全的行为主体，这一行为主体具有宣布某一事物被安全化的权威地位，通常是国家，但不限于国家；二是指涉对象，即受到威胁的国家、集团或问题领域；三是“存在性威胁”（existential threat），即危及生存威胁的来源；四是行为主体间的“主体间性”，即行为主体对安全的主观认知。这是我们分析“安全化”问题的一个基本框架。

按照这一分析框架，语言问题安全化的行为主体是美国政府，美国政府通过宣布美国“国家安全语言计划”这一“言语-行为”启动了安全化程序。“指涉对象”依然是美国。美国之所以提出“国家安全语言计划”，是因为美国认为国家安全受到了威胁，而这种“存在性威胁”的来源主要是国家外语能力危机。这反映了美国反恐战争对国家语言能力的外在诉求。然而语言问题安全化除了反映出客观上存在的安全威胁，还体现了美国政府对这种客观威胁的主观认知。“9·11”事件后，美国政府认为，国家外语能力的缺乏会给美国带来极大的不安全感。他们甚至把国家外语能力缺乏看作“Sputnik 时刻”，即上世纪 50 年代苏联发射第一颗人造地球卫星后，其军事和科技优势带来的威胁（Chu，2005）。因此，语言问题被安全化是美国实施“关键语言”战略的必然结果。

语言问题被安全化意味着美国可以通过非常规手段，动员全国上下所有的资源来提高国民的外语能力。他们也就有理由、有借口推行带有浓厚冷战色彩的“关键语言”战略。然而，语言问题被安全化带来的直接后果就是“安全困境”。所谓“安全困境”（security dilemma），简要地说，就是当一个行为主体为了自身安全而采取防御措施时，就意味着降低了另一行为主体的安全感，那么后者就会将前者视为威胁，并采取相应的安全措施（门洪华，2006），这种恶性循环就是所谓的“安全困境”。美国提出有针对性的“关键语言”战略，矛头直指“关键语言”区域，必然会引起这些关键区域国家的强烈反应，并采取相应的安全防御措施。换句话说，美国的“关键语言”战略即便是为了美国自身的安全，其战略意图和目标也只能加剧“安全困境”，而不会给这些“关键语言”区域的国家带来任何福音。

3. 语言问题安全化对我国国家安全的威胁与挑战

语言问题安全化必然会对世界各国，特别是“关键语言”区域的国家带来现实的或潜在的威胁与挑战，我们必须对这一现实具有清醒的认识。中国一向是美国最为关注的对手，特别是中国经济的崛起，使中国威胁论至今仍然很有市场。因此，美国在“关键语言”战略中将汉语列为第二“关键语言”，其战略企图是非常明显的。在这种情况下，我们有必要对语言问题安全化给我国国家安全带来的威胁和风险进行审慎的评估和探讨。

3.1 危及我国国家安全的外部威胁

美国实施“关键语言”战略以及语言问题的安全化是构成我国国家安全外部

威胁的重要来源。这种威胁主要表现在三个方面。

（1）对我国军事利益的威胁。美国“国家安全语言计划”有两项涉及军事情报和外交外语人才的培养，即美国国防部负责的“汉语旗舰项目”和情报办公室主任负责的“STARTALK”项目。“汉语旗舰项目”主要是培养高级专业人才，包括军事领域的高级汉语人才；“STARTALK”项目主要是培养精通“关键语言”的情报人员。在现代战争中，信息技术的飞速发展为获取军事情报提供了先进的技术手段，但语言才是国家安全的最后屏障。美国这两个“关键语言”项目将会对我国的国家安全造成潜在的威胁。这种威胁是客观的、现实的“存在性威胁”。

（2）对我国经济利益的威胁。2006年，美国国防部在美国商界进行了一项调查，旨在评估外语能力在国际商务中的作用以及商界对外语能力的需求。美国商界的代表一致认为缺乏外语技能是美国开发海外市场的巨大障碍，无论从美国的国家利益还是企业利益出发，培养高级外语人才都是当务之急。美国“汉语旗舰项目”的目标就是培养这些高级专业人才，使他们在未来的各个领域，特别是经济领域能够用汉语与中国的专家对话。在不久的将来，我们面对的将不再是满口外文的美国人，而是具有专业技能和汉语技能的竞争对手，这对我国未来的经济竞争力具有潜在的影响。

（3）对我国意识形态安全的威胁。美国“关键语言”战略的一个重要使命就是制造“语言战略武器”，利用这一武器传播美国的声音，美国前总统小布什2006年对这一武器的功能做过详细阐述。他直言不讳地说，要维护美国长期的国家安全，必须传播民主和自由的意识形态。美国要在这场意识形态斗争中获胜，必须依靠那些具备外语能力的美国人；如果你不具备外语能力，就无法使需要帮助的人相信你的民主和自由。据统计，中国大陆有上千万听众收听美国之音的英语节目。但是，如果美国有足够的汉语人才通过各种大众传媒来传播美国的声音，那理论上的受众将是13亿。美国前国会议员拉齐奥曾经说过，全球化并没有带来美国文化的全球化，美国出口更多的是产品的外壳，使用美国产品的国家往往是新瓶装旧酒，在美国产品中灌注的是他们自己的文化（Lazio，2004）。很显然，在意识形态渗透方面，美国一向都是不甘寂寞的。这种渗透对我国意识形态的安全构成了潜在的威胁。

3.2 危及我国国家安全的内部威胁

危及我国国家安全的内部威胁主要来源于我国外语能力的不足。由于“9·11”事件没有发生在中国，因此，我们对我国外语能力严重不足的现状缺少深刻的认识。但是，如果重新审视我国外语能力的现状，我们就会发现，我国目前也同样面临外语能力的危机，这种危机构成了国家安全的“存在性威胁”，具体表现在以下几个方面。

（1）外语语种能力不足。根据李宇明（2011）提出的“国家语言能力”的概念和分类，我国国家语言能力不足首先表现在外语语种能力的严重不足上。据有关资料统计，美国拥有的外语语种数量多达380余种，目前可教授的外语语种有200多个。美国“国家安全语言计划”最初提出的“关键语言”包括8个语种，而美国议员呼吁将“关键语言”扩大到所有能教的外语语种。与美国相比，我国拥有的外语语种少得可怜。据统计，目前我国外语院校能够教授的外语语种仅有50多个，不及美国的四分之一。语种能力的不足将危及国家在海外的安全利益。无论是开发海外能源还是参与国际事务，我们所能提供的语言支持都非常有限。

（2）外语语种人才分布不合理。据统计，我国大约有3亿人学外语，而英语学习者占93.8%（赵蓉晖，2010）。这种外语语种人才分布不合理的现状对国家实施能源战略、反恐战略造成了严重的影响。据凤凰卫视报道，2005年中俄联合军演中，由于缺乏具有熟练俄语技能的军事人才，两国舰艇海上协同作战时互相听不懂指挥命令，即使配备了俄语翻译，指挥官仍然需要靠打手势指挥战斗，结果多次贻误战机（王建勤，2010）。然而问题在于，到了2009年的中俄联合军演，中国官兵外语能力不足的现状仍然没有根本改变。

（3）“复合型”外语人才匮乏。中国自实施“走出去”战略之后，在海外建立了12000多家投资企业，但是，由于缺乏既懂外语又懂专业的复合型人才，海外企业并购损失惨重。业内人士说，这种状况用“盲人骑瞎马，夜半临深池”来形容也不为过（董伟，2010）。另据《中国青年报》报道，中国复合型外语人才短板阻碍了中国企业走出去。据统计，全国范围内能熟练运用外语和法律知识与国外客户洽谈业务、签订合同的人才仅有2000人左右，而熟悉国际法和国际贸易法及WTO规则的律师则更为稀缺，即便是在最前端的上海，5000多名律师中只有约 50 名具备这样的素质和能力（董伟，2010）。

上述统计数据说明，我国外语能力的不足严重损害了国家利益，危及着国家的军事安全和经济安全。因此，国家必须提升安全意识，一方面要认真应对来自外部的威胁，另一方面要充分认识国家外语能力危机给国家安全带来的巨大风险。

4. 语言问题安全化背景下的国家安全对策

语言问题安全化给“关键语言”区域的国家带来了一系列威胁和挑战，同时也加深和强化了这些国家的不安全感。在这种背景下，中国也应该未雨绸缪，提出应对来自内部和外部威胁的安全对策。

4.1 加强外语语种规划，维护国家利益和安全

语言问题安全化，就其本质而言，实际上反映的是国家对语言的社会功能的安全诉求。换句话说，国家外语能力应该服务于国家利益，满足国家安全的需求。一旦事件发生，国家能够拥有足够多的语种和足够高的外语能力为维护国家安全提供保障。针对目前我国外语能力不足的现状，我们认为应该着手以下领域的外语能力规划。

（1）加强军队外语语种能力规划，提高军队外语应用能力。随着中国海外利益的拓展，中国军队参与国际事务的范围和需求逐渐扩大。在这种新形势下，国家应该重视我国军队官兵外语能力的培训，建立一支能够流利使用多种外语的军队，以有效应对未来的反恐战争与国际突发事件，以及维护国内少数民族地区特别是跨境地区的安全。

（2）加强多语种、复合型外语人才的规划和培养，为维护国家利益，为实施国家“走出去”战略提供语言支持。在经济全球化时代，复合型外语人才是提升国家和企业经济竞争力的重要因素，外语人才短板是阻碍中国企业走出去的最大障碍。据国家旅游局统计，我国有 5 万家旅游企业，目前只有 15 家走出了国门（周音，2010）。业内人士认为，中国旅游企业走不出去，说到底，缺少的是复合型外语人才。由此看来，国家海外利益的拓展需要培养更多的复合型、多语种人才。

（3）提高国家外语能力应该从提高公民外语素质做起。据统计，美国能够使用双语的人口占总人口的9.3%，而欧盟有56%的人可以流利地使用两种语言（王建勤，2010）。美国国会议员 Akaka（2009）认为外语技能对保持美国的经济竞争力是非常重要的。经济全球化迫使美国人打破国界限制去竞争工作职位，英国更是把外语能力作为世界公民的基本素质。因此，我国也应通过提高公民外语能力来提高国家语言能力，为维护国家利益和安全提供人才资源。

4.2 国家应该根据我国的能源战略、反恐战略和睦边战略，制定国家应对国际事务和突发事件的“关键语言”政策，全面提升国家的外语能力

（1）基于国家海外能源开发战略的考虑，我们应该针对国家能源依赖程度较高的地区分布情况制定外语语种规划，以此提高劳务出口人员和技术人员的外语能力，以确保国家海外能源战略的实施。

（2）根据我国反恐战略和睦边战略的需求，确定外语语种的规划和外语人才的培养，以保证无论在任何地方发生突发事件，我国都有充足的外语资源为应对各种威胁提供语言保障。

4.3 加紧制定国家对外语言战略，以应对美国“关键语言”战略的军事和政治渗透

美国“国家安全语言计划”已经实施了五年多，期间美国利用国内外各种教育资源持续地为自己培养外语人才。其中汉语培训项目，特别是汉语旗舰项目向中国不断派遣留学生，利用中国高校的教育资源培养汉语人才。但是，面对美国“师夷以制夷”的策略，我们往往束手无策。汉语国际传播是一把双刃剑，它既可以培养朋友也可以培养对手。因此，我们必须加紧制定国家对外语言战略，有效应对美国“关键语言”战略对我国国家安全造成的威胁。

语言的安全化使美国把语言问题上升到了前所未有的高度，而我国在国家语言战略的制定和规划上相对滞后，语言战略研究人才匮乏，国家安全语言战略研究几近空白。这种状况如果再不改变，维护国家利益和安全将成为一句空话。

:: 参考文献 ::

[美]巴瑞·布赞、[丹]奥利·维夫、[丹]迪·怀尔德（2003）《新安全论》，朱宁译，浙江人民出版社。

董伟（2010）人才短板阻碍中国企业走出去，转引自《中国青年报》2010 年 7 月 8 日。

李小华（2008）《中国安全观分析（1982—2007）》，上海人民出版社。

李宇明（2011）提升国家语言能力的若干思考，《南开语言学刊》第 1 期。

门洪华（2006）“安全困境”与国家安全观念的创新，《河南科技大学学报》（社会科学版）第 3 期。

王建勤（2010）美国“关键语言”战略与我国国家安全语言战略，《云南师范大学学报》（哲学社会科学版）第 2 期。

赵蓉晖（2010）国家安全视域的中国外语规划，《云南师范大学学报》（哲学社会科学版）第 2 期。

周音（2010）人才缺乏制约中国旅游业“走出去”，中国新闻网，5 月 27 日。

Akaka, D. K. (2009) A Bill to Establish a National Foreign Language Coordinator Council. http: //washingtonwatch.com / bill / show /111_SN_1010.html#usercomments.

Bush, G. W. (2006) Remarks to the U.S. University Presidents Summit on International Education. *Weekly Compilation of Persidential Documents*, 42 (1), 9-12.

Chu, D. S. C. (2005) A Call to Action for National Foreign Language Capabilities. *The White Paper: A Call to Action for National Foreign Language Capabilities.*

Holt, H. R. D. (2003) *Introduction of National Security Language Act.* Congressional Record: December 9, Page E2493.

Lazio, R. (2004) National Language Conference: A Call for Action.

原载《语言教学与研究》2011 年第 6 期

“一带一路”与汉语传播：历史思考、现实机遇与战略规划

自西汉张骞出使西域，打通了连接欧亚大陆的丝绸之路，至今已有两千多年的历史。古丝绸之路的开通，不仅为欧亚大陆带来了贸易的繁荣，而且为沿线各民族带来了宗教和文化传播的繁荣。不同民族的语言、文化和宗教在相互传播和交流的过程中不断融合，并落地生根。今天，在国家提出“一带一路”倡议的背景下，回顾历史，探寻古丝绸之路汉语传播的历史轨迹，不仅可以为当今“一带一路”汉语国际传播提供历史借鉴，而且对新时期制定汉语传播战略规划具有重要的现实意义。

1. 古丝绸之路汉语传播的方式与动因

古丝绸之路打通之后，西域各国与中国的贸易、文化交流日益频繁，宗教传播日益繁盛，由此带来的语言传播也成为丝绸之路上一道靓丽的风景线。古丝绸之路的商人来自西域以及欧洲的不同民族和国家，当时中国朝廷拥有常备的翻译队伍。后汉时期，“军队农业移民队屯垦在有肥沃土地的地区，随之沿主要道路

设立了驿站。信使和翻译穿梭般不停地旅行，异族商人和货郎每天都要到边界地区来"（余英时，1967，转引自丹尼斯·西诺尔，1997）。这就是说，古丝绸之路的汉语传播主要是由往来于驿站之间的商人和庞大的翻译队伍推动的，因此这一时期的汉语传播可称作"驿站式"汉语传播。然而这种传播方式并没有使汉语成为丝绸之路贸易广泛使用的语言，汉语也没有在古丝绸之路沿线国家落地生根，传播开去。

东汉至魏晋南北朝时期，汉语主要是通过佛教进行传播的。一些来自印度的僧侣把佛经翻译成汉语，而西域一些民族又把汉译本的佛经翻译成其他语言。据文献记载，"几乎所有尚存的粟特文佛教典籍均译自汉语，甚至到了这样的程度：连那些典籍中出现的来自印度的词，居然在外形上也能看出汉语的影响"（丹尼斯·西诺尔，1997）。此外，来自西域和印度的僧人为了传播佛教开始系统地学习汉语，在敦煌、凉州等地形成了西域僧人汉语培训班。这些设在寺庙中的培训班除了教授汉语之外，重点传授中国文化和宗教（张西平，2009：23）。这一时期来华僧人是汉语传播的主要对象，而僧人学习汉语的目的是传播宗教而非汉语，因此可称作"宗教伴随式"汉语传播。汉语传播依附于宗教传播，宗教传播客观上促进了汉语本身的传播。隋唐时期，随着丝绸之路中西物质与文化交流的日益繁盛，汉语传播达到了高潮。当时有许多西域人和印度人来华定居，这些西域移民的后代接受汉语教育，同时具有母语交际的优势，因而成为西域来华僧侣学习汉语的理想教师。这些双语人才为当时的汉语传播做出了重要贡献。此外，隋唐时期国力强盛，文化昌明，吸引了大批留学生来华学习中国的语言文化。汉字传入朝鲜、日本和越南，在东亚地区形成了"汉字文化圈"（董海樱，2011：21）。因此，我们把这一时期的汉语传播称作"文化吸引式"汉语传播。正如西方学者所描述的那样，对于"中国的信徒们"而言，"中国就是先进文明的源泉"，"中国近邻对于中国文化的热情崇拜和追随，可谓是汉语的一次间接性的传播"（尼古拉斯·奥斯特勒，2011：148—149）。这一时期，汉语传播的动因除了文化的软实力，还应包括隋唐王朝经济繁荣的硬实力。

宋、元时期，大航海时代的到来促进了海上贸易的兴起，丝绸之路的重要性渐渐褪去，海上贸易成为拉动汉语传播的关键因素。早在公元 5 至 8 世纪，汉语就开始经苏门答腊通往印度，一路向南进发。到了15世纪，通过海路移居东南亚的华人达到1200余万，在当地说着各自的方言或普通话。[①]这一时期，由于宋、元王朝对中国商人在海外拓展贸易给予积极扶持和支持，汉语通过海上丝绸之路漂洋过海，在异域永久地扎下了根。因此这一时期的汉语传播可称作“贸易拉动式”汉语传播。

但是，汉语在海外落地生根主要是由海上贸易伴随的华商移民促成的。华人移居海外，也将汉语带到了东南亚，并逐渐建立起了汉语社区。海上贸易为汉语传播提供了必要的前提条件，而海外移民形成的“语言共同体”才是汉语在东南亚延续至今的根本动因。

2. 汉语传播之历史借鉴与现实机遇

古丝绸之路的汉语传播在不同的历史时期采取了不同的传播方式，这些推动汉语传播兴衰更替的内在动因对当今“一带一路”的汉语国际传播具有重要的历史借鉴作用和现实意义。

2.1 古丝绸之路汉语传播的历史借鉴

纵观古丝绸之路不同历史时期汉语传播的方式，无论是“驿站式”“宗教伴随式”，还是“文化吸引式”“贸易拉动式”，都揭示了一条基本规律，即语言往往不是通过语言本身来传播的。语言的传播往往以宗教、文化、贸易等因素为依托，并通过这些因素的拉动而广泛传播。不同的传播方式反映了不同的拉动因素，这些推动汉语传播的因素都是历史赋予的机遇，不同的机遇带来了不同的传播结果。

从古丝绸之路汉语传播的路径来看，汉语传播由西向东，大都局限于东亚，是一种区域性传播，这在一定程度上限制了汉语传播的规模。而随着航海时代的到来，海上丝绸之路为汉语传播带来了便利，汉语这才真正漂洋过海。海上丝绸

① 据西方学者描述，移居东南亚的华人大都说闽南话，有的说粤语和客家话，在移民马来西亚的450万华人中，约有50万人说普通话（尼古拉斯·奥斯特勒，2011：135）。

之路带来了民族的迁徙，民族的迁徙为异域“语言共同体”的建立奠定了基础，从而使汉语在海外落地生根。

古人云，以史为鉴，可以知兴替、明得失。古丝绸之路汉语传播的历史经验如果归结为一句话，那就是：语言传播必须抓住时代机遇，搭上时代的“顺风车”。因此，当今汉语国际传播应以“一带一路”为依托，应该搭上“一带一路”沿线国家经贸与产业经济合作全球化拓展的“顺风车”，从而加快汉语向世界传播的步伐。

2.2 汉语国际传播的现实机遇与传播路径

“一带一路”倡议的提出，不仅为中国和世界经济的发展提供了新动力，也为汉语国际传播提供了不可多得的现实机遇。这一机遇就是“一带一路”沿线国家产业经济合作全球化拓展使汉语国际传播有所依托，不仅赋予汉语国际传播以新动力，同时也赋予汉语国际传播以新内涵。具体而言，在“一带一路”产业经济合作全球化拓展的背景下，汉语国际传播不再是空喊弘扬中华文化的口号，而是实实在在的内容，那就是：汉语国际传播要服务“一带一路”，服务产业经济合作，服务企业走出去、走进去、走上去，服务企业国际化，服务企业生产力发展。汉语国际教育作为汉语国际传播的具体体现，应通过“一带一路”沿线国家复合型以及高端汉语人才的培养来提升企业语言能力和竞争力，促进产业和经贸合作；与此同时，也可推动汉语在“一带一路”国家和地区的传播。

“一带一路”产业与经贸合作全球化拓展，不仅为汉语国际传播带来了新机遇，而且提供了传播的新路径，即“丝绸之路经济带”西进路径与“21 世纪海上丝绸之路”南下路径。古丝绸之路虽然联通欧亚大陆，但当时汉语传播的路径是由西向东，而且“驿站式”汉语传播不可能使汉语成为商道上广泛使用的贸易语言，也不可能在沿线国家落地生根。新世纪，习近平主席提出“一带一路”要实现“五通”，即“政策沟通、设施联通、贸易畅通、资金融通、民心相通”。这“五通”为“丝绸之路经济带”西进提出了“语言通”的需求。“一带一路”基础设施的建设为汉语传播突破区域局限、一路向西铺平了道路。

从地缘政治学的角度看，我国在历史上一直是以陆权为主的国家。陆权的发展保证了古丝绸之路曾经的繁荣，而海权的经营和发展一直是我国的短板。

“21 世纪海上丝绸之路”的提出是发展我国海权、维护国家海上安全的重大举措。与此同时，“21 世纪海上丝绸之路”的开拓为汉语国际传播南下开辟了新路径。古丝绸之路衰微之后，宋、元两朝做出了明智的选择——鼓励海外贸易，这在客观上推动了汉语在海外的传播。而明朝除了郑和下西洋之外，采取的是限制海外贸易的政策，使汉语传播失去了进一步南下的机遇。在新世纪，汉语国际传播应汲取历史的经验和教训，借海上贸易的“顺风船”，助力海上丝绸之路贸易发展，助力国家海权发展与海上能源通道安全。

3. “一带一路”产业合作格局与汉语国际传播战略规划

“一带一路”倡议的提出不仅给汉语国际传播带来了发展机遇和传播路径，而且也给汉语国际传播带来了挑战。就孔子学院而言，作为汉语在海外传播的主力军，如何与“一带一路”产业经济合作全球化拓展相结合，调整孔子学院战略布局，服务国家“一带一路”倡议？与此同时，又该如何依托“一带一路”进行汉语传播，让汉语走进“一带一路”沿线国家的语言生活？

3.1 “一带一路”产业合作格局与孔子学院分布现状

2015 年 3 月我国发布的《推动共建丝绸之路经济带和 21 世纪海上丝绸之路的愿景与行动》报告，得到了“一带一路”沿线国家的积极响应。目前已有 64 个国家参与这一合作平台。2015 年 8 月中国国际贸易研究中心发布了《“一带一路”沿线国家产业合作报告》。该报告根据中国海关总署提供的贸易大数据，详细展示了目前我国与“一带一路”沿线国家经贸合作的总体格局。报告指出，2014 年，我国对“一带一路”沿线 64 个国家的出口总额为 6370 亿美元，出口国家主要集中在东南亚、东北亚的俄罗斯以及南亚的印度等地区和国家，其中出口总额超过百亿美元的国家 17 个；我国贸易进口总额为 4834 亿美元，进口国家主要集中在中东、东北亚的俄罗斯和东南亚地区，其中进口总额超过百亿美元的国家 15 个。

从某种意义上说，这些数据展示出的我国与“一带一路”沿线国家经贸和产业合作的总格局在某种程度上反映了汉语传播的潜在需求。那么，孔子学院是否能够满足这些潜在需求呢？为此我们对孔子学院在世界各地的分布格局进行了统计分析。根据孔子学院总部发布的《孔子学院年度发展报告（2014）》，截止到2014年底，孔子学院总部在全球126个国家共建孔子学院475所、孔子课堂851个。根据这些数据，我们列出了孔子学院数量排名前20位的国家[①]。

从表1可以看出，在孔子学院数量排名前20位的国家中，仅有7个“一带一路”沿线国家，孔子学院数量排名靠前的都集中在经济发达或较发达国家。其中非“一带一路”国家拥有孔子学院261所，占孔子学院资源总量（475所）的55%，而7个“一带一路”国家拥有孔子学院55所，占孔子学院资源总量的11.6%。此外，在这20个国家中，与我国进出口总额超过百亿美元的国家有6个，拥有孔子学院50所，占孔子学院资源总量的10.5%。

表1 孔子学院数量排名前20位的国家

国家	孔子学院数量	“一带一路”国家	进出口超百亿美元国家
美国	107		
英国	25		
韩国	21		
俄罗斯	18	@	#
德国	17		
法国	16		
泰国	13	@	#
澳大利亚	13		
日本	13		
加拿大	12		
意大利	11		
巴西	10		
印尼	6	@	#

① 本文的统计分析仅包括孔子学院的数据。

（续表）

国家	孔子学院数量	“一带一路”国家	进出口超百亿美元国家
西班牙	6		
波兰	5	@	#
乌克兰	5	@	
墨西哥	5		
南非	5		
菲律宾	4	@	#
哈萨克	4	@	#

注:“@”表示“一带一路”国家，“#”代表进出口超百亿美元的“一带一路”国家。

通过对孔子学院资源分布与“一带一路”沿线国家产业合作格局的比较和分析，我们发现，孔子学院的战略布局与“一带一路”沿线国家的产业合作格局不相匹配。就孔子学院数量的分布而言，50% 以上的孔子学院资源集中在发达和较发达国家，而“一带一路”沿线国家大都属于发展中国家，拥有孔子学院的数量仅占孔子学院资源总量的 25%。这种格局同“一带一路”沿线国家产业合作与发展对汉语传播资源的潜在需求存在较大的差距。

就“一带一路”沿线国家的产业合作格局而言，孔子学院的战略布局对在我国进出口贸易中具有重要战略地位的“一带一路”国家关注不够。在我国贸易出口总额超百亿美元的 17 个“一带一路”国家中，孔子学院的分布极不平衡。孔子学院数量排名前 20 位的国家中，进出口总额超百亿美元的国家仅有 6 个。而出口贸易超百亿美元的排名前 5 位的国家，如越南、印度、新加坡、马来西亚等却榜上无名。此外，我国重要的能源进口国，如沙特阿拉伯、伊朗、阿联酋等，仅有一所孔子学院，有的能源进口国甚至没有孔子学院。

上述分析表明，我国孔子学院的分布缺少战略规划，离国家“一带一路”倡议布局相距甚远。孔子学院是国家重要的语言战略资源，其分布及战略布局应该避免盲目性，应与国家“一带一路”倡议相匹配。

3.2 “一带一路”汉语国际传播的战略规划

2015 年 3 月，国家发展改革委、外交部、商务部联合发布的《推动共建丝绸之路经济带和21世纪海上丝绸之路的愿景与行动》报告描绘了“一带一路”倡议的路线图：一条路线是贯穿欧亚大陆的“丝绸之路经济带”，另一条是由南向西的“海上丝绸之路”。2015年8月，中国国际贸易研究中心发布的《“一带一路”沿线国家产业合作报告》根据我国对外贸易大数据描述了我国与“一带一路”国家开展合作的七大区域，即由蒙古国、俄罗斯构成的东北亚区域，东南亚11国区域，独联体6国区域，南亚8国区域，中亚5国区域，西亚北非16国区域，中东欧16国区域。这两个报告提出的“一个格局”和“两条路径”构成了“一带一路”的总体格局和路线图，为汉语国际传播的战略规划提供了可资参考的重要依据。

“一个格局”是指由上述“一带一路”产业合作七大区域构成的总体格局。根据《“一带一路”沿线国家产业合作报告》提供的数据，我国对“一带一路”沿线国家的出口贸易主要集中在三个区域，即东北亚（俄罗斯）、东南亚、南亚（印度），形成了向南、北辐射的发展路径。而进口贸易主要集中在中东、北非、东北亚和东南亚几个区域，这些区域的能源和矿产进口量占“一带一路”沿线国家进口总额的42.58%。另据统计，上述七个区域是我国对“一带一路”国家进出口贸易最活跃的区域，2014年我国对这些区域的进出口总额占64个“一带一路”国家进出口总额的80%以上。由此看来，汉语国际传播在这些区域应该大有作为。基于上述分析，孔子学院应该根据“一带一路”贸易的重点区域进行战略布局，通过贸易与产业合作拉动语言传播。与此同时，孔子学院作为国家语言能力的具体体现，也应该助力“一带一路”沿线国家的经贸合作以及产业发展，通过“借力”与“助力”形成汉语国际传播的良性循环。

如果说“一带一路”的产业合作格局为孔子学院的战略布局提供了参考依据，那么“两条路径”，即“丝绸之路经济带”和“海上丝绸之路”则为汉语国际传播战略规划指明了方向。首先，基于我国海上安全的考虑，有学者认为，“一带”和“一路”并非两线并行的战略。鉴于目前中国海权的短板，应该以“一带”为主，“一路”为辅（乔良，2015）。基于这一战略考量，汉语国际传播应该一路向西，加强“丝绸之路经济带”的战略规划。连接欧亚大陆的腹地——中亚和西亚是孔子学院建设比较薄弱的区域，而中西亚是维护国家政治安全以及能源安全的战略要地。因此，孔子学院的战略布局应该向这一地区倾斜，在沿线国家建立更多的孔子学院。此外，尽管“海上丝绸之路”的开拓有诸多不稳定因素，但作为国家经济、能源以及军事的战略要道，制定针对这一地区的语言战略规划依然十分重要。历史上，尽管明朝限制海上贸易，但汉语传播以顽强的生命力在东南亚各国扎下了根。今天，东南亚各国的华人社区作为汉语传播的桥头堡，对当今汉语国际传播依然具有重要的意义。

4. 汉语国际传播的思路与对策

“一带一路”作为国家的大战略，提出了各种愿景和行动计划，涉及政治、经济、文化、企业、媒体等各个领域，但很少涉及语言传播在“一带一路”建设中的重要作用。李宇明（2015）提出了“一带一路，语言铺路”的倡议。我们认为，汉语传播应在“语言铺路”中发挥不可替代的作用。

4.1 加强顶层设计，整合资源，调整战略布局，服务“一带一路”

孔子学院不仅仅是汉语国际传播的机构，而且是国家重要的语言战略资源。因此，资源的分配与布局应服从或服务国家提出的“一带一路”倡议。首先，国家应从战略高度，根据“一带一路”倡议，加强新时期汉语国际传播的顶层设计，即把汉语国际传播纳入“一带一路”愿景和行动计划。汉语国际传播是国家语言能力的体现，“一带一路”的开拓与建设离不开国家语言能力的支持。“五通”的核心是“民心相通”，而语言通是民心相通的必备条件。其次，孔子学院作为国家重要的语言战略资源，应根据“一带一路”经贸和产业合作格局进行调整，通过整合孔子学院资源形成以“一带一路”倡议为核心的分布格局，以满足“一带一路”沿线国家经贸和产业合作对语言资源的需求。

4.2 借力“一带一路”，助力“一带一路”

历史的经验表明，语言不是通过其自身来传播的，语言传播必须抓住历史机遇，顺势而为。在“一带一路”的现实机遇面前，汉语国际传播应与“一带一路”沿线国家经贸与产业合作相结合，借力发展；与此同时，也应通过服务企业走出去、服务企业国际化，助力“一带一路”。“一带一路”沿线国家的经贸和产业合作离不开对语言人才的需求，特别是复合型高端双语人才。因此，孔子学院的汉语国际教育不仅要关注普及型人才的培养，更应该满足“一带一路”沿线国家对高端、复合型人才的需求，培养既懂外语又懂专业的复合型人才。此外，孔子学院不应仅仅局限于汉语人才的培养，也应为企业走出去培养复合型外语人才。“语言铺路”应该是双向铺路，培养双向人才。

4.3 提高企业语言能力，加速“一带一路”建设

科技是生产力，语言也是生产力。在信息化时代，语言在促进科技、经济、信息、媒体等各个领域的发展中发挥了重要的作用，“一带一路”同样需要语言的推动。因此，企业要走出去参与“一带一路”建设，应该把语言能力作为企业重要的生产要素，特别是跨国企业，应该把语言能力作为企业的核心生产力，从而提高企业的语言能力。企业语言能力不仅仅是企业员工个体的语言能力，还包括企业利用和整合所有语言资源的能力。对于“一带一路”沿线国家的企业，包括中国的企业，企业员工应能使用两种以上的语言进行交际。企业若能充分利用这些语言资源，将会大大提高企业的工作效率，进而真正实现“五通”。因此，参与“一带一路”经贸和产业合作的企业，应该把企业员工外语培训和外籍员工汉语培训作为提高企业语言能力的重要议程，通过企业语言能力建设加速“一带一路”的建设。

总之，汉语国际传播不仅仅是语言学家的事情，汉语国际传播能够为实现“一带一路”的愿景助力，“一带一路”也将会助力汉语在世界的传播。

:: 参考文献 ::

[美]丹尼斯·西诺尔（1997）丝绸之路沿线的语言与文化交流，黄长著译，《第欧根尼》（中文版）第1期。

董海樱（2011）《16世纪至19世纪初西人汉语研究》，商务印书馆。

国家发展改革委、外交部、商务部（2015）《推动共建丝绸之路经济带和21世纪海上丝绸之路的愿景与行动》，人民出版社。

孔子学院总部/国家汉办（2014）孔子学院年度发展报告（2014），http://www.hanban.edu.cn/report/2014.pdf。

李宇明（2015）“一带一路”需要语言铺路，《中国科技术语》第6期。

[英]尼古拉斯·奥斯特勒（2011）《语言帝国：世界语言史》，上海人民出版社。

乔良（2015）美国人对“一带一路”的战略思考，搜狐网。

张西平（2009）《世界汉语教育史》，商务印书馆。

中国国际贸易研究中心、大连瀚文资讯有限公司（2015）“一带一路”沿线国家产业合作报告，“一带一路”百人论坛·首届论坛。

原载《语言战略研究》2016年第2期

后　记

“人生识字忧患始”，说的是人识字了，读书了，于是就开始有忧患意识了。鲁迅先生把苏轼这句话翻造过来，说是“人生识字糊涂始”。无论这两句话当时的含义是什么，如果用来形容做学问的人，也都可以说是恰如其分。

作为读书人，忧患始于识字读书。无论你做哪个领域的研究，当你入了那一行，整天在脑子里转悠的都是问题，而且有些问题可能这辈子都想不明白，也解决不了。所以，做学问的人整天被这些所谓“学术问题”折磨着。但这种折磨，有些人会感到痛苦，也有些人倒是苦中作乐。不管痛苦还是快乐，只有你自己知道。你选择了做学问，你一直坚持到今天，那是你愿意！在当今市场经济条件下，你也完全可以去选择到火车站扛大包，如果你做得来的话。从我发表第一篇学术文章到现在 30 余年了，我发现自己也干不了别的，所以只能苦中作乐。于是写了点文章，经过筛选集成现在这本书。

作为读书人，糊涂也始于识字读书。刚开始做研究，进入一个新领域，多数情况下都是一头雾水。因为搞不明白，所以终日读书。读着读着，觉得自己对研究的问题明白了，于是着手写文章，然后发表。若干年后，再读已经发表的文章，发现当初其实还是有点糊涂。后来觉得更明白点了，于是又发表文章若干。回头再看，依然觉得有好多问题糊涂。所以，30 多年来，我发文章做研究，大概是循着这个轨迹，直到今天。所谓“学无止境”也许就是这个意思。也正因为此，我遵循鲁迅先生的教诲，“不悔其少作”。于是把自己以前写得不咋地的文章也收在这个集子里了。

全书一共 33 篇文章，大都是在期刊和论文集中发表过的文章，也有科研项目结项后至今未及发表的文章。这些文章主要包括三个领域的研究，一是汉语作为第二语言的习得研究，二是汉语作为第二语言的教学研究，三是汉语国际传播研究。这些研究既是我在学术领域辛勤耕耘的写照，也是我学术生涯的总结。但愿本书呈现给大家的是学术研究的智慧而不是糟粕。